中国社会科学院创新工程学术出版资助项目

经济蓝皮书
BLUE BOOK OF CHINA'S ECONOMY

2014年 中国经济形势分析与预测

ECONOMY OF CHINA ANALYSIS AND FORECAST (2014)

主　编/李　扬
副主编/李　平　李雪松　张　平

社会科学文献出版社
SOCIAL SCIENCES ACADEMIC PRESS (CHINA)

图书在版编目（CIP）数据

2014年中国经济形势分析与预测/李扬主编. —北京：社会科学文献出版社，2013.12（2014.3重印）
（经济蓝皮书）
ISBN 978-7-5097-5322-4

Ⅰ.①2… Ⅱ.①李… Ⅲ.①中国经济-经济分析-2013 ②中国经济-经济预测-2014 Ⅳ.①F123.2

中国版本图书馆CIP数据核字（2013）第277699号

经济蓝皮书
2014年中国经济形势分析与预测

主　　编／李　扬
副 主 编／李　平　李雪松　张　平

出 版 人／谢寿光
出 版 者／社会科学文献出版社
地　　址／北京市西城区北三环中路甲29号院3号楼华龙大厦
邮政编码／100029

责任部门／皮书出版中心（010）59367127
电子信箱／pishubu@ssap.cn
项目统筹／邓泳红
责任编辑／吴　敏　陈　帅　彭　战
责任校对／李　惠
责任印制／岳　阳
经　　销／社会科学文献出版社市场营销中心（010）59367081　59367089
读者服务／读者服务中心（010）59367028

印　　装／北京季蜂印刷有限公司
开　　本／787mm×1092mm　1/16
印　　张／26.75
版　　次／2013年12月第1版
字　　数／428千字
印　　次／2014年3月第3次印刷
书　　号／ISBN 978-7-5097-5322-4
定　　价／69.00元

中国经济形势分析与预测
学术咨询委员会

经济蓝皮书编委会

主　　编　李　扬

副 主 编　李　平　李雪松　张　平

撰 稿 人　（以文序排列）

李　扬　李雪松　张　涛　娄　峰　王文波
彭　战　刘树成　张　平　苏　治　赵　琨
王宝林　李　周　党国英　金　碚　原　磊
解三明　高培勇　汪同三　王　毅　石春华
叶　欢　张立群　李泊溪　郑超愚　裴长洪
付彩芳　陈凯杰　金柏松　刘建颖　吴　谦
朱平芳　蔡　昉　王美艳　杨宜勇　杨亚哲
黄燕军　付广军　陈克新　陈　磊　隋占林
王　妍　陈守东　刘　洋　张冠华　熊俊莉
刘孟俊　彭素玲　陈馨蕙　陈李蔼伦
吴承业　陈燕武

编辑组组长　李金华

副 组 长　彭　战

成　　员　韩胜军　张　杰　陈星星　王喜峰

主要编撰者简介

李　扬　中国社会科学院副院长、研究员，长期从事中国经济相关研究，涉及货币、银行、金融市场等领域，专著《财政补贴经济分析》获1990年孙冶方经济科学奖著作奖。其他代表作包括《中国金融改革研究》《金融全球化研究》等。

李　平　中国社会科学院数量经济与技术经济研究所所长、研究员，长期从事技术经济、产业经济等领域研究工作，代表作有《特大型投资项目的区域和宏观经济影响分析》《中国工业绿色转型》《“十二五”时期工业结构调整和优化升级研究》等。

李雪松　中国社会科学院数量经济与技术经济研究所副所长、研究员，从事中国宏观经济预测与经济政策模拟研究，获得2006年孙冶方经济科学奖，入选“新世纪百千万人才工程”国家级人选，著有《高级经济计量学》等。

张　平　中国社会科学院经济研究所副所长、研究员，长期从事经济理论、经济增长、宏观经济等研究工作，著有《改革年代的经济增长与结构变迁》《经济增长前沿》《增长与分享：分配理论与政策框架》等，先后三次合作获得孙冶方经济科学奖。

摘　要

随着国际经济缓慢复苏，中国经济继续稳中求进，三次产业协调发展。2013 年粮食生产有望实现“十连增”，前三季度工业经济增长缓中趋稳，企业赢利状况大幅好转，第三产业增加值规模和增速均超过第二产业。预计全年 GDP 增长率与上年持平，保持了稳健增长、结构优化的发展态势。

中国经济已告别 10% 左右的高速增长期，进入稳中求进、提质增效的中高速增长新阶段。目前我国仍处于战略机遇期，2014 年经济将继续保持在合理运行区间，GDP 增速在 7.5% 左右。在密切关注国际经济形势变化的同时，政府通过深化改革开放、推动结构调整和转型升级，把握好稳增长、调结构、促改革、防风险的平衡，推动经济公平、高效、可持续发展，使经济增长速度继续处于合理区间。

中共十八届三中全会已就全面深化改革开放、推动体制机制创新做出新的部署，完善宏观调控体系，建设创新型国家，加快转变经济发展方式，逐步形成统一开放、竞争有序的市场体系，进一步提高资源配置效率。

目录

BⅢ 宏观经济政策与宏观调控篇

BⅣ 消费、投资与贸易形势分析篇

BⅤ 市场价格与收入分配篇

BⅥ 台港澳经济篇

BⅦ 附录

皮书数据库阅读使用指南

中国经济发展的新阶段

（代前言）

李 扬

2007 年 3 月开始的全球金融危机，标志着完全以发达经济体为主导的全球化旧格局已渐入迟暮；在未来的全球发展中，发展中经济体和新兴经济体可望发挥更大的作用。

在这样一个翻天覆地的历史进程中，我们不仅要密切关注全球经济形势的变化及其对我国的影响，更应关注经过 30 余年高速增长之后，支持我国经济增长的产业结构和要素投入结构已发生变化，经济增长已进入了一个新的次高的平台。

当前，我国经济正处于增长速度换档期、结构调整阵痛期、前期刺激政策消化期叠加的阶段。值此战略转型的关节点，我们的宏观经济政策更应静观其变、平心静气、小心翼翼。

一 全球危机步入“新常态”

正在展开的本轮全球金融危机是一场非常深重的危机，其程度之深，堪比 20 世纪 30 年代危机和 70 年代危机。用长周期的眼光来分析此次危机，我们就会看到，危机之前，全世界曾经产生过资本主义历史上从来没有过的一个经济发展的上升阶段。这个阶段，从 20 世纪 80 年代末开始，一直到这次危机之前，时间跨度近 20 年。其基本特征就是高增长、低通胀、低利率并存。而且，同过去不同，其间，各类国家都获得相当程度的发展。发达经济体增长总体比较平稳，自不待言。新兴经济体，特别是亚洲的新兴经济体，更是如此。在拉美地区，经历了 70 年代“失去十年”的困顿之后，各国经济也真正得到恢复和发展，现在方兴未艾。非洲地区也很突出，自从民族独立之后，那里的经济一直没有经历过像样的增长，而在过去的20年中，非洲的增长令世人瞩目。

然而，危机之前全球长期增长的历史，也带来了一些误解。最大的误解就是，有些人以为如今世界这么美好，都是资本主义制度带来的，以至于有“历史终结”的妄言。

历史并未因人们对其误读而改变自己的轨迹。长期繁荣之后，长期的衰退接踵而来。2007年开始的全球危机，结束了本轮经济长周期的上升阶段；至今虽已过去了6年，但仍无恢复的明显迹象。做此判断的根据有二：其一，导致危机发生的主要因素，即经济发展方式、经济结构、财政结构和金融结构的严重扭曲，基本依然故我；其二，在救助危机的过程中，各国相继推出的超常规调控措施，在防止危机产生多米诺骨牌效应的同时，也逐渐显现出巨大的副作用，过度的货币供应、政府债台继续高筑、市场纪律松懈以及社会动荡愈演愈烈，便是其中最显著者。

因此，美国的财政、债务及经济危机，欧洲的债务和经济危机，以及日本的政府债务和经济危机，等等，都将长期持续。我们判断，5～10年后世界经济是否能够恢复到正常轨道，还需要各国共同努力。

这一判断在国际社会上可以找到诸多印证。例如，2013年2月在俄罗斯结束的G20财长及央行行长会议，就确认了这一趋势。会议公报称：“由于政策不确定、私人去杠杆化、财政拖累、信贷中介受损以及全球需求仍处于再平衡过程中，全球经济继续表现疲弱。”也就是说，如果各国宏观政策不能回归稳定、私人去杠杆化进程未能最终完成、财政悬崖问题依然不能得到决定性缓解、金融功能不能真正恢复、各国间的国际收支不能重归均衡，危机就将仍然继续。

上述因素的综合作用，使得全球经济进入了“新常态”。传统上，经济危机可能表现为连续若干年的负增长，但是，由于大剂量的调控政策被强力推出，现阶段的危机并不表现为负增长，而是表现为经济增长在低水平上波动、全球流动性过剩、大宗产品价格和资产价格变动不居、贸易保护主义升温、地缘政治紧张等。我们应当学会在这种新形势下生活。

二　新的“货币战争”已然开始

危机既然在持续，各国间为争夺最好的恢复条件的明争暗斗自然盛行。在此情势下，新的“货币战争”事实上已经开始，我们可以从“量”和“价”两个角度，清楚地观察到它的产生和发展。

就“量”而论，为应对国际金融危机，全世界的货币当局几乎都在印钞票“放水”：美联储4次数量宽松在前；欧洲央行启动最后贷款人机制随后；安倍政府立足未稳，日本央行便在其胁迫下，在不到两个月的时间内，使日元兑美元汇价下降7%，兑一揽子货币汇价更急降20%；中国亦未“免俗”，自2009年推出四万亿投资以来，一直受困于货币信贷供给过多——M2走势重攀高位并一路上升，形成令人生畏的“堰塞湖”。再加上密如蛛网的各国央行间的货币互换，这个世界实际上已经处在货币泛滥的洪水之中。但是，为了解救危机的燃眉之急，各国政府依然热衷于“放水”，大有“我死之后，哪管洪水滔天”之恶势。这些事实说明，新的“货币战争”事实上已经开始，不过是采用了新的形式，换了新的借口而已。

就“价”而言，在各国竞相实施数量宽松货币政策的条件下，各主要国家货币间的汇率也变动不居，出现了竞争性贬值趋势。汇率变动成为影响各国经济发展的不稳定因素之一。

三　中国经济增长开始结构性减速

曾经有一种说法认为，世界各国均陷入程度不同的危机之中，唯有中国风景独好。现在看来，这种看法过于简单化了。认真分析20世纪以来中国经济增长的实绩及其变化趋势，我们倾向于认为，自2008年开始，中国连续30余年的高增长便已基本结束，国民经济落入一个新的次高速增长的平台。特别需要指出的是，中国的经济减速是经济增长结构发生变化的结果，是一个发生在实体经济层面上的自然过程，我们无法通过政策调整来改变它。

众所周知，经济增长是由多种因素以某种方式组合起来共同发生作用的结果，此即经济增长的结构问题。在支撑经济增长的诸结构中，最重要者，当推生产要素结构和产业结构。正是这些结构的变化，使得中国经济增长进入了新的时期。

过去30余年，中国产业结构变化的基本趋势是：第一产业比重下降，第二产业（特别是制造业）比重迅速提高，第三产业份额缓慢增长。这对应的是我国的工业化过程。这一进程的本质，就是大量的劳动人口和资源从劳动生产率较低的第一产业即农业、种植和养殖业等，向劳动生产率较高的第二产业即制造业和建筑业转移。由于第二产业的劳动生产率远高于第一产业（在中国，制造业的劳动生产率相当于农业的10倍），这种转移便意味着经济整体的劳动生产率日益提高，经济增长速度因之加快，此即“结构性增速”。但是，经过30余年的发展，我国第二产业已趋饱和，劳动力和资源开始向以服务业为主的第三产业转移。然而，研究显示，中国服务业的劳动生产率远远低于制造业（在劳动生产率最高的上海，前者只相当于后者的70%）。基于这样的差异，当越来越多的劳动力和资源从制造业转移到服务业之时，中国经济整体的劳动生产率必将下降，由之决定的经济增长速度也必然下滑。

再看生产要素结构的变化。劳动、资本和技术进步，是支撑经济发展的主要生产要素。在过去30余年中，每年高达1000万人的劳动投入增长，是支撑我国经济高速增长的主要因素。但是，随着转移人口日趋下降，随着人口老龄化日趋严重，劳动投入的增长率将趋下降，摩擦性失业和结构性失业也将长期并存。就资本投入而言，过去30余年，中国的资本投入增长率是逐年提高的，然而，近年来，人口日趋老龄化、传统工业化接近尾声以及消费率的缓慢提高，已经导致中国几十年高悬的储蓄率趋于下降。这使得无通货膨胀的资本投入亦呈逐渐下降之势。技术进步的动态仍然令我们失望。我们希望技术进步能发挥积极作用，但是资本回报率低、技术进步缓慢，一直是我国经济的痼疾，至今未见显著变化。总之，劳动力和资本投入增长率下降，技术进步缓慢，这三个因素叠加，导致未来我国的经济增长率将趋于下降。

潜在增长率构成未来我国现实经济增长的基准。据中国社会科学院宏观经济运行实验室的预测结果，2011～2030年，中国的潜在增长率将会呈现不断下降的趋势（见表1）。

表1　中国潜在增长率预测

年份	α	1-α	潜在增长率（%）	资本增长率（%）	劳动增长率（%）	技术进步份额（%）	节能减排冲击效应（%）
2011～2015	0.7	0.3	7.8～8.7	10～11	0.8	0.2	-1
2016～2020	0.6	0.4	5.7～6.6	9～10	-1	0.3	-1
2021～2030	0.5	0.5	5.4～6.3	8～9	-0.5	0.4	-0.5

资料来源：中国社会科学院宏观经济运行实验室。

四　经济减速不可怕，关键要提高效率

断定中国经济进入结构性减速时期，虽然听起来不那么令人振奋，但考虑到结构性减速为我国转变经济发展方式和调整经济结构提供了新的压力、动力、机遇和空间，这一变化是值得欢迎的。

过去30余年中国经济的高增长，是世界历史上绝无仅有的奇迹。但是，30余年高速增长波澜起伏，其间还经历了20世纪90年代亚洲金融危机和2007年开始的全球金融危机的冲击，我们的增长也付出了不可忽视的代价，结构失衡、产能过剩、效益低下、环境污染等，便是其中最显著者。如此等等，使得中国百姓享受到的经济增长成果大打折扣，福利水平和生活质量更难得到与GDP增长率同步的提升。这些代价，便是中国经济增长的“水分”。

现阶段我国经济增长中的“水分”，主要体现在投入产出的效率降低上。

从投入看，以GDP来衡量，目前我国已成为世界第二大经济体，但为此付出的代价也极为巨大。长期以来，我们的经济增长主要是依靠相当于GDP一半的高投资以及接近GDP10%的净出口支撑着的，仅此一端，便使我国经济增长的成本位居世界前列。如果把生态环境等外部影响也视为“投入”，我们为增长付出的成本更高。中国社会科学院数量经济与技术经济研究所课题组2012年的测算表明，20世纪80年代至90年代，我国生态退化和环境污染带来的经济损失约相当于GDP的8%。2005年以来，这一数字虽不断下降，但到2011年，仍然在4%左右。若扣除生态退化与环境污染造成的经济损失，我国的真实经济增长速度便仅有5%左右。

从产出看，对于我们这种典型的投资拉动型经济，增长中是否存在水分，关键要看投资能否形成有效供应。如果投资变成“胡子工程”甚至是“豆腐渣工程”，与这部分投资对应的增长率就是“水分”。更有甚者，一些投资固然形成了现实生产能力，但生产出来的产品卖不出去，形成规模巨大的流通库存，并进而迫使业已形成的生产能力长期闲置。与这样一些流通库存和过剩生产能力相对应的产值，同样构成经济增长的“水分”。近年来，我国产能过剩形势日趋严峻，传统产业的产能大面积过剩已是痼疾，就是新兴产业，产能过剩的增长势头也令人担忧。统计显示，当前我国产能利用率平均已低于80%，有些产业甚至低至70%。按照85%～90%系正常水平的国际标准，我国目前的产能利用率已接近危险水平，有的行业已进入破产的境地。应当说，产能过剩已经成为阻碍经济健康发展的“死荷重”。

将投入和产出对比起来分析，便形成评判经济增长效率和质量的综合指标。经济学意义上的效率，指的是以最小的投入得到既定的产出，或以既定的投入获取最大的产出。近年来，在增长至上的激励机制下，各地对增加投入普遍高度重视，但很少顾及产出的数量和质量，更忽略了投入和产出之间的效益联系。这样做的必然结果，就是伴随着经济增长率的高悬，我国的经济效益提高缓慢，甚至有所下降。我国增量资本产出比的数据，清楚地刻画了这一变化的轨迹。改革开放以来，我国增量资本产出比经历了两个阶段的变化：第一阶段是1979～1995年，平均为2.3；第二阶段为1996～2011年，平均为3.5。后一阶段竟比前一阶段上升了52.2%！与相似增长阶段的发达国家比较，中国现阶段增量资本产出比明显偏高，如20世纪50年代至70年代的日本，其增量资本产出比基本维持在2.0的水平，此后则缓慢下降。

显然，过去30余年中国经济增长虽然长期居于高位，但速度过快，难免“泥沙俱下”，其中包含的“水分”不可小觑。如此，倘若我国经济在增长速度下降的同时，大大压缩了其中包含的“水分”，换言之，如果增长速度之下降换来了效益的提高和质量的改善，那么，我们的经济增长将更为真实，人民将因此得到更多的福祉。这种变化不仅不可怕，而且是值得欢迎的。

我们必须清醒地认识到，发达经济体和发展中经济体之间，客观地存在着劳动生产率的差距；这种差距在根本上决定了两类国家的经济差距。因此，所谓发展问题，所谓赶超问题，所谓超越“中等收入陷阱”问题，实质上是缩小两类经济体之间劳动生产率的差距问题。因此，比过去稍慢但质量和效益均有所提高的增长速度，恰恰体现了科学发展观的根本要求，也恰为我们跨过“中等收入陷阱”，提供了切实的物质保证。

五　新阶段必须调整宏观调控思路

国际金融危机的不断深化以及应对危机手段之捉襟见肘，使得在20世纪后20年已被视为敝履的凯恩斯主义需求管理卷土重来，货币扩张几乎是各国宏观政策的不二选择。

凯恩斯主义产生于20世纪30年代的大萧条，它在防范危机恶化，从而避免产生多米诺骨牌效应方面，确有明显效果，但是，凯恩斯主义的政策工具着眼于短期，其药方的疗效或属引鸩止渴，或属麻醉缓释，并不能从根本上救助因长期结构性失衡所造成的大危机。

首先，需求管理在总量扩张上能发挥作用，但对结构转型与结构优化所起作用甚微。如今全球各大经济体陷入危机，其根本原因还在于深层的结构性问题。比如，美国的货币扩张并没能使得依靠私人消费需求支撑增长的方式有多大改变，而中国的总量扩张，也有导致结构进一步扭曲的副效用，如产能过剩、单位GDP能耗上升等，在近年来事实上已进一步恶化了。其次，全球需求刺激政策已经走到末路。一则由于需求管理政策长期过度使用，其效率已然递减，恰如强弩之末；二则需求刺激政策的潜在风险由微而著。再次，从国际范围看，单纯的需求扩张，极易引发贸易战、货币战，损人且不利己。

因此，如果我们判断当前全球危机的本质是实体经济层面的结构性失衡、发展方式偏颇和创新能力缺失，如果我们认定转变经济发展方式和大力发展实体经济构成我国未来10年甚至更长时期发展的真正基础，那么，我们的宏观政策就要及早转型，需求管理应当缓行、慎行，而供给面的体制机制调整则应尽快进行。

习近平总书记最近强调，加快推进经济结构战略性调整是大势所趋，刻不容缓。我们认为，在当今世界上，哪一个国家的宏观政策及早向供给管理转型，政策重点尽快由短期的救市和维稳，转向效率的提升和增长潜力的提高，哪一个国家就能更快地调整好自身结构以适应全球发展新格局，也就能在新一轮的全球经济竞赛中胜出。

六　宏观稳定，微观搞活

着眼于调整结构，为未来经济增长培育后劲的宏观经济政策，可概括为“宏观稳定，微观搞活”。这种政策转变的核心便是，从关注需求管理转向关注供给机制的培育，转向关注激励、效率、竞争、生产率以及资本形成等这些有利于提高潜在产出的因素。

显然，关注供给、关注结构调整的宏观经济政策，是一套放松管制的政策体系和激发市场活力的改革安排。它旨在通过降低市场准入门槛、降低税负、降低融资成本等一系列体制机制改革，激发企业主体的活力；通过解除各种刚性的体制机制约束，提高要素市场（劳动力市场、资金市场、土地市场）效率，借以提高整个经济的竞争力。

今后，我国宏观调控的主要任务之一，就是有效解决我国的产能过剩问题，而解决产能过剩的政策工具，也应通过改革，主要从供给方寻找。

其一，从产能过剩的表现来看，更多是由于供给过剩而非需求不足。目前，一些传统产业以及新兴产业所出现的产能过剩，从投入产出角度看，是有了大量投入，却形成了一些无效的或过剩的产能。

其二，从产能过剩产生的原因来看，尽管有周期性因素影响，但更主要是体制性的、供给面的原因。一些企业（特别是那些有政府背景的企业）在扩张过程中，不计成本、不顾后果、盲目扩张、重复建设，这是导致产能过剩的主要因素。有人说，重复建设在市场经济中也是正常现象，但需要注意的是，在市场经济中，盲目投资、重复建设造成的损失是由企业自己来埋单的，而在中国目前这种情况下，造成的损失可能最终由政府特别是中央政府来埋单，因此，一些企业或地方政府在投资决策时就会更加“大胆”，它们会通过给土地、赠予矿产资源、低价甚至免费的方式推动投资，使其投资行为发生扭曲。

中国社会科学院的一项经验研究表明，产能过剩较严重的产业，恰恰是政策倾斜产业和扶持性产业。

其三，从治理产能过剩的思路看，要想从根子上解决产能过剩，还需要供给管理的思维。过去我们主要通过上项目、重投资来解决产能过剩问题，这或可因新投资需求的出现而暂时缓解当前的产能过剩，但会导致未来新一轮规模更大的产能过剩。鉴于此，我们必须摒弃以创造新的投资需求来消弭过剩产能的传统做法，应通过减少政府的干预，充分发挥企业和市场的作用，来最终抑制我国产能的盲目增长。

七　稳妥应对美联储的量宽退出

数月前，美联储宣称将渐次退出其数量宽松政策，引起各国当局剧烈躁动。9 月 18 日，美联储又宣布暂缓退出数量宽松政策，市场预期再次被搅乱。

美联储的货币政策动态确实值得高度关注，因为在美元主导的国际货币体系下，美联储事实上是在制定并执行着全球的货币政策。但是，美联储货币政策的影响既深，影响渠道也相当复杂，因此，评估量宽退出的全面影响，既要厘清其可能采取的形式和渠道，也需要结合国际形势发展和各国国情。

要评估量宽退出的效果和影响，首先需对量宽及其影响进行分析。

客观地说，面对本轮危机，各国共同行动，尤其是共同采取宽松货币政策，是充分汲取 20 世纪 30 年代的宏观调控教训的老成之举。这些政策对稳定全球经济发挥了积极作用。虽然危机并未因此而逝去，危机最恶劣的影响却显然被避免了。据 IMF 研究，美联储的数量宽松政策可能已使美国长期债券收益率下降超过 100 个基点，所带动的全球产出增长高于 1%。这意味着，当全球经济可能陷入大萧条之时，以美国为首的数量宽松货币政策发挥了降低市场不确定性和稳定局面的积极作用。

当然，宽松货币政策也不可避免地带来了一些负面影响。为未来通货膨胀积累了潜在的货币基础，是世所公认的弊端。但这实在只是表面现象。影响更为深远的负面作用是，它纵容（利用）了新兴经济体的失衡，使其可以通过投资大于储蓄的经典路径，维持经济较快增长。据 IMF 的估计，2009 年量化宽松政策推出后，新兴市场累计资本流入近4万亿美元。显然，一旦这些资本撤出，如近几个月显示的那样，新兴经济体的经济失衡状况将进一步恶化。近期印度尼西亚、印度、巴西、土耳其等国出现的问题，就是明证。

应当看到，数量宽松货币政策是一次规模巨大的市场干预，美联储的资产负债表因此而扩张到了3.5万亿美元，其对经济社会的影响本就全面、广泛而复杂。如今的量宽退出，或许会面对更为复杂的情况。从3.5万亿美元巨额资产负债表逐渐回缩，将是一个中长期的过程。在此期间，美联储不仅要维持债券市场的稳定，恢复其正常结构，而且要尽量保持其他金融市场的供求平稳。加之，几年来，美联储数量宽松货币政策工具繁多，可能的操作组合也相当复杂，较容易产生政策的不透明性和市场的误解，这一切都会加大全球金融市场的波动，使得其退出过程存在极大的不确定性。因此，即使美国实施量宽退出，其过程也是渐进的，一切要视美国经济以及全球经济的走势而定，另外，日本的“安倍经济学”正在兴头上，欧洲为巩固前一段治理成效，短时间也不大会收紧。

美国量宽退出对中国经济的负面影响不宜被夸大。现在大家担心量宽退出有不利影响，主要是担心国内资本会因此而大规模流出。这种看法至少是片面的，而且在我看来，即便出现这种状况，也未必一定是坏事。

其一，如果说量宽政策的推出曾导致大量资本流入中国，使得我们积累了大量外汇储备，因此而增发了大量货币，致使我国货币政策完全被外汇储备的动态所绑架的话，如今，倘若中国出现资本外流，那也会产生纠正国内金融结构的正向影响，其总体效果是，理顺国内金融结构，使得货币政策操作回归正常结构和平台。其二，如果量宽政策退出确实导致一些资本外流，我认为也不一定是坏事。因为一定规模的资本外流，对国内而言是启动去杠杆过程，它是挤泡沫的一个积极过程。这种市场清理机制是结构调整的一个重要组成部分。尽管这种清理是有代价的，甚至会导致一些企业倒闭，但其长期效果肯定是正向的。其三，量宽政策退出意味着美元供应将不断收紧，其汇率将趋于走强。如此，最可能的结果，是导致用美元定价的大宗商品价格下降，这将有利于降低我国企业的生产成本，提高利润水平，也有利于巩固经济增长的企稳势头。

因此，即使美国实施量宽退出，中国可能也不会出现大规模资本流出的现象。退一步说，即便出现大规模资本流出，我国外汇管理或许需要因此采取一些对冲政策，但其对我国金融体系和经济体系的总体影响，或许还是正面的。当然，正如我们近年来应对外汇储备连年巨额流入而采取的各项对冲措施是多样化和综合化的，应对外汇储备的流出，也需要多样化和综合化的政策组合，其间的不确定性和因此引致的国内金融市场波动，也会使得这个过程存在极大的不确定性。

我们真正需要关注的，首先是量宽政策退出导致国际资本流动在方向上和规模上出现急剧变化，以及因此而引致的国内资本流动方向和规模的变化及其不确定性。需要提醒的是，亚洲金融危机前，危机国家均爆发了程度不同的流动性泛滥，这种状况与日本采取数量宽松政策，在亚洲地区形成大量息差交易（carry trade）密切相关。这一次，我们必须坚决防止这种现象发生。其次应当考虑到国内正在推进金融改革，应把国内改革节奏与这个不确定的外部冲击因素统一起来考虑，防止出现风险叠加，从而积极推进国内金融改革。

八　做好上海自贸区这篇大文章

9 月 27 日，国务院正式发布中国（上海）自由贸易试验区总体方案。这标志着中国的对外开放进入崭新阶段。

改革和开放，一直是推动中国特色社会主义建设、支撑中国经济取得世所瞩目伟大成就的两大因素。就两者关系而论，以开放促改革，则始终是一条比较清晰的路线图。此次上海自贸区的试验方案，进一步强调了改革与开放之间彼此促进、相辅相成的关系。因此，方案的发布，也宣布了中国新一轮改革进程的启动。

过去的 33 年，中国的对外开放，大致经历了三个可识别出明显区别的递进阶段。

始以建立深圳等四大经济特区，继以建立沿海对外开放带，直至浦东开发开放，中国坚定地迈出了对外开放的步伐。从 1980 年至中国正式加入 WTO 前，是中国对外“政策性开放”时期。其基本特征，就是我们主动地选择若干领域、地区和产业，主要采取特殊优惠政策的方式，有选择地引进国外资金、技术、管理和市场，逐步建立起出口导向的经济体系。

经历长达13年的不懈努力，中国于2001年底正式加入WTO，开创了对外“制度性开放”的时代。这一时期的基本特征，就是中国全面接受了一套由发达经济体预设的规则、体系、做法和“最佳实践”，全面融入全球化的世界经济体系，同时，在过去长期实施“引进来”战略的基础上，中国的企业开始走向世界。

此次上海自贸区建设的启动，应视为中国对外开放的新阶段。它站在过去十年全面实施制度性开放的高台上，设定了“全面建设开放型经济体”的更为宏伟的目标，以期保证中国稳步成长为在国际社会中发挥重大作用的大国，为增进全人类的福祉贡献力量。

建立上海自贸区，也是我国应对“世情”发生重大变化的战略举措。这个“世情”，就是全球治理体制的变化。

自1995年世界贸易组织成立以来，陆续有20多个国家加入了该组织。然而，新兴经济体的相继加入，固然强化了发达经济体主导的经济全球化格局，但也对国际经济秩序施加了潜移默化的影响，使之逐渐向有利于新兴经济体的方向发展。这使得发达经济体感觉到，WTO作为全球战略工具的价值，显然较预期要小得多。

于是，G20开始受到发达经济体的青睐。利用这个平台，发达经济体一方面可以重新开设其感兴趣的议题，另一方面可以回避难以掌控的WTO格局，在较小的治理平台上发挥掌控力。于是我们看到，在G20平台上，人民币汇率、贸易顺差、低消费、高储蓄等一系列中国国内问题，被与全球经济再平衡的责任密切联系起来，成为打压中国的工具，为发达经济体重新塑造国际分工体系张目。但是，毕竟无可奈何花落去，发达经济体借G20打压中国的目标亦未如愿。

面对新形势，发达经济体日益显示出其改变全球治理模式的趋向。自2011年底开始，跨太平洋伙伴关系协定（TPP）、跨大西洋贸易与投资伙伴关系协定（TTIP）、多边服务业协议（PSA）、日欧经济伙伴关系协定以及近日欧加自由贸易协定等相继推出，再清楚不过地表明，发达经济体作为一个集体，已经不满于目前的全球化模式及其运行规则；为了夺回全球治理的主导权，它们正结成新的“神圣同盟”，力图树立新规。

这些“新规”均将中国排除在外，因此具有明显的针对中国的战略意图。这对我国的未来发展形成严峻的外部压力。

上海自贸区建设的启动，清楚地表明了我国政府应对上述新变化的积极态度，展示了中国政府应对国际经济新格局的主动战略：一方面，我们将主动要求参加正在形成中的各项新规的谈判过程；另一方面，我们选择中国领土上的一个最重要的区域，尝试 TPP 等新规中的合理规则，“实现以开放促发展、促改革、促创新，形成可复制、可推广的经验，服务全国的发展”。

因此我们可以说，上海自贸区建设的启动，同时也是我们应对国情变化的战略举措。我们希望经过两至三年的改革试验，通过金融服务、航运服务、商贸服务、专业服务、文化服务以及社会服务领域的扩大开放，积极推进服务业扩大开放和外商投资管理体制改革，加快探索资本项目可兑换和金融服务业全面开放，力争将上海自贸区建设成具有国际水准的投资贸易便利、货币兑换自由、监管高效便捷、法治环境规范的自由贸易试验区，营造有利于各类投资者平等准入的市场环境，争取在上海率先建立符合国际化和法治化要求的跨境投资和贸易规则体系，使试验区成为我国进一步融入经济全球化的重要载体，成为我们试验使用“负面清单管理”、全面改革政府监管模式的重要平台，并以此为基础，进一步推动中国国内的经济改革。

总　报　告

General Report

B.1

中国经济形势分析与预测

——2013 年秋季报告

“中国经济形势分析与预测”课题组*

摘　要：

2013 年，在国际经济缓慢复苏，国内宏观调控坚持稳中求进、稳中有为、稳中提质的背景下，预计全年中国 GDP 增长 7.7%，增速与上年持平，继续保持增长稳健、结构优化的发展态势。十八届三中全会已对全面深化改革开放、推动体制机制创新做出新的部署，预计 2014 年中国 GDP 增长 7.5% 左右，将继续保持在经济运行的合理区间，中央政府将着力深化改革开放、推动结构调整和转型升级。在稳中求进、提质增效的新阶段，既要增强宏观调控政策的针对性和协调性，使经济运行在合理区

* 课题总负责人：李扬；执行负责人：李平、李雪松、张平；执笔：李雪松、张涛、娄峰、王文波；课题组成员：李军、樊明太、李文军、沈利生、赵京兴、张延群、蒋金荷、万相昱、刘生龙等。

间，又要着力推动改革开放，推进改革创新，释放内需潜力、创新动力和市场活力，以期为未来持续发展奠定良好的基础。在此过程中，要把握好稳增长、调结构、促改革、防风险的平衡。

关键词：

中国经济　经济形势　政策建议

本报告将在模型模拟与实证分析的基础上，分析当前宏观经济形势，预测2013年及2014年中国经济发展趋势，提出宏观调控及改革开放的政策取向。

一　中国经济进入稳中求进、提质增效的新阶段

当前，世界经济形势总体朝好的方向发展，但不稳定和不确定因素依然突出，实现世界经济全面复苏仍然面临严峻挑战。伴随着外贸红利、人口红利的逐步减弱，中国经济已告别超高速增长期，进入稳中求进、提质增效的中高速增长新阶段。稳，就是要保持宏观经济政策基本稳定，保持经济平稳较快发展，保持物价总水平基本稳定，保持社会大局稳定。进，就是要继续抓住和用好我国发展的重要战略机遇期，在转变经济发展方式上取得新进展，在深化改革开放上取得新突破，在改善民生上取得新成效。提质增效，就是要以提高经济发展质量和效益为中心。中国经济要继续保持增长的潜力和活力，就必须改变以往的经济增长模式，坚定不移地推进经济结构调整，推进经济转型升级。

2012年中央经济工作会议指出，从国际环境看，尽管我国发展仍处于重要战略机遇期的基本判断没有变，但是，我国发展的重要战略机遇期在国际环境方面的内涵和条件发生了很大变化。我们面临的机遇，不再是简单纳入全球分工体系、扩大出口、加快投资的传统机遇，而是倒逼我们扩大内需、提高创新能力、促进经济发展方式转变的新机遇。我们必须深刻理解、紧紧抓住、切实用好这样的新机遇，因势利导，顺势而为，努力在风云变幻的国际环境中谋

求更大的国家利益。

从国内情况看，当前我国劳动力市场结构也在发生着深刻变化，国家统计局的数据显示，2012 年全国 15 ~ 59 岁（含不满 60 周岁）劳动年龄人口为 93727 万人，比上年末减少 345 万人，出现了持续多年增长后的首次下降。预计 2030 年以前，中国劳动年龄人口将稳步地有所减少。

2013 年是全面贯彻落实党的十八大精神的开局之年，面对国内外复杂形势，党中央、国务院做出科学判断和决策，坚持稳中求进、稳中有为。坚持以转变政府职能为突破口，正确处理政府和市场的关系，努力释放改革红利，激发市场活力、内生动力和社会创造力，统筹稳增长、调结构、促改革，实施一系列既利当前、更惠长远的政策措施。面对经济下行压力加大的情况，宏观调控保持定力，稳定政策，创新调节方式，压缩行政开支，坚持不扩大赤字，既不放松也不收紧银根，有效引导市场预期。扩大内需精准发力，巩固农业基础，加强中西部和社会事业等薄弱环节建设，发展养老、健康等服务业，培育新的消费热点，结构调整迈出新步伐。改革开放深处着力，适时有序地推出财税、金融、投融资等改革措施，积极推动贸易投资便利化，促进与各国的互利合作，改革开放获得新进展。改善民生有序有力，科学应对四川芦山地震等重大自然灾害和禽流感等突发公共卫生事件，围绕群众关切，促进就业创业，加大食品安全监管和对大气污染等的治理，保障和改善民生。

2013 年，中国经济出现稳中向好走势。第一季度经济增长 7.7%，第二季度增长 7.5%，第三季度增长 7.8%，全年可实现年初确定的预期目标。同时，价格总水平基本稳定，就业形势总体平稳，夏季粮油再获丰收，秋粮丰收在望，服务业发展继续加快，科技创新成果不断涌现，节能减排工作进一步强化，简政放权取得积极进展，改革开放力度加大，社会事业得到加强。

展望 2014 年，全球经济有望保持温和复苏态势，主要发达经济体进入经济回升期，但不确定性因素依然较多。一些不确定性因素有可能对经济复苏带来负面冲击。

美国私人消费逐渐增加，家庭资产负债有所修复，投资结构进一步优化，传统产业技术改造完成，宏观经济基础逐渐垒实，在新能源、新技术的推动下，美国可能进入新一轮经济增长阶段，美联储削减 QE3 的程度和时间进程主要取决于美国国内的经济表现，而短期内相关指标仍存在波动性和不确定性，同时，美国仍将面临提高债务上限的问题。

欧元区危机总体有所缓解，欧盟委员会已经正式授权欧洲央行自2014年中期开始监管欧元区银行业，从而将加快欧盟银行业监管统一化进程，有利于改善欧元区金融机构的资产负债状况，使得欧元区金融市场逐渐趋于稳定，有利于增强消费者和投资者信心。欧盟经济可能会呈现逐步企稳回升并摆脱负增长的态势，但复苏过程仍然缓慢。日本经济恢复了较快增长，但其量化宽松政策的边际效应正在递减。

新兴市场国家和发展中经济体依然能够保持较高的增长率，但其增长势头明显放缓，且局部波动性增大。新兴市场国家和发展中经济体应密切关注发达经济体的利率、汇率、国际资本流向及国际大宗商品价格的变化，谨慎应对潜在的外部市场风险和自身的财政风险，积极谋求国际协作，避免经济危机的传导与反复。

总之，尽管当前全球经济有所好转，但形势依然错综复杂。同时，虽然中国经济出现稳中向好走势，但仍然面临不少困难和挑战。比如，部分地方政府负债较高并对土地财政依赖加深；影子银行产品规模较快增长的同时流动性风险管控能力却不足；实体经济中企业的各种要素综合成本上升较快，部分企业经营压力增大；部分地区房地产供需严重不匹配；“用工荒”与大学毕业生就业困难状况并存；环境问题凸显，影响居民健康；等等。未来一段时期，我国经济发展中的“不平衡、不协调、不可持续”问题依然存在，经济平稳运行的基础还不稳固，内生增长动力有待增强。在稳中求进、提质增效的新阶段，不少问题的解决将有赖于改革开放步伐的加快，要加快转变经济发展方式，推进改革创新，释放内需潜力、创新动力和市场活力。

二　2013～2014年国民经济主要指标预测

2013年，在国际经济缓慢复苏，国内宏观调控坚持稳中求进、稳中有为、稳中提质的背景下，预计全年中国GDP增长7.7%，增速与上年持平，继续保持增长稳健、结构优化的发展态势。

2013 年第三产业增加值增速将继续快于第二产业。三次产业增加值将分别增长 3.8%、7.8% 和 8.4%，其中，第一、第二产业增长速度分别比上年回落 0.7 个和 0.3 个百分点，第三产业增长速度比上年提高 0.3 个百分点。三次产业分别拉动 GDP 增长 0.3 个、4.0 个和 3.4 个百分点，三次产业对 GDP 增长的贡献率分别为 4%、52% 和 44%。

2013 年制造业投资增速显著低于上年，而第三产业及房地产开发投资增速都高于上年，从第三季度起，各级政府适度增加了对重点领域和基础设施投资的支持力度。预计 2013 年全社会固定资产投资（不含农户）将超过 45 万亿元，名义增长 20.4%，增速比上年提高 0.1 个百分点；实际增长 19.2%，增速比上年提高 0.2 个百分点，继续保持平稳较快增长。

2013 年房地产销量及信息消费增长较快、汽车销售增长平稳，预计 2013 年社会消费品零售总额将达到 23.8 万亿元，名义增长 13.3%，增速比上年回落 1.0 个百分点；扣除价格因素，实际增长 11.6%，增速比上年回落 0.5 个百分点，总体继续保持平稳增长态势。

2013 年国际贸易总体环境略好于上年，美国经济复苏迹象明显，就业不断改善，房地产市场好转，制造业景气指数回升；欧元区危机总体有所缓解；日本加强了货币和财政政策刺激。但国内资源和劳动力等要素成本不断上升、物流成本居高不下、人民币持续升值及国际贸易保护势力不断抬头，使得我国同他国的贸易摩擦频发且多样化，进而阻碍了我国相关优势产品的出口。综合考虑不同因素的影响，预计 2013 年我国出口和进口分别增长 8.7% 和 7.5%，增速分别比上年提高 0.8 个和 3.2 个百分点。

2013 年物价将保持温和上涨态势。首先，CPI 同比翘尾因素较低，2013 年翘尾因素约为 1%，比 2012 年低 0.2 个百分点，翘尾因素减小将在一定程度上抑制 2013 年 CPI 同比涨幅；其次，从新涨价因素看，国内产能过剩问题较为突出，物价在基本面上缺乏持续上涨的支撑；最后，从货币供给上看，在“盘活存量、用好增量”以及对加强监管层流动性管理等政策下，管住货币已经成为基本政策取向。预计 2013 年居民消费价格上涨 2.6%，工业品出厂价格下降 1.6%，投资品价格上涨 1.1%，均与上年基本持平。

由于近年来我国劳动力市场发生了结构性变化，2013 年我国农村居民人均纯收入实际增长率将继续保持自2010年以来高于城镇居民人均可支配收入实际增长率的势头。预计2013年我国农村居民人均纯收入增长9.5%，城镇居民人均可支配收入增长7.2%。

2014年，我国仍处于重要战略机遇期。十八届三中全会已就全面深化改革开放、推动体制机制创新做出了新的部署。预计2014年中国GDP增长7.5%左右，将继续保持在经济运行的合理区间内，中央政府将着力深化改革开放、推动结构调整和转型升级。

预计2014年全社会固定资产投资名义增长率为20.1%，实际增长18.5%，增速较2013年有小幅回落，但仍为较高的增速；社会消费品零售总额名义和实际增长率分别为13.1%和11.3%，保持较稳定的增长；出口和进口分别增长9.1%和8.5%，增速均略高于2013年。

总体而言，2013～2014年中国将保持平稳发展态势，经济增长运行在合理区间内，同时，改革开放和结构调整的步伐将加快。表1列出了2013～2014年国民经济主要指标的预测结果。

表1　2013～2014年国民经济主要指标预测

指标名称	2013年预测值	2014年预测值
1. 总量		
GDP增长率(%)	7.7	7.5
2. 三次产业		
第一产业增加值增长率(%)	3.8	4.0
第二产业增加值增长率(%)	7.8	7.5
其中:重工业增长率(%)	7.9	7.6
轻工业增长率(%)	7.6	7.2
第三产业增加值增长率(%)	8.4	8.3
其中:批发零售业增长率(%)	10.1	9.8
第一产业对GDP增长的拉动(个百分点)	0.3	0.3
第二产业对GDP增长的拉动(个百分点)	4.0	3.8
第三产业对GDP增长的拉动(个百分点)	3.4	3.4
第一产业贡献率(%)	4.0	4.1
第二产业贡献率(%)	52.0	50.5
第三产业贡献率(%)	44.0	45.4

续表

指标名称	2013 年预测值	2014 年预测值
3. 投资		
全社会固定资产投资(亿元)	451110	541780
名义增长率(%)	20.4	20.1
实际增长率(%)	19.2	18.5
支出法投资率(%)	49.5	49.2
4. 消费		
社会消费品零售总额(亿元)	238280	269490
名义增长率(%)	13.3	13.1
实际增长率(%)	11.6	11.3
5. 外贸		
出口总额(亿美元)	22270	24300
出口增长率(%)	8.7	9.1
进口总额(亿美元)	19540	21200
进口增长率(%)	7.5	8.5
外贸顺差(亿美元)	2730	3100
6. 价格		
居民消费价格上涨率(%)	2.6	2.8
工业品出厂价格上涨率(%)	-1.6	0.8
投资品价格上涨率(%)	1.1	1.3
GDP 平减指数(%)	2.0	2.3
7. 居民收入		
城镇居民人均可支配收入实际增长率(%)	7.2	7.5
农村居民人均纯收入实际增长率(%)	9.5	9.6
8. 财政		
财政收入(亿元)	127060	137470
财政收入增长率(%)	8.4	8.2
财政支出(亿元)	139060	150470
财政支出增长率(%)	10.6	8.2
9. 金融		
新增贷款(亿元)	92490	104030
新增货币发行(亿元)	5040	5550
居民储蓄存款余额(亿元)	446900	507680
居民储蓄存款余额增长率(%)	14.0	13.6
M2(亿元)	1114430	1273790
M2 增长率(%)	14.4	14.3
各项贷款余额(亿元)	722400	826420
各项贷款余额增长率(%)	14.7	14.4
社会融资总额(亿元)	174030	193370

三　继续实施积极的财政政策和稳健的货币政策

面对国内外瞬息万变的经济金融形势，做好2014年的经济工作，应进一步提高宏观调控政策的针对性和协调性，把握好宏观调控的方向、力度和节奏，使经济增长继续处于合理区间内。继续实施积极的财政政策和稳健的货币政策，盘活存量、优化增量，着力提高财政资金使用效益，加大金融支持实体经济的力度，妥善处理好稳增长、调结构、促改革、防风险的关系，管住货币，搞活金融，控好风险。

1. 继续实施积极的财政政策

2014年要继续实施积极的财政政策，同时更好地发挥积极财政政策在稳增长、调结构、促改革中的重要作用。积极财政政策要注重短期和中长期效果的结合，既要稳增长，又要兼顾培育未来的经济增长点。通过优化投资方向推动经济结构调整、促进经济体制改革，实现更为稳健和均衡的增长。

一是继续完善结构性减税政策，支持实体经济，特别是小微企业的发展。结合税制改革，继续完善结构性减税政策。加快“营改增”的普及范围，减少重复征税，着力解决部分行业税负加重的问题，减轻企业负担，加速释放改革红利，让更多行业受益。加快取消和规范行政事业性收费；加强对过桥过路费的清理整顿；同时，实施好科技创新型企业所得税优惠政策，包括研发费用税前加计扣除、设备加速折旧等政策，引导企业加大先进设备投入。在暂免征收月销售额不超过2万元的小微企业增值税和营业税的基础上，加快构建减轻小微企业负担的长效机制，激发小微企业的长期活力。

二是保持财政赤字率基本稳定，优化债务结构。2014年，考虑结构性减税的效应，财政收入增幅预计将保持稳定，但由于财政支出刚性以及要保持对经济增长和结构调整的支持力度，因此，2014年可在财政赤字率保持稳定的基础上小幅扩大财政赤字规模，适当增加国债规模；在结构上，要优化债务结构，调整国债的期限结构，合理分配中央财政和地方债务的规模，控制财务风险，适当增加地方债的发行。

三是用好增量资金，提高财政资金使用效率。用好财政增量资金，微调财政投资方向，把就业作为民生之本，大力发展教育、医疗卫生、文化等各项社会事业，增加教育、医疗卫生、社会保障等公共支出，加强对部分重点行业的支持力度，加大对中小企业的帮扶力度。着力“保基本、补短板、兜底线”，加大扶贫攻坚力度，提高城乡居民收入水平，让发展成果更多更好地惠及全体人民。

四是合理控制地方政府债务水平，有效防控地方债务风险。国家审计署数据显示，我国地方政府的债务规模较大，近年有快速增加的趋势。要加强对地方融资平台的管理，妥善处理债务偿还和在建项目后续融资问题，积极推进地方政府债务管理制度建设，合理控制地方政府债务水平。同时，构建地方政府可持续性债务融资的长效机制，从税收制度改革方面根本上解决地方财政资金不足问题。

2. 继续实施稳健的货币政策

面对复杂多变的金融形势，2014 年货币政策应继续坚持稳健取向，密切关注国际国内经济金融最新动向和国际资本流向的变化，在继续实施稳健货币政策的同时，着力增强政策的针对性、协调性，适时适度进行预调微调。要优化金融资源配置，用好增量，盘活存量，为经济结构调整与转型升级创造稳定的金融环境和货币条件，更好地服务于实体经济的发展。应妥善处理稳增长、调结构、促改革、防风险的关系，管住货币，搞活金融，控好风险。进一步推进利率市场化改革，更大程度地发挥市场机制在资源配置中的基础性作用。继续推进人民币汇率形成机制改革，保持人民币汇率在合理均衡水平上的基本稳定。

一是保持货币信贷适度增长，发挥好货币政策逆周期调节的作用。经过改革开放 30 多年来的持续高速增长，我国依靠大规模投资拉动经济增长的传统模式已难以为继。受国内劳动力要素结构性转变、资源环境压力大等因素的影响，我国潜在经济增长率已由超高速区间下行至中高速区间。2012 年，我国 M2 余额居世界第一位，M2 与 GDP 之比达到 1.88，在世界范围内处于较高水平。依靠大规模信贷投放来刺激经济增长，不仅会对资产价格带来较大压力，而且会埋下严重的金融风险隐患。进一步健全宏观审慎政策框架，灵活运用数量、价格等多种货币政策工具组合，加强和改善流动性管理，引导货币信贷和社会融资规模平稳适度增长，完善货币政策传导机制，为宏观经济的发展提供合适的流动性。

二是优化金融资源配置，用好增量货币，盘活货币信贷存量，引导金融支持经济结构转型与升级。在确保经济增长、就业不滑出“下限”、物价涨幅不超出“上限”的前提下，2014 年稳增长不需要也不应以大规模货币政策的刺激为条件，恰恰是推行“用好增量、盘活存量”的窗口期。在合理保持货币总量、切实用好货币信贷增量、引导资金进入实体经济的同时，通过盘活货币信贷存量、优化金融资源配置，以市场化方式加快解决“金融热、房地产热、实体冷”问题。要优化信贷结构，发挥信贷政策结构引导作用，促进经济结构调整。通过各种政策方针和窗口指导等措施，鼓励和引导金融机构在调整优化存量信贷结构的同时用好增量货币，更多地将新增信贷资源配置到战略性新兴产业、城市基础设施、中西部铁路、公共租赁房和棚户区改造等保障性住房、“三农”、小微企业等社会经济重点领域和薄弱环节，保证国家重点在建续建项目的资金需求。积极稳妥地推动信贷资产证券化试点，把商业银行优质信贷资产作为资产证券化的标的，鼓励民间资本介入，盘活信贷市场，激发金融市场活力，促进实体经济平稳发展。

三是进一步推进利率市场化改革，提高资金配置效率。进一步建立健全市场化利率形成机制，稳步推进利率全面市场化改革的步伐，让社会资金通过市场化的手段得到更高效的配置。加快建立存款保险制度等相关配套基础制度建设，加快培育市场基准利率体系，形成较为完善的市场利率体系，着力提高市场利率引导和调控水平，强化价格型调控机制，更大程度地发挥市场机制在资源配置中的基础性作用。加快中小金融机构发展，改善中小企业融资条件，推动金融支持实体经济繁荣和经济结构调整，促进经济金融协调发展。

四是完善人民币汇率形成机制，保持人民币汇率基本稳定，促进外贸平稳健康发展。继续推进人民币汇率形成机制改革，进一步完善人民币汇率形成机制，建立更加适应市场供求变化和更为灵活的人民币汇率形成机制，使市场供求在汇率形成中发挥更大作用，增强人民币汇率双向浮动弹性和灵活性，保持人民币汇率在合理均衡水平上的基本稳定，稳定市场预期，增强外贸企业竞争力，促进外贸平稳健康发展。密切关注国际国内经济金融形势变化对资本流向的影响，加强跨境资金流动监测分析预警，防范跨境资本流动风险。稳步推进人民币资本项目可兑换，支持人民币在跨境贸易和投资中的使用，推进人民币国际化的进程，促进贸易投资便利化。

五是全面提高流动性风险管控能力，密切防范金融风险。守住不发生系统性和区域性金融风险底线，引导金融机构稳健经营，增强商业银行流动性风险监控和预警能力，提高对重点支持领域的风险评估水平和风险防范能力，加强对局部和区域性风险以及金融机构表外业务风险的监管，稳定负债来源，改变过度依赖理财产品和短期资金拆入的状况，严格执行信贷规模管理，全面提高流动性风险管控能力，提高金融支持经济发展的可持续性。

四　保持合理投资增长，推动居民消费升级，促进产业技术创新

2014 年，鉴于外部环境仍然具有许多不确定性，我国应继续实施扩大内需的战略。保持投资合理增长，调整投资方向，提高投资效率；积极培育消费新热点，推动居民消费升级；大力推动产业技术创新，加快形成经济的自主增长机制。推动工业化、信息化、新型城镇化、农业现代化融合发展，推进东中西部地区协调发展。

1. 保持投资合理增长，调整投资方向，提高投资效率

一要以结构调整为契机，保持投资合理增长。过去 30 余年，投资始终是拉动中国经济持续增长的核心推动力。稳增长离不开稳投资，但投资规模不当又会产生一系列棘手问题。在产业方面表现为产能过剩问题突出，在资金方面表现为地方债务风险加剧。随着劳动力、资本、技术增长潜力的不断减弱，我国经济将从超高速增长阶段转换进入中高速增长阶段，投资基数较高及经济增长潜力下降客观上导致投资增速将呈现阶段性放缓的趋势，当前我国全社会固定资产年均增长速度保持在 20% 左右，比“十一五”时期平均 25% 左右的增长速度下降约 5 个百分点。

二要以制造业梯度转移和产业承接为契机，加大对中西部地区高端制造业的投资。21世纪以来，我国的制造业开始从东南沿海地区向中西部内陆地区规模化地转移。受国际金融危机影响，我国制造业产业转移速度进一步加快。东部发达省市积极向辖区内相对落后地区、中西部地区及部分东盟国家转移部分低附加值和劳动密集型产业，中西部地区也纷纷出台产业转移和承接政策，积极建立和完善各类工业园区。中西部地区除去劳动力在数量、技能和成本上的优势之外，近些年随着西部大开发战略、中部崛起战略和东北等老工业基地振兴战略的实施，中西部地区的交通运输等基础设施逐步得以改善，制约产业发展的瓶颈因素正逐步得到解决。从当前的发展情况来看，我国中西部经济增长速度已经超过了东部沿海地区，已然成为中国GDP增速最快的区域。在制造业继续西移的进程中，对中西部地区的投资应着眼于产业结构的优化升级和经济发展方式的转变，要更具效率与针对性，要加大研发创新和高端制造业投资的比重，逐步建立起中国自己的高端制造业，并形成完善的产业价值链。

三要以推进新型城镇化为契机，加强对大中城市基础设施建设的投资。为落实区域开发战略、公共服务均等化政策意图，21世纪以来，基础设施投资明显向中西部倾斜，这种倾斜对改善内陆地区投资环境、吸引东部产业向内陆地区转移、促进内陆地区经济发展和人民生活水平提高发挥了重要作用。中国城镇化进程正在进入一个新的发展阶段，市政、民生方面的投资还有较大空间，包括轨道交通、绿化安防、供气供水和污水处理等。这种投资有别于过去“钢筋加水泥”的简单堆积，呈现精细化的特点。城镇化对交通运输的需求首先会在一线城市出现。一线城市经济实力更为强大，未来需求也较旺盛。除了轨道交通方面的硬件设施继续发展，东部大城市的城镇化也包括以“智慧城市”为代表的高质量建设，如城市建筑的节能改造及新建节能建筑，对城市道路管网和垃圾污水处理等市政建设的完善，智能交通、智能医疗和智能网络城市的建设等。

四要以市场化改革为契机，优化投资主体，最大限度地利用民间投资。我国投资主体主要以政府和国有企业为主，2002～2012年，以政府和国有企业为主的投资占总投资的58.7%，而民间投资仅为41.3%。加快投资体制机制改革，充分发挥各种金融主体的积极性，运用多元化的融资渠道和各种高效的金融工具，把储蓄供给与投资需求更有效地匹配起来，鼓励和引导民间投资进入法律法规未明确禁止准入的行业和领域，重点引导、支持民间资本进入可以实行市场化运作的基础设施、市政工程及其他公共服务领域，使之更好地为促进经济发展和结构优化服务。

2. 积极培育消费新热点，推动居民消费升级

一要培育信息等消费新热点，支撑消费需求的快速增长，形成新的经济增长点。近年来，信息消费持续快速增长。居民用于购买信息产品和电信服务的支出显著增加，家庭信息化程度进一步提高，信息消费逐渐成为日益活跃的消费热点。据统计，截至2012年底，中国网民数量达到5.6亿人，互联网普及率为42%。2012年，中国网络经济市场规模达3850亿元，同比增长54%。据统计，2012年，中国电子商务零售额为2000亿美元左右，已经接近全球最大的零售市场美国。网上购物、在线支付成为不少居民热衷的购物方式，网络消费呈现高速增长的势头，成为正在兴起的新热点。我国市场规模庞大，正处于居民消费升级和信息化、工业化、城镇化、农业现代化加快融合发展的阶段，信息消费具有良好的发展基础和巨大的发展潜力。与此同时，我国信息消费面临基础设施支撑能力有待提升、产品和服务创新能力弱、市场准入门槛高、配套政策不健全、行业壁垒严重、体制机制不适应等问题，亟须采取措施予以解决。加快促进信息消费，能够有效拉动需求，催生新的经济增长点，促进消费升级、产业转型和民生改善，是一项既利当前又利长远、既稳增长又调结构的重要举措。

二要推动居民消费升级。中国城镇化进程正在进入一个新的发展阶段，新型城镇化并不是单纯地提高城镇化率，不是单纯地让农民成为所谓的“城镇常住人口”，而是要让未来的新市民真正融入，城市生活方式将改变他们的消费习惯。新型城镇化带来的将是大众消费的普遍市场化，一方面把传统上自给自足的生活消费转变为市场交换，另一方面会通过示范效应等大大加快消费结构的升级。随着城镇化进程的加速，有效需求会直接拉动服务经济部门的增长，大大增加不同类型的消费方式和商品，医疗保健、智能家电、婴童产品和娱乐体验等或将引领新一轮消费周期的兴起。人口结构的变化及新型城镇化道路将使国内消费需求的市场容量得到持续快速扩张，不仅能成为未来国民经济增长的主要拉力，而且能有效发挥中国市场的世界影响力。

3. 大力推动产业技术创新，加快形成经济的自主增长机制

一要以市场为导向，促使企业成为真正的创新主体。在从英国的机车革命到美国的电气化，再到第二次世界大战以后“日本第一产业”兴衰的背后，是企业家所进行的创新。现阶段，强调转变经济发展方式、调整经济结构、提升创业能力是我国今后的经济基础，转型的重要支撑在于激发企业和市场的活力，只有通过企业技术创新，才能推动传统产业转型升级，实现产业链和价值链从低端向研发、设计、品牌、服务等高端延伸。只有通过企业技术创新，才能推动新材料、信息领域的关键技术突破，培育壮大战略性新兴产业。只有通过企业技术创新，才能推动我国工业由主要依靠要素投入量的增长走向依靠要素投入质的增长，走向资源节约、环境友好、绿色增长的新路径。

二要在制定标准、建立配套机制、营造创新环境、维护公平竞争等方面，发挥政府的协调作用。战略性新兴产业是以重大技术突破和重大发展需求为基础，对经济社会全局和长远发展具有重大引领带动作用的产业。由于对战略性新兴产业的投资具有一定的风险性，产业发展面临着各种各样的不确定性，前期高昂的研发投入、漫长的研发和市场开发周期等都制约了很多企业的步伐。因此，在新兴产业发展中，首先，政府应该加大财政对战略性新兴产业发展的投入力度，设立支持战略性新兴产业发展的专项资金；其次，政府还应该建立和完善多元化、多渠道的科技投入体系，综合运用财政拨款、基金、贴息、担保等多种方式积极引导和推动资金、项目、人才、创新资源等向新兴产业集聚，不断加大对战略性新兴产业的投入力度，同时对纳入新兴产业发展规划的项目给予贴息或税收减免；最后，应加快发展完善战略性新兴产业的风险投资体系，促进多层次资本市场建设，政府引导金融机构加大对战略性新兴产业的投入力度，从而解决其在商品化、产业化发展过程中遇到的资金困难。

五　着力深化改革开放，增强经济发展后劲

改革开放以来，我国经济取得了持续快速发展，这与我国不断推动改革、不断释放改革红利是休戚相关的。当前，面对国内外复杂的经济环境，唯有深

化改革开放才能为中国经济发展增强后劲，逐步实现市场化导向的经济结构优化、产业转型升级，这也是稳中求进、提质增效的必然要求。要把更好地发挥市场在资源配置中的基础性作用作为下一步深化改革的重要取向，加快形成统一开放、竞争有序的市场体系，着力清除市场壁垒，提高资源配置效率。

第一，深入推进财税体制改革，理顺中央和地方的财税关系。加快构建地方税体系，逐步降低间接税率和间接税比重，开征并提高直接税比重，理顺中央和地方财税的关系，使中央地方财权和事权相匹配。一要将大量消耗能源、资源及产生污染的产品纳入征税范围，推进资源税、环保税费改革；二要进一步完善消费税制度，考虑将特别消费税和车辆购置税改为在消费环节征收，同时划归地方；三要加快在全国推行房产税，尽早形成房地产调控的合理预期，促使房地产市场健康发展，激励地方政府职能转变，改变地方政府对土地财政的过度依赖，优化我国税制结构，调节收入再分配；四要逐步提高个人所得税工薪所得费用扣除标准，合理调整税率结构，切实减轻中低收入者税收负担，刺激消费，改善收入分配；五要调整中央政府和地方政府支出责任，适当增加中央政府的支出责任，逐步实现基本公共服务的全国均等化。

第二，深入推动金融体制改革，大力发展以市场为主体的金融运行体制。一要加快利率市场化改革，放宽在利率和经营方面的过多管制，提高金融机构竞争程度；稳步推进人民币汇率市场化改革，在利率和汇率市场化的基础上，形成市场化的金融价格基准，为金融组织和金融市场的运作提供良好的价格信号，引导金融资源有效配置，为央行的宏观调控提供准确的信息和有效的手段。二要发展完善以市场价格为基准的多层次资本市场，形成多种所有制和多种经营形式、结构合理、功能完善、高效安全的现代金融体系，满足多元化的投融资需求，更好地为实体经济特别是小微企业服务；建立以证券公司网络系统为平台、经纪人为核心的场外交易市场，从根本上解决小微企业权益性资本供给不足的问题。三要完善长期投融资机制，就机构而言，就是要继续发展政策性金融机构，鼓励发展以保险公司为代表的各类契约型（尤其是长期契约）金融机构；就市场而言，就是要建立发达的股票市场、固定收益债券市场及市政债券市场。另外，鼓励民营资本进入中长期信用市场，这也是建立长期资本投融资机制不可或缺的重要内容。

第三，积极探索中国（上海）自由贸易试验区管理模式创新，为服务业的改革开放注入新活力。经济全球化和区域化是大势所趋，我国须继续坚持扩大开放的战略，采取积极主动的措施，推动全球化朝着更加均衡的方向发展。建立中国（上海）自由贸易试验区，是在新形势下统筹国内国际两个大局、顺应全球经贸发展新形势、推进改革开放的重大举措，对加快政府职能转变、积极探索管理模式创新、促进贸易和投资便利化，为全面深化改革和扩大开放探索新途径、积累新经验，具有重要意义。中国（上海）自由贸易试验区的建立，既为中国服务业的改革开放注入了新活力，也是中国应对国际贸易新规则的需要。试验区的成立既能提升国际贸易的能级，加快中国金融体系开放、与国际接轨，将会在新形势下释放更大的改革红利，又能为更大范围、更深层次的开放积累经验，使得中国在世界经济格局大国博弈中获得有利地位和相匹配的话语权。一要探索建立投资准入前国民待遇和负面清单管理模式，深化行政审批制度改革，加快转变政府职能，全面提升事中、事后监管水平。二要扩大服务业开放、推进金融领域开放创新，建设具有国际水准的投资贸易便利、监管高效便捷、法治环境规范的自由贸易试验区，使之成为推进改革和提高开放型经济水平的“试验田”。三要力争取得明显成效，形成可复制、可推广的经验，发挥示范带动、服务全国的积极作用，促进各地区共同发展。

总之，在稳中求进、提质增效的中高速增长新阶段，既要增强宏观调控政策的针对性和协调性，使经济运行在合理区间，又要着力推动改革开放，推进改革创新，释放内需潜力、创新动力和市场活力，以期为未来持续发展奠定良好的基础。在此过程中，要把握好稳增长、调结构、促改革、防风险的平衡。

B.2

"中国经济形势分析与预测——2013年秋季座谈会"综述

彭 战*

2013年10月14日，中国社会科学院经济学部、"中国经济形势分析与预测"课题组召开秋季座谈会，会上发布了中国社会科学院《中国经济形势分析与预测2013年秋季报告》。中国社会科学院副院长李扬以及来自社科院各相关研究所、国家有关部委局、各研究机构与部分高校的专家学者出席了座谈会，与会专家对2013年的经济形势及2014年趋势展开讨论，发表看法。会议由数量经济与技术经济研究所李平所长主持，在京各类新闻媒体对会议进行了报道。这是1990年课题组成立以来召开的第46次中国经济形势分析与预测座谈会。

一 对当前经济形势及2014年经济走势的基本判断

2013年，国际经济，特别是美国经济缓慢复苏，国内经济继续保持稳健增长。随着中共十八大的胜利召开，中国经济呈现速度趋稳、结构优化的发展态势。预计2013全年GDP增速与上年持平，各类经济数据总体保持平稳，"稳定"成为与会专家对2013年、2014年经济走势的基本判断，并且预计中国经济开始进入7%～8%的"中高速增长"新阶段。

2013年农业形势依然较好，克服南方高温干旱和北方洪涝灾害的影响，粮食产量有望实现"十连增"；工业经济增长前三季度缓中趋稳，企业赢利状况大幅好转；第三产业增速明显快于第二产业。投资整体保持较快增长，其中

* 彭战，中国社会科学院数量经济与技术经济研究所。

民间投资快于整体投资增速；消费增长总体平稳，前三季度社会消费品零售总额同比增长 12.9%，内需增长整体保持稳定。国际贸易环境虽然有所好转，但资源和劳动等成本上升、人民币升值、各国贸易保护主义抬头等内外因素，对我国传统优势产品的出口产生不利影响。预计 2013 年我国出口和进口分别增长 8.7% 和 7.5%。就业形势总体平稳，在相对严峻的环境下，全国城镇新增就业同比略有提高，城镇登记失业率保持整体稳定，居民收入继续增长。1～10 月季度居民消费价格指数（CPI）为 2.6%，物价涨幅基本平稳，但房地产价格依然大幅攀升，同时造成房租上涨压力明显。对于当前财政收入增速的下滑态势，专家认为可以保持相对从容态度。

多数专家认为，随着中共十八届三中全会的召开，一系列新举措将相继出台，2014 年经济增长将保持平稳运行，增长速度会略低于 2013 年，但幅度不大。

二　当前经济形势的特点

1. 经济运行保持平稳，增速在 7%～8%

尽管 2012 年还有专家认为短期中国经济可能出现 8%～9%，甚至 10% 以上的增速，但现今 7%～8% 的平稳增长已成为专家的一致意见。当前中国经济保持平稳发展态势，2013 年第一季度经济增长 7.7%，第二季度增长 7.5%，第三季度增长 7.8%，预计全年有望实现年初制定的预期目标。改革开放 30 多年来，中国经济以将近 10% 的高速“奇迹”般增长，成为世界第二大经济体。但近两年中国经济发展的国内外环境发生了一系列重大变化，一方面世界经济进入“调整期”，另一方面国内经济发展受到劳动力成本以及资源环境等诸多约束，开始“换挡爬坡”，由“高速”或“超高速”进入“中高速”增长阶段，保持符合中国国情的合理增速，提高经济发展质量。

2. 物价涨幅基本平稳，房地产价格连续走高

2013 年以来，社会总供求状况稳定，虽然人工成本持续上升推升了相关服务价格，但物价涨幅基本平稳，前三季度居民消费价格同比上涨 2.5%。为了稳房价，政府出台了一系列政策，从“新国五条”到地方配套“深八条”“京七条”“沪七条”等政策措施，重点集中于管理买房需求，而由于土地约束抑制住房供给增长，这些政策措施对房价并没有起到很好的抑制作用，最终只能使房地产市场需求水平下降。2002～2010 年城镇商品住宅销售面积年均增长 18.7%，2010 年以后年均增长仅为 2.7%。2012 年下半年以来，房地产销售形势好转，但价格自 2012 年 6 月以来连续 17 个月环比上升，房价上涨推动住房租金的上涨，造成进城务工人员生活成本上升。另外，国际大宗商品涨势整体偏弱，输入型通胀压力不大，专家认为可以抓住机遇进行商品资源战略储备。

3. 就业形势总体平稳，居民收入继续增加

2012 年全国劳动年龄人口比上年末减少 345 万人，出现了持续多年增长后的首次下降。2013 年就业形势总体稳定，前三季度城镇新增就业 1066 万人，已完成全年 900 万人的目标任务。农村外出务工劳动力 1.74 亿人，同比增长 3.1%。居民收入继续增长，前三季度城乡居民收入分别实际增长 6.8% 和 9.6%。其中，农村居民人均现金收入 7627 元，同比名义增长 12.5%，扣除价格因素，实际增长 9.6%；城镇居民人均可支配收入 20169 元，扣除价格因素，实际增长 6.8%。全国城镇单位就业人员平均工资 35699 元，名义增长 10.7%，由于股市等持续低迷，居民收入增长较快主要得益于工资性收入增长稳定。

三　2013 年和 2014 年主要国民经济指标预测

与会专家普遍认为，随着经济全球化的不断深入，世界各主要经济体运行情况对中国经济的影响逐渐增强，各种不确定因素使经济预测愈发困难。预测就是要把各类相关因素进行综合分析，得出可供参考的数据，2013 年和 2014 年主要国民经济指标的专家预测结果如表 1 所示。

表 1　2013～2014 年主要经济指标预测

单位：%，亿美元

指　标	2013 年	2014 年
国内生产总值(GDP)增长率	7.5～7.7	7.4～7.5
全社会固定资产投资实际增长率	19.2	18.5
社会消费品零售总额实际增长率	11.6	11.3
居民消费价格指数(CPI)上涨率	2.6	2.8

续表

指　标	2013 年	2014 年
城镇居民实际人均可支配收入增长率	8.0	7.8
农村居民实际人均纯收入增长率	9.5	9.8
进口总额	19541	21202
进口增长率	7.5	8.5
出口总额	22272	24298
出口增长率	8.7	9.1
外贸顺差	2731	3096

四　经济运行中需要关注的问题及相关政策建议

1. 经济增长速度的下行风险

季度数据显示，从 2010 年第二季度到 2013 年第二季度，GDP 增速连续 13 个季度出现下滑。基于经济增速下降具有惯性，有专家认为，如果这种趋势不能得到有效遏制，2013 年可能会成为 1999 年以来唯一没有完成年初《政府工作报告》预期目标的年份。增速放缓的原因是多方面的：一方面，国际金融危机以来，各国经济复苏乏力，国际贸易水平明显降低，外需对经济增长的支持力度明显减弱。数据显示，2003 ~ 2007 年世界货物贸易出口额年均增长 16.6%，经济危机之后 2008 ~ 2012 年年均增长 3.2%；同期我国出口增长率从 29.2% 降至 9.4%。另一方面，过去 30 多年，投资始终是拉动中国经济持续增长的核心推动力，但投资规模不当、效率低下又产生了一系列问题，如产能过剩问题突出、地方债务风险加剧等。

工业化、城镇化使资源、人口、产业等经济要素向一、二线城市集中，导致房价居高不下、城市拥堵、雾霾频发、环境恶化等问题越来越严重，在大中城市供地制约和稳定房价背景下，房地产市场快速扩大的时期已经结束。住房限购、汽车限购等使住行等消费发展的势头受到抑制。积极培育消费新热点，推动居民消费升级一直是各方关注的焦点。中国收入差距过大现象十分突出。一方面存在境外抢购的“土豪”“大妈”，另一方面农村居民收入增长速度虽然有所增加，但由于基数低，绝对数量与城镇差距不断拉大，收入差距过大成为抑制消费的重要因素。

长期积累的需求结构、产业结构和要素分配结构非均衡发展，导致了中国经济“结构性”减速。专家认为，在实体经济收缩、金融“去功能化”的情况下，继续维持现状将进一步降低实体经济的竞争力和回报水平，并可能受到外部冲击。地方分权式竞争模式曾是我国经济赶超阶段取得成功的制度安排，目前却成为妨碍经济增长活力的结构性掣肘。政府应减少对城市建设以及经济增长的过多干预甚至主导，从“增长型”目标转向“服务型”目标，使经济内生性的增长能力逐步增强。

2. 积极探索中国（上海）自贸区管理模式创新

从关贸总协定到 WTO，国际经济秩序的制定长期以欧美发达国家为首。然而，在中国加入 WTO 之后，发达国家逐渐发现国际经济秩序更有利于中国，所以当前美国、欧盟、日本等发达经济体正在小范围内筹建比 WTO 更高标准的自由贸易组织，包括服务贸易协定（TISA）、双边投资协定 2012 年范本（BIT2012）及跨太平洋战略经济伙伴关系协定（TPP）等，而这些协定都没有把中国在内的新兴发展中国家列入其中。经济全球化和区域化是大势所趋，我国需继续坚持扩大开放的战略，采取主动措施，建立中国（上海）自由贸易试验区积极应对。

建立自贸区被誉为“第二次改革开放”。自贸区在国内的前身是保税区，是根据新的国际国内形势试行的顺应全球化经贸发展形势的重大举措。自贸区实施“境内关外”，把过去的审批管理调整到负面清单管理，清单之外的所有事情都可以自主去做。试验区的成立可为更深层次的开放积累经验，表明中国对 TPP 和 TTIP 等的态度，是乐见其成并积极参与的，同时使得中国在全球经济格局中占据有利位置，增加话语权。

作为十八大以来最重要的举措，中国（上海）自由贸易试验区的建立，既为中国服务业的改革开放注入了新活力，也是中国应对国际贸易新规则的需要。建设具有国际水准的自贸区，扩大服务业、金融领域开放创新，探索建立投资准入前国民待遇和负面清单管理模式，深化改革行政审批制度，提升事中、事后监管水平。使上海自贸区成为“试验田”，形成可复制、可推广的经验，促进经济持续发展。

总体来说，2013 年中国共产党第十八次全国代表大会的胜利召开，为我国经济发展提供了制度保障。保持国内经济的长期持续健康发展，是今后长期坚持的政策取向，十八届三中全会决议的出台与执行，引起了各界的广泛期待。未来的发展必须满足更有效率、更可持续、更加有利于实现社会公平正义。相信 2014 年人们能够更多地收获改革开放带来的成果，享受改革带来的红利。

经济增长与产业发展篇

Economic Growth and Industry Development

B.3 中国经济进入中高速增长阶段

刘树成*

摘　要：

在中国经济进入增长速度换挡期的背景下，把握好潜在经济增长率下降的幅度，是宏观调控中的重要问题。本文关注了近期宏观调控中的三个重要命题："稳中有为""合理区间""中高速增长"，并进行了相关的量化探讨，提出宏观调控政策建议：与其守住"下限"，不如把握"中线"。

关键词：

中国经济　宏观调控　合理区间　中高速增长

一　关注近期宏观调控中的三个重要命题

在我国经济发展所面临的国内外环境发生了重大变化的新形势下，在

*　刘树成，中国社会科学院学部委员、经济学部副主任。

2013 年 6 月中旬之后的这次宏观调控中，提出了三个相互关联的重要命题："稳中有为""合理区间""中高速增长"。

一是关于宏观调控的指导原则，提出"稳中有为"的命题，即宏观调控要根据经济形势变化，适时适度进行微调和预调，稳中有为。[①]

二是关于宏观调控的政策规则，提出"合理区间"的命题，即宏观调控要使经济运行处于合理区间，经济增长率、就业水平等不滑出"下限"，物价涨幅等不超出"上限"，统筹稳增长、调结构、促改革。[②]

三是关于宏观调控的换挡定位，提出"中高速增长"的命题，即当前中国经济已进入中高速增长阶段，宏观调控要保证经济的长期持续健康发展。[③]

下面，我们研讨一下三个重要命题提出的具体背景和相关的一些问题。

二 中国经济进入增长速度换挡期

2010 ~2012 年，中国经济发展所面临的国内外环境发生了重大变化。从国际看，世界经济已由国际金融危机前的"快速发展期"进入"深度转型调整期"。从国内看，经济发展已由"高速增长期"进入"增长速度换挡期"，或称"增长阶段转换期"。改革开放 30 多年来，中国经济以近两位数的高速增长创造了世界经济发展史上的"奇迹"，成为世界第二大经济体。现在，中国经济发展开始进入潜在经济增长率下降的新阶段。在这个新阶段，从宏观调控方面来说，怎样保持经济的长期持续健康发展呢？一个重要的问题就是把握好潜在经济增长率下降的幅度，也就是把握好经济增长的适度区间，把握好经济增长速度究竟换到哪一挡。

关于潜在经济增长率下降的幅度问题，近两年来引起学术界的热烈讨论。有观点认为，潜在经济增长率的下降是一个大幅度的突变过程。笔者认

---

① 《中共中央政治局召开会议讨论研究当前经济形势和下半年经济工作，中共中央总书记习近平主持会议》，《人民日报》2013 年 7 月 31 日。

② 《李克强主持召开部分省区经济形势座谈会》，《人民日报》2013 年 7 月 10 日。

③ 李克强：《以改革创新驱动中国经济长期持续健康发展——在第七届夏季达沃斯论坛上的致辞》，《人民日报》2013 年 9 月 12 日。

为，潜在经济增长率的下降可以是一个渐进过程，先由“高速”降到“中高速”，然后降到“中速”，再降到“中低速”，最后降到“低速”，分阶段地下降。①

近几年实际经济运行的情况如下（见图1）。

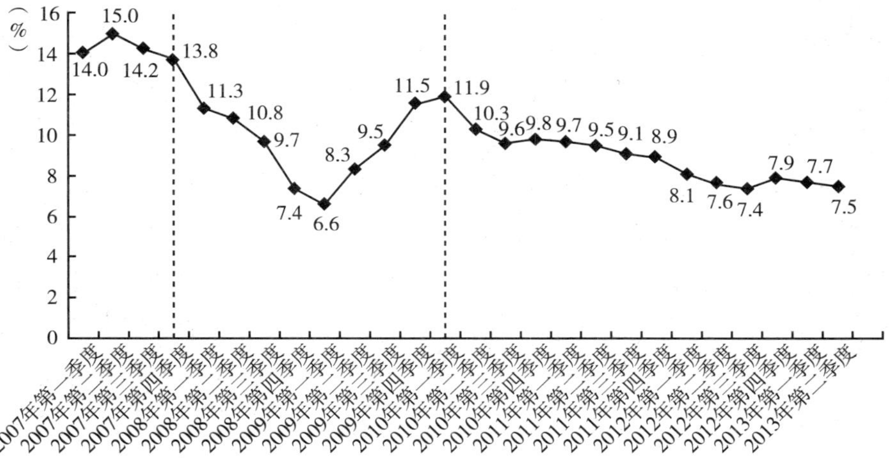

图1　2007年第一季度至2013年第二季度中国GDP季度同比增长率

（1）2007年，当GDP增长率连续8年上升到14.2%的时候，中央曾提出“双防”任务，即把防止经济增长由偏快转为过热、防止价格由结构性上涨演变为明显通货膨胀作为宏观调控的首要任务，进行调整。

（2）随后，2008年第一、第二季度，GDP季度同比增长率开始回落。接着，在严重的国际金融危机冲击下，GDP增长率又连续三个季度迅猛下滑至6.6%。在应对国际金融危机中，我国采取了大力度的经济刺激政策，迅速扭转了经济下滑趋势，并出现了一次“V”字形回升。到2010年第一季度，GDP增长率回升到11.9%。

（3）但经济增速没有稳住。之后，从2010年第二季度至2012年第三季

① 刘树成：《立足发展阶段　把握经济走势》，《人民日报》2012年7月16日；《不可忽视GDP——当前中国经济走势分析》，《经济学动态》2012年第7期；《当前和未来五年中国宏观经济走势分析》，《中国流通经济》2013年第1期。

度，GDP 增长率又出现了连续 10 个季度的下滑趋势。

（4）从 2012 年 9 月起，我国经济运行的多项重要指标开始出现企稳回升态势。2012 年第四季度，GDP 同比增长率也出现了反弹，小幅回升到 7.9%。

（5）但这个回升态势也没有稳住。进入 2013 年，又继续下滑。第一季度，GDP 同比增长率为 7.7%，第二季度为 7.5%。这样，从 2010 年第二季度算起，至 2013 年第二季度，共 13 个季度下滑。如果这一下滑趋势不止住，第三、第四季度继续滑下去，全年 GDP 增长率就有可能低于 7.5%。假若这样，2013 年会是 1999 年以来的 15 年中，唯一低于年初《政府工作报告》经济增长预期目标的年份。

这一下滑趋势给现实经济生活带来新问题，并引起国内外的广泛关注和担忧。从国内看，全国规模以上工业企业实现赢利，2012 年仅增长 5.3%，跑输了 GDP（7.7%）；2013 年上半年虽略有恢复性增长，但新增利润主要集中于少数几个行业。中央财政收入近两年中出现了少有的负增长，2013 年上半年仅增长 1.5%，远低于年初 7% 的预算目标。城镇居民可支配收入实际增速，2013 年上半年降至 6.5%，跑输了同期 GDP（7.6%）。更重要的是，这关乎经济前景预期和市场信心问题。从国际看，中国经济“恶化论”“崩溃论”“硬着陆论”“复苏夭折论”等说法再次接踵而来。

在国内外新的经济环境背景下，面对经济增速的下滑趋势，经济增速降到什么时候为底？宏观调控究竟要不要“出手”？这些问题尖锐起来。2013 年 6 月中旬以后，中央政府采取了一系列“稳增长、调结构、促改革”的措施，7～8 月，经济运行的许多指标出现企稳向好势头，并初步稳定了市场预期。但经济企稳回升的基础仍不牢固，不确定因素很多，经济增速下行的压力仍很大。

以上是三个重要命题提出的背景过程。第一个命题——“稳中有为”，回答了宏观调控要不要“出手”的问题；第二个命题——“合理区间”，回答了宏观调控什么时候“出手”和怎样“出手”的问题；第三个命题——“中高速增长”，回答了宏观调控“出手”的力度问题，要维持“中高速增长”，防止经济增速大幅度下降。

三 “合理区间”和“中高速增长”的量化探讨

20世纪90年代中期，学术界曾提出“适度增长区间”及其“上限”“下限”“中线”问题。1996年底，在总结宏观调控成功地实现了“软着陆”的经验时，应《人民日报》之邀，刘国光和笔者曾合写了一篇《论“软着陆”》的文章。[①] 该文提出，“软着陆”的基本经济含义是，国民经济的运行经过一段过度扩张之后，平稳地回落到适度增长区间；所谓“适度增长区间”，是指在一定时期内，由社会的物力、财力、人力即综合国力所能支撑的潜在的经济增长幅度。该文指出，1996年经济增长率虽已回落到适度区间，但是处于适度区间的上限边缘，仍要谨防经济增长率的强烈反弹。之后，在《论中国经济增长的速度格局》《宏观调控目标的“十一五”分析与“十二五”展望》等文章中，都讨论过适度增长区间的上限、下限和中线问题。[②]

过去，我国经济增长的主要问题是经常冲出上限，因此对上限的把握成为宏观调控中的突出问题。那时，在学术界的讨论中，一般认为经济增长率8%的下限不成问题，上限应把握在10%。但从实际经济运行的情况看，经常冲出10%。1979～2010年的32年间，经济增长率超出10%（含10%）的年份就有16个，占一半。总的来看，我们曾用趋势滤波法对1979～2009年的经济增长率进行趋势平滑计算，现实经济增长呈现出一条以8%～12%为区间、约10%为中线的趋势增长率曲线（见图2）。[③]

现在，在国内外新的经济环境背景下，我国经济正处于增长速度下降的换挡期，经济增速下降具有惯性。由此，经济增长由过去经常冲出上限，转变为要守住下限的情况。当前，对下限的把握成为宏观调控中的突出问题。那么，在当前和未来五年左右的时段里，经济增长的适度区间或称合理区间究竟应该

① 刘国光、刘树成：《论“软着陆”》，《人民日报》1997年1月7日。

② 刘树成：《论中国经济增长的速度格局》，《经济研究》1998年第10期。中国社会科学院经济研究所“宏观经济调控”课题组：《宏观调控目标的“十一五”分析与“十二五”展望》，《经济研究》2010年第2期。

③ 中国社会科学院经济研究所“宏观经济调控”课题组：《宏观调控目标的“十一五”分析与“十二五”展望》，《经济研究》2010年第2期。

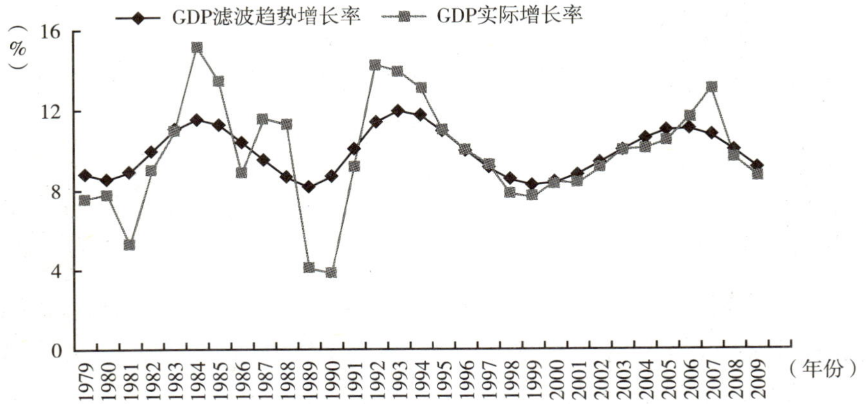

图 2 1979~2009 年 GDP 滤波趋势增长率和 GDP 实际增长率

把握在什么范围呢？对此，学术界有不同的意见，这是正常的。对于适度区间的计算，由于计算的方法不同，计算的假设条件不同（如是否考虑了今后改革红利的释放，是否考虑了改革对经济的供给面和需求面的影响，是否考虑了国际条件可能的变化等），计算的时间段不同（如计算的是未来 5 年，还是 10 年、20 年等），会有不同的结果。

为了从现实国情出发，为了容易达成共识和便于在宏观调控实践中把握，一种选择是以 2013 年 3 月《政府工作报告》中经济增长率和物价上涨率的预期目标为参照系。2013 年经济增长率的预期目标为 7.5%，可作为适度区间的下限。从实践看，2013 年第二季度 GDP 增长率降到 7.5%，有进一步下滑的危险，宏观调控就实施了一系列“微刺激”政策，托住了底。

关于适度区间的上限，可从物价上涨率来把握，也可从经济增长率来把握，一般说来两者是密切相关的。两者的数量关系可以通过菲利普斯曲线来建立。我们曾利用 1978~2009 年 GDP 增长率与居民消费价格上涨率数据，得出一个菲利普斯曲线方程。① 根据此方程的计算，在居民消费价格涨幅 3% 的条件下，相对应的 GDP 增长率为 8.93%；在居民消费价格涨幅 3.5% 的条件下，相对应的 GDP 增长率为 9.13%；在居民消费价格涨幅 4% 的条件下，相对应

① 中国社会科学院经济研究所“宏观经济调控”课题组：《宏观调控目标的“十一五”分析与“十二五”展望》，《经济研究》2010 年第 2 期。

的 GDP 增长率为9.32%。这是过去30余年的历史数据。今后，GDP 增长率与居民消费价格上涨率两者的数量关系可能会有新的变化，需要不断跟踪研究。但从当前来看，我们不妨先借鉴一下历史数据。从2013年《政府工作报告》中居民消费价格涨幅的预期目标3.5%出发，相对应的 GDP 增长率大体为9%。我们可暂以 GDP 增长率9%作为适度区间的上限。现在，对经济增长率下限的讨论比较多，而对经济增长率上限的讨论比较少。眼下看来，9%的经济增长率好像是很高的，今后似乎是较难出现的。但从今后新的改革红利释放的角度看、从新型城镇化和城乡发展一体化深入推进的角度看等，以 GDP 增长率9%作为上限还是有必要的。

对于经济增长适度区间的确定和把握，需要根据国内外经济形势的变化而调整。同时，也需要参考其他重要经济指标的运行情况而调整，如就业状况，企业运行状况，三大收入（国家财政收入、企业利润收入、居民收入）状况等。总之，这里提出的 GDP 增长率7.5%～9%的适度区间，需要在经济运行实践中加以修订和把握。

经济增长的适度区间把握在7.5%～9%，表明中国经济已从高速转入中高速增长阶段，其含义如下。

一是从世界范围看，7.5%的经济增速在世界主要经济体中仍然是较高的速度。

二是从国内看，与过去30多年实际经济增长趋势曲线8%～12%的区间相比，下限由8%下降到7.5%，下降0.5个百分点，上限由12%下降到9%，下降3个百分点。7.5%～9%的区间可称为中高速增长。这体现出我们主动将经济增长速度降下来一些，使经济发展更加注重转方式和调结构，更加注重提高质量和效益，更加注重资源节约和环境保护，更加注重民生。

三是中国经济增长刚刚从过去30多年间经常冲到10%以上的高速路走下来，社会各方面（政府、企业、居民个人等）都要有一个适应的过程。如果经济增长率过快、过急地大幅度下降，不利于转方式和调结构，不利于形成良好的市场预期，甚至会引起经济和社会的震荡。经济增长先从高速转入中高速，分阶段地逐步下降是有利的。

四是我国是一个地域辽阔、人口众多的国家，工业化、信息化、城镇化、农业现代化正在向纵深发展，国内市场和需求的回旋余地很大，加之改革开放的不断深化和推动，充分释放了改革红利。更大程度、更广范围地发挥市场在资源配置中的基础性作用，更好地转变政府职能，我国有条件实现经济的中高速增长。

四　政策建议：与其守住下限　不如把握中线

过去我们讨论“适度增长区间”问题时，主要针对的情况是经济增长经常冲出上限，由此而提出要把握适度增长区间的中线。但现在的问题是，经济增长由过去经常冲出上限，转变为要守住下限的情况。经济增长冲出上限，不利于转方式、调结构；而经济增长滑出下限，或连续在下限边缘运行，也会带来一系列新问题，不利于转方式、调结构。守住下限，是被动的。而且，经济下滑具有惯性，一旦有个“风吹草动”，就很容易滑出下限。因此，宏观调控“与其守住下限，不如把握中线”。现在，针对经济增长有可能滑出下限，要把握适度增长区间的中线。

怎样把握适度增长区间的“中线”呢，或者说，在当前和未来一个时期怎样保持经济的中高速增长而防止经济增速的大幅度下降呢？从我国地域辽阔、人口众多的国情出发，要充分利用我国经济发展中“两大差距”所带来的“两大空间”：一是由地区差距所带来的发展空间，二是由城乡差距所带来的发展空间。笔者曾在《2013～2017 年中国经济的增长与波动》一文中，[①] 提出和讨论过我国经济未来发展的两大空间问题，现做进一步分析，并对 2012 年我国各地区人均 GDP 数据和世界银行关于 2012 年不同经济体人均国民总收入的最新分组标准等有关资料进行了更新。

（一）由地区差距带来的发展空间

以各地区人均 GDP 水平为代表来进行分析。依据 2012 年全国 31 个省、区、市人均 GDP 的最新统计数据，各地区可分为以下四大梯队（见表 1）。

① 刘树成：《2013～2017 年中国经济的增长与波动》，载《中国经济前景分析——2013 年春季报告》，社会科学文献出版社，2013。

表 1　2012 年我国各地区人均 GDP

地　区	所处位置	人均 GDP（元）	人均 GDP（美元）	分组
天　津	东部	93110	14750	第一梯队
北　京	东部	87091	13797	
上　海	东部	85033	13471	
江　苏	东部	68347	10827	
内蒙古	西部	64319	10189	
浙　江	东部	63266	10022	
辽　宁	东部	56547	8958	第二梯队
广　东	东部	54095	8570	
福　建	东部	52763	8358	
山　东	东部	51768	8201	
吉　林	中部	43412	6877	
重　庆	西部	39083	6191	
湖　北	中部	38572	6110	
陕　西	西部	38557	6108	
全　国		38449	6091	
河　北	东部	36584	5795	第三梯队
宁　夏	西部	36166	5729	
黑龙江	中部	35711	5657	
山　西	中部	33629	5327	
新　疆	西部	33621	5326	
湖　南	中部	33480	5304	
青　海	西部	33023	5231	
海　南	东部	32374	5129	
河　南	中部	31723	5025	
四　川	西部	29579	4686	
江　西	中部	28799	4562	
安　徽	中部	28792	4561	
广　西	西部	27943	4427	
西　藏	西部	22757	3605	第四梯队
云　南	西部	22195	3516	
甘　肃	西部	21978	3482	
贵　州	西部	19566	3100	

资料来源：各地区人均 GDP（元）参见《中国统计摘要 2013》，中国统计出版社，2013，第 28 页。人均 GDP（美元），按 2012 年平均汇率折算，1 美元 =6. 3125 元。

第一梯队，人均 GDP 超过 10000 美元。有 6 个地区：天津、北京、上海、江苏、内蒙古、浙江。比 2011 年多了 3 个地区（江苏、内蒙古、浙江）。其中，除西部的内蒙古之外，全为东部的地区。

第二梯队，人均 GDP 在 10000 美元以下、6000 美元以上（也就是比全国平均水平 6091 美元高）。有 8 个地区：辽宁、广东、福建、山东、吉林、重庆、湖北、陕西。其中，东部地区 4 个，中、西部地区各 2 个。

第三梯队，人均 GDP 在 6000 美元以下、4000 美元以上。有 13 个地区：除东部地区的河北、海南之外，全部为中、西部地区。中部 6 个：黑龙江、山西、湖南、河南、江西、安徽。西部 5 个：宁夏、新疆、青海、四川、广西。

第四梯队，人均 GDP 在 4000 美元以下。有 4 个地区：西藏、云南、甘肃、贵州，全为西部地区，比 2011 年少了 2 个地区（安徽、广西）。

世界银行于 2013 年 9 月 23 日公布了关于 2012 年不同经济体人均国民总收入的分组标准。其中，12616 美元及以上为高收入经济体，4086 ~ 12615 美元为上中等经济体，1036 ~ 4085 美元为下中等经济体，1035 美元及以下为低收入经济体。大体参照这个标准，我国上述第一梯队的地区已经达到或接近高收入水平，第二、第三梯队的地区大体处于上中等水平，第四梯队的地区大体处于下中等水平。从各地区人均 GDP 水平的差距看，我国经济未来发展在地区间的梯度推移和升级还有很大空间。

（二）由城乡差距带来的发展空间

在未来一个时期，我国经济发展的第二大空间，是由城乡差距所带来的发展空间。这两大发展空间也是相互关联的。新型城镇化和城乡一体化的深度推进，城乡差距的缩小，是缩小各地区人均 GDP 差距的重要途径。新型城镇化和城乡一体化是人类社会发展的历史必然进程和客观大趋势，是实现现代化的必由之路。目前，我国的城镇化还是不完全、不成熟的城镇化。一是 2012 年我国城镇化率达到 52.57%，这是按照城镇常住人口统计的，包括了在城镇居住半年以上的进城农民，但他们还没有完全融入现代城市生活。如果按城镇户籍人口计算，目前的城镇化率仅为 35% 左右。二是我国城镇化的质量还不高，城镇各种基础设施建设和各项社会事业发展都还跟不上，交通拥堵、环境污染等“城市病”突出，群众生活中最为关切的“三座大山”，即“看病难、看病贵，上学难、上学贵，买房难、买房贵”问题一直没有得到有效的解决。当前，在我国，与一般制造业产品严重产能过剩同时并存的是，许多公共品或准公共品的供给还远远不足而处于严重短缺状态。在医院，每天看病的人比超市的人还多。儿童医院更是拥挤不堪、“人满为患”。这表明医院的“供给”远远不足。原有城镇居民的住房问题还没有解决好，2 亿多新进城农民工的住房问题的解决更是“望尘莫及”。这反映住房的“供给”更远远不足。

一方面要继续提高城镇化率，另一方面要提高城镇化质量，有序推进农业转移人口市民化，走集约、智能、绿色、低碳的新型城镇化道路，同时要推进城乡发展在建设规划、基础设施、公共服务等方面的一体化，这些将为我国未来经济发展提供巨大的潜力，特别是新型城镇化和城乡一体化是转方式、调结构、促改革的聚合点。从转方式来说，新型城镇化和城乡发展一体化有利于扩大内需，既能扩大消费，又能扩大投资。从调结构来说，新型城镇化和城乡一体化有利于地区结构和产业结构的优化升级。从促改革来说，新型城镇化和城乡一体化涉及户籍制度、土地制度、收入分配制度、社会保障制度、财政体制、金融体制、投融资体制、基本公共服务体制等多方面的配套改革。

总的来看，30 多年来我国经济发展取得的辉煌成就，主要靠的是改革开放。今后的经济发展，特别是充分利用“两大差距”所带来的“两大空间”，仍然要靠改革开放。改革开放是我国经济发展的最大红利，我国经济发展的前景依然广阔。

参考文献

李扬主编《中国经济前景分析——2013 年春季报告》，社会科学文献出版社，2013。

刘国光、刘树成：《论“软着陆”》，《人民日报》1997 年 1 月 7 日。

刘树成：《论中国经济增长的速度格局》，《经济研究》1998 年第 10 期。

刘树成：《立足发展阶段　把握经济走势》，《人民日报》2012 年 7 月 16 日。

刘树成：《不可忽视GDP——当前中国经济走势分析》，《经济学动态》2012年第7期。

刘树成：《当前和未来五年中国宏观经济走势分析》，《中国流通经济》2013年第1期。

刘树成：《2013～2017年中国经济的增长与波动》，载《中国经济前景分析——2013年春季报告》，社会科学文献出版社，2013。

中国社会科学院经济研究所“宏观经济调控”课题组：《宏观调控目标的“十一五”分析与“十二五”展望》，《经济研究》2010年第2期。

B.4

中国实体经济收缩、金融扩张及转型路径选择*

张平　苏治**

摘　要：

2013年经济实现平稳增长，增长的主要动力在于以社会融资总规模为代表的金融扩张推动的地产和基建投资，而生产者价格指数近两年连续为负，代表实体经济趋于停滞和收缩状态。在金融扩张的同时，是实体经济收缩、企业债务高企和金融去功能化并行，主要表现为非金融企业负债因金融扩张而长期处于高位，资产收益率与金融企业的差距不断扩大，且其受到地方政府和房地产负债扭曲利率决定的影响，负债成本不断提升，经营更加困难。实体经济收缩和金融扩张的不一致性凸显了中国经济结构性矛盾，因此，金融体系应发挥配置资源而不是总量刺激，更非自我循环的功能，未来的政策转型路径选择主要包括政府体制转型、供给机制转型、宏观稳定政策和金融体制转型四大方面。

关键词：

实体经济收缩　金融扩张　金融去功能化　转型路径

2013年经济平稳增长，预计超过年初制定的经济增长7.5%的目标，2014

* 本文是国家社会科学基金重大招标课题“加快经济结构调整与促进经济自主协调发展研究”（批准文号12&ZD084）和国家自然科学基金青年项目（71101157）、教育部人文社会科学研究青年基金项目（10YJC790220）的成果。

** 张平，中国社会科学院经济研究所所长，研究员；苏治，中央财经大学统计与数学学院，中国人民大学国际货币研究所。

年预计中国经济增长速度略低于2013年，达到7.4%的水平，中国经济增长的平稳很大程度上是靠金融扩张来推动的，而实体经济部门的价格指标PPI（生产者物价指数）在2012年4月后一直处于负值，已经连续近两年了，2013年10月为-1.5%，即生产出来的商品按月跌价，体现了实体经济部门的收缩，这与笔者在2013年"经济蓝皮书"中的《中国经济潜在增长率下降与通缩风险》一文中的预测相一致，实体经济的收缩不仅表现为PPI负值，也表现为非金融上市公司（中国最好公司的代表）的负债率不断提高，而资产回报率（ROE）不断降低，相对而言金融企业的回报率不断上升。

中国一方面以制造业为基础的实体经济面临着产能过剩、竞争力下降、劳动生产率改善放慢等问题，而与制造业比重相当的另一大实体部门服务业的（含金融业）劳动效率仍慢于制造业，实体经济总体趋于停滞和收缩状态；另一方面金融进入大扩张，社会融资总规模预计2013年达到17.3万亿元的水平，比开始统计的2002年的2.11万亿元扩张了约7倍，在2002年金融扩张主要靠银行新增贷款，占比92%，而2013年该占比降至51%的水平。金融扩张从银行到市场，从银行的表内扩张到表外，2014年将维持7%以上的增长，社会融资总规模将突破19万亿元，新增贷款突破10万亿元；金融扩张仍然难以改变实体经济收缩的格局，金融在循着自我路径循环，而其外部负效应就是实体经济运行成本更高，实体经济进一步收缩，中国整体经济风险更突出，这是对中国经济可持续发展的挑战。

实体经济收缩和金融扩张的不一致性凸显了中国经济结构性矛盾，必须通过转型和体制改革才能有效打通两者的背离，但会带来转型导致增长减速的灼痛，而若继续维持会进一步降低实体经济的竞争力和回报水平，在越来越开放的条件下，风险累积会加速，并引起外部冲击，当务之急仍是在全球大调整中顺势加快调整，转型和改革是重要之路。

一 2013年基本经济事实和"十二五"增长展望

新一届政府稳定开局，预计2013年经济增长7.6%，物价平稳在2.6%水平，能完成年初政府制定的经济增长目标，经济增长在调控的上下限中运营。

总结2013年的基本事实，有如下特征。

1. 经济平稳运行，增长动力靠投资

总体经济增长平稳，需求动力仍然多依赖投资。（1）消费增长低迷。从零售额增长的对比看，预计2013年零售增长速度为13%，比2012年下降2个百分点。制约因素首先是收入预期下降，经济减速会直接导致收入预期下降，减少消费；其次是消费倾向下降，由于收入差距大、福利覆盖水平低，也导致了居民消费倾向下降；最后是高房价抑制了居民消费，而低的租价比也没有相应带来可消费的现金流。（2）投资靠地产和基建。2013年全年投资增长将稳定在2012年20.5%的水平上。与2012年16.5%的增长速度相比，2013年房地产开发投资增长始终保持在20%以上的增长，预计2013年全年房地产开发投资增长幅度将略高于全社会固定资产投资增速。与2012年比，2013年投资增长的另一大领跑者为基建投资，2012年基建投资增长速度仅为13.7%，而2013年前九个月达到了23.7%，预计全年为23%，政府为此承担的投资压力似乎越来越大。导致2013年投资下降的因素是制造业投资下降过快，从2012年的22%直接降低到前九个月的18.5%，但总体上投资趋稳。（3）出口低于全球复苏带动的增长预期。2013年1~4月对香港的出口大增，其增加可能与部分国内资金绕道香港回流内地有关，海关已经查处了假出口的问题，约占出口总额的1/3。据海关统计，1~5月，我国进出口总值增长10.9%，出口增长13.5%，进口增长8.2%；贸易顺差为808.7亿美元，增长1.2倍。从5月开始查处假出口问题，导致5~6月出口低迷，当月同比甚至出现负增长，7~8月开始复苏正常，但9月出口再现负增长，同比为-0.3%。发达国家经济2013年的预计增长速度比2012年快了1倍，但中国出口带动较低，如果刨去上半年假出口的数据，中国的出口带动低于2012年，出口竞争力被极大地削弱。根据BIS公布的中国实际有效汇率和名义有效汇率，2010年至2013年9月已经分别上升17.4%和13.2%，这对中国的出口竞争力形成极大挑战。当前美国、欧盟、日本等发达经济体正在小范围内筹建比WTO更高标准的自由贸易组织，包括服务贸易协定（TISA）、双边投资协定2012年范本（BIT2012）及跨太平洋伙伴关系协定（TPP）等，意味着中国的服务贸易逆差会进一步扩大，中国的出口带动已经出现转折。

2. 生活物价平稳，生产者价格指数连续为负，房地产价格连续走高

居民消费物价指数（CPI）稳定，1～10 月季度为 2.6%，10 月当月同比增长 3.2%，但生产者价格指数（PPI）继续为负，1～10 月为 -2.0%，10 月当月为 -1.5%，生产者价格指数近两年连续收缩，按当前的发展路径看，2014 年 PPI 依然难以转正（见图 1）。以房地产价格为主要代表的资产价格则是大幅攀升，依据中国指数研究院的统计，2012 年 6 月至 2013 年 10 月已经连续 17 个月环比上升。房地产部门和一般制造业价格完全走出了不同趋势，一个是连续下降，一个是连续上升（见图 2）。

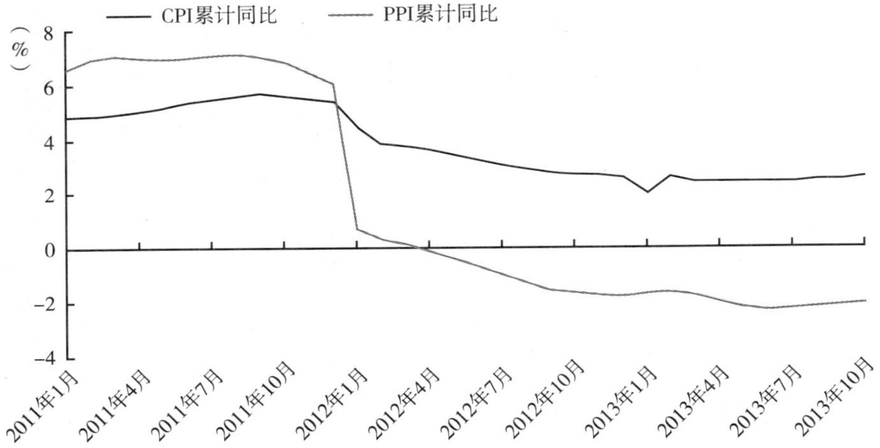

图 1　CPI 与 PPI 累计同比

资料来源：Wind。

3. 社会融资总规模扩张，利率走高

2013 年金融扩张依然强劲，继 M2 突破 100 万亿元后，社会融资总规模将再创历史新高，预计达到 17.3 万亿元的水平。其后从 8 月开始金融扩张继续进入快车道，前三个季度 M2 增长高达 14.2%，社会融资规模超过 13.94 万亿元，全年仍处在一个持续扩张的状态，社会融资规模预计全年突破 17 万亿元（见表 1）。

从利率市场看，中国利率市场价格波动起伏。2013 年 1～4 月主要通过假出口将大量国际热钱导入国内，以获取升值和短期高利率产品回报，因此外汇占款上升较大。5 月开始查处假出口的资金套利活动，导致 5～6 月外汇占款

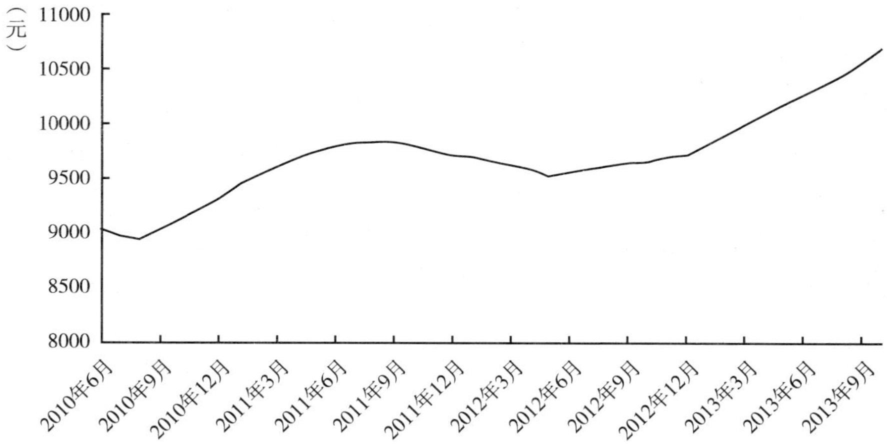

图 2　百城房地产价格

资料来源：中国指数研究院。

表 1　社会融资总量及其组成

单位：万元，%

年份	社会融资总量	新增人民币贷款占比	新增外币贷款占比	新增委托贷款占比	新增信托贷款占比	新增银行承兑汇票占比	企业债券融资占比	非金融企业股票融资占比
2002	20112.00	91.90	3.60	1.00	—	-3.30	1.80	3.10
2003	34113.00	81.10	6.80	2.00	—	6.20	1.50	1.60
2004	28629.00	79.2	5.10	10.90	—	-1.00	1.60	2.40
2005	30008.00	78.5	4.70	6.50	—	0.20	6.70	1.10
2006	42696.00	73.8	3.40	6.30	1.90	3.50	5.40	3.60
2007	59663.00	60.9	6.50	5.70	2.90	11.20	3.80	7.30
2008	69802.00	70.3	2.80	6.10	4.50	1.50	7.90	4.80
2009	139104.00	69.0	6.70	4.90	3.10	3.30	8.90	2.40
2010	140191.00	56.7	3.50	6.20	2.80	16.70	7.90	4.10
2011	128286.00	58.2	4.50	10.10	1.60	8.00	10.60	3.40
2012	157600.00	52.1	5.80	8.10	8.20	6.70	14.30	1.60
2013(Q3)	139.441.90	51.7	3.40	12.70	11.64	5.10	11.05	1.20

资料来源：Wind。

下降。6 月 8 日至 6 月底，上海拆借市场出现“钱荒”，拆借利率飙升，股票市场大幅下挫，金融机构同质化的严重期限错配问题暴露，而国内货币发行主要靠美元流入的创造机制也暴露出严重弊端；而 10 月底尽管没有出现“钱荒”，但是在外汇占款增加时仍需增加流动性，资金依然紧张。

从利率水平看，短期资金价格高，1 年期央票利率高过 4%，而 10 年期债也仅有 4% 左右（见图 3）；生产者按官方的贷款利率加上生产者价格指数计算的实际利率接近 9%（见图 4），而其他渠道的资金价格更贵。资产回报不足，资金价格高企，企业获利能力下降。

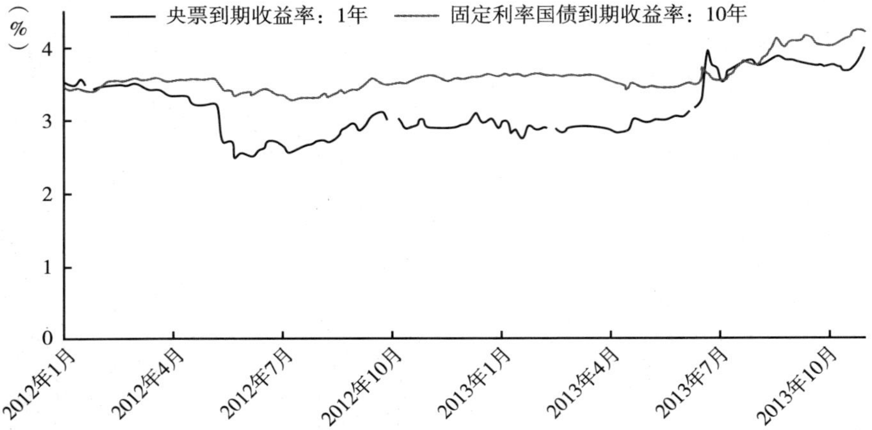

图 3　1 年期央票与 10 年期国债收益率

资料来源：Wind。

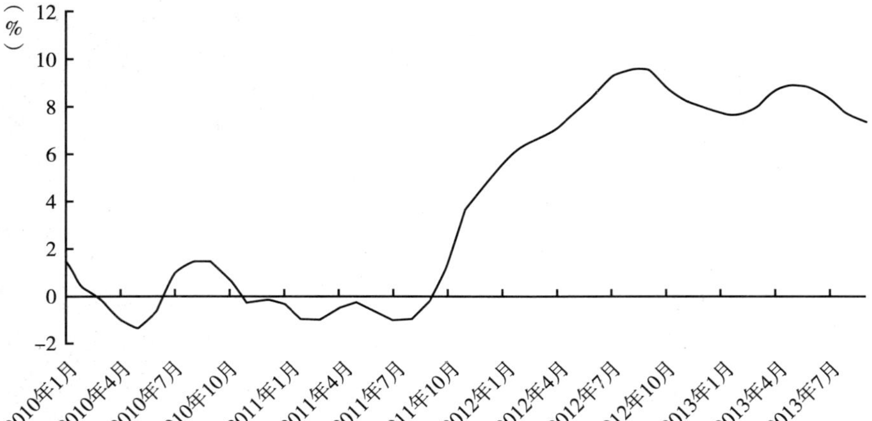

图 4　生产者实际贷款利率（基准 − PPI）

资料来源：Wind。

4. “十二五”经济增长展望

“十二五”经济增长总体比较平稳，2011 年经济增长 9.3%，2012 年为 7.8%，2013 年预计为 7.6%，预计 2014 年能保持 7.4% 的增长，2015 年继续保持 7.2% 的增长，整个“十二五”年均增长保持了约 7.9% 的增长，为“十三五”经济增长提供了很大的空间。“十三五”保持年均增长达到 6.2% 就可以完成十八大提出的翻一番的战略目标。

从潜在增长率计算看，依据中国社会科学院经济研究所经济前沿课题组的计算，在充分考虑到人口、城市化与资本积累、收入分配变化、产业结构变化等多个特征进行模拟，得出了潜在增长率区间是 6.4% ~7.9%，预计“十三五”的经济保持年均 6.5% 以上的增长。

从“十二五”经济增长预测趋势看，经济增长速度是逐步下降，而货币扩张是同步提升的，宏观杠杆率不断提高，M2/GDP 到 2015 年有望超过 2 倍，而以社会融资总规模计算的信用总量占 GDP 比重计算的信用杠杆在 2013 年已经超过了 2 倍,① 大量的货币发行会对冲经济下滑的速度，但无法解决结构调整，而且可能带来新的风险集聚。

二　实体经济收缩和金融去功能化

1. 实体经济与金融体系的常规逻辑及背离状态

实体经济和金融体系的对应按经济学的逻辑是非常明确的，即实体经济是利润的创造者，而金融功能是服务于实体经济的，集中在中介、配置和信息等服务实体的功能上，两者正相关早在 Goldsmith、McKinnon 等人开创性研究中即被证实②。金融体系应存在五大基本功能③：（1）便利风险的交易、规避、

① 殷剑峰、王增武：《影子银行与银行的影子》，社会科学文献出版社，2013。

② Goldsmith，R.，*Financial Structure and Economic Development*（New Haven：Yale University Press，1969）；McKinnon，R. I.，*Money and Capital in Economic Development*（Brookings Institution Press，1973）.

③ Levine，R.，“Financial Development and Economic Growth：Views and Agenda，” *Journal of Economic Literature* 2（1997）：688 –726.

分散和聚集，典型的包括对管理流动性风险的管理；① （2） 揭示信息与配置资源；（3） 监督经理人，促进公司治理；（4） 动员储蓄；（5） 便利商品与劳务的交换。一些增长模型也将金融体系的作用纳入其中，一方面是衡量资本积累，金融体系发挥的功能是通过影响资本形成率；② 另一方面则是技术创新，金融体系的功能是通过改变技术创新比率来影响经济的稳定增长。③

然而，实体经济和金融发展经常呈现出背离状态，实体经济利润创造下降，而金融服务去功能化，即不服务于实体而进入自我创造过程，形成了金融从实体中不断吸收资源以满足自身的发展需要，而实体创造价值能力受到削弱。金融服务去功能化可表现为货币不再是中性的，货币发行的增加可以强化资产价格的正反馈和金融机构间相互提供服务的频率（而不是服务实体经济），增加其交易活跃度，从而提升金融服务业的整体工资和利润水平以及在GDP 中所占比例；金融创新能直接产生 GDP，即资产证券化等金融创新手段使得基础资产现金流不变的情况下，增加新的资产和佣金收入，且通过放大杠杆、长链条多步增信等操作手段创造更多的利润，使金融脱离实体经济实现体内循环。一般均衡理论、货币中性理论与内生经济增长理论构成的当代主流经济学的基本理论框架难以诠释上述现象，④ 当然其需要满足经常项目国际逆差和资本项目顺差长期保持均衡，或者说货物贸易的逆差与金融资产的“顺差”长期保持均衡这一条件才可以令该体内循环正常运行，在封闭的经济体系内则难以实现。⑤ 现实中，20 世纪 80 年代后的美国等国家的经济增长可大量依赖于整体的货币环境、证券化和广泛利用金融杠杆的虚拟经济活动，金融体系可

---

① Hicks J. , *A Theory of Economics History* (Oxford Clarendon Press, 1969); Diamond, D. W. , and Dybvig, P. H. , "Bank Runs, Deposit Insurance, and Liquidity," *The Journal of Political Economy* (1983): 401 – 419.

② Romer, P. M. , "Increasing Returns and Long-run Growth," *The Journal of Political Economy* (1986): 1002 – 1037; Lucas Jr, R. E. , "On the Mechanics of Economic Development," *Journal of Monetary Economics* 1 (1988): 3 – 42.

③ Romer, P. M. , "Endogenous Technological Change," *The Journal of Political Economy* (1990): S71 – S102.

④ 刘骏民：《经济增长、货币中性与资源配置理论的困惑——虚拟经济研究的基础理论框架》，《政治经济学评论》2011 年第 4 期。

⑤ 成思危：《虚拟经济探微》，《南开大学学报（哲学社会科学版）》2003 年第 2 期。

脱离经典现代经济增长 Ramsey-Cass-Koopman 模型强调的劳动、资本投入和技术进步的推动，实现独立价值增值，但该体系也往往处于一个“介稳”状态,[①] 一旦受到不确定因素的扰动即可引发大规模的危机，且金融的脆弱性也会传导进入整个经济；而与此同时，由于人力与资本不断投入到金融服务业中，实体经济在产出中的占比不断下降，如美国实体经济创造的 GDP 占其全部 GDP 的比例从 1948 年的 41.64% 下降到 2008 年的 18.94%，而以金融业为代表的虚拟经济创造的 GDP 占全部 GDP 的比例则从 1948 年的 14.15% 上升到 2008 年的 32.63%。[②] 当前中国似乎也处在这么一个过程中，然而由于金融体系的发展阶段及国际货币地位等原因，中国并不具备前述条件，因此金融的去功能化对中国经济的影响相对更为消极。

2. 实体经济收缩与非金融企业负债问题

实体经济的收缩和金融的去功能化已经成为现实，国内金融的扩张必然伴随着全社会杠杆率的大幅上升，然而国家整体负债相对健康，据华盛顿彼特森国际经济研究所估计，截至 2012 年底与 GDP 之比为 200%，与发达国家相比并不算高，但其中非金融企业负债问题较为严重。

通过分析上市公司的数据可以发现：（1）非金融企业负债率上升，从 2002 年的 48% 上升到 2012 年的 60%，而金融企业一直稳中有降，上市公司是中国信用等级高且可以通过上市或其他方式来补充资本金的公司，其负债率上升得很快，可见中国的企业负债水平。依据李扬等计算的中国资产负债率中各国部门负债的国际比较,[③] 企业负债占 GDP 的比重 2010 年就占了 105%，比世界平均水平高出一倍，且超过 OECD 国家 90% 的负债阈值，近年来企业负债依然不断上升。（2）从资产回报率（ROE）水平可以看出，上市公司资产回报率经过了 2007 年 15% 的最高峰后开始下降，2010 年出现回升，而到 2012 年已经降至 9.3%，但是通过负债率提升完成的；相应对比金融企业资产回报

① 这里指金融系统远离平衡，也能够依赖与外界的持续交换来维持稳定。

② 张云：《经济虚拟化条件下的经济增长理论研究——以美国为案例的研究》，《经济学动态》2010 年第 10 期。

③ 李扬、张晓晶、常欣、汤铎铎、李成：《中国主权资产负债表及其风险评估（上）》，《经济研究》2012 年第 2 期。

率，2007 年其回报率超过了非金融企业的回报率，而后也有所下降，但始终高于实体经济回报率，而且从金融企业回报率和非金融企业资产回报率对比看，2008 年后两者差距在不断扩大（见表 2）。

表 2　非金融企业与金融企业负债率与回报率对比

单位：%

时　间	非金融企业负债率	金融企业负债率	非金融企业资产回报率	金融企业资产回报率
2002 年 12 月 31 日	48.38	96.13	7.40	5.60
2003 年 12 月 31 日	49.64	98.93	9.88	36.51
2004 年 12 月 31 日	52.13	98.85	12.45	50.99
2005 年 12 月 31 日	54.18	95.54	12.44	12.94
2006 年 12 月 31 日	55.23	94.44	13.49	12.36
2007 年 12 月 31 日	54.26	95.61	15.12	25.93
2008 年 12 月 31 日	56.44	93.64	9.93	16.20
2009 年 12 月 31 日	57.96	93.95	10.58	17.43
2010 年 12 月 31 日	58.11	93.41	12.78	17.52
2011 年 12 月 31 日	59.18	93.33	11.63	18.02
2012 年 12 月 31 日	60.05	93.15	9.29	17.37

资料来源：Wind。

近年来，非金融企业的高杠杆与低资产回报率存有内在联系。非金融企业高杠杆是依靠金融扩张和投资进行稳增长的“后遗症”，也是中国以间接融资为主的金融结构所决定的，在经济高速增长的情况下并不易产生问题，然而经济增速一旦难以为继，部分行业和企业将出现集体违约情况，对银行的资产负债表健康会产生影响，进而对宏观经济产生影响并冲击金融市场，近两年出现的钢贸与铜融资困局即是典型写照；过高的债务水平甚至会令企业陷入“债务通缩”和“资产负债表”衰退。① 低资产收益率表面上是宏观经济减速抑或产能过剩的结果，然而全社会企业拉高杠杆也造成无法进行企业的“清洁”，即大量的落后企业被淘汰会大量产生“僵尸企业”（Zombie Firm）的累积风险。生产效率和赚钱能力低下的“僵尸企业”，在银行或政府帮助下继续留在

① 费雪：《关于大萧条的债务——通货紧缩理论》（中译），载于北京大学中国经济研究中心宏观组编著《1998～2000 中国通货紧缩研究》，北京大学出版社，2000。

市场中的问题，就是挤占生产资源进而延迟经济整体效率提升和生产更新节奏，这是中国产能过剩又退不出来的重要原因，靠不断拉高杠杆维持现在的增长模式会造成极大的扭曲。

3. 金融的去功能化和利率价格的扭曲

从金融企业的视角，若不考虑21世纪初的债务重组因素，近两年金融企业负债率不断下降体现了其在资本市场上融资相对比较便利。而其与非金融企业资产回报率差异的不断扩大除了要考虑我国高储蓄率、利率非市场化及融资结构的因素以外，近三年来快速发展的金融创新则体现了在金融扩张的同时产生的部分去功能化。以监管套利为目的而开展的买入返售票据、同业代付和买入返售信托受益权操作令资金空转、融资链条在金融体系内不断增长，更不用说虚假贸易而衍生的票据融资了。2013年第三季度央行货币政策报告也指出，2013年以来同业渠道创造的M2甚至超过外汇占款。[①] 这个过程中金融体系内留存的利润增加而成本被转嫁到企业一端。

另外，地方政府与房地产融资是银行同业业务中非标资产投融资业务的主要来源，两者都能承担相对较高的融资成本且前者的风险由国家担保。根据贝塔咨询中心所提供的数据，地产企业高收益债过去4年的平均收益率高达14.39%，是企业债发行利率的3倍；根据笔者的调研、新闻报道及信托销售网站数据收集情况，2013年6月以来地方融资平台信托实际融资的成本已经普遍达到11%～12%，部分甚至达到13%～14%，而产品的发行利率在9%～9.5%（见图5）。因此，地方政府和房地产企业的负债严重扭曲了利率价格的决定，在银行体系内形成了非风险加强的资金收益率竞争，造成了资金成本的进一步上涨，导致实体经济负债成本增加，企业经营更加困难。

以上分析可以归结为，低效企业挤占正常企业生产资源、金融体系挤占实体经济利润、地产平台扭曲了资金价格三个方面，除了第三者是因为融资主体的国家担保以外，银行为主的融资体系及低效率的资本市场也是主要诱因。

---

① 中国人民银行：《2013年第三季度中国货币政策执行报告》，2013。

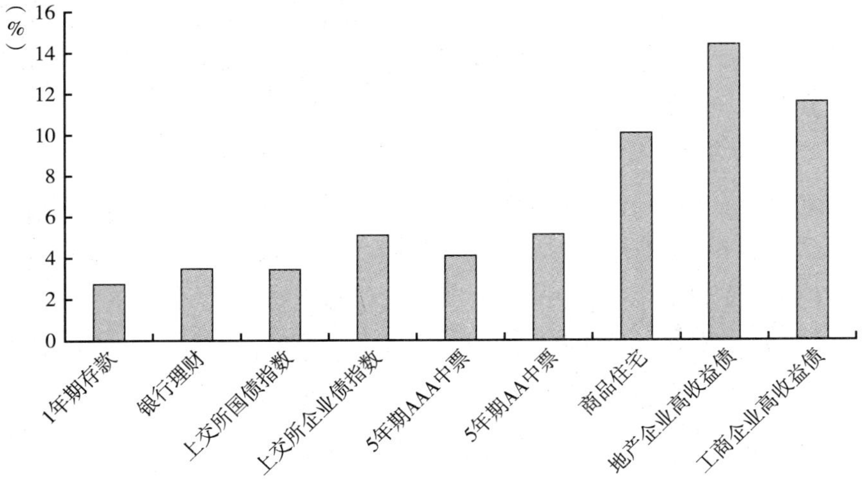

图5　大类资产收益率比较（非权益类）

资料来源：贝塔咨询中心。

三　金融扩张难以对冲“结构性减速”

实体经济收缩和金融扩张的不一致性凸显了中国经济结构性矛盾，金融扩张虽然可对冲短期的经济下滑，而且有继续对冲的余地，但难以持续对冲中国经济“结构性”减速。结构性问题是中国经济高速增长累积下来的，公认的有以下一些基本事实。

1. 要素分配结构非均衡

在国民收入初次分配中劳动报酬所占份额不断下降，资本所得和政府所得不断提高，这是一个典型化的结构扭曲事实。[①] 二元经济结构下劳动力无限供给直接压低劳动报酬，提高资本回报率。要素分配是依据要素边际产出水平来确定的，因此资本和劳动报酬的分配差异直接体现了二元经济结构下的劳动力供

① 白重恩、钱震杰：《谁在挤占居民的收入——中国国民收入分配格局分析》，《中国社会科学》2009年第5期；张车伟、张士斌：《中国初次收入分配格局的变动与问题——以劳动报酬占GDP份额为视角》，《中国人口科学》2010年第5期。

给充分，而资本稀缺，在中国改革开放高速增长的30多年里，到处是招商引资，怕的是“民工潮”，其反映到报酬结构上就是资本份额上升，劳动份额下降。与劳动报酬一致化的生产函数，则体现为资本产出弹性高达70%，而劳动产出弹性仅有30%。而发达国家，资本产出弹性一般只有30%~40%，而劳动产出弹性为6%~70%，这一要素初次分配的扭曲反映在潜在增长率上就是，投资越高则潜在增长率就越高，因此投资驱动增长成为了共识，而且在赶超阶段提升资本存量规模是至关重要的。

但这种结构的非均衡的不可持续在2010年后不断被强化，很多研究直指其不可持续：（1）刘易斯拐点，而后更为严重的是随着经济下滑还出现“劳工荒”，劳动报酬比重应该上升；① （2）社会投资回报率下降，负债率过高，资金成本高于投资回报率；（3）不断下滑的资本产出弹性；② （4）世界银行2012年的研究报告也表明，过高的税赋负担已经表明通过结构扭曲增加投资的方式不可持续。

这些都直指要素分配结构的扭曲已经难以推动投资了，投资的边际产出及市场力量都在改变着要素分配结构和资源分配模式。

2. 需求结构失衡

与要素分配结构非均衡高度相关的就是投资率过高、消费率过低，这一比例不仅远远高于发达国家过去的水平，也高于东亚赶超各国的最高水平，尽管经验值不能论证什么，但持续的高投资率除了自身循环外，必须要有足够的外需和消费，才能与其匹配，也正因为如此，中国的外部失衡也才是明显的。中国通过出口导向成功地发展了本国经济，但连年的外贸盈余也成为外部失衡的一个问题。宏观经济学假定储蓄等于投资，但这是有利率出清条件的，否则两者有很大的背离，后发国家的出清条件往往是不具备的，政府又压低居民储蓄成本、增加资金供给，而且难以提供稳定预期的公共产品，居民加大了储蓄，同时由于过低的资金成本又极大地刺激了投资，加上资本边际产出率高，投资率居高不下是非常正常的，这有助于一国的赶超。但其不可持续性的边界也是

① 蔡昉、陆旸：《人口转变如何影响中国的潜在增长率》，工作论文，2012。

② “中国经济增长前沿”课题组：《城市化、财政扩张与经济增长》，《经济研究》2011年第11期。

清晰的。当2008年全球金融危机后，全球再平衡，出口带动下降，消费带动不可能很快提高，投资带来的产能过剩和投资回报率下降就是必然的。开放条件下，一个国家长期投资收益低于另一个国家，而且风险更高，则资金流出是必然的，高投资率的持续性就更可疑了。①

决定投资率高低的因素很多。比如，城市化率，依据笔者的计算，到2017年城市化率达到60%后就会下降；落后地区缺少投资，IMF依据投资外溢效应估计投资落后地区外溢效益低，整体综合收益率降低等，当前很多地方债的问题在于回报率难以抵补资金成本；2013年6月的“钱荒”充分说明了金融机构严重的期限错配，高投资率的不稳定问题越来越突出。

3. 产业结构的非均衡

中国产业结构的变动非常符合工业化的赶超特征，工业比重按不变价计算产出的占比高达66%，而服务业占比只有23%，处于高度不平衡状态。如果按当年价格占比则较为合理，农业占10%，工业占比47%，服务业占比达到了43%，但就业比重依然很不均衡，农业占比高达34.8%，工业占29.5%，服务业占35.7%，产出与就业不对称，这就会导致高效率部门就业人员不足，而低效率部门就业大，收入差距和人力资本积累偏移。当前按中国的人均GDP水平，产出中工业部门占比很高，服务业比重仍较低，也是有较大的偏离的。中国制造业低就业也因为资金价格低，资本密集替代了劳动，未来随着收入水平的提高，人力资本提升，产业和就业结构将服务化。

按产业的演化规律看，结构转变受到效率提高和广义恩格尔定律的牵引。传统工业和现代工业的差别在于生产方式，同样传统服务业和现代服务业的差别也在于生产方式。现代生产方式的表现是生产的分工深化，获得规模化生产能力，并得到规模收益，核心是劳动效率能得到持续的提升。现代生产方式推动了产业结构的调整，从低效率的农业转向高效率的工业，从高效率的工业转向更高效率的服务业，在此过程中也推动了农业和工业发展，直到产业间效率均衡、结构稳定。生活方式则体现在广义恩格尔定律上，即从食品占消费支出

① “中国经济增长前沿”课题组：《中国经济长期增长路径、效率与潜在增长水平》，《经济研究》2012年第10期。

比重的下降拓展到物质消费占消费支出比重的下降。因此，人类需求结构会牵引着产业不断变化，服务业比重会越来越高。但在可贸易条件下，一国或一个地区供给结构不一定与需求结构完全吻合，而供给结构更多地服从效率原则（比较优势）。但从全球范围看，广义恩格尔定律又是决定性的，服务业需求比重持续提高。

从全球经济发展规律看，将一个国家增长速度分解后，增长份额最大的贡献者是各国产业部门的比重和该产业部门效率变动的乘积最大的部门。如果服务业的比重持续提高，制造业比重持续下降，但服务业效率改进又慢于制造业效率变动速度，则整个经济增长速度将下降，欧美国家进入高收入水平后经济增长减速就是受到了上述规律的影响。服务业比重提高是因为受到广义恩格尔定律牵引，而服务业可贸易水平低于制造业，由规模引致的效率持续改进要低于可贸易水平高的制造业。随着全球服务贸易的加速发展，这种局面会得到改善。

纵观发达国家，服务业占 GDP 的比重不断上升和服务业不可贸易导致的效率改进速度慢等因素，降低了发达国家的增长速度，但也成就了它们比较均衡的经济结构。它们保持竞争优势的核心仍是服务业和制造业的效率改进，而效率改进的背后是市场激励、人力资本、企业竞争力提升，以及政府和社会协调效率改善。

中国结构的不均衡仍有很多，比如，人们共识的城乡与区域不平衡，这与地方分权式竞争模式密不可分，不解决地方分权式竞争，很多产能过剩问题、区域封锁问题就会不断冒出来；又如政府与市场配置资源的扭曲问题、资源环境与经济发展不匹配问题、经济社会发展不平衡问题、城市化和农村土地问题等。结构不平衡问题几乎充斥了经济生活和社会生活的方方面面，这些不平衡与赶超阶段和体制相关，它们起了很好的加速作用，但随着条件的变化，其动态的不可持续性逐渐显现，并成为结构性减速的原因。上面列出的三项主要与潜在产出水平计算相关，通过均衡结构收敛特征值设定可计算出“结构转型”直接带来的减速情景。

中国成功地通过非均衡结构配置资源的方式推动了经济高速增长，然而随着人均 GDP 的增长、市场化水平的提高和国际环境的变化，非均衡结构必然要向均衡的结构转型。[1] 这一个收敛机制来自现实实践，如从何路径进行调整，也来自理论逻辑。从经济增长的逻辑看，早年卡尔多提出了“俱乐部收敛”，后来琼斯提出了劳动效率“趋同差距”的讨论，罗德里克再次探讨了“经济趋同的未来”，提出了生产率竞争收敛问题，审视了“结构主义”赶超，探讨了国家治理、产业同质化水平等多方面因素，提出了吸收创新能力等命题。而我们依据经济学的“需求偏好相似”原理［这是由瑞典经济学家林德（S. B. Linder）提出的］，用国家之间需求结构相似来解释工业制成品贸易发展的理论。该理论揭示了相同收入阶段需求偏好是相似的，分析结构趋同特征是由人类需求引致，如恩格尔定律也是论证相同道理，这是主导结构演变的重要机制。世界银行提出的“中等收入陷阱”假说的核心也是在警告赶超国家要注意赶超战略的阶段的局限性。刘世锦在此基础上提出了“制度高墙”，强调国民普遍的参与性是重要的制度改进方式。实际上，学者们已经越来越意识到一个最基本问题，收敛机制也具有很多的相同特征。

总之，结构非均衡向均衡转变的趋同引擎归纳起来：（1）国家的竞争来自生产效率的竞争，一国能有效地不断跟进技术前沿，并将技术和效率改善传递到全社会，则完成了内生增长，即高收入国家的俱乐部收敛；（2）需求偏好相似理论直接推定了结构不会持久地偏离收入水平决定的发展阶段；（3）结构收敛机制非常重要，仅仅是前两点并不能保证结构的收敛，做不好反而会更加偏离，导致经济的长期停顿，注重机制改革，强调“趋同机制”的建设是最为重要的，任何一国经济增长激励的机制也会有很强的趋同性，如强调市场对资源的基础配置作用、反垄断对技术创新激励，当然各国仍有着很多非教科书的经验，但无疑很多“收敛机制”是趋同于市场激励，然而结构转型方式和路径依然是多样的。

以上的事实也是经济转型的主要目标，经济转型意味着结构从非均衡转向均衡转变受到“趋同”的引擎，包含三个层面的牵引，即效率扩展、结构均衡和市场激励。依据中国的趋同过程测算一个直接结果就是因结构向均衡转变

---

① 张平、刘霞辉、王宏淼：《中国经济增长前沿Ⅱ》，中国社会科学出版社，2011。

导致减速，即“结构性”减速，它是与结构主义赶超的“结构”加速相对应，结构性加速是一个较长期的调整，而不是一般性的因政策或外部冲击导致的周期性波动。

在中国经济转型的大背景下，金融应发挥其配置资源的功能，而不是总量刺激需求的功能，更不是依靠金融的去功能化和自我循环来制造 GDP。

四 转型的路径的选择

在实体经济收缩、企业杠杆居高不下及金融去功能化的背景下，继续通过金融扩张以维持投资高增速来对冲在短期内仍然存在一定效果，然而对引致中国经济增速下滑和实体经济收缩的结构性特征并没有改善作用，继续维持现状将进一步降低实体经济的竞争力和回报水平，并可能受到外部冲击。在此基础上，体制转型的路径选择是将动员体制转型为资源优化配置的体制，主要包括以下几个方面。

1. 政府体制转型

地方分权式竞争模式曾是我国经济赶超阶段取得成功的重要制度安排，目前却成为影响经济增长活力的结构性掣肘。而正如前文所提到的，地方分权式竞争模式所衍生的“竞争性投资 - GDP”体制，是产能过剩问题、区域封锁问题等的根源，甚至有学者将其总结为地方晋升锦标赛模式，① 当前在我国出现结构性经济减速的情况下，这样的政府体制已不适用。政府应重新思考过往的政绩考核方式，加快转变目标和职能，减少行政审批权限，平衡短期与长期利益，减少对城市建设及经济增长的干预甚至主导，从“增长型”目标转向“服务型”目标，从对物的投资转变为对人及市场环境的投资，引导各地制造业从劳动、资本密集型向技术、知识密集型转变，真正履行起公共财政的职能。

2. 供给机制转型

供给机制的转型对应的是过往中国所采取的以货币创造和金融扩张来扩大总需求的经济体制。供给机制的改革可从以下几个方面入手：第一，应积极推

① 周黎安：《中国地方官员的晋升锦标赛模式研究》，《经济研究》2007 年第 7 期。

进财税政策改革，将政府税收结构由目前以间接税（流转税）为主调整为间接税与直接税共同发展，增加居民直接纳税比例并与社会保障体系的支出直接关联，使相关财政支出透明化；第二，应打破行政垄断，增加有效供给，避免因垄断和市场禁入所引起的部分行业产能过剩而部门行业供给短缺的现象，鼓励民间资本进入社会供给基础设施与第三产业（如金融、医疗等现代服务业），优化产业结构；第三，提升政策性金融及福利保障供给水平，鼓励金融创新，发展新型政策性金融体系，支持包括保障住房在内的公共产品供给及相应的金融支持。

3. 宏观稳定政策与结构转型的平衡

在政府体制及经济结构转型过程中，除了直面经济增速的结构化下降的事实、遏制货币创造和金融扩张的冲动外，也应考虑到宏观经济的稳定。宏观经济政策的首要目标是保持经济运行的基本稳定、守住风险底线，坚持宏观政策稳定、微观政策放活、社会政策托底的总体思路，稳中求进和以稳促进相结合。另外，在维持总需求基本稳定的前提下，应考虑有效防范和化解各种矛盾与风险，尤其是地方政府所面临的债务风险及金融机构所承担的相应风险。应通过一定的法律或规则，将地方政府融资问题列入监控，并加速理顺中央和地方债务关系，定义风险，减低债务风险的累积；推动融资权限的下放及地方债的发行，进一步促使地方政府融资阳光化。

4. 金融体制转型

金融体制转型，本质上是通过改革货币与金融体系，提升其资源配置的作用，也是避免金融去功能化的重头戏。金融体制转型可以从以下三个方面入手：第一，制度安排上迫在眉睫的是进一步推进利率市场化，核心是建立存款保险制度，提升金融机构的风险定价与风险管理能力，硬化金融机构的预算软约束，从而减少套利空间，避免信用与货币在金融体系中空转、虚拟经济过度膨胀以及金融市场复杂化造成的融资成本高企、融资效率低下，降低实体经济的真实融资成本；第二，大力发展资本市场，提升直接融资的比例，让资本市场有效地配置资源，推动企业融资方式和金融机构服务方式的创新，避免非金融企业过高的负债率；第三，应抑制金融机构的“国有化”与“行政化”色彩，逐步降低国有银行体系的市场份额，选择一两家大型国有商业银行实施民营化试点，鼓励民间资本参与现有金融机构重组改造，探索设立民间资本发起的自担风险的民营银行和金融租赁公司、消费金融公司。

参考文献

Diamond, D. W., and Dybvig, P. H., "Bank Runs, Deposit Insurance, and Liquidity," *The Journal of Political Economy* (1983).

Goldsmith, R., *Financial Structure and Economic Development* (New Haven: Yale University Press, 1969).

Hicks, J., *A Theory of Economics History* (Oxford Clarendon Press, 1969).

Levine, R., "Financial Development and Economic Growth: Views and Agenda," *Journal of Economic Literature* 2 (1997).

Lucas Jr, R. E., "On the Mechanics of Economic Development," *Journal of Monetary Economics* 1 (1988).

McKinnon, R. I., *Money and Capital in Economic Development* (Brookings Institution Press, 1973).

Romer, P. M., "Increasing Returns and Long-run Growth," *The Journal of Political Economy* (1986).

Romer, P. M., "Endogenous Technological Change," *Journal of Political Economy* (1990).

白重恩、钱震杰：《谁在挤占居民的收入——中国国民收入分配格局分析》，《中国社会科学》2009年第5期。

蔡昉、陆旸：《人口转变如何影响中国的潜在增长率》，工作论文，2012。

成思危：《虚拟经济探微》，《南开大学学报（哲学社会科学版）》2003年第2期。

费雪：《关于大萧条的债务——通货紧缩理论》（中译），载于北京大学中国经济研究中心宏观组编著《1998～2000中国通货紧缩研究》，北京大学出版社，2000。

李扬、张晓晶、常欣、汤铎铎、李成：《中国主权资产负债表及其风险评估（上）》，《经济研究》2012年第2期。

李扬、张晓晶、常欣、汤铎铎、李成：《中国主权资产负债表及其风险评估（下）》，《经济研究》2012年第7期。

刘骏民：《经济增长、货币中性与资源配置理论的困惑——虚拟经济研究的基础理论框架》，《政治经济学评论》2011年第4期。

殷剑峰、王增武：《影子银行与银行的影子》，社会科学文献出版社，2013。

周黎安：《中国地方官员的晋升锦标赛模式研究》，《经济研究》2007年第7期。

张云：《经济虚拟化条件下的经济增长理论研究——以美国为案例的研究》，《经济学动态》2010年第10期。

张车伟、张士斌：《中国初次收入分配格局的变动与问题——以劳动报酬占 GDP 份额为视角》，《中国人口科学》2010 年第 5 期。

“中国经济增长前沿”课题组：《城市化、财政扩张与经济增长》，《经济研究》2011 年第 11 期。

“中国经济增长前沿”课题组：《中国经济长期增长路径、效率与潜在增长水平》，《经济研究》2012 年第 10 期。

张平、刘霞辉、王宏淼：《中国经济增长前沿Ⅱ》，中国社会科学出版社，2011。

张平：《宏观政策目标、潜在增长和政策选择》，载于《2012 年中国经济形势分析与预测》，社会科学文献出版社，2011。

张平：《“结构性”减速下的中国宏观政策和制度机制选择》，《经济学动态》2012 年第 10 期。

张平、苏治：《中国经济潜在增长率下降与通缩风险》，《2013 年中国经济形势分析与预测》，社会科学文献出版社，2012。

B.5

2013年前三季度国民经济运行情况及2014年展望

王文波*

摘　要：

2013年前三季度，国民经济运行稳中向好，国内需求稳定增长，出口增长落中有稳，居民消费价格总体稳定，工业生产者价格同比降幅收窄，就业人数继续增加，居民收入保持增长，企业利润增速回升，财政收入增长收稳。展望2014年，宏观经济政策会更注重经济发展的质量和效益，综合各种有利条件和不利因素，中国经济预期可以实现平稳发展，但经济增速可能低于2013年。

关键词：

国民经济　经济增速　展望

2013年，面对错综复杂的国内外经济环境，面对第二季度一度加大的经济下行压力，中国政府坚持稳中求进的工作总基调，统筹稳增长、调结构、促改革，出台了一系列既利于当前又利于长远的政策措施，国民经济呈现稳中向好的发展态势。展望2014年，综合有利条件和不利因素，中国经济预期可以实现平稳发展，但经济增速可能低于2013年。

一　2013年前三季度国民经济运行稳中向好

（一）经济增长总体平稳，稳中有升

2013年前三季度，中国国内生产总值达386762亿元，同比增长7.7%。

* 王文波，国家统计局国民经济综合统计司。

其中，第一季度增长7.7%，第二季度增长7.5%，第三季度增长7.8%，第三季度增速分别比第一季度和第二季度提高0.1个和0.3个百分点。分产业看，第一产业增加值为35669亿元，同比增长3.4%；第二产业增加值为175118亿元，增长7.8%；第三产业增加值为175975亿元，增长8.4%。农业生产形势较好。夏粮产量2638亿斤，比上年增加39亿斤；早稻产量682亿斤，增加16亿斤；秋粮丰收已成定局，全年粮食生产有可能实现历史性的“十连增”。畜牧业形势总体稳定。初步统计，前三季度，猪牛羊禽肉产量5803万吨，同比增长1.3%。其中，猪肉产量3831万吨，增长2.1%。工业生产稳中有升。前三季度，全国规模以上工业增加值同比增长9.6%。其中，第一季度增长9.5%，第二季度增长9.1%，第三季度增长10.1%，第三季度增速分别比第一季度和第二季度加快0.6个和1.0个百分点。分月看，第三季度增速明显加快，其中，7月增长9.7%，比上月加快0.8个百分点；8月增长10.4%，9月增长10.2%，由前7个月的个位数增长转变为十位数增长（见图1）。

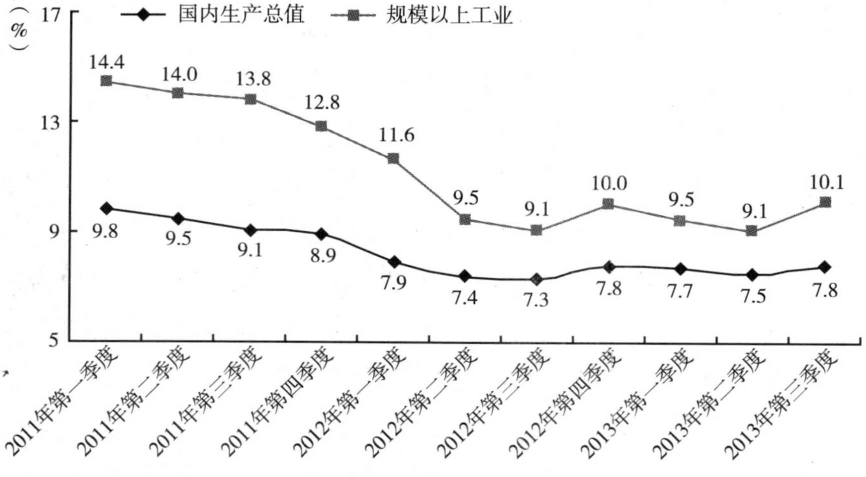

图1　国内生产总值和规模以上工业增加值季度增速

（二）国内需求稳定增长，出口增长落中有稳

市场销售增速逐季加快。前三季度，社会消费品零售总额达168817亿元，同比增长12.9%。其中，第一季度增长12.4%，第二季度增长13.0%，第三季

度增长 13.3%，第三季度增速比第一季度加快 0.9 个百分点，比第二季度加快 0.3 个百分点（见图 2）。与居民消费结构升级相关的商品销售增长较快。前三季度，限额以上企业商品零售额中，通信器材类增长 16.6%，比上半年加快 2.2 个百分点；汽车类增长 9.3%，加快 0.5 个百分点。餐饮企业积极转型，餐饮收入低位回升。第三季度，餐饮收入增长 9.3%，比上半年加快 0.6 个百分点。

固定资产投资保持较快增长。前三季度，固定资产投资（不含农户）309208 亿元，同比增长 20.2%，比上半年加快 0.1 个百分点。其中，国有及国有控股投资达 99001 亿元，增长 17.6%；民间投资 196611 亿元，增长 23.3%。分产业看，第一产业投资 6799 亿元，增长 31.1%；第二产业投资 132607 亿元，增长 17.1%；第三产业投资 169802 亿元，增长 22.3%。从三大主要投资看，制造业投资 106773 亿元，同比增长 18.5%；基础设施投资 48403 亿元，增长 25.1%；房地产开发投资 61120 亿元，增长 19.7%。

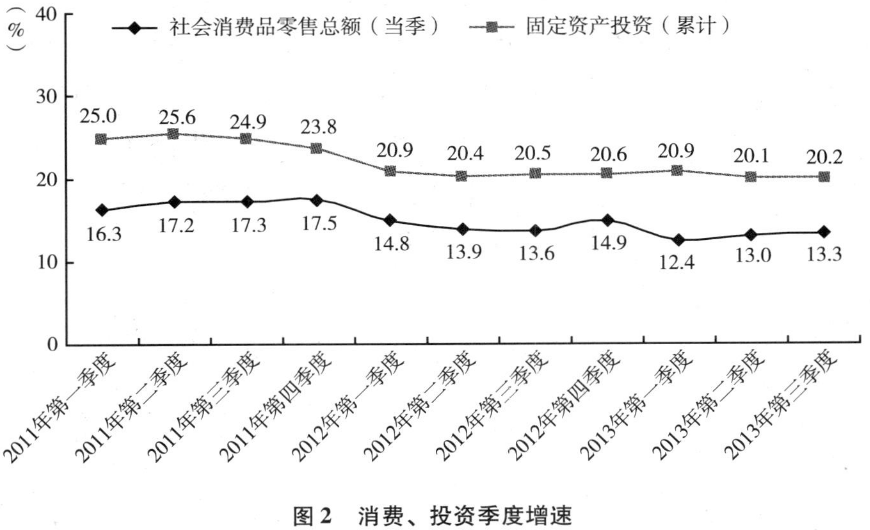

图 2　消费、投资季度增速

出口增长落中有稳。前三季度，进出口总额 30604 亿美元，同比增长 7.7%。其中，出口额 16149 亿美元，增长 8.0%；进口额 14455 亿美元，增长 7.3%。进出口相抵，顺差 1694 亿美元。分季度看，出口增速整体上呈现落中有稳的发展态势，其中，第一季度同比增长 18.3%，第二季度增长 3.7%，第三季度增长 3.9%，第三季度增速比第二季度加快 0.2 个百分点。

（三）居民消费价格总体稳定，工业生产者价格同比降幅收窄

居民消费价格温和上涨。1～9月，居民消费价格同比上涨2.5%，涨幅较1～6月扩大0.1个百分点。分月看，除2月和9月同比涨幅略高于3%（9月同比上涨3.1%，涨幅比上月扩大0.5个百分点）外，其余月份涨幅均在3%以内。9月居民消费价格涨幅扩大主要是受中秋、国庆节日因素和衣着换季的影响。当月居民消费价格环比上涨0.8%，其中食品价格上涨1.5%，衣着价格上涨1.2%。1～9月，八大类商品中七类累计同比上涨，一类同比下降。其中，食品价格同比上涨4.4%，居住上涨2.8%，衣着上涨2.3%，交通和通信下降0.4%。

工业生产者出厂价格降幅逐月收窄。7～9月，工业生产者出厂价格同比分别下降2.3%、1.6%和1.3%，降幅分别比上月收窄0.4个、0.7个和0.3个百分点。其中，9月是2013年以来月度降幅最小的一个月（见图3）。从环比看，7月，工业生产者出厂价格环比下降0.3%，降幅比上月缩小0.3个百分点；8月上涨0.1%，自4月以来首次环比上涨；9月又上涨0.2%。从流通领域重要生产资料看，主要钢铁、有色金属、水泥、化工产品价格第三季度普遍回升。9月，线材价格比7月份上涨2.2%，厚钢板价格上涨1.8%，铜价格上涨2.4%，水泥价格上涨0.8%。

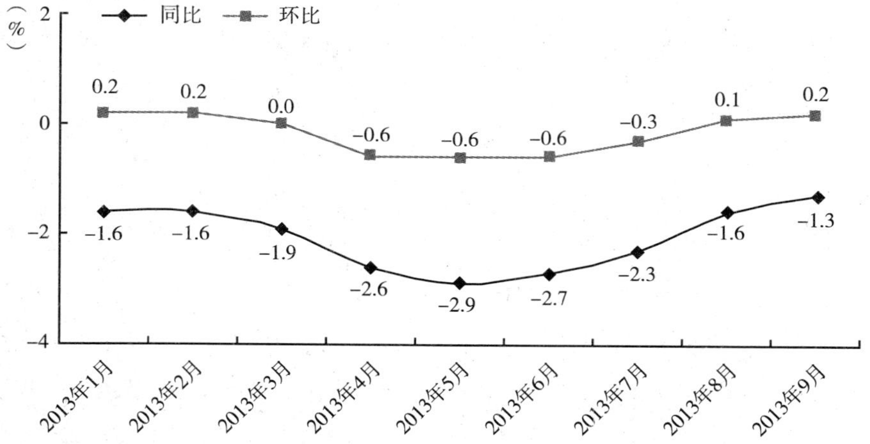

图3　工业生产者出厂价格总水平变化率

（四）就业人数继续增加，居民收入保持增长

就业形势总体稳定。据人力资源和社会保障部统计，前三季度，城镇新增就业 1066 万人，同比多增 42 万人，已完成全年 900 万的目标任务。根据国家统计局统计，第三季度末，全国城镇单位就业人员数 1.6 亿人，同比增加 1059 万人；农村外出务工劳动力 1.74 亿人，同比增长 3.1%。

居民收入继续增长。前三季度，农村居民人均现金收入 7627 元，同比名义增长 12.5%，扣除价格因素，实际增长 9.6%，比上半年加快 0.4 个百分点；城镇居民人均可支配收入 20169 元，名义增长 9.5%，扣除价格因素，实际增长 6.8%，比上半年加快 0.3 个百分点。城乡居民收入增长较快主要是工资性收入增长稳定。前三季度，城镇单位就业人员平均工资 35699 元，名义增长 10.7%；农村外出务工劳动力月均收入 2542 元，增长 13.0%（见图 4）。

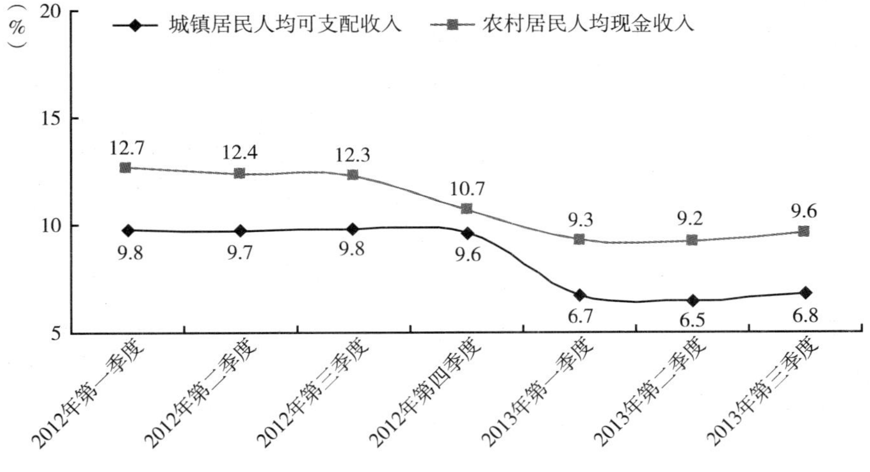

图 4　城乡居民收入实际增速

注：农村居民人均现金收入第一至第四季度增速为农村居民人均纯收入增速。

（五）企业利润增速回升，财政收入增长趋稳

企业经济效益有所改善。1～8 月，规模以上工业企业实现利润同比增长 12.8%，比 1～6 月加快 1.7 个百分点，其中 8 月比 7 月加快 12.6 个百分点，

7月比6月加快5.3个百分点；主营活动利润增速在7月由负转正的基础上，8月比7月又加快2.2个百分点。8月末，规模以上工业企业亏损面为15.7%，比6月末下降0.9个百分点。

财政收入低速增长的状态有所好转。前三季度，全国公共财政收入同比增长8.6%。其中，第一季度增长6.9%，第二季度增长8.1%，第三季度增长11.2%，第三季度增速比第二季度加快3.1个百分点。主体税种增速有所加快。第三季度，国内增值税增长11.8%，比上半年加快5.2个百分点；国内消费税增长4.2%，比上半年加快0.6个百分点；企业所得税增长14.2%，比上半年加快0.7个百分点。

二 2014年中国经济发展展望

2014年的中国经济发展走势是各方面十分关注的问题，一方面，尽管2013年第三季度中国经济出现了比较明显的回升态势，但与7~8月主要经济指标的快速回升相比，9月又有所回落，这说明中国经济形势依然错综复杂，经济回升的基础依然不稳固。在这种情况下，作为世界第二大经济体、世界经济增长的重要引擎，2014年中国经济的走向自然会牵动各方面的神经。另一方面，也必须看到，在中国经济已经进入新的发展时期、转方式和调结构成为经济生活主旋律的情况下，宏观调控需要统筹稳增长、调结构、促改革和防风险之间的关系，如果过分关注经济增长速度，既不利于结构调整和深化改革的顺利推进，还有可能加剧风险的集聚，最终可能损害经济长期的可持续增长。因此，必须适当淡化对2014年经济增长速度的关注，只要经济增速仍在合理增长区间，并有利于调结构、促改革、防风险，即便实际经济增长速度比2013年有所回落，也是可以接受的。进一步的分析表明，2014年存在诸多支撑经济发展的有利条件，经济将呈现平稳发展的格局，但全球经济仍然存在一些不稳定因素，发达经济体的复苏前景仍然不明朗，发展中经济体基本面难以根本好转，国内有效需求不足和企业生产经营压力大等问题仍会比较突出，因此，经济增速低于2013年的可能性很大。

（一）在新的历史时期，宏观经济政策的调整、经济运行环境的变化、转型升级及可持续发展的需要决定了中国经济增长速度回调的必然性

1. 相对于经济增长，2014 年的宏观经济政策将会更加注重经济发展的质量和效益

党的十八大提出了全面建成小康社会目标下关于发展的新要求，一方面，全面建成小康社会的第一要义仍然是发展。因为解决前进道路上各种矛盾和问题需要发展，筑牢扩大就业、改善民生、提高收入、实现社会和谐的物质基础需要发展。另一方面，新时期的发展必须满足以下三点要求：首先，发展必须更有效率。要改变过去那种高投入、高消耗、高污染、低效益的粗放增长方式，以较小的代价实现较好的增长，切实将推动发展的立足点转到提高质量和效益上来。其次，发展必须有利于实现社会公平正义。要保证各种所有制经济依法平等使用生产要素、公平参与市场竞争、同等受到法律保护，保证人民平等参与、平等发展的权利，切实实现发展成果由人民共享。最后，发展必须更可持续，就是要确保科技创新成为经济发展的原动力，改变过去那种主要依靠要素大规模投入的粗放型增长模式，经济增速尽管可能不如过去快，却是在合理增长速度下的可持续增长。

根据新时期发展的新要求，在 2013 年的宏观调控实践中，中国政府以提高经济发展质量和效益为中心，在经济下行压力较大的情况下，不再简单以国内生产总值增长率“论英雄”，不再片面追求速度和数量，而是积极创新宏观调控方式，采取了一系列既利于当前又利于长远的宏观经济调控措施，经济增速尽管有所回落，但没有超出经济增长的下限，通货膨胀、民生等指标也都在合理区间，经济运行总体较好。而从 2014 年的情况看，经济回升向好的基本面不会发生大的变化，同时，国内外经济环境的复杂严峻也不会发生大的变化，因此，预期宏观经济政策仍将围绕提高发展的质量和效益，保持相对稳定，调控的方式也将以微调为主，经济基本上是一个平稳发展的态势，政策面不支持经济增速的明显回升。

2. 由于潜在经济增长率下降，经济增速的适度回落是不可避免的

在过去的 30 年，中国国内生产总值实现了年均增长 9.8% 的高速度。从

当前和未来一段时期看，仍然存在推动中国经济较快发展的基本因素，中国经济保持世界领先速度的格局不会改变，但也必须看到，制约经济继续高速增长的客观因素也在增加。一是劳动力供给状况发生深刻变化，用工成本上升。2012 年劳动年龄人口首次下降，16～59 岁人口比上年末减少 205 万人，与此同时，由于出生人口的逐步减少，人口老龄化将趋于明显化，近年来，劳动力供给已经出现结构型紧缺。伴随着人口年龄结构变化，中国劳动力成本也呈不断上升趋势。2005～2012 年，中国城镇单位就业人员平均货币工资年均增长 14.4%；2010～2012 年，农民工月均收入年均上涨 17.4%。人口老龄化、劳动力供给减缓、劳动力成本上升等因素，将会从多方面制约经济的增长。二是资源环境约束加大，发展制约增多。改革开放以来，随着中国经济的持续快速增长，能源资源供需矛盾和环境污染问题也日益突出，对经济持续发展的约束增强。2012 年，中国国内生产总值占世界总产出的份额为 11.5%，消耗的煤炭、一次能源和淡水却分别约占世界消耗总量的 50.2%、21.9% 和 15%。与此同时，中国主要资源的人均储量偏低。2007 年，中国石油和液化天然气人均可开采储量是 1871 千克，为世界平均水平的 7.5%；人均天然气可开采储量 2276 立方米，为世界平均水平的 8.4%；即使是相对丰富的煤炭资源，中国人均可开采储量也仅为世界平均水平的 69.6%。随着中国经济规模的扩大，在国内供给能力有限的情况下，主要能源、矿产资源的对外依存度持续上升。中国石油和铁矿石等能源资源的对外依存度均在 50% 以上。

3. 从日本、德国等国家的经济发展历程看，当一个国家经济经历了一段时期高速增长后，经济增速通常会回落

第二次世界大战以后，日本、德国、韩国等主要追赶型经济体在步入中等或高收入国家的行列前，均经历过二三十年的高速发展，此后先前快速发展所依赖的后发优势和比较优势渐渐趋于消失，经济增速均无一例外地出现了一定幅度的放缓，部分国家和地区的经济增速回落的幅度往往还比较大。日本战后经济高速增长并保持了较长时间，之后经济增速显著回落。1956～1973 年，日本 GDP 年均增长率为 9.2%，1973 年后经济增速急剧回落，1974～1991 年 GDP 年均增长 3.7%。联邦德国经济高速增长维持了不到 30 年即出现明显放缓。其中，1951～1960 年，联邦德国 GDP 平均增速为

8.2%；1961～1970 年，回落至 4.4%；1971～1991 年，进一步回落至 2.7%。韩国从 20 世纪 60 年代中期开始高速增长，90 年代中期以后经济增速也出现较为明显的回落。1966～1995 年，韩国 GDP 平均增速为 8.4%；而 1996～2011 年，仅为 4.2%。

总之，预测 2014 年中国经济的增长速度，必须深刻认识到在新的历史时期中国经济增速回落的客观必然性，深刻认识其是客观因素和政策改变共同作用的结果，符合全面建成小康社会的客观要求，符合现阶段中国要素供给和能源资源环境现状，也符合国际上大经济体高速成长一段时期后增长率下降的一般规律。而且从中国发展实践看，经济增速的适度回调，也有利于淘汰落后产能，有利于提高资源配置效率，有利于加快转变经济发展方式和结构调整，有利于实现更长时期和更高质量的发展。

（二）考虑到中国经济增速回调的必然性，综合各种有利条件和不利因素，2014 年中国经济仍将可以实现平稳发展，但由于经济发展条件和环境已经发生重大变化，加上经济运行中的不稳定和不确定因素仍然较多，预期国内生产总值增长速度可能比 2013 年略低

1. 经济保持平稳较快发展仍有较多有利条件

展望 2014 年，中国仍处于经济社会发展的重要战略机遇期，经济发展的基本面没有发生根本变化，保持经济平稳较快发展仍拥有较多有利条件。

从国际上看，2014 年世界经济形势有望较 2013 年有所改善。一是随着主要经济体保增长措施发挥作用，全球经济复苏态势由前几年的“发达经济较慢，新兴经济体较快”转为“发达经济体经济形势好转，新兴经济体相对放慢”，2014 年全球经济增速有望略高于 2013 年。据 IMF 10 月的预测，2014 年世界经济预计增长 3.6%，比 2013 年加快 0.7 个百分点。二是中国三大主要贸易伙伴经济形势总体趋好。尽管美国经济发展前景仍有不确定性，但美国家庭部门去杠杆化基本完成，出现了新制造业、新能源、新一代信息和网络技术、生物医药等新的增长点，发展的预期趋于稳定。欧元区经济基本摆脱了欧洲债务危机的影响，走在缓慢复苏的道路上。日本经济在“安倍经济学”的刺激下发展势头较好，尽管效果和能否持续需要继续观察，但发生恶变的可能性较

小。三是随着世界主要经济体大选尘埃落定，地缘政治冲突总体上比 2013 年要趋于缓和，国际政治经济环境不确定性有所下降。总之，外部环境改善有利于中国外需保持基本稳定。

从国内看，经济发展的积极因素不断累积。

一是中国仍处在重要战略机遇期，经济长期向好的基本面没有根本改变。中国仍处在工业化、城镇化、信息化和农业现代化加速推进的阶段，这是保证经济平稳增长的最大基本面。中国城镇化进程已经进入了一个新的发展阶段，2014 年新型城镇化进程有望在改革深化的情况下明显加快，特别是一些农民工将会以新市民的姿态重新进入城市，带来大众消费的普遍市场化，推动消费结构升级，增加不同类型的消费方式和消费商品，直接推动服务经济部门的增长。工业化信息化高度融合，将会催生新的经济增长点；农业现代化加快发展，较为成熟的工业生产体系和快速发展的基础设施将会形成新的比较优势。

二是稳增长、调结构、促改革的政策措施将为经济注入新的活力和动力。2013 年第二季度以来，中国政府出台的一系列政策措施已经取得明显成效。随着关于加快铁路建设、棚户区改造、节能环保、信息消费、城市基础设施及养老服务业发展的政策意见和配套政策措施的逐步出台落实，相关项目建设将直接形成新的投资和消费增长点，有利于保持经济平稳增长。与此同时，以转变政府职能为突破口的多项改革极大地激发了市场活力、发展内生动力和社会创造力。随着改革红利的持续释放，经济运行的基本面有望继续得到改善。

三是企业预期和信心改善有利于企业生产和投资的基本稳定。新一届政府明确的政策导向和更加注重改革转型的新发展理念充分汇聚了社会各界最广泛的共识，社会预期趋于稳定，发展信心趋于增强。2013 年第三季度，企业景气指数达到 121.5，比上季度回升 0.9 个点；企业家信心指数为 119.5，回升 2.5 个点。9 月，制造业采购经理人指数（PMI）为 51.1%，连续三个月上升，8～9 月连创 2012 年 5 月以来的新高。其中，企业生产经营活动预期指数为 58.4%，保持在较高景气水平。9 月，非制造业商务活动指数为 55.4%，比上月上升 1.5 个百分点，创 6 个月以来的新高。其中，业务活动预期指数为

60.1%，表明非制造业企业对未来 3 个月市场预期继续保持乐观，对行业发展信心进一步增强（见图 5）。

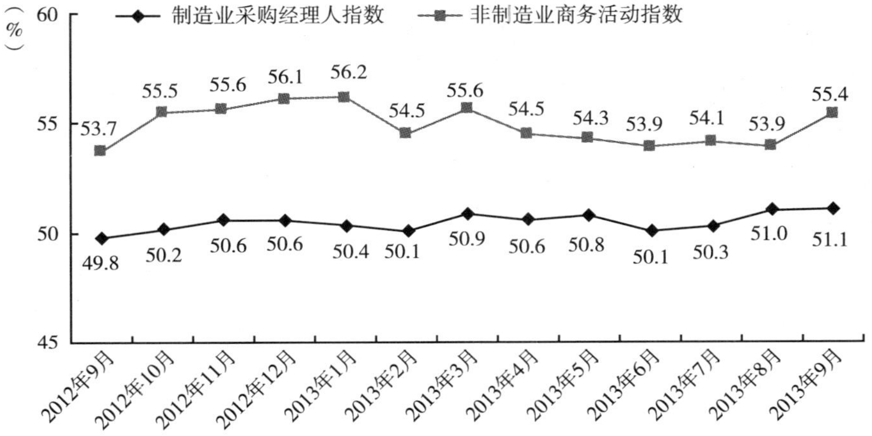

图 5　制造业采购经理人指数和非制造业商务活动指数

四是企业在政府的引导下转型升级步伐明显加快，为经济持续健康发展打下了良好基础。2013 年第三季度以来，地方政府把经济下行的压力转化为调结构的动力，利用市场倒逼机制，积极引导和扶持企业转型升级。与此同时，在市场的压力下，不少企业抓住有利时机，主动加强技术创新和产品升级，在激烈的市场竞争中脱颖而出，经济效益明显好转，呈现出较强的抗风险能力和逆势而上的发展态势。从全国看，规模以上工业企业实现利润同比增长，8 月比 7 月加快 12.6 个百分点，7 月比 6 月加快 5.3 个百分点；主营活动利润增速在 7 月由负转正的基础上，8 月比 7 月加快 2.2 个百分点。

此外，2014 年也存在一些特殊的刺激经济增长的因素。一是服务业有望加快发展。预期社会对金融服务业和教育、医疗卫生等现代服务业的需求将会快速增加，现代电子技术、物流技术等带来购物模式的变化也将促使网络购物及其相关新兴服务业的高速增长。二是借助于政治周期，固定资产投资保持较快增长的可能性大。2013 年，各地纷纷制定了比较高的发展目标，但囿于主客观原因，完成情况不甚理想。而 2014 年作为十八大召开之后的第二年和“十二五”规划的第四年，各地会集中更多的资源推动经济增长，政府投资规模将会扩大，增速也有可能呈加快态势。三是上海自贸区建设将是新的经济增长动力来源。尽管上海自由贸易区偏居华东一隅，但其示范效应和带动效应不可低估，不仅可以提振信心，更可以在经济增速回落的情况下带动部分国内需求和国外需求，从而带来相应的增长。

2. 经济保持平稳较快发展也面临着一些不利因素

一是外部经济环境依然复杂严峻。全球经济增长动力依然疲弱。尽管美国国债上限危机暂时得到解决，但2014年存在再度复发的可能，美国经济复苏存在变数。欧元区经济恢复之路仍很漫长。日本经济反弹主要受政策刺激，可持续性及提高消费税的影响仍待观察。新兴经济体由于基本面和宏观风险不同而有所分化，2014年难言乐观。世界货币政策走向加大了世界经济的波动风险。受主要发达经济体，特别是美国货币政策调整不确定性的影响，国际资本流动的变数依然很大。新兴经济体金融市场可能还会出现波动。美联储逐步退出QE将使全球流动性相对减少，并会改变全球金融资本配置，使国际资本更多地回流美国，一些基本面较为脆弱、风险累积较多的新兴经济体仍将面临资本流出压力。资本流动的不确定性将会进一步加剧经济波动风险。

二是国内需求增速持续回升难度较大。2013年第三季度支撑需求增速回升的动力多为短期因素，主要是受一系列稳增长、调结构、促改革措施的拉动，随着预期作用的消退，后期要形成持续回升势头仍需要寻求更为持久的动力。从投资看，受地方融资平台融资监管收紧、地方财政收入增长放缓的影响，基础设施投资后劲不足；受产能过剩矛盾短期内难以缓解的影响，制造业投资将维持低速增长的格局；土地购置面积和房屋新开工面积等先行指标持续处于低位，房地产投资增长相对平缓。前三季度，房地产开发投资同比增长19.7%，比上半年回落0.6个百分点；房屋新开工面积仅增长7.3%，房地产开发企业土地购置面积下降3.3%。从消费看，居民消费需求总体平稳，但缺乏新的增长点，2011年以来，汽车零售额增速已经连续三年低于总体增速。

三是出口增速回升基础不稳。从2013年的情况看，中国劳动力等要素成本持续上涨，劳动密集型产品出口竞争力下降，部分出口订单流失，部分产能向周边国家转移的态势比较明显。发达国家“经济再平衡”战略成效初步显现，预期其经济复苏对全球进口的拉动作用将趋于减弱，中国巩固并扩大发达市场的难度将会加大。而新兴经济体经济增长放缓，市场需求存在较大不确定性。过去 5 年，中国出口增量的 43% 来自新兴经济体，其市场需求的下滑必然影响中国的出口。2013 年 9 月，中国出口同比下降 0.3%，其中对南非、印度、巴西的出口分别下降 12.6%、9.8% 和 4.8%。预期 2014 年对新兴经济体的出口不容乐观。

四是企业生产经营仍然较为困难。尽管 2013 年第三季度企业销售、利润情况整体上有所改善，但受制于价格下跌、成本上升、资金回笼不畅，企业生产经营仍然较为困难。1～8 月，规模以上工业企业每百元主营业务收入中的成本为 85.90 元，比 1～6 月上升 0.27 元；主营活动利润率为 5.55%，下降 0.28 个百分点。主营活动利润增速回落幅度明显大于主营业务收入。1～8 月，规模以上工业企业实现主营业务收入同比增长 10.9%，增速比 1～6 月回落 0.5 个百分点；主营活动利润增长 4.9%，回落 2.3 个百分点。企业生产经营困难不仅会影响当期生产，更重要的是会影响到企业对未来发展的预期，为避免损失，将会相应减少生产、压缩投资。

综合以上情况，2014 年中国经济既存在下行压力，也存在上行动力，而在各种上行动力的持续作用下，下行压力有望逐步缓解，经济将有望保持平稳发展。当然，由于经济运行中存在多种不确定因素，经济增速回落的可能性也比较大，但回落幅度超出合理区间的可能性较小，“稳”将成为经济运行的主基调。这为 2014 年的宏观调控提供了较大的回旋余地和主动权，宏观调控应进一步淡化 GDP 指标，淡化对经济增长速度的追求，将更多的精力放到调结构、促改革等有利于长远发展的目标上，通过调结构、促改革，努力实现转型升级，进一步释放内需潜力、创新动力和改革红利，夯实经济增长的动力基础。

B.6

2013年国民经济发展预测和2014年展望

赵 琨　王宝林*

摘　要：

2013年，新一届政府坚持稳中求进的工作总基调，创新宏观管理方式，推出一系列有针对性的政策措施，有效提振了市场信心和预期，各方面积极因素不断积累，经济运行稳中向好。2014年，国际经济复苏进程中的不稳定和不确定因素仍然较多，国内经济企稳向好的基础需要进一步巩固，但我国经济持续稳定发展的基本面没有改变，经济有望保持平稳增长，价格继续保持温和上涨。

关键词：

国民经济　稳中求进　展望

一　2013年国民经济发展预测

2013年，在错综复杂的国内外形势下，新一届政府坚持稳中求进的工作总基调，以提高发展质量和效益为中心，大力深化改革开放，加快推进结构调整，切实保障和改善民生，针对经济运行的变化，科学把握主要经济指标的合理区间，坚持实施和用好积极的财政政策和稳健的货币政策，适时采取一系列有针对性的政策措施，有效提振了市场信心和预期，促进了经济潜力与活力的释放，各方面积极因素不断增多，经济运行稳中向好。

* 赵琨、王宝林，国家发展和改革委员会综合司预测处。

（一）经济增长基本平稳，发展协调性增强

2013 年前三季度，国内生产总值同比增长 7.7%。其中，第一、第二、第三季度分别增长 7.7%、7.5% 和 7.8%，内需拉动作用较强，第三产业发展明显快于第二产业，第一、第二、第三产业分别增长 3.4%、7.8% 和 8.4%。

内需稳定增长。消费增长总体平稳，前三季度社会消费品零售总额同比增长 12.9%，汽车、旅游、信息等热点消费持续较旺，家电、家具等传统消费保持较快增长。投资保持较快增长，前三季度固定资产投资同比增长 20.2%。其中，基础设施投资、房地产开发投资、制造业投资分别增长 25.1%、19.7% 和 18.5%。民间投资保持增长活力，前三季度增长 23.3%，快于整体投资增速。

三次产业协调发展。农业基础地位继续巩固，粮食生产有望实现“十连增”，家禽养殖虽然受到 H7N9 禽流感疫情的冲击，但畜牧业总体仍保持稳定，蔬菜和肉蛋奶等“菜篮子”产品生产基本稳定。结构调整积极推进，2013 年积极推动工业转型升级、大力淘汰落后产能的政策效果不断显现，前三季度工业增加值同比增长 9.6%，汽车、电子等行业增长高于工业整体增长水平，新能源、节能环保等战略性新兴产业发展较快。工业企业效益恢复性增长，前三季度实现企业利润同比增长 13.5%，累计增速持续 8 个月超过 10%。服务业生产加快发展，前三季度第三产业增加值规模和增速均超过第二产业。

（二）物价涨幅基本平稳，市场供应得到较好保障

2013 年以来，社会总供求状况基本稳定，物价涨幅基本平稳，前三季度居民消费价格同比上涨 2.5%。国内农业生产的好形势促进了农产品价格的基本稳定。工业生产总体平稳，工业生产者出厂价格自 2012 年 3 月以来持续下降，制约了工业消费品价格的上涨。服务业发展加快促进了服务价格的总体稳定，但人工成本持续上升推升了相关服务价格，房价上涨造成住房租金的上涨。国际大宗商品涨势整体偏弱，输入型通胀压力不大。

（三）就业形势总体平稳，居民收入继续增加

2013 年以来，城镇新增就业保持较快增长，失业率基本稳定。前三季度，

城镇新增就业1066万人，比2012年同期多增42万人；各季度城镇登记失业率基本维持在4.1%左右。城乡居民收入实际分别增长6.8%和9.6%。

（四）国际收支状况总体良好

2013年以来，我国货物贸易进出口低速增长，前三季度进出口总额同比增长7.7%。其中，出口和进口分别增长8%和7.3%，贸易顺差1694亿美元，比2012年同期增加216亿美元。"走出去"和"引进来"趋向平衡，前三季度实际利用外资886亿美元，同比增长6.2%；对外直接投资616.4亿美元，增长17.4%，两者规模差距继续缩小。受全球资本流动影响，证券投资和其他投资波动较大，各季度在净流入和净流出之间转换，但全年短期资本仍呈净流入态势。

此外，财政金融运行总体稳定。全国财政收支分别增长8.6%和8.8%，市场流动性总体适度充裕，9月末广义货币供应量（M2）余额同比增长14.2%。

从目前情况分析，随着已出台的各项政策措施的效应进一步发挥，积极因素将继续积累，第四季度经济有望保持平稳发展。内需拉动作用进一步增强，进出口可能维持低速增长。综合分析当前经济运行情况，初步预测全年国内生产总值增长7.5%以上，居民消费价格涨幅在3%以内。

二　2014年国民经济展望及政策建议

展望2014年，国际环境总体将有所好转，全球经济有望在发达经济体带动下保持温和复苏，经济结构也将加快调整，但全球经济运行中的不稳定和不确定因素仍然较多，发达经济体仍处在深度调整之中，新兴经济体面临较大下行压力，世界经济复苏进程艰难曲折，这些都会给我国带来新的挑战。同时，我国经济稳中向好的基础尚不稳固，有效需求不足、部分企业生产经营困难、资源环境约束不断强化等也会给我国经济的平稳健康运行带来一定挑战。

但也要看到，我国经济社会发展的基本面较为稳定，改革开放不断深化，工业化、信息化、新型城镇化、农业现代化深入推进，企业调结构、转方式的意识不断增强，宏观调控政策仍有回旋余地，特别是随着各项重大改革的深入推进，改革红利将不断释放，市场主体的活力和创造力会进一步增强。2014 年经济有望实现平稳增长，价格将继续温和上涨。

（一）从需求看，内需将保持平稳增长，外贸进出口继续低速增长

消费方面。近年来，居民就业、收入情况总体较好，国家不断加大在教育、医疗、社保、住房保障等领域的投入力度，基本公共服务水平逐步提高。2013 年国家出台了一系列促进文化、信息、养老、健康等产业发展的政策措施，有利于带动相关消费增长，但 2013 年居民收入增速放缓会对扩大消费产生制约，消费增长将保持基本平稳。

投资方面。鼓励民间投资、促进产业结构优化、稳步推进城镇化等政策作用将进一步发挥，有利于引导企业投资。但产能过剩状况在短期内难以缓解，企业投资能力和赢利预期不强等因素影响后期投资接续能力，投资保持较快增长难度加大，投资增幅将稳中略缓。

外贸方面。世界经济将继续缓慢复苏，国际环境总体有所好转，但受主要发达国家再工业化、新兴市场国家需求偏弱、贸易保护主义强化等因素影响，对我国出口的拉动将较为有限。各项鼓励进口的政策效果继续显现，一般贸易进口有望保持较快增长，但外部需求不旺将制约加工贸易进口增长，外贸进出口可能仍将维持低速增长。

（二）从供给看，农业生产总体稳定，工业服务业稳步发展

农业方面。国家强农、富农、惠农政策力度不断加大，农业科技水平不断提高，农业规模化经营不断推进，有利于稳定农业生产。但农业比较效益仍然偏低，受库存充裕、国际价格明显低于国内等因素影响，国内粮食价格面临下行压力，将在一定程度上影响农业生产积极性，制约农业进一步增长。

工业方面。各项促进战略性新兴产业发展和支持传统产业转型升级的政策措施将继续发挥效果，工业企业效益有所改善将有利于企业扩大再投资，这些都有利于促进工业稳定增长。但外需仍然偏弱，部分行业产能过剩的矛盾依然存在，这将制约相关行业的增长。

服务业方面。“营改增”政策效果将继续显现，有利于促进相关服务业加快发展。在相关政策支持下，信息、健康、养老等服务业的发展有望加快。工业稳定增长将带动相关生产性服务业平稳发展，电子商务加快发展，也将带动相关服务业的较快增长。但受房地产销售增速可能趋缓的影响，房地产服务业增速可能回落。

基于以上分析，2014 年要继续保持政策的连续性、稳定性，提高针对性、协调性，按照既利于当前又利于长远的要求，把握好宏观政策框架，切实提高经济发展质量和效益，进一步深化改革开放，强化创新驱动，加快结构调整，保障和改善民生，促进经济持续健康发展。一是促进内需、稳定增长，鼓励信息、养老、健康等服务消费，加快培育新的消费热点，营造让居民放心的消费环境。保持投资合理增长，积极推进“十二五”规划重点项目建设，抓好棚户区改造、中西部地区铁路建设、城市管网改造等项目，继续释放民间投资潜力。二是进一步优化经济结构，完善有利于化解产能过剩问题的体制机制，加快传统产业改造升级，进一步强化创新驱动，加快培育战略性新兴产业，积极发展现代服务业。三是大力加强生态文明建设，着力抓好资源节约和环境保护，突出做好大气、水、土壤等重点领域的环境治理。四是进一步深化改革开放，按照十八届三中全会的全面部署，加快推进重点领域和关键环节的改革。实施更加积极主动的开放战略，加快推进外贸发展方式转变，深化多双边经贸合作，打造全方位开放的新格局。五是大力保障和改善民生，千方百计扩大就业，鼓励创业带动就业，积极推进教育、文化、医疗卫生等社会事业发展，提高公共服务能力和水平，健全社会保障体系，构筑社会安全网。

B.7

2013年的“三农”形势分析

李周　党国英*

摘　要：

2013年，全国夏粮总产量13189万吨，比2012年增加196万吨，增长1.5%；秋粮生产克服了南方高温干旱和北方洪涝灾害的影响，大部地区秋粮长势正常。从已收割的情形看，我国粮食将实现连续十年增产。2013年，农业机械化水平、畜禽规模化养殖水平和技术进步对农业增长的贡献率继续提高；耕地流转面积、农村劳动力流动总规模进一步扩大，农村金融改革进一步深化；农民收入继续增加，福利进一步改善。此外，本文还论述了农业现代化的目标和面临的挑战，并提出了推进农业现代化的建议。

关键词：

“三农”　粮食生产　农业技术进步　农业现代化

一　农业生产情况

（一）粮食生产

2013年，全国夏粮播种面积2758.8万公顷，与2012年基本持平；冬小麦播种面积2244万公顷，比上年减少4.5万公顷，下降0.2%。2013年夏粮单产4781公斤/公顷，比上年增加71公斤/公顷，提高1.5%；其中冬小麦单

* 李周、党国英，中国社会科学院农村发展研究所。

产5154公斤/公顷，比上年增加76公斤/公顷，提高1.5%。全国夏粮总产量13189万吨，比2012年增加196万吨，增长1.5%；其中冬小麦产量11567万吨，比上年增加148万吨，增长1.3%。2013年夏杂粮播种面积达到514.9万公顷，比2012年增加4.5万公顷，增长0.9%；夏杂粮产量1622万吨，比2012年增加47万吨，增长3.0%。油菜籽面积增加101万亩，单产提高3公斤，总产提高45万吨。

2013年，秋粮生产受到南方高温干旱和北方洪涝灾害的影响。南方农作物受旱面积超过1亿亩，东北、华北地区降水比常年偏多三至五成，东北地区受涝面积超过1000万亩，华北部分地区也出现内涝，并受到病虫危害和秋季霜冻的威胁。但灾害影响是局部性的，大部地区秋粮长势正常。2013年，秋粮面积增加800多万亩，高产作物玉米、水稻面积增加较多，旱情和洪涝灾害轻于常年，从已收割的情形看，我国粮食将实现连续十年增产。

根据2013年《全球粮食安全指数报告》，中国的粮食安全指数列全球第42位。受饲料用粮增长、工业用粮用途拓展、品种调剂和生产成本上升的因素影响，近年来谷物进口有所增加，但总量有限，中国的谷物自给率保持在98%左右，粮食安全是有保障的。

（二）其他主要农产品生产

畜牧业在经历H7N9禽流感带来的冲击后企稳回升，2013年前三季度，全国猪牛羊禽肉产量为5803万吨，同比增长1.3%。其中，猪肉产量3831万吨，增长2.1%。生猪存栏47541万头，同比增长1.5%；生猪出栏50259万头，增长1.9%。1~6月，全国饲料总量10991.5万吨，同比增长10.0%。其中，配合饲料6214.97万吨、混合饲料2783.3万吨，分别同比增长11.12%、10.9%。

2013年上半年，蛋产量1285万吨，奶产量1475万吨，水产品产量2530万吨。棉花、油料、糖料生产保持稳定，蔬菜、水果等产品供应充足。

2013年1~5月，全国水产品产量1976.96万吨，同比增长4.41%。据40家水产品批发市场统计，1~5月水产品成交量228.35万吨，同比增长2.50%。水产品出口贸易持续增长。主要出口市场中，对东盟、中国香港和中国台湾的出口额分别比上年同期增长 47.4%、52.1% 和 58.7%。远洋渔业发展形势良好。上半年投产渔船 1419 艘，同比增加 216 艘；远洋渔业产量 55.5 万吨、产值 60 亿元，分别同比增长 15%、17%。水产品产地质量安全抽检综合合格率达到 96.8%。

（三）现代农业建设

中国的现代农业建设，可以从技术进步加快、农业机械化程度提高和规模化经营程度提高三个方面来勾勒。由于种植业的规模化经营进展缓慢，且缺乏度量其变化的数据，下面仅分析畜禽养殖的规模化程度变化。

1. 技术进步贡献率继续提高

改革开放以来，技术进步对农业增长的贡献率逐渐提高。1985 年，技术进步对农业增长的贡献率约为 26.3%，[①]2012 年已经提高到 54.5%，[②] 根据这些年来技术进步对农业增长的贡献率每年提高约 1 个百分点的研究数据估算，2013 年技术进步对农业增长的贡献率可能会提高到 56.5%（见图 1）。

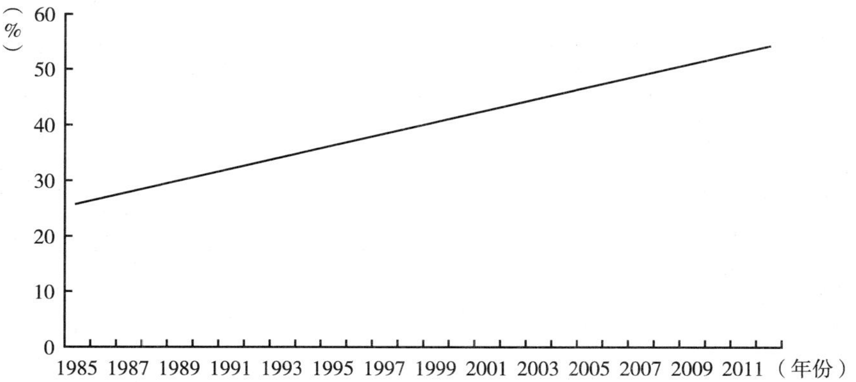

图 1　农业总要素生产率的贡献率

① 赵芝俊：《农业技术进步贡献率测算及分解》，http://www.docin.com/p-348399469.html，2008。

② 韩长赋：《2013 年农业科技进步贡献率预达 54.5%》，《科技日报》2012 年 12 月 19 日。

2. 机械化水平继续提高

农业机械是现代农业的物质基础，农业机械化是现代农业的重要标志。农业机械集成技术的广泛使用，显著减轻了劳动强度，极大地缓解了务农青壮年劳动力短缺对粮食生产带来的不利影响，在增强农民种粮意愿、稳定粮食生产面积、挖掘粮食增产潜力、提高耕作质量、争抢农时等方面发挥了重要作用。

2013 年上半年，大中型拖拉机和配套农具保有量分别达 508 万台和 790 万部，同比分别增长 9.4% 和 8.7%，增幅分别比小型拖拉机和配套农具高出 10.5 个和 9.1 个百分点（后两者均为负增长），拖拉机大型化、配套化的趋势更加明显。水稻插秧机、联合收获机分别达 57.7 万台、135 万台，同比分别增长 15.5%、16.8%。累计新增保护性耕作、高效植保、秸秆打捆等各类农机化新技术推广面积 1.2 亿亩。农业机械总动力达到 10.5 亿千瓦，同比增长 5.8%。耕、种、收机械化水平已经达到了 57%。

2013 年春耕期间，全国共投入 2492 万台（套）农机具进行机耕、机播、灌溉作业，完成春播面积 5.44 亿亩，较上年增长 1400 万亩，显著加快了春播进度，确保粮食种在适播期。“三夏”期间，全国共投入联合收割机 54 万台，日机收面积最高达 1926 万亩，苏皖冀鲁豫五大主产省小麦机收水平达 98.4%，黄淮海地区夏玉米机播水平达 90.8%。机械化收获、秸秆还田、免耕播种“一条龙”作业面积大幅增加，有效保障了夏粮颗粒归仓和秋粮适时抢墒播种。

3. 畜禽规模化养殖的进展

规模养殖的良种化水平、饲料转化效率、饲养管理水平等有较大幅度的提高。截至 2013 年 3 月底，金融机构对畜牧业贷款余额为 3000 多亿元，共创建国家级标准化示范场 3178 个、省级示范场近 1 万个。

规模化畜禽养殖存在三个问题：一是发展不平衡。蛋鸡和肉鸡已基本实现了规模化，生猪和奶牛规模化进程推进较快，肉牛、肉羊标准化规模养殖仍处于起步阶段，基础母牛仍以散养为主。二是设施配置尚可，但管理弱。我国大规模养殖企业普遍采用了自动喂料、自动饮水等设备，圈舍标准也高于实际需求，但精细化管理、标准化生产不够。三是养殖风险防控机制不健全，产加销一体化的发展模式尚未形成。

二　要素市场发育情况

（一）耕地流转情况

1. 流转面积继续增加

截至 2012 年底，全国家庭承包耕地流转总面积为 2.78 亿亩，比 2011 年底增长 22.1%；占家庭承包经营耕地面积的 21.2%，比 2011 年提高 3.5 个百分点。分省份看，耕地流转面积占耕地承包面积在 25% 以上的前 10 个省份分别是上海（60.1%）、江苏（48.2%）、北京（48.2%）、浙江（42.9%）、重庆（36.1%）、黑龙江（35.7%）、广东（28.9%）、河南（26.9%）、安徽（25.7%）、湖南（25.7%）。流转面积比上年增幅超过（30%）的 6 个省份分别是重庆（65.7%）、吉林（44.4%）、甘肃（39.0%）、安徽（38.6%）、河南（32.0%）、新疆（30.1%）。

2. 耕地流转仍以转包和出租为主

以转包和出租方式流转的比重占 78%。转包、出租、互换、股份合作、转让流转的比重分别为 49.3%、28.9%、6.5%、5.9% 和 4.0%，另有 5.5% 的耕地通过临时代耕等方式流转。以出租和股份合作方式流转的耕地面积增幅较大，分别比 2011 年增长 30.2% 和 29.1%。

3. 流入农民专业合作社的耕地比重上升

在全部流转耕地中，流入农户的占 64.7%，比 2011 年降低 2.9 个百分点；流入农民专业合作社的占 15.8%，比 2011 年上升 2.4 个百分点；流入企业的占 9.2%，比 2011 年上升 0.8 个百分点；流入其他主体的占 10.3%，比 2011 年降低 0.3 个百分点。分省份看，流入合作社的土地面积占流转总面积比重较大的省份依次是上海（39.8%）、青海（38.2%）、江苏（29.3%）、贵州（23.5%）、安徽（22.8%）、湖南（21.8%）、宁夏（19.4%）、山东（17.8%）。

4. 流转耕地用于种植粮食作物的比重上升

在农户流转出的承包耕地中，用于种植粮食作物的面积为 1.56 亿亩，占流转总面积的 55.8%，比 2011 年增加 1.1 个百分点。分省份看，流出耕地用于种植粮食作物的比重较高的省份是吉林（90.5%）、黑龙江（87.5%）、内蒙古（72.7%）、安徽（69.0%）、河南（64.4%）、江西（58.6%）、青海（56.5%）。

5. 土地流转合同签订率上升

截至2012年底，全国流出承包耕地的农户约有4438万户，占家庭承包农户数的19.3%，比2011年上升2.4个百分点；签订流转合同3107.2万份，涉及流转耕地面积1.81亿亩，分别比2011年增长23.3%和30.2%；流转合同涉及耕地占流转总面积的65.0%，比2011年增加3.9个百分点。

6. 农户与村集体之间的流转纠纷比重下降

在流转纠纷中，农户之间的纠纷有5.36万件，比2011年增加6.6%，占流转纠纷的74.4%，比2011年增加0.1个百分点；农户与村组集体之间的纠纷有1.01万件，比2011年增长5.7%，占流转纠纷的14.1%，比2011年减少0.1个百分点；农户与其他主体间发生的流转纠纷有0.83万件，比2011年增长5.9%，占流转纠纷的11.5%，与2011年基本持平。

7. 调解仍是解决纠纷的主要方式

在已调处纠纷中，以调解方式调处的有17.4万件，占调处纠纷总数的90.6%，比2011年降低有1.8个百分点；仲裁纠纷有1.80万件，占9.4%，比2011年提高1.8个百分点。在调解纠纷中，由村民委员会调解的有10.37万件，占调解纠纷数的59.6%；由乡镇人民政府调解的有7.03万件，占40.4%。

（二）农村劳动力流动

由国家统计局的抽样调查结果推算，2012年全国农民工总量达到26261万人，比上年增加983万人，增长3.9%。其中，外出农民工16336万人，比上年增加473万人，增长3.0%。住户中外出农民工12961万人，比上年增加377万人，增长3.0%；举家外出农民工3375万人，比上年增加96万人，增长2.9%。本地农民工9925万人，比上年增加510万人，增长5.4%（见表1）。

从输出地看，东部地区农民工11191万人，比上年增加401万人，增长3.7%；中部地区农民工8256万人，比上年增加314万人，增长4.0%；西部地区农民工6814万人，比上年增加268万人，增长4.1%。东部和西部地区农民工占农民工总量的份额分别下降和上升 0.1 个百分点，中部地区农民工占农民工总量的份额不变（见表 2）。

表 1　农民工数量

单位：万人

年份	2008	2009	2010	2011	2012
农民工总量	22542	22978	24223	25278	26261
1. 外出农民工	14041	14533	15335	15863	16336
(1)住户中外出农民工	11182	11567	12264	12584	12961
(2)举家外出农民工	2859	2966	3071	3279	3375
2. 本地农民工	8501	8445	8888	9415	9925

表 2　按输出地分的农民工地区比率构成

单位：%

项目	2012 年			2011 年		
	东部	中部	西部	东部	中部	西部
农民工	42.6	31.4	26.0	42.7	31.4	25.9
1. 外出农民工	31.5	36.7	31.8	31.6	36.6	31.8
2. 本地农民工	60.8	22.9	16.3	61.4	22.7	15.9

在人均农业资源相对较少的东部地区，农村户籍劳动力中农民工占 54.9%；在人均农业资源相对较多的中、西部地区，农村户籍劳动力中农民工的份额分别为 37.2% 和 28.7%。东部农村户籍劳动力中的农民工份额要比中、西部分别多 17.7 个和 26.2 个百分点，中部农村户籍劳动力中的农民工份额比西部多 8.5 个百分点。

（三）农村金融市场的发育

2007 年 2 月 8 日，中国首家村镇银行——四川仪陇惠民村镇银行有限责任公司获南充银监分局批准开业。截至 2013 年 2 月 7 日，全国有村镇银行 1502 家。其中，2007 年批准设立 18 家，2008 年 78 家，2009 年 91 家，2010 年 277 家，2011 年 455 家，2012 年 514 家。2013 年平均 1 天 2 家，再一次进入提速阶段。

集中在中西部地区。村镇银行的主要功能是“填空补白”，所以中西部地区、贫困县成为村镇银行的布局重点。中西部区域村镇银行在全国占比70.17%，而东部区域占比29.83%。

分布不均。四川现有115家村镇银行，数量居全国首位；河南、浙江（剔除计划单列市宁波）和江苏位居其后，分别为112家、98家和96家。除这四个省外，村镇银行较多的省份是辽宁（剔除计划单列市大连数据，90家）、广西（83家）、山东（剔除计划单列市青岛数据，80家）、内蒙古（75家），安徽和江西分别为69家和62家。这10个省份的村镇银行数占全国36个省、区、市、计划单列市村镇银行数量的58.59%。

“扎堆”现象明显。一些（地级）市仅有1~2家，另一些（地级）市则有多家。例如，广西壮族自治区桂林市有29家村镇银行，四川省成都市和河南省南阳市均有25家，江西省赣州市有22家，黑龙江省哈尔滨市有17家，内蒙古自治区鄂尔多斯市、辽宁省营口市、河南省信阳市、浙江省台州市、浙江省温州市均有16家，吉林省松原市、河南省郑州市、新疆维吾尔自治区昌吉回族自治州、四川省内江市、浙江省丽水市则均有14家。鄂尔多斯市东胜区有5家村镇银行。桂林市所辖的12个县中，6个县各有1家村镇银行；临桂县、全州县、平乐县、荔浦县各有2家村镇银行，灵川县有4家村镇银行，兴安县有8家村镇银行。

截至2012年末，我国银行业金融机构涉农贷款余额17.6万亿元，同比增长20.7%。2009年以来，银行业已连续四年实现涉农信贷投放增量高于上年、增速不低于各项贷款平均增速，但农村金融供给不足、农民抵押难和贷款难现象尚未得到有效解决，加快农村金融改革进程、改善农村金融服务刻不容缓。

近年来，银监会进一步完善了新型农村金融机构的相关市场准入政策，严格执行“东西挂钩、城乡挂钩、发达地区与欠发达地区挂钩”政策。

三 农民收入和福利情况

2013年上半年，我国农村居民人均现金收入4817元，同比实际增长9.2%，收入增速继续快于城镇居民。农民收入增长的主要来源如下：一是主要农产品增产、价格上升。2013 年上半年，农民家庭经营收入达到 2434 元，同比增长 7.6%。这与国家继续提高稻谷、小麦最低收购价格关系密切。二是农民外出务工人数增多、工资增加。据国家统计局调查，6 月末，农村外出务工劳动力 17111 万人，同比增长 2.7%；外出务工劳动力月均收入 2477 元，同比增长 12.6%。2013 年上半年，农民人均工资性收入达到 1851 元，同比名义增长 16.8%，工资性收入增加对农民增收的贡献率为 51.8%。强农、惠农、富农政策力度增大且水平提高。2013 年，中央财政“三农”支出预算为 13799 亿元，国家投入的稳定增长为增加农民转移性收入奠定了坚实的基础。上半年农民人均转移性收入 388 元，同比增长 14.4%。

2013 年，新农合制度的人均筹资水平提高到 340 元左右，政策范围内住院报销比例达到 75%，最高支付限额提高到 6 万元以上。据初步统计，全国有 15 亿人次享受到新农合补偿，农民住院自负费用占人均年收入的比重从 2011 年的 28% 下降到 24%。77% 的地区开展了省内异地就医即时结报。

重大疾病医疗保障机制完善。以省为单位全面推开儿童白血病等 20 类重大疾病医疗保障工作。利用人均 15 元左右的新农合基金购买大病保险试点，加强新农合精细化管理。有 99 万患者获得重大疾病救治保障补偿。

四　促进我国农业现代化的思考

农业现代化是我国全面建成小康社会的重要基础，也是优化我国经济结构的重要举措。农业现代化会通过技术进步对农业增长贡献率的提高使农产品成本和价格相对下降，并带动恩格尔系数下降。这种变化有利于提高国民生活品质，有利于改善国民消费与积累的比例关系，有利于国家宏观经济调控条件，有利于支撑城市化率的稳步提高。

（一）农业现代化的目标

1. 提高农业产业组织体系的现代化水平

以发展家庭农场为重点，形成高效农业的微观基础；以农民专业合作社及其联社为依托，形成农资及农产品流通与生产服务的基本网络；以资本为核心，建立农产品加工与农业生产装备制造的现代产业群落。促进农业技术进步，降低农业生产综合成本。

2. 促进农村经济的市场化

深化农业区域分工，建成一批高效农业基地。提升合乎我国资源比较优势的农产品生产的竞争优势，使其在市场上具有竞争力。

3. 建立职能明确、分工合理、运转有效的国家支农体系

形成以农业保护区建设为基础、家庭农场支持为重心、农业服务体系维护为补充、农产品市场调节为杠杆的国家支农体系。建立和完善国家农业社会经济效率评价信息系统，大幅度提高国家支农效率。

（二）农业现代化面临的挑战

改革以来，我国农业现代化水平获得了长足进步。具体表现为，农业科技水平稳步提高，对农业增长的贡献率不断提高；合理的农业区域分工初步形成，农业资源地域优势得到较大发挥；农产品国内统一市场发育良好，经受住了国际市场开放的考验；小规模经营与专业化服务成功结合，为农业增长模式转型奠定了基础。更值得关注的是，农业生产规模适度的农场主主要为青壮年，农业现代物流的从业者也主要为青壮年，表明现代农业对我国年轻人具有吸引力。同时也应该看到，我国农业现代化也面临着一系列挑战。

1. 外部挑战

中国人口总量巨大，优质耕地短缺，农业劳动生产率和农业生产的环境成本与西方发达国家的差距巨大，农业生产的劳动成本随着城市化进程正在加速提升，在这些因素的综合影响下，中国大田农业竞争力的弱势地位难以改变。

近几年，一些国家的农业生产力正在恢复，农产品自给能力增强。东欧、非洲及拉丁美洲的农业资源禀赋好，随着其农业技术水平的提高，农产品产量迅速增加，出口能力增强。将农产品转化为能源的趋势得到遏制，增大了国际市场的粮食供给。这些变化可能导致未来一个时期国际农产品价格低迷，并形成农产品进口压力，从而影响农户的农业投资意愿，延缓农业现代化进程。

2. 内部挑战

现代生产要素与小农经济的契合程度低。小农户对风险厌恶程度高，导致农村金融活动的实际运行成本高。没有政府的合理介入，大型银行不愿开展土地抵押业务，土地抵押贷款也很难与小农经济相契合。打破这种“金融抑制”需要时间，很难一蹴而就。

3. 体制与政策挑战

土地产权不明晰，农地市场发育不充分，不利于土地流转、农业机械化发展及农业规模化经营水平的提高。

有的政府支持政策影响了农户或农业公司改进管理的激励或迫切性。在上市农业公司中，接受国家支持的公司的经济效率低于其他公司，就是一个例证。

一些地方倾向于用“一刀切”的办法推进村庄合并的做法，无法满足现代农场主适宜分散居住的要求。一些地方的新建农村集中居住区的规模过小，对农村资本积累产生负面影响。

一些地方政府热衷于发展设施农业，不重视大田作物生产水平的提高，不重视提升农业的整体竞争力。有些在地方政府支持下“下农村”的城市资本，是靠政府补贴维持赢利的。有的城市资本搞农业为虚、圈占土地为实。

一些地方政府热衷于增加合作社的数量，而不太重视合作社的竞争力的形成。从国际经验看，合作社必须做大做强，而不是做多。我国出现跨市乃至跨省的合作社，是合作社发展的正确方向。

（三）推进农业现代化的建议

要推进我国现代农业健康发展，必须深化农业改革，优化农业管理。

1. 深化土地制度改革

建议国务院出台关于农村土地确权颁证工作的指导性意见，依法确立农民的永久性土地财产权。以产权改革激励国土整理，增加我国优质耕地数量。

2. 建立职能明确，分工合理，监管有效，运转顺畅土地规划管理制度

建议实行“国家农业保护区制度”，在全国范围里划定农业保护区，并由中央政府直接管理。在建立该制度的前提下，扩大地方政府对其他类型土地规划的管理权。

3. 改革与完善农业技术推广体系，大力提高现代农业的装备程度

要以降低农业劳动成本为重心，开发农业实用技术。要让大学尤其是农业大学直接介入农技推广，使其成为农技推广的主力军。

4. 完善家庭农场发展的支持政策，充分激活农业微观经济组织活力

建议国家设立合理的农业准入门槛和实施“专业农业经营者注册制度”，支持农业经营者实现专业化、规模化，保护专业农户的生产积极性。

5. 改革与完善国家支农体制

财政支农资金要瞄准“农业保护区”和“专业农业经营者”，逐步减少针对农产品流通、加工领域的“龙头企业”的财政扶持。

6. 加强农业现代化规划的制定和管理

规划的制定和管理要尊重市场，尊重农民意愿，要支持有一定规模的家庭农场主利用村庄建设用地建设自己的现代农庄。

7. 深化金融改革

培育服务于现代农业发展战略目标的金融体系，支持农业技术与结构转型。一般商业银行在农村领域的活动完全放开，扩大利率浮动范围，并允许其不介入普惠性、公共性的金融活动。

8. 稳步扩大农业对外开放

扩大对外农业劳务合作，鼓励各类资本进入农产品国际贸易领域，增强我国农产品国际贸易定价权。积极引进先进的农业技术装备制造企业，提高我国农业技术装备制造能力。建立大宗农产品国际市场价格波动预警系统，主动防范农产品价格波动风险。

参考文献

《2012年农村土地承包经营及管理情况》，《农村经营管理情况》2013年第10期。

《2012年全国农民工监测调查报告》，http：//www. stats. gov. cn/tjfx/jdfx/t20130527_402899251. htm，2013年5月27日。

赵芝俊：《农业技术进步贡献率测算及分解》，http：//www. docin. com/p－348399469. html，2008。

韩长赋：《2013年农业科技进步贡献率预达54.5%》，《科技日报》2012年12月19日。

B.8

当前工业经济形势及发展趋势分析

金碚　原磊*

摘　要：

2013年前三季度，工业经济增长缓中趋稳，企业赢利状况大幅好转，但制造业投资增长缓慢，反映了投资者信心尚未真正恢复。目前，工业增长的内外部条件正发生重要变化：一是要素禀赋条件变化推动比较优势转换；二是中国工业化进入了新的发展阶段；三是结构性失衡成为制约工业经济可持续发展的核心障碍；四是世界制造业的发展呈现一些新趋势。在这种情况下，工业增长路径也将从要素扩张型增长主导转向配置优化型增长和素质提升型增长主导。为此，国家应调低工业经济增速预期、调整产业政策思路、加快推进体制机制改革、积极推进“立体式工业化”、大力发展县域经济。

关键词：

工业经济　立体式工业化　可持续发展

2013年前三季度工业经济增长总体上呈现缓中趋稳态势，这是国家主动调控的结果，也反映了工业经济增长阶段的变化。随着内外部条件的变化，中国工业增长路径正面临转换，加快结构调整、促进转型升级已经成为当前的首要任务。

---

* 金碚，中国社会科学院工业经济所所长，研究员；原磊，中国社会科学院工业经济所副研究员。

一　2013 年前三季度工业经济形势

1. 工业经济增长缓中趋稳

2012 年以来，中国工业经济增速出现了回落趋势，而到了 2013 年下半年，这种趋势逐步得到了扭转，工业经济增长呈现缓中趋稳态势（见图 1）。2013 年前三季度工业经济增长 9.6%，比 2013 年上半年提高了 0.3 个百分点，比上年同期下降 0.4 个百分点。从月度走势来看，前三季度工业经济增长呈现“V”字形趋势，上半年增速整体上处于下降趋势，从 6 月开始增速出现回升，并在 8 月和 9 月分别达到了 10.4% 和 10.2% 的较好水平。总体上看，工业经济增速虽然相比前几年出现了较大幅度的下降，但仍处于可接受范围之内，波动程度明显降低。

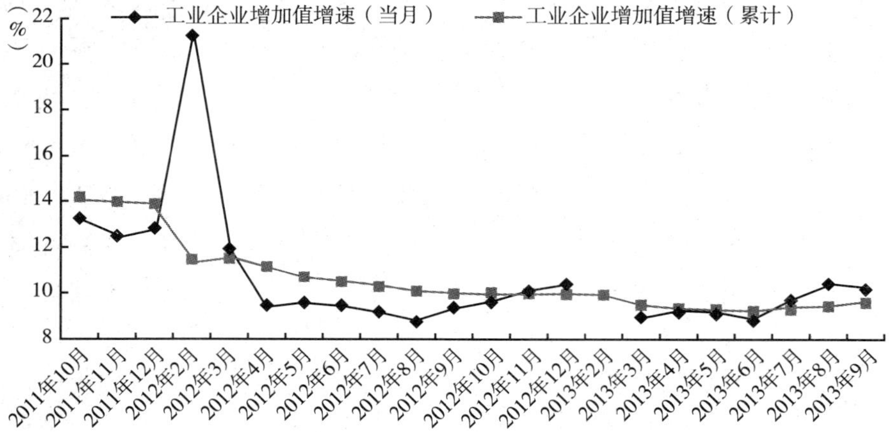

图 1　工业企业增加值增速

资料来源：国家统计局。

2. 重工业稳步回升、轻工业加速回落

2013 年以来，重工业和轻工业增速出现了分化。一方面，重工业稳步回升，2013 年前三季度重工业增长 10.3%，比上半年和第一季度分别加快 0.3 个和 0.5 个百分点，比上年同期也加快了 0.6 个百分点；另一方面，轻工业出现加速回落，2013 年第一季度轻工业增长 6.7%，比上半年和第一季度分别降低了 0.6 个和 2 个百分点（见图 2）。一般来讲，当工业经济处于下滑区间的时候，重工业

增速下滑的速度通常快于轻工业，但当工业经济处于上升区间的时候，重工业增速上升的速度也同样较快。现阶段，重工业稳步回升在一定程度上反映了工业经济的回升趋势。造成轻工业大幅下滑的原因，既包括美国“府、会债务上限之争”政治风波和不利的国际货币环境的叠加效应造成的国际市场不景气、2012 年基数较高、前期存货较多等短期原因，更重要的是因为“用工荒”和劳动力成本上升造成我国劳动密集型产业的竞争力下降，部分国际市场被东南亚等国家所取代。

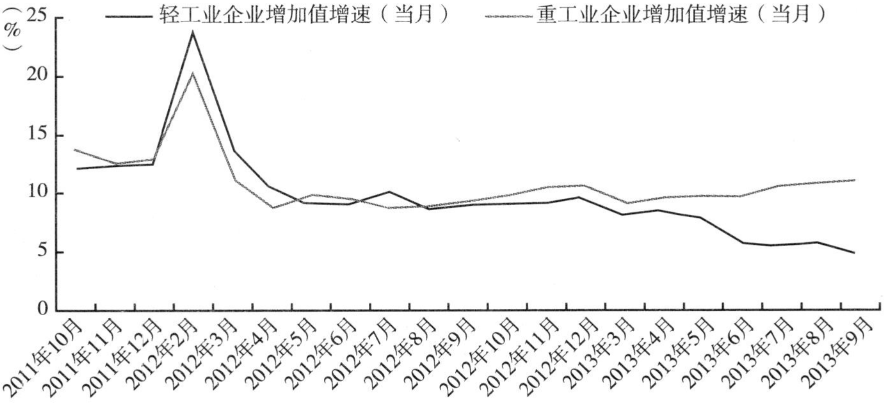

图 2　轻重工业企业增加值增速

资料来源：国家统计局。

重工业整体上稳步回升，但在重工业内部不同产业之间面临着明显分化。2013 年前三季度，增速最高的五个行业，全部都是重工业，主要包括其他采选业、黑色金属矿采选业、废弃资源和废旧材料回收加工业、燃气生产和供应业、有色金属冶炼及压延加工业；增速最低的五个行业中，有四个行业属于重工业，分别是石油和天然气开采业，煤炭开采和洗选业，电力、热力的生产和供应业，石油加工、炼焦及核燃料加工业（见表 1）。

3. 中西部地区增速快于东部，但差距缩小

近年来，中西部地区工业增加值增速一直快于东部地区，2013 年前三季度也同样如此，然而三个区域增长速度差距正在缩小（见图 3）。例如，2013 年 4 月东部地区工业增加值增速为 8.9%，中部地区为 9.4%，西部地区为 10.8%，三者差距并不大。而且，东部地区对经济形势变化的反应更为敏感，当经济出现好转的时候，东部地区往往率先回升。

表 1　2013 年前三季度增加值累计增速最高和最低的五个行业

增速最高的前五个行业	增速最低的前五个行业
其他采选业	石油和天然气开采业
黑色金属矿采选业	煤炭开采和洗选业
废弃资源和废旧材料回收加工业	烟草制品业
燃气生产和供应业	电力、热力的生产和供应业
有色金属冶炼及压延加工业	石油加工、炼焦及核燃料加工业

资料来源：国家统计局。

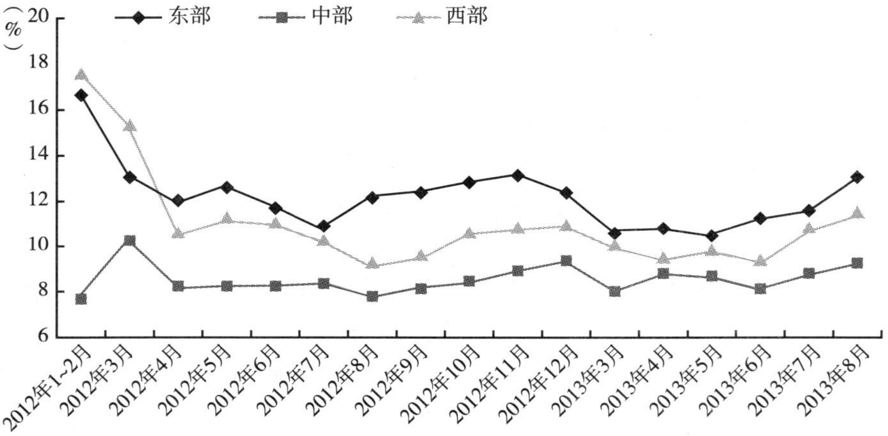

图 3　东、中、西部地区工业增加值增速

资料来源：国家统计局。

从不同省份来看，2013 年前三季度工业增长最快的 5 个省份均在中西部地区，分别为西藏、贵州、安徽、重庆和陕西；增长最慢的 5 个省份为海南、上海、黑龙江、北京、浙江，其中三个是东部经济发达省份（见表 2）。

表 2　2013 年前三季度不同省份工业增加值增速

单位：%

地　区	工业企业增加值增速	地　区	工业企业增加值增速
西藏自治区	14	江苏省	11. 5
贵州省	13. 9	湖北省	11. 5
安徽省	13. 7	湖南省	11. 4
重庆市	13. 5	山东省	11. 2

续表

地　区	工业企业增加值增速	地　区	工业企业增加值增速
陕西省	13.3	河北省	11.1
天津市	13	四川省	11
福建省	13	山西省	10.7
广西壮族自治区	12.7	吉林省	10.3
江西省	12.3	辽宁省	9.7
内蒙古自治区	12.2	广东省	8.7
云南省	12.2	浙江省	8.6
宁夏回族自治区	12.2	北京市	8.3
新疆维吾尔自治区	12.1	黑龙江省	7.2
青海省	12	上海市	5.9
河南省	11.6	海南省	5.9
甘肃省	11.6	全　国	9.6

资料来源：国家统计局。

4. 制造业投资增速处于较低水平，多数高耗能产业加快下滑

近年来，制造业投资处于较低水平，反映了投资者对未来的信心不足。2013年前三季度，制造业投资增速为18.5%，比2012年同期下降了近5个百分点。从趋势上看，2013年前两个季度，制造业投资增速处于下降趋势，而到了第三季度开始有所回升。在六大高耗能产业中，除了有色金属冶炼及压延加工业和石油加工、炼焦及核燃料加工业以外，其他四个产业的投资增速均低于制造业总体投资增速，而且处于加快下降趋势（见图4）。

5. 进出口增速有所回升，但仍处于较低水平

国际货币基金组织（IMF）在2013年10月8日发表的《世界经济展望》预测，2013年全球经济增长率平均为2.9%，低于2012年的3.2%，2014年将上升到3.6%，而这也说明了全球经济复苏的步伐十分缓慢。在这种背景下，中国进出口增长速度仍然维持在较低水平。2013年前三季度，我国进口增长7.3%，比2012年同期加快2.5个百分点，出口增长8%，比2012年同期加快0.6个百分点。另外，由于进口增长速度快于出口增长，因此净出口对经济增长的拉动作用非但没有提高，反而有所降低（见图5）。

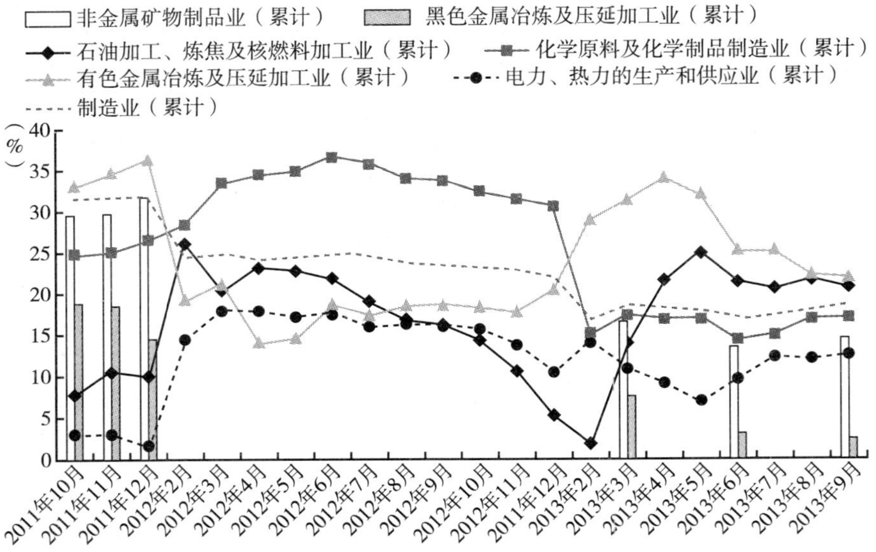

图 4　不同行业固定资产投资完成额增速

资料来源：国家统计局。

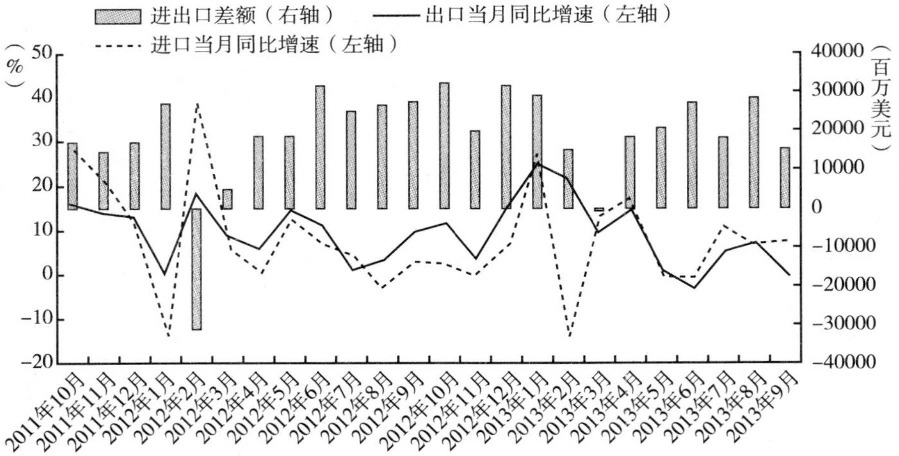

图 5　进出口情况

资料来源：国家统计局。

6. 企业赢利水平大幅提高，但主营活动利润水平增长较慢

2013 年前三季度，工业企业利润总额增长了 13.5%，比 2012 年同期加快了 15.32 个百分点。同时，2013 年以来，企业利润总额增速处于不断提高的

趋势，其中，中小企业和私营企业赢利改善程度好于大中型企业和国有企业，反映了企业赢利状况的大幅好转。然而，如果从企业利润构成来看，企业主营业务利润增长相对较为缓慢，说明企业利润总额的增长在很大程度上是来源于在其他领域的投资收益（见图6）。

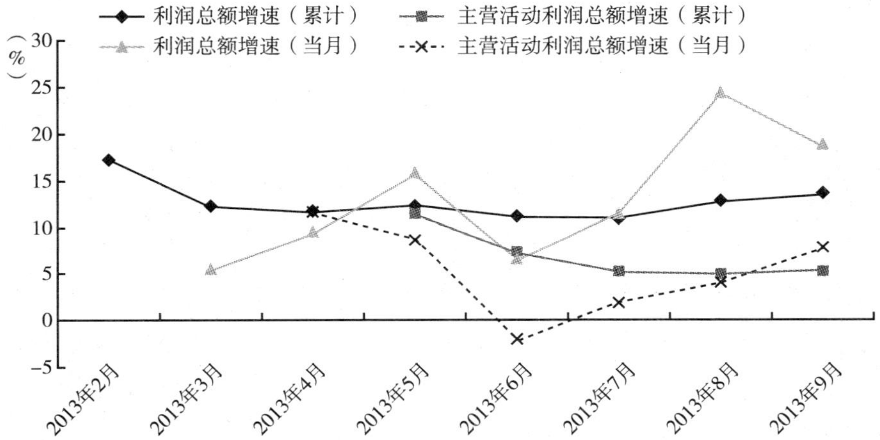

图6　工业企业赢利状况

资料来源：国家统计局。

二　工业经济增长的内外部条件变化

1. 要素禀赋条件变化推动比较优势转换

与改革开放初期相比，中国要素禀赋条件已经发生了根本性变化，曾对工业增长起到关键作用的低成本优势正逐步丧失。例如，从以购买力评价计算的工资成本来看，越南工人工资是85美元/月，印度尼西亚是148美元/月，而2013年中国各地月最低工资标准平均值为1172.4元/月，按最新汇率约合191.6美元/月。然而，最终决定一个国家经济增长潜力和产业竞争力的不是资源、气候、地理位置、非技术工人和半技术工人等低级生产要素，而是现代化通信的基础设施、高级人力资本、技术、各大学研究所等高级生产要素。中国在传统比较优势丧失的同时，也积累了一些新的、更加高级的比较优势。一是劳动力受教育程度增加，劳动力质量得到很大提升。劳动力受教育程度的提高对劳动力质量改善起到了最重要的作用，而且这种作用呈现加速提升的趋势，1982～1987 年劳动力受教育水平提高带来的劳动力质量改善导致了劳动力投入年均增长 0.17%，而 1987～1990 年为 0.85%、1990～1995 年为 0.71%、1995～2000 年为 1.70%。[①] 劳动力人口受教育水平的提高，最重要体现在未上过学人数的减少和受过高等教育人数的增加，这对改善劳动力素质和提高人力资本水平能够起到至关重要的作用。二是基础设施条件大幅改善。中国始终高度重视基础设施投资的建设，在短短几十年的时间里基础设施建设呈爆发式增长。三是资本积累取得很大成绩，形成了巨额外汇储备。在多年贸易顺差下，中国的外汇储备快速增长，2013 年 3 月达到了 34426.49 亿美元。目前，中国已跻身对外投资大国行列，非金融类对外直接投资从 2007 年的 248 亿美元上升到 2012 年的 772 亿美元，年均增长 25.5%。四是技术水平大幅提升，年度专利申请数量居全球首位。2012 年，我国三种专利申请授权量和发明专利申请授权量分别为 125.5 万项和 21.7 万项，分别比 1994 年增长了约 28 倍和 32 倍；发明专利申请授权量占三种专利申请授权量的比重总体上也呈现上升趋势。

2. 工业化推进方式发生重要转变

目前中国工业化进程仍将继续，工业在较长时间内仍将是推动国民经济增长和效益提高的重要动力，然而随着工业化从平推式向立体式转变，其推进方式将发生重要转变。一是工业规模继续大幅扩张的空间面临制约。一个国家在工业化的初期和中期，通常是工业规模迅速扩张的阶段，而到了工业化后期，工业规模的扩张速度会大大放缓。例如，美国建国以后便开始了工业化历程，到 1860 年进入工业化中期，1925 年进入了工业化后期，[②] 其中不同阶段经济增长速度有着明显不同：GDP 年均复合增长率 1820～1870 年为 4.2%，比世界同期快 3.27 个百分点；1870～1913 年为 3.94%，比世界同期快 1.83 个百分点；1993～1950 年为 2.84%，比世界同期快 0.96 个百分点。二是工业对国民经济的作用由增长拉动转向结构升级和效益提高。进入工业化后期的一个重

① 岳希明、任若恩：《测量中国经济的劳动投入：1982～2000 年》，《经济研究》2008 年第 3 期。

② 马亚华：《美国工业化阶段的历史评估》，《世界地理研究》2010 年第 9 期。

要特征就是技术进步取代要素投入成为经济增长的核心动力。工业作为技术进步的基础载体，将不断改造第一产业和第三产业，从而带动整个国民经济的生产组织方式和资源利用方式的改进。例如，美国进入工业化后期以后，吸引了全世界的技术资源，成为世界科学中心。从投入和产出两个角度分析，均可得出20世纪20年代美国逐步进入技术集约化阶段的结论。三是工业对服务业的带动作用大大增强。先进制造业是一个国家进入工业化后期以后工业发展的主要形式，也是当今世界西方国家控制全球分工体系的战略制高点。先进制造业实质上是工业和服务业的融合发展，是将高新技术成果综合应用于产品的研发、设计、制造、检测、销售、服务、回收全过程。下一阶段，随着中国先进制造业的发展，工业企业会越来越多将服务业务外包，逐步形成对生产性服务业发展的巨大需求，从而带动服务业比重和质量提升。例如，美国进入工业化后期以后，服务业占国民经济的比重开始稳步上升，1947年达到53%，目前已经接近80%。

3. 结构性失衡成为制约工业经济可持续发展的突出障碍

经过多年的发展，中国工业已建立起竞争力较强、门类齐全的产业体系，且2010年超越美国成为世界第一制造业大国。然而，中国工业规模快速增长的同时，也积累了很多结构性矛盾，使工业经济发展面临严峻的挑战。一是产业结构失衡。产业结构失衡主要体现在很多行业中普遍存在的产能过剩与产能不足并存。一方面，社会资本大量向一些行业集中，造成了严重的产能过剩问题。2012年底，我国钢铁、水泥、电解铝、平板玻璃、船舶的产能利用率分别仅为72%、73.7%、71.9%、73.1%和75%，明显低于国际通常水平。不仅传统产业，光伏、风电等战略性新兴产业同样也存在着严重的产能过剩问题。目前受出口受阻等因素影响，我国多晶硅生产企业中开工的不足一半。产能过剩造成了大量的资源浪费，加重了环境压力，同时也造成了企业之间的恶性竞争，降低了企业技术创新的动力和能力，影响了产业组织整体效率的提高。甚至可以说，产能过剩已经成为我国经济运行中的突出矛盾和诸多问题的根源。另一方面，由于技术水平落后、体制机制不顺等原因，很多行业存在严重的产能不足，甚至很多产能严重过剩产业的高端环节，同样依赖于大量进口。例如，芯片产业关系到整个国家的经济安全，但我国芯片90%依赖于进口，每年进口额超过石油；机械工业是决定一个国家工业竞争力的基础性行业，但我国企业在发动机、液压、传动和控制技术等关键零部件上核心技术不足，严重依赖于进口；我国高端医疗器械70%～80%依赖价格昂贵的进口或外资品牌，导致检查费用高，患者负担加重；我国已经成为光伏组件的第一生产大国，面临严重的产能过剩，而多晶硅却需要大量进口。二是需求结构失衡。需求结构失衡主要表现在三大需求比例的不协调。首先，工业增长主要靠投资拉动。2002年以来，资本形成超过最终消费，成为中国工业经济增长的主导拉动力量。2002～2012年，资本形成对国民经济增长的贡献率为52.08%，比最终消费高7.87个百分点。工业投资的高速增长带来了投资效益的急剧下降，2012年我国固定资产投资效果系数仅为12.23%，远远低于1989年以来的平均值35.03%。其次，消费需求占比过低。消费需求不足一方面是因为居民可支配性收入水平低、社会保障体系不完善、勤俭节约的文化等，另一方面，也更重要的是因为需求结构和产业结构不匹配，造成大量有效消费需求得不到满足。最后，部分产业的发展高度依赖于外需。改革开放以来，中国工业通过积极参与国际分工，促进了民族产业的兴起。然而，这也造成了一些产业在发展中高度依赖于全球市场，一旦全球市场不景气或者遭遇国外贸易保护政策，这些产业就会受到巨大冲击，造成经济波动。

4. 世界制造业的发展呈现一些新趋势

长期以来，西方国家制造业占整个国民经济的比重出现逐步降低的趋势，呈现一种“去工业化”的发展模式，但这并不意味着“去工业化”是西方国家的真正意愿。事实上，美国、欧洲、日本等发达国家从来没有放弃制造业的发展，而是始终将制造业放到国家战略的核心位置，尤其是在国际金融危机以后，更是提出“再工业化”战略，对制造业发展战略进行了一系列调整。一是加大了对新能源产业、低碳产业、生物医药等新兴产业的支持力度，利用绿色技术重塑传统产业的竞争优势。过去西方发达国家已经失去竞争优势的夕阳产业在植入新能源技术后有可能变成朝阳产业，重新具有竞争优势，参与国际竞争。在新的节能环保标准下，国家之间、企业之间旧的“游戏规则”有可能得到根本性的重塑，当前的全球分工体系也将有可能出现根本性的调整。二是加大制造业出口推动“全球经济再平衡”。西方一直盛行一种观点，即全球经济失衡是引发危机的原因之一，这主要表现为出口型经济体对美国保持大量贸易顺差，这部分顺差再回流到美国金融市场，从而助推了金融泡沫的形成。为改变这种状况，西方国家着力改变自身经济政策，积极推动制造业的出口，利用绿色标准、反倾销等手段削弱中国等发展中经济体的贸易竞争力。三是积极推行以互联网技术和可再生能源结合为标志的“第三次工业革命”。“第三次工业革命”面对的是一个十分庞大的、已经发展100多年的化石能源工业体系。要想打破这一体系，并建立起全新生产组织模式，需要经历很长时间。同时，按照产业发展的规律，一个新的产业体系代替旧的产业体系，必然会经历一系列的产业整合过程。“第三次工业革命”的发生同样如此，将需要企业大规模商业模式创新、金融资本和产业资本融合发展、产业之间大规模兼并重组等过程。因此，“第三次工业革命”在短期之内难以真正实现。然而就目前来看，“第三次工业革命”中孕育的新技术对世界制造业的影响已经逐步显现，世界上很多跨国公司也纷纷在信息技术、新能源技术、新材料技术、先进制造技术等方面积极进行技术储备，为“第三次工业革命”的到来做好准备。

三　新形势下工业经济增长路径转换

1. 工业经济增长的三种路径

从增长路径来看，工业经济增长可分为三种类型。第一种是要素扩张型经济增长，指的是在现有产业技术水平和资源配置效率的基础上，通过增加投资，扩大产业规模，实现经济增长。第二种是配置优化型经济增长，指的是不扩大产业规模，而是通过优化资源在不同产业或所有制成分企业之间的配置，从而提高资源利用效率，实现经济增长。第三种是素质提升型经济增长，指的是不扩大产业规模，在现有的资源配置方式下，通过提高产业素质和技术水平，实现经济增长。要素扩张型经济增长、配置优化型经济增长和素质提升型经济增长之间是一种相互依存、相互制约的关系，任何时期的工业经济增长均可以分解为要素扩张型经济增长、配置优化型经济增长和素质提升型经济增长三个部分。任何一个国家都无法通过一种增长实现经济的长期繁荣，而是在不同的发展阶段，由不同的增长模式占据着主导地位。当经济规模较小的时候，应当依靠扩大资本投入，提高产出以满足现有或潜在的需求，此时要素扩张型经济增长应占据主导地位；当经济总量达到一定规模以后，对很多国家，尤其是后发赶超型国家来讲，由于经济发展战略等因素的影响，资源的配置效率往往尚未达到高效率的水平，产业结构往往存在一定程度的失衡，优化资源配置效率往往能够带来效率的大幅提高，此时配置优化型经济增长应占据主导地位。当经济总量继续增加，资源配置效率也达到了较高水平，产业的发展已经进入稳定阶段，产出增长只能主要依靠产业素质和技术水平的提升时，素质提升型经济增长应占据主导地位。中国工业经济增长取得的成就是三种增长模式共同作用的结果。通过要素扩张型经济增长，中国工业从无到有，建立了门类齐全的产业体系，资本规模迅速扩大，成为世界第一工业大国；通过配置优化型经济增长，中国工业在发展中实现了资源配置效率的不断提高，主要体现在生产要素从低效率产业向高效率产业转移，以及生产要素从低效率部门向高效率部门转移；通过素质提升型经济增长，中国工业的技术水平得到了很大的提升，很多产业甚至已经达到世界先进水平。

2. 三种工业经济增长路径对中国工业经济增长的贡献分析

要素扩张型工业经济增长主要体现在资本和劳动规模的扩张。改革开放以来，工业化和城镇化的互动成为中国工业经济增长的重要动力，工业化带来了工业资本存量的迅速扩大，而城镇化带来了大量农村剩余劳动力向工业转移，从而实现了较高速度的要素扩张型工业经济增长。从工业资本存量来看，1979 ~2011 年工业部门的资本存量增长了近 25 倍。尤其是 2003 年以后，中国工业资本存量增长非常迅速，2011 年工业资本存量为 2003 年的 4 倍，其主要原因是，2000 年以后中国进入了加速重化工业化阶段，工业投资规模增长非常迅速，无论是新增固定资产还是技术改造投资，均取得了很大的成绩。从劳动力就业人数来看，2011 年工业部门从业人员数量相比于 1979 年增长了两倍多。从资本存量和劳动力就业人数的提高对要素扩张型工业经济增长的拉动幅度来看，1985 年以前，劳动力就业人数增加带来的工业经济增长幅度要大于资本存量提高带来的工业增长幅度，然而 1985 年以后，除 1990 年个别年份以外，资本存量提高带来的工业增长幅度均高于劳动力。而且，资本存量增长带动工业经济增长的幅度呈现逐步上升的趋势，相比之下，从业人员增长带动工业经济增长的幅度呈现逐步降低的趋势（见图7）。从实际工业经济增速和要素扩张型工业经济增速的比较来看，改革开放以来大部分时间里实际工业经济增速都快于要素扩张型工业经济增速，尤其是在20世纪90年代前期，实际工业经济增速远远高于要素扩张型工业经济增速，说明这一阶段由于社会主义市场经济体制改革的深化及技术进步的加快，配置优化型工业经济增长和素质提升型工业经济增长均对工业经济的实际增速做出了积极的贡献。然而2004年以后，中国的社会主义市场经济体制改革陷入停滞，甚至出现倒退，全要素生产率由正转负，配置优化型工业经济增长和素质提升型工业经济增长均对工业经济增长变成了负拉动，所以要素扩张型工业经济增长速度开始快于实际工业经济增速（见图7）。

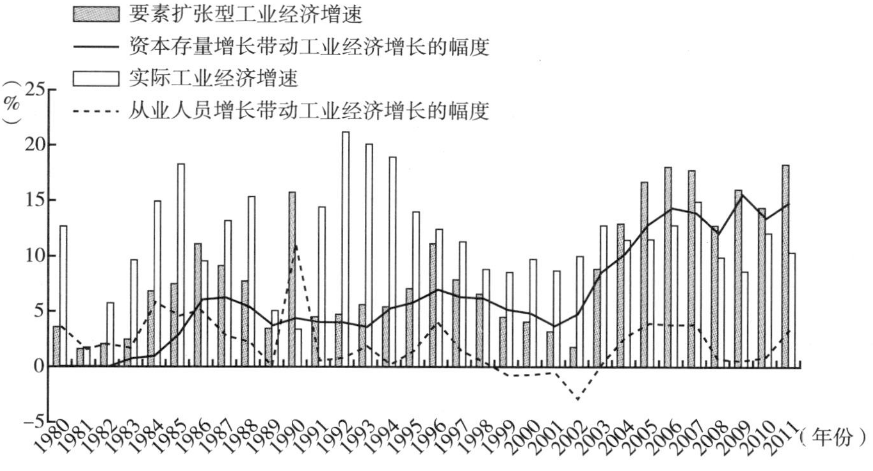

图7　要素扩张型工业经济增长的具体表现及与实际工业经济增速的比较

资料来源：笔者计算。

配置优化型工业经济增长主要体现在资源配置效率的提升，既包括资源在工业中不同行业间配置效率的提升，也包括资源在行业内配置效率的提升。从行业间资源配置效率来看，配置优化型工业经济增长主要体现为将资源从低效率产业转移到高效率产业。中国工业行业间资源配置无效率主要有以下两种表现。一种是生产要素定价机制扭曲导致产能过剩问题突出。产能过剩意味着大量的资源得不到有效利用，且企业之间由于存在严重的恶性竞争，产业也无法实现可持续、健康发展，导致经济无法实现其潜在产出水平。另一种是部分行业存在较高的进入壁垒，形成了垄断。垄断造成的效率损失是十分巨大的，据测算仅仅电力、电信、石油、铁路四个行业的效率损失已经达到每年 GDP 的 10% 以上了，① 而且还不包括产业生态破坏、竞争机制破坏及收入分配不公等方面难以衡量的损失。资源在不同行业之间转移其根本动力是企业追求资本回报，如果资本能够在不同行业之间自由流动，其结果就是不同行业资本回报率的趋同，从而实现整个社会的帕累托改进。相反，如果是行业之间资本回报率差异过大，则说明资源不能在行业之间自由流动，从而造成资源行业间配置的无效率。因此，将用行业间资产回报率偏离度②来衡量资源在不同行业之间的配置效率。如果行业间资产回报率偏离度逐步缩小，说明资源能够在行业间更加自由地流动，更有利于实现帕累托改进；反之，则说明资源在行业间流动变得更加困难，从而造成资源配置无效率。20 世纪 90 年代以来，中国工业总体上行业间资本回报率呈下降趋势。1998～2011 年行业资产偏离度从 31.3 下降到 11.7，说明中国垄断行业改革取得了积极成效，资本在不同行业间的流动更加通畅，行业间的进入壁垒在减少。从行业内资源配置效率来看，配置优化型工业经济增长主要体现在将资源从低效率企业转移到高效率企业。中国工业企业包括国有企业和私营企业，而大部分研究认为国有经济存在一定的效率损失。虽然近年来国有企业的效率有了明显提升，但在很大程度上是通过将一些效率低下的资产出售，而仅仅保留质量更高的资产来实现的。同时，国有经济往往享受了国家更多的社会资源，存在一定的“隐性补贴”。相比于生产劳动效率的损失，国有企业更大的损失是创新劳动效率。③ 由于国有企业和私营企业之间存在明显的效率差异，因此国有经济占国民经济比重下降的过程，也就是资源配置优化的过程。20 世纪 90 年代以来，国有经济比重呈现逐步下降趋

① 于良春、张伟：《中国行业性行政垄断的强度与效率损失研究》，《经济研究》2010 年第 3 期。

② 行业间资产回报率偏离度计算方法为 $\tau = \sum_{i=1}^{n}\left(\frac{x_{it}-\bar{x}_t}{\bar{x}_t}\right)^2$，其中 τ 代表产业间资产回报率偏离度；x_{it} 代表年度行业的资产回报率，由年度行业利润总额除以行业资产总额获得；$\bar{x}_t$ 代表年度不同行业资本回报率的算术平均数。

③ 吴延兵：《国有企业双重效率损失研究》，《经济研究》2012 年第 3 期。

势，由 1994 年的接近 30% 下降到 2011 年的不足 10%，反映了工业行业内资源配置效率的提高。

素质提升型工业经济增长主要体现在工业素质提升带来的效率提高，包括工业技术水平提升、产业基础更加扎实及基础设施完善等方面。从工业技术进步来看，近年来工业企业的研发投入一直保持着较快增长速度，2000～2011 年大中型工业企业研究与发展人员全时当量年度平均增速达到了 15.19%，由此也带来了工业企业技术水平的快速提高，2000～2012 年，我国发明专利的申请数量和授权数量的年度平均增速分别达到了 25.06% 和 30.76%。据测算，1997～2007 年，科技进步对省际经济增长的平均贡献水平为 1.08 个百分点，平均贡献度为 9.35%。[①] 从产业基础夯实来看，一个国家产业国际竞争力的提升不仅体现在整机的生产与安装，更体现在基础零部件等工业基础环节的生产能力。中国工业在发展中十分重视对基础产业的技术改造，包括改进原有产品、改造落后设备、改造传统工艺、改造管理手段等方面，从而强化了工业发展中的薄弱环节，提高了产业综合配套能力。从基础设施完善来看，经过改革开放 30 多年的发展，中国已经建立起门类齐全的工业体系，产业基础更加夯实，基础设施更加完善。2008 年中国基础设施存量达到了 192378 亿元（2008 年价格），是价格调整后 1979 年基础设施存量的 34 倍、1953 年基础设施存量的 200 多倍，反映了中国基础设施建设所取得的巨大成就。[②] 据测算，1997～2007 年，基础设施的完善对省际经济增长的平均贡献水平为 0.4 个百分点，平均贡献度为 3.44%。[③] 事实上，基础设施和产业基础的完善是中国工业能够始终保持强大的国际竞争力和持续较快增长的根本条件。近年来，单从劳动力成本来看，中国工业的低成本优势正在逐步丧失，但如果考虑到产业的综合配套能力，那么无论是东南亚国家，还是拉美、非洲国家，当今世界上还没有其他任何一个国家能够真正取代中国成为“世界工厂”。

3. 三种工业经济增长路径的前景分析

在未来较长的一段时间里，要素扩张型工业经济增长仍有较大空间。一是

① 樊纲、王小鲁、马光荣：《中国市场化进程对经济增长的贡献》，《经济研究》2011 年第 9 期。

② 金戈：《中国基础设施资本存量估算》，《经济研究》2012 年第 4 期。

③ 樊纲、王小鲁、马光荣：《中国市场化进程对经济增长的贡献》，《经济研究》2011 年第 9 期。

中西部地区工业化进程的继续推动将为要素扩张型工业经济增长提供空间。中国是一个人口大国，区域之间发展很不平衡，而且城镇化进程远未结束，中西部地区，甚至包括东部一些经济欠发达地区，仍有着很强的进一步工业化的需求，人们仍期盼着进一步享受工业化带来的成果。对这些地区来讲，要素扩张型的工业增长仍是促进地区发展的重要手段。二是县域经济的发展将为要素扩张型工业经济增长提供空间。我国县域经济总体上相对薄弱，而且各县之间的差距非常大，约占全国总土地面积 91.72%、全国总人口 68.1% 的县域经济占全国经济总量不足 50%。中国工业进一步向各县域腹部推进，能够带来要素扩张型工业经济增长的巨大空间。三是基础设施的完善将为要素扩张型工业经济增长提供空间。基础设施的不断完善，既为中国工业发展提供了良好的外部条件，同时也为工业，尤其是重工业的增长提供了动力。目前，中国的基础设施建设取得了巨大的成就，但仍有很大的发展空间。“四化并举”中将城镇化作为拉动工业增长的重要引擎，这意味着中国基础设施投资仍将持续较快增长，从而带动工业经济实现要素扩张型增长。

随着产业结构调整和社会主义市场经济体制改革的进一步深化，配置优化型工业经济增长仍将继续发挥重要作用。一是产业结构优化将促进配置优化型工业经济增长。产业结构调整是将资源在不同产业之间进行重新分配的过程。如果能够将资源从资本产出效率和资本就业效率低的产业转移到资本产出效率和资本就业效率高的产业，那么就会增加全社会的产出水平。二是垄断行业改革将促进配置优化型工业经济增长。目前中国仍存在大量的垄断产业。这些产业的存在部分是因为属于自然垄断产业，或者出于国家经济安全战略的考虑，所以不得不采取垄断经营的形式。事实上，也有很多产业能够采取市场化经营，至少可以在部分环节采取市场化经营，但由于既得利益集团、行业管理机制等因素影响，往往无法彻底推行市场化改革。下一阶段，随着社会主义市场经济体制改革的继续深化，国家对垄断行业改革的力度会进一步加大，引入民营资本参与竞争，能够促进资源配置效率的提高。三是国有企业改革的深化将促进配置优化型工业经济增长。按照国资委部署，2010 年中央企业数量减少到 80 ~ 100 家，而在 2010 年仅仅有 7 家企业完成重组或者合并，远远没有实现预期目标。“十二五”期间，为促进现有目标的实现，中央企业重组有可能会加速，国有经济比重将进一步降低。很多资源在国有经济和民营经济之间将进行重新配置，从而有利于资产效率提高，促进配置优化型工业经济增长。

素质提升型工业经济增长发展潜力最大，但作用有待进一步提升。长期以来，工业素质的提升对于工业经济增长做出了重要贡献，然而与西方国家相比仍有较大差距。1960～1995年，加拿大、法国、德国、意大利、日本、英国、美国TFP增长对GDP增长的贡献率分别为34%、54%、56%、64%、42%、46%、52%，[①] 相比之下，1980～2011年TFP对中国工业经济增长的贡献度平均值仅为3.5%，且2004年以来一直为负值，这说明TFP对工业经济增长不但没有正拉动，反而有负拉动。造成TFP负增长的原因既包括中国工业技术进步速度的大幅放缓，也包括中国社会主义市场经济体制改革的进展缓慢，甚至倒退。党的十八大提出，要促进工业化、信息化、城镇化、农业现代化同步发展，意味着“四化并举”将成为中国工业发展的重大战略，而这将有利于促进素质提升型工业经济增长。一是工业化和信息化的融合有利于工业素质的提升。西方发达国家已经进入了信息化时代，拥有“后发优势”的中国不一定要重复发达国家的老路，可以通过充分利用发达国家的科技成果，坚持以信息化改造工业化，实现跨越式发展。二是城镇化和农业现代化的协调发展有利于产业基础的夯实和基础设施的完善。核心城市与县域经济之间的发展不平衡是中国经济的重要特征，而这也造成了很多的社会问题和经济发展的不可持续性。下一阶段，县域经济有可能成为承接产业转移的“腹地”，东部地区企业在进行产业转移的时候，在很多情况下，不会选择将产业转移到中西部的大城市，而是将产业转移到周边的县域，这有利于这些企业保留原有的市场和渠道，更好地为核心城市的企业进行配套。县域的基础设施将进一步完善，产业基础更加夯实，从而成为核心城市经济发展的周边支持系统。

四　政策建议

工业化阶段、国内外形势、工业发展基础等一系列变化推动着中国工业迈

① Robert J. Barrow and Xavier Sala-I-Martin, *Economic Growth* (Edition 2) (Cambridge: The MIT Press, 2004).

入崭新的历史阶段。目前是中国工业经济的发展转折期，也是关键期，做出什么样的政策选择，将会决定下一阶段工业经济增长的速度和质量。

1. 调低工业经济增速预期

长期以来，工业部门一直是中国经济增长的核心引擎，对拉动 GDP 增长起到了关键作用。1992 ~ 2011 年，工业平均每年拉动 GDP 增长 5.35 个百分点，相比之下，第三产业平均每年拉动 GDP 增长 3.88 个百分点。在这种情况下，很多人已经习惯于工业经济的高速增长，而对工业经济增速放缓似乎难以接受。事实上，工业带动的中国经济高速增长已经持续了 30 多年，这在世界大国当中是绝无仅有的。当前增速放缓是为工业经济实现产业结构调整，从而在更高层面上实现更好、更快发展奠定基础。在这种情况下，如果继续对工业经济增速抱有不合理的预期，则会影响宏观政策的合理性。如果国家要促进工业经济的转型升级，那么为了给政策实施留下足够空间，可大幅调低工业增长预期。

2. 调整产业政策思路

中国在推进工业化道路中采取后发赶超战略，政府往往以替代的方式实施市场发育和产业扶植，从而实现经济的超常规和非均衡增长。事实上，赶超型战略既可以促进后发展国家的工业化，但也可能为未来的经济发展埋下矛盾隐患，包括加剧经济结构失衡、带来经济运行的低效率等。目前，中国工业正逐步进入新的发展阶段，在现有基础上促进结构改善和素质提升成为工业经济发展的核心，此时如果继续采取赶超型战略，可能非但起不到正面作用，反而产生不利影响。在这种情况下，应对产业政策思路进行调整，逐步退出赶超型产业政策，转变为以维持市场竞争秩序为核心的产业政策。在实施产业政策时，应避免过分夸大赶超经济下形成的某些制度安排的“优越性”，防止政府利用行政权力对市场功能进行替代，减少对工业经济运行的干预，注重规范竞争秩序，利用市场机制纠正企业行为的偏差，切实从经济活动的干预者转变为竞争秩序的维护者。

3. 加快推进体制机制改革

市场机制不完善，尤其是生产要素价格扭曲，是中国工业发展中很多结构性问题产生的根本原因。目前，体制改革已经成为迫在眉睫的突出问题，必须加快着力推进，否则就会导致产业结构调整等其他政策难以有效发挥作用。一是应着力理顺生产要素的价格形成机制，保证生产要素价格对不同企业的“非歧视性”，尤其避免政府为吸引投资而对部分企业生产要素价格进行“补贴”。二是推动垄断行业改革和国有企业改革。加强国有企业重组，使国有经济逐步退出竞争性领域，对于一些非自然垄断的行业，或者是自然垄断行业中可以市场化经营的环节，要彻底放开，尤其是要对民营资本放开，避免对国有企业进行“隐性补贴”。三是推动财税体制改革。目前中国70%的税收均是从生产环节征收，其结果就是各地政府为提高财税收入而千方百计地补贴生产，造成生产要素市场机制的扭曲，应考虑将税收的重点从生产环节转向消费环节，从总额上降低税负，同时保障地方事权与财权的平衡。

4. 积极推进“立体式工业化”

中国在实施产业结构调整时，往往高度强调第三产业比重的高低，而不关注资源利用效率的高低。事实上，中国服务业，尤其是低端服务业的劳动生产率低于工业，如果国家不顾这种客观的效率差异，而是利用补贴等手段，盲目将生产要素更多吸引到服务业，那么将会削弱整体效率提升的空间，同时，这种引导资源从高效率部门向低效率部门的“逆向转移”的政策也难以真正发挥作用。相比之下，“立体式工业化”强调工业部门自身的升级，及其与服务业的融合发展，结果是工业发展效益提高、服务业比重提升、区域发展更加平衡、人民福祉改善。国家将政策重心放到“立体式工业化”上，有利于抓住国民经济发展的关键环节，利用要素禀赋转换带来的“高级红利”，把握“第三次工业革命”带来的历史机遇，提高工业在全球分工体系中的地位。

5. 大力发展县域经济

县域经济的发展是推动中国城镇化、促进民生改善的根本支撑点。县域经济的发展一方面能够带来消费需求的大幅增长，促进内、外需结构的平衡，基础设施建设也将带来投资的增长，为工业经济的增长带来巨大动力；另一方面也有利于夯实工业发展的基础，提高中国工业的国际竞争力。然而，县域经济的发展不能重复过去的老路，而是要在更高层次上，实现高质量增长。一是将县域经济的发展与民生结合起来。县域范围的人口占全国总人口的比重接近

70%。鉴于这些人口中绝大部分人无法转移到大型城市，因此只能通过发展县域经济，稳步推进城镇化，从而实现民生改善。县域经济的工业化推进有利于解决农村转移人口的就业问题，促进基础设施的完善，从而大幅度改善民生。二是将县域经济的发展与环境保护结合起来。县域经济在发展中相比于城市而言，具有更加粗放的特点，生产技术和工艺落后导致县域工业发展中往往需要比城市工业耗费更多的资源，产生更多的排放。下一阶段县域经济发展中，应加强环境保护，推动生态园区建设，发展循环经济，使不同类型企业在生态产业链中相互依存、相互协作，减少或消除工业活动对环境的影响。三是将县域经济发展与产业升级结合起来。“低、小、散”是县域经济产业发展中面临的突出问题，很多企业被锁定在价值链低端，消耗了大量资源却仅仅获得微薄的加工费。下一阶段县域经济的发展中，应推动产业整合，建设产业集群，鼓励技术改造，引导企业规模化和集约化发展。

参考文献

Robert J. Barrow and Xavier Sala-I-Martin，*Economic Growth*（Edition 2）（Cambridge：The MIT Press，2004）.

陈佳贵、黄群慧、吕铁、李晓华：《中国工业化进程报告（1995～2010）》，社会科学文献出版社，2012。

樊纲、王小鲁、马光荣：《中国市场化进程对经济增长的贡献》，《经济研究》2011年第9期。

金戈：《中国基础设施资本存量估算》，《经济研究》2012年第4期。

马亚华：《美国工业化阶段的历史评估》，《世界地理研究》2010年第9期。

吴延兵：《国有企业双重效率损失研究》，《经济研究》2012年第3期。

于良春、张伟：《中国行业性行政垄断的强度与效率损失研究》，《经济研究》2010年第3期。

岳希明、任若恩：《测量中国经济的劳动投入：1982～2000年》，《经济研究》2008年第3期。

B.9

2013年工业经济运行分析及全年增速预测

解三明*

摘　要：

我国工业经济运行整体呈现增长回升、投资缓慢增长、工业品进出口增速较低、工业领域通缩等特点。现在，利于工业增长的因素主要有内需和出口有所好转、货币环境改善；不利因素是人民币升值压力、工业企业成本增大等。鉴于此，预计2013年工业增速在9.7%左右。从增长趋势来看，2014年，工业效益和固定资产投资是最值得关注的问题。

关键词：

工业经济　固定资产投资　工业增加值

2013年8月，工业生产增速继续回升。主要行业中，原材料行业生产波动下行；装备工业生产基本稳定，出口由负转正；消费品工业略有回升；电子制造业生产小幅波动。市场出现积极变化，工业生产者出厂价格连续3个月降幅收窄；工业投资出现止跌迹象；工业出口仍未见明显好转。对此，我们结合研究机构的模型预测结果和当前工业运行形势及经验分析综合判断，预计9月规模以上工业增加值同比增长10.3%，第三季度增长10.1%左右，全年增长9.7%左右。

---

* 解三明，工业和信息化部形势分析处处长。

一　工业运行形势和影响因素分析

（一）工业运行的主要特点

工业增长明显回升，整体上仍处于中速增长区间。进入2013年第三季度，工业增长呈现平稳回升的态势。1~8月，规模以上工业增加值同比增长9.5%，增速比1~7月提高0.1个百分点，比上半年提高0.2个百分点。从单月情况来看，规模以上工业增加值增速在保持7个月的个位数增长之后，8月出现超预期回升，大幅增长了0.7个百分点至10.4%。从环比看，8月规模以上工业增加值环比增长0.93%，环比增速折年率高达11.7%，进一步印证了工业整体的企稳回升。

工业投资增长缓慢回升。1~8月，工业投资11.11万亿元，同比增长17.2%，增速比1~7月加快0.6个百分点，比上半年加快1个百分点；其中，采矿业投资8336亿元，同比增长10%，增速比1~7月加快0.2个百分点；电力、热力、燃气及水的生产和供应业投资11633亿元，同比增长17.1%，增速比1~7月回落0.5个百分点；工业投资中占比最大的制造业投资91172亿元，同比增长17.9%，增速比1~7月加快0.8个百分点，这是制造业投资增速自2013年3月以来首次出现反弹。

工业品进出口增速仍处低位。1~8月，工业企业实现出口交货值71933亿元，同比名义增长3.9%，增速比上半年回落0.7个百分点，比1~7月回落0.2个百分点，降幅有所收窄，但仍处低位增速状态。从单月增速来看，8月，出口交货值增速大幅反弹1个百分点至3.5%，这与逐渐增强的需求特别是工业需求的回升有一定关系。出口方面，受美国经济复苏对中国消费品的需求持续增长的影响，8月，出口同比增长7.2%，比7月加快2.1个百分点，高于市场预期，延续上月回升态势。进口方面，铁矿砂、钢材、铜材、原油、汽车的进口增速都较7月有所回升，呈现出工业需求回升的迹象。数据显示，8月，中国铁矿石进口量创2013年以来单月第二高，原油和铁矿石进口量同比均实现两位数的增幅。资源类进口量的强劲表现主要是由投资需求带动的，表明传统的投资拉动模式仍是止跌当前经济低速增长的主要手段。

工业领域持续通缩，但下降幅度有所收窄。1～8 月，工业生产者出厂价格指数（PPI）同比下降 2.2%，这是 PPI 数据连续第 17 个月的负增长，但下滑的幅度较 1～7 月收窄了 0.07 个百分点；工业生产者购进价格指数（PPIRM）同比下降 2.3%，降幅较 1～7 月收窄 0.09 个百分点。8 月，PPI 和 PPIRM 环比涨幅均为 0.1%，为 2013 年 3 月以来的首次上涨。这表明在一系列"稳增长"政策带动下，政策效果已渐露成效，工业经济企稳回升的态势逐渐显现。从 PPI 环比细分数据来看，石油和天然气开采业增速高达 2.3%，黑色金属矿采选业、有色金属矿采选业等环比增幅也均超过了 0.8%，成为拉动 PPI 环比为正的主要力量，进一步验证了工业生产的复苏。

（二）影响工业运行的因素分析

1. 有利于工业增长的主要因素

国民经济内需呈现好转。1～8 月，全国固定资产投资同比名义增长 20.3%，增速比 1～7 月加快 0.2 个百分点，据估算，8 月当月投资增长达到 21.5%，远高于 2013 年以来的平均水平。1～8 月，新开工项目计划总投资同比增长 14.4%，增速加快 1.2 个百分点。固定资产投资中新建部分的累计增速达到了 2013 年以来的最高值，比 1～7 月加快 0.7 个百分点。社会消费品零售总额在 8 月实现名义和实际增速的双提升，其中，限额以上企业消费品零售额、餐饮收入增速均较 1～7 月有所加快，均提高 0.1 个百分点。特别是，1～8 月货物周转量增速较上半年提升 2.6 个百分点。

外部环境逐步复苏，出口市场有所好转。世界经济复苏态势逐步加强，虽然新兴经济体仍面临诸多调整，部分国家经济下行风险较大，但国际市场整体形势趋于好转，支撑出口进一步回升。美国经济受产品需求与企业新进员工减少因素的影响，美国制造业活动扩张速度虽有所放缓，但 9 月制造业 PMI 仍处在临界点以上的 52.8。8 月失业率较 7 月继续下降 0.1 个百分点至 7.3%，非农就业人数也增加了近 7000 人。美国国内消费稳步恢复，7 月，经过季节调整的个人消费同比增长 3.1%，零售和食品服务销售额同比增长 7.2%，比 6 月加快 3.2 个百分点，货物进口额同比增长 2.8%，较 6 月（下降 3.7%）有明显好转。欧元区复苏势头逐步显现，经济景气程度和消费者信心均不断提高。8月，欧元区综合PMI为51.5，环比提高1个百分点，连续两个月位于临界点以上，零售业PMI为50.3，为2012年以来首次超过50的临界点，欧元区17国、欧盟27国经过季节调整的消费者信心指数均有所好转，比7月分别提高1.8个和2个点。7月，日本每户（两人及以上）家庭每月平均支出实际同比增长0.1%，而6月下滑0.4%，其进口也表现出较快增长，进口额同比增长19.6%，比6月加快7.8个百分点。在国际市场向好的带动下，同时考虑基数较高的影响，预计9月出口增长4.3%。以上分析说明占我国外贸进出口额33%、出口额38.3%的美欧日经济已呈现缓慢复苏势头，这对我国工业品出口增速将起到稳定作用。1~8月，对美国出口额增长2.9%，比1~7月加快0.6个百分点，连续两月快速回升；对欧盟、日本出口额分别下降2.1%和3.4%，降幅比1~7月分别减缓0.7个和0.1个百分点；对东盟出口额增长23.6%，比1~7月加快1个百分点；对韩国出口额增长4%，比1~7月加快2.3个百分点。

工业用电量增速加快预示工业发展稳步向好。1~8月，工业用电量增长6.2%，比1~7月加快0.9个百分点，延续了6月以来的加快增长势头。其中，8月份，工业用电量同比增长12%，增速比7月加快3.9个百分点，首次进入两位数增长，也是2013年以来最大涨幅。工业用电量增速连续四个月加快，说明工业生产形势有持续向好趋势。

中国制造业采购经理人指数连续三个月上升。8月，制造业PMI为51%，比7月上升0.7个百分点，9月又达到51.1%，不仅连续12个月位于临界点以上，更是创下近一年来的新高。其中，大型企业指数上升明显，特别是新订单指数、新出口订单指数分别为52.4%、50.2%，比7月分别上升1.8个和1.2个百分点，后者更是重回临界点以上。这两个指数更是工业生产的先行指数，说明后期市场需求有所改观。

货币环境整体改善，货币供应量增速小幅加快。8月末，M2余额同比增长14.7%，分别比上月末和上年同期高0.2个和1.2个百分点。受政策影响，金融市场整体流动性较为宽裕。8月，社会融资规模分别比7月和上年同期多增7504亿元和3212亿元，其中当月人民币贷款增加7113亿元，同比多增74亿元，金融市场的活跃度上升将助推实体经济特别是工业生产增长。

2. 不利于工业增长的主要因素

人民币升值对出口增长压力犹在。据国际清算银行统计，2013 年 8 月人民币兑一篮子货币的实际有效汇率指数为 117.02，环比有所回落，但较 2012 年末升值 6.3%，仍处于较高升值幅度。截至 9 月 17 日，人民币兑美元、欧元、日元较 2012 年底累计分别升值 2%、1.3% 和 15.1%。目前，我国出口依存度在 26% 以上，工业生产对出口市场的依赖仍然很强，人民币大幅升值将不断削弱我国工业品出口竞争优势，尤其是出口量较大的行业受影响更为明显。从主要产品出口金额增速来看，1～8 月，鞋类、旅行用品及箱包、服装及衣着附件、家具及其零件、灯具和照明装置、塑料制品累计出口额同比增速从 2013 年初以来均呈现逐步放缓趋势。

工业企业成本不断增加，小微企业面临的困难依旧突出。8 月，全国工业生产者出厂价格指数同比下降 1.6%，已连续 18 个月出现下降。1～7 月，规模以上工业企业每百元主营业务收入中的成本为 85.84 元，同比上升 0.43 元。① 从分行业的主营活动利润率和主营业务利润率来看，采矿、有色金属、专用设备制造、船舶等行业主营活动利润增速下滑明显，21 个工业行业销售利润率低于 1 年期贷款利率，采矿、有色金属、专用设备制造、仪器仪表制造、化工、印刷、船舶等 19 个行业主营业务收入利润率均较 2012 年同期有所下滑。虽然 2013 年以来工业企业亏损面有所收窄，但仍处于较高水平，1～7 月，企业亏损面为 16.2%，与 2012 年同期相比没有明显改善。中小型企业经济状况面临的困难仍然较大，特别是私营企业主营活动利润同比增长 4.2%，增速较 1～6 月下降 5.4 个百分点，说明中小型企业效益仍在恶化。8 月中型、小型企业 PMI 仍位于 50% 以下，小型企业 PMI 比 7 月回落 0.2 个百分点，中小企业生产未来仍存较大下行压力。

潜在的金融风险可能延缓经济增长步伐。随着对银行短期流动性管理的加强，企业中长期融资成本提高，加重了实体经济的负担。调研发现，个别省份的光伏、造船等行业产能过剩矛盾依然突出，不良贷款和不良贷款率有所上升，虽然当前银行拨备计提数量充足，但潜在的金融风险隐患不容忽视。

① 0.43 元的上涨额占同期销售利润率的比重约为 8%，表明成本上涨对利润侵蚀严重。

储蓄率过高表明消费内需依然薄弱。中国人民银行日前发布的最新数据显示，截至8月，中国居民储蓄已连续3个月突破43万亿元。短短5年时间，居民储蓄从20万亿元攀升至43万亿元。一般中国居民储蓄快速增长的阶段，往往是资本市场波动较为剧烈、股指下挫的时期。如此高的储蓄率势必对消费产生影响，导致消费乏力和经济结构失衡。

二　模型预测结果与共识预测

根据上述对国内外环境、近期工业生产的有利因素与不利因素的分析，利用工业增加值增长速度的历史月度统计时间序列，建立多种预测模型，综合考虑各种外生因素和工业实际运行情况以及我们的经验判断，做出如下预测分析。

（一）国家发改委经济研究所

国家发改委经济研究所预测结果显示，2013年9月规模以上工业增加值增长速度为10.3%，第三季度增速为10.1%，全年增速为9.7%左右（见表1）。

表1　国家发改委经济研究所模型预测结果

单位：%

项目	2013年9月	2013年第三季度	2013年第四季度	2013年全年
ARMA增速预测	10.3	10.1	10.2	9.7
ARMA绝对值预测	10.2	10.1	9.9	9.8
平均值	10.3	10.1	10.1	9.8
调整值	10.3	10.1	10.0	9.7

（二）中国电子信息产业发展研究院（赛迪）

赛迪工经所的预测结果显示，9月和第三季度工业同比分别增长10.7%和10.1%（见表2）。

表 2　赛迪工经所模型预测结果

单位：%

项目	ARIMA 增速预测	ARIMA 绝对值预测	平均值	调整值
9 月	10.7	9.9	10.3	10.3
第三季度	10.1	9.7	9.9	10.1

（三）工业和信息化部信息中心

工信部信息中心模型预测显示，预计 2013 年 9 月和第三季度规模以上工业增加值同比增长均为 10%（见表 3）。

表 3　工信部信息中心模型预测结果

单位：%

项目	9 月	第三季度	第四季度
ARIMA 增速预测	10.03	10.04	9.61
ARIMA 绝对值预测	10.44	10.18	10.31
平均值	10.24	10.11	9.96
调整值	10.0	10.0	9.7

（四）共识预测

综合各单位预测结果，预计 9 月和第三季度工业增加值增速分别为 10.2% 和 10.1%，如表 4 所示。

表 4　模型共识预测结果

单位：%

时　间	2013 年 9 月	2013 年第三季度
国家发改委经济所	10.3	10.1
赛迪工经所	10.3	10.1
工信部信息中心	10.0	10.0
平均值	10.2	10.1

综上分析，当前我国工业增长既有诸多有利的支撑条件，也存在不少制约因素，由于国内实体经济增长的动力加强、政策实施效果的逐步显现及外部环

境的持续好转，9 月工业有望保持较快增长。但受到 2012 年第四季度基数因素的影响，工业总体运行将处于相对平稳的增长势头，预计 2013 年 9 月工业增速在 10.3% 左右，第三季度增速为 10.1% 左右，全年增长 9.7% 左右。

三　趋势判断及应注意的问题

（一）工业经济景气合成指数分析

工业经济景气指数与预警指数分析。8 月，工业一致合成指数继续回升，先行合成指数仍有下降，滞后合成指数持续回升，预警指数升至“正常”区间，工业运行企稳态势进一步确立，并已进入中速增长区间，预计第四季度工业增长将在中速区间保持平稳运行。

1. 工业一致合成指数走势

工业一致合成指数继续保持小幅增长，工业运行企稳态势进一步确立。8 月，工业一致合成指数为 82.10，比 7 月回升 0.23 点，在 5 月止跌后持续小幅回升，目前工业经济运行在中速增长区间（见表 5、图 1）。

表 5　2012 年 9 月至 2013 年 8 月中国工业经济景气合成指数和预警指数

日　期	先行合成指数（2004 年 = 100）	一致合成指数（2004 年 = 100）	滞后合成指数（2004 年 = 100）	预警指数
2012 年 9 月	89.30	81.84	89.59	38.89
2012 年 10 月	89.92	81.97	89.80	41.67
2012 年 11 月	90.07	82.02	89.96	44.44
2012 年 12 月	89.63	81.97	89.89	44.44
2013 年 1 月	88.73	81.80	89.51	41.67
2013 年 2 月	87.69	81.53	88.88	36.11
2013 年 3 月	86.79	81.33	88.18	36.11
2013 年 4 月	86.22	81.28	87.64	33.33
2013 年 5 月	85.88	81.39	87.47	33.33
2013 年 6 月	85.65	81.59	87.61	33.33
2013 年 7 月	85.45	81.86	87.90	36.11
2013 年 8 月	85.29	82.10	88.31	44.44
当月增量	-0.16	0.23	0.41	8.33

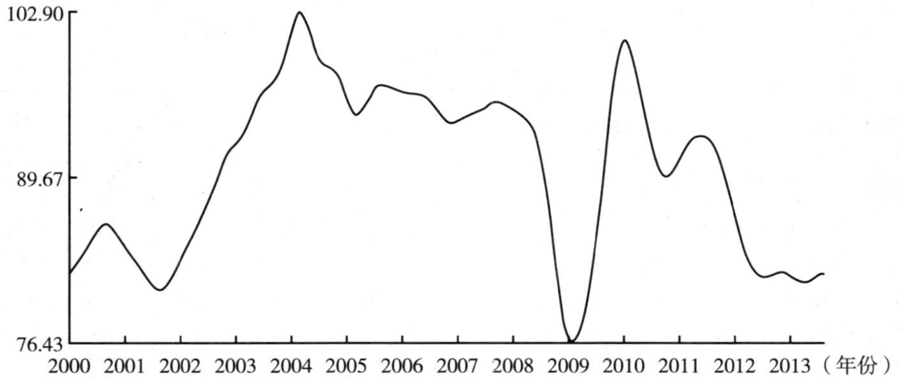

图 1　工业一致合成指数曲线

统计数据显示，与 7 月相比，8 月构成工业一致合成指数的 5 个指标增速全部加快，即规模以上工业增加值同比增长 10.4%，增速比上月加快 0.7 个百分点；工业用电量同比增长 12.0%，增速比上月加快 3.9 个百分点；规模以上工业企业主营业务收入同比增长 10.3%，增速比上月加快 1.8 个百分点；规模以上工业企业税金总额同比增长 11.0%，增速比上月加快 2.9 个百分点；1～8 月，工业固定资产投资完成额同比增长 17.2%，增速比 1～7 月加快 0.6 个百分点。

8 月，经 X11 季节调整后，在构成工业一致合成指数的 5 个指标中，工业企业增加值增速和工业用电量增速两个指标上升，工业固定资产投资增速比上月下降，其余两个指标下降，综合判断本月工业一致合成指数呈小幅回升（见表 6）。

2. 工业先行合成指数走势

工业先行合成指数仍在小幅下降，说明本轮工业经济处于弱回升状态。经最新数据修订，8 月，工业先行合成指数为 85.29（2004 年 =100），比 7 月回落 0.16 点（见表 5、图 2）。

统计数据显示，与 7 月相比，8 月在构成工业先行合成指数的 8 个指标中，有 4 个指标增速减缓，即原油加工量同比增长 5.5%，增速比上月回落 1.6 个百分点；纱产量同比增长 2.8%，增速比上月回落 1.4 个百分点；化学纤维产量同比增长 3.5%，增速比上月回落 6.7 个百分点；水泥产量同比增长 8.2%，增速比上月回落 0.9 个百分点。有 4 个指标增速加快，即粗钢产量

表6　2013 年 8 月中国工业景气动向指标变化情况

单位：%

类型	指标名称	X11 处理后			当月增量
		6 月	7 月	8 月	
先行指标	原油加工量增速(当月)	6.2	7.1	7.8	0.7
	粗钢产量增速(当月)	6.6	6.7	6.9	0.3
	纱产量增速(当月)	6.3	5.8	5.3	-0.5
	化学纤维产量增速(当月)	5.5	5.9	6.3	0.4
	水泥产量增速(当月)	7.6	7.5	7.8	0.3
	服装产量增速(当月)	-0.6	-1.0	-1.6	-0.6
	汽车产量增速(当月)	13.3	12.1	10.9	-1.2
	固定资产投资本年新开工项目计划总投资额增速(累计)	14.0	10.8	8.0	-2.8
一致指标	工业企业增加值增速(当月)	9.6	9.9	10.2	0.3
	工业用电量增速(当月)	7.5	8.8	10.1	1.3
	工业企业主营业务收入增速(当月)	11.8	11.6	11.4	-0.2
	工业企业税金总额增速(当月)	10.8	11.0	10.8	-0.2
	工业固定资产投资增速(累计)	16.2	15.9	15.8	-0.1
滞后指标	PPI(上年=100,当月)	97.4	97.8	98.4	0.5
	PPIRM(上年=100,当月)	97.4	98.0	98.7	0.7
	PPIRM:农副产品类(上年=100,当月)	101.1	101.4	101.9	0.4
	金融机构工业贷款增速(月末数)	9.2	9.4	9.7	0.3
	工业企业产成品增速(期末值)	6.8	6.4	6.1	-0.4

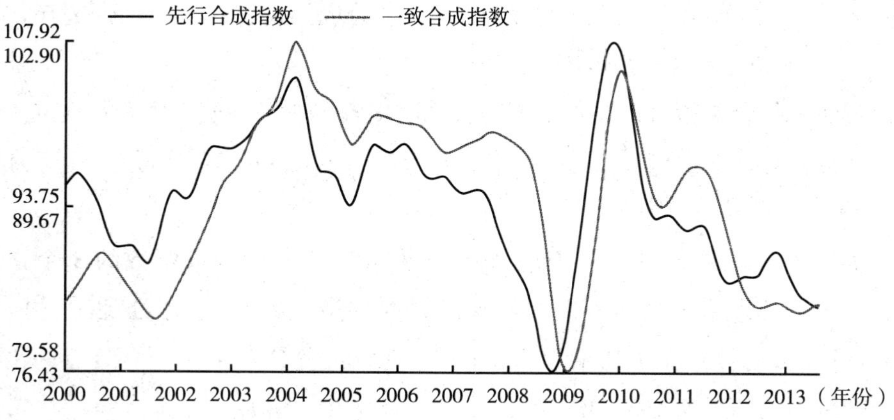

图2　工业一致合成指数与先行合成指数曲线

同比增长 12.8%，增速比上月加快 6.7 个百分点；服装产量同比下降 0.9%，降幅比上月收窄 1.5 个百分点；汽车产量同比增长 11.7%，增速比上月加快 1.5 个百分点；固定资产投资本年新开工项目计划总投资额同比增长 14.4%，增速比上月加快 1.2 个百分点。

8 月，经 X11 季节调整后，在构成工业先行合成指数的 8 个指标中，纱产量增速、服装产量增速、汽车产量增速和固定资产投资本年新开工项目计划总投资额增速 4 个指标均下降，其余 4 个指标均回升，由上述指标构成的工业先行合成指数仍呈小幅下滑状态，但降幅明显收窄（见表 6）。可见，工业生产处于转换时期，工业先行合成指数与一致合成指数有一定背离，工业先行合成指数的走势显示出工业运行回升动力依然不足。

3. 工业滞后合成指数走势

工业滞后合成指数连续 3 个月小幅回升。经最新数据修订，8 月，工业滞后合成指数为 88.31（2004 年 =100），比 7 月回升 0.41 点，表明工业经济运行确已具有回升的动力，但回升的基础并不牢固，并处于中低速波动态势（见表 5、图 3）。

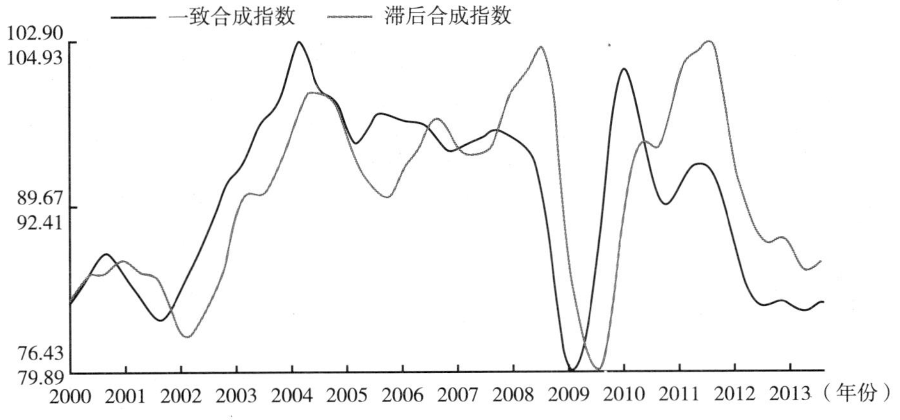

图 3　工业一致合成指数与滞后合成指数曲线

统计数据显示，与 7 月相比，8 月在构成工业滞后合成指数的 5 个指标中，有 3 个指标增速加快，即工业生产者出厂价格指数为 98.4，比上月回升 0.7 点；工业生产者购进价格指数为 98.4，比上月回升 0.6 点；其中，农副产品类工业生产者购进价格指数为 101.9，比上月回升 0.1 点。有 2 个指标增速减缓，即金融机构工业贷款同比增长回到一位数增速，增速比上月回落0.2个百分点，该指标自2012年10月以来持续下滑，在上月小幅回升后本月再度下降；8月末，规模以上工业企业产成品资金同比增长5.7%，增速比上月末回落0.4个百分点。

8月，经X11季节调整后，在构成滞后合成指数的5个指标中，仅工业企业产成品增速下降，其余4个指标均小幅回升，从而使本月工业滞后合成指数呈小幅回升态势（见表6）。工业滞后合成指数的止跌回升，显示出工业经济运行确立了小幅回升的态势。

（二）工业经济预警指数变动态势分析

预警指数与预警灯号。预警指数回升至“正常”区间底部，工业经济进入中速运行区间。8月的工业经济预警指数为44.44，较7月提高8.33点，连续4个月回升，已进入“正常”区间，显示工业经济运行开始进入中速区间（见表5、图4）。

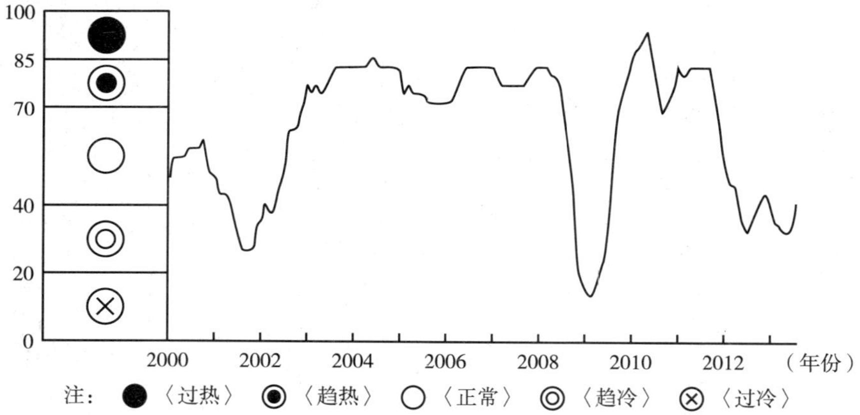

图4　工业经济预警指数

在构成工业经济预警指数的9个指标中，从灯号情况来看，有5个指标处于“正常”区间，3个指标处于“趋冷”区间，1个指标处于“趋热”区间；从变化情况来看，与上月相比有3个指标灯号发生变化，均为向上突破一个灯号，这是在前期连续6个月处于“趋冷”状态下的首次回归正常增长状态。各指标灯号具体情况如图5所示。

指标名称	2012年				2013年							
	9月	10月	11月	12月	1月	2月	3月	4月	5月	6月	7月	8月
1.原油加工量增速（当月）	○	○	○	○	○	○	○	○	○	○	○	○
2.工业用电量增速（当月）	○	○	○	○	○	○	○	○	○	○	◉	◉
3.工业企业增加值增速（当月）	◎	◎	◎	◎	◎	◎	◎	◎	◎	◎	◎	○
4.工业企业主营业务收入增速（当月）	◎	○	○	○	○	○	○	○	○	○	○	○
5.工业企业税金总额增速（当月）	◎	◎	○	○	○	○	○	○	○	○	○	○
6.工业固定资产投资完成额增速（累计）	◉	◉	◉	◉	◉	○	○	○	○	○	○	○
7.铁路货运量增速（当月）	⊗	⊗	⊗	⊗	⊗	⊗	⊗	⊗	⊗	⊗	⊗	◎
8.金融机构工业贷款增速（月末数）	●	●	●	◉	○	○	○	◎	◎	◎	◎	◎
9.PPI（当月）	⊗	⊗	⊗	◎	◎	⊗	⊗	⊗	⊗	⊗	⊗	◎
综合判断	◎	○	○	○	○	◎	◎	◎	◎	◎	◎	○
	39	42	44	44	42	36	36	33	33	33	36	44

注： ●〈过热〉 ◉〈趋热〉 ○〈正常〉 ◎〈趋冷〉 ⊗〈过冷〉

图 5　工业经济预警灯号

（三）未来值得关注的问题

从当前工业经济运行情况来看，工业生产形势基本稳定，并出现一定的小幅回升趋势。展望 2013 年第四季度乃至 2014 年的工业运行走势，以下问题值得关注。

1. 效益

工业企业利润呈现恢复性增长，但企业经营压力依然较大。1～8 月，全国规模以上工业企业利润同比增长 12.8%，在 2012 年同期较低基数的基础上实现了恢复性增长（2012 年同期利润同比下降）。从月度走势看，虽然 6 月增速出现明显下滑，但其他月份利润增速基本在 11% 以上，特别是 8 月当月利润总额同比大幅增长 24.2%。从细分行业看，由于 2012 年基数因素，部分行业利润增幅较大，如黑色金属冶炼和压延加工业实现利润同比增长 69.4%，电力、热力生产和供应业增长 70.1%，计算机、通信和其他电子设备制造业增长 29.2%，但企业实际经营压力依然较大。而同时仍有部分行业的利润出现下降，其中煤炭开采和洗选业实现利润同比下降 42.2%，有色金属冶炼和压延加工业下降5.7%。

在大部分行业利润出现恢复性增长的同时，企业的生产经营成本却不降反升，值得引起关注。1~8月，规模以上工业企业每百元主营业务收入中的成本为85.90元，比1~7月增加0.06元，比2012年同期增加0.43元，目前已经连续6个月上升。同时，工业企业财务费用增速继续小幅回升，1~8月同比增速比上半年加快0.9个百分点，企业经营压力有所增加。

综合来看，由于劳动成本刚性上涨趋势难以改变，价格持续下行，企业经营压力依然较大，但考虑到2012年相对较低的基数及国家宏观经济政策的逐步调整等因素，预计第四季度我国工业企业的利润增速仍会保持在中速平稳增长区间。

2. 投资

固定资产投资本年新开工项目计划投资总额增速小幅回升，房地产投资增速小幅下滑，工业投资增速保持平稳增长存在一定压力。固定资产投资本年新开工项目计划投资总额增速小幅回升，1~8月同比增长14.4%，增速比1~7月加快1.2个百分点，自第二季度持续下降后首次回升，这显示出未来固定资产投资增速有一定的稳定基础。1~8月，全国房地产开发投资同比增长19.3%，增速比1~7月回落1.2个百分点。1~8月，房屋新开工面积同比增长4.0%，增速比1~7月回落4.4个百分点。同时，房地产开发企业土地购置面积大幅下滑，1~8月同比下降9.1%，降幅比1~7月扩大7.7个百分点。房地产投资增速保持相对高位，但房屋新开工面积增速的下滑和土地购置面积降幅的扩大导致未来房地产对我国工业生产的支撑力度将有所减弱。从工业投资看，2013年以来工业投资增速整体持续下行，但近2个月持续小幅回升，1~8月工业投资同比增长17.2%，增速比1~7月加快0.6个百分点。与2012年同期相比，通用设备、专用设备、汽车制造业等行业的投资回落幅度都在20个百分点左右，装备制造业投资面临较大下行压力。

综合来看，预计未来房地产投资对工业投资的增长仍具有一定的刺激作用，但力度有限，产能过剩等问题将继续拖累投资增长，新型城镇化进程的推进对基础设施投资的发挥带动作用仍需一段时间，短期内工业投资增速难以继续保持上升势头。

展望 2013 年第四季度乃至全年，随着扶持保障房、铁路、节能环保和信息技术基础设施等领域支出增加所带来市场信心的不断增强，加之中小企业税收优惠的政策效应逐渐显现，预计第四季度工业增速将在 10% 左右的中速区间保持平稳增长态势。建议保持宏观经济政策的稳定性和连续性，着力增强政策的针对性和协调性，适时适度地进行预调微调。

宏观经济政策与宏观调控篇

Macro-economic Policy and Macro-economic Regulation and Control

B.10

理解当前中国的财政经济形势

高培勇*

摘　要：

针对我国财政收入增速呈现下滑的态势，结合不同的参照系对当前财政收入形势的判断进行深入分析。分别从宏观角度和目前中国经济形势来研判财政收入增速，并与发达国家财政收入增速做横向比较。分析结果表明，当前我国财政收入的增速高于国际的一般水平。当前财政收入增速的下滑是一种符合规律的经济现象，对我国财政收入形势的判断应当采取从容和乐观的态度。

关键词：

财政收入　宏观经济　财政经济

* 高培勇，中国社会科学院学部委员、中国社会科学院财经战略研究院院长。

随着中国经济步入新的发展阶段，我国的财政收入增速呈现下滑态势。对此，社会各界极为关注。在某种意义上，它是当前我国围绕经济形势变化而伴生的一个热点问题。议论多，反响大，至少说明，它在人们眼中是有陌生之感的。不少年轻人可能从未经历过，颇多年长者可能已经久违了。对于这一既相对陌生又极为现实的客观经济现象，很需要我们以新的理念和新的视界迅速理解、深入研究。

一　财政收入形势的判断与所操用的参照系直接相关

对于财政收入形势，人们给出的判断往往与其所操用的参照系（标准）直接相关。参照系不同，结论往往有所不同，有时甚至可能出现完全不同的结果。

比如，以 2013 年 1～8 月累计情况计算，全国财政收入为 89027 亿元。对这一数字的分析，在我国，常常是以“以往”中国财政收入的增长轨迹为参照系的。但是，“以往”毕竟可长可短，总要有个区间范围。区间选择的不同会导致分析结论的差异。

将“以往”界定为 2012 年同期，便会发现，2013 年全国财政收入增速为 8.1%。同 2012 年 1～8 月全国财政收入增速 10.8% 相比，增幅回落了 2.7 个百分点。

将“以往”拓展至前 10 年，便会发现，同 2003～2012 年全国财政收入年均增速 22.39% 相比，2013 年全国财政收入增幅回落 14.29 个百分点。

将“以往”再往前拓展至前 19 年，又会发现，同 1994～2012 年全国财政收入年均增速 20.2% 相比，2013 年的全国财政收入增幅回落 12.1 个百分点。

将“以往”进一步拓展至前 34 年，那么，同 1979～2012 年全国财政收入年均增速 15.2% 相比，2013 年全国财政收入增幅回落 7.1 个百分点。

倘若将“以往”界定为改革开放以后至 1994 年以前的 15 年，即 1979～1993 年，那么，同 1979～1993 年全国财政收入年均增速 8.94% 相比，2013 年全国财政收入增幅仅回落 0.84 个百分点。

可以看到，在我国财政收入增长的历史轨迹上（见图 1），伴随着“以往”界定区间即参照系的转换，围绕2013年以来财政收入增幅回落状况的判断，变化颇大。以财政收入“超高速增长”的10年（2003～2012年）为参照系，自然会得出当前财政收入增幅回落过大、形势极为严峻的结论；以财政收入“高速增长”的19年（1994～2012年）为参照系，当前财政收入增幅的回落便相对小一些，不那么严峻了；以包括财政收入低速增长和高速增长在内的改革开放以来的34年（1979～2012年）为参照系，当前财政收入增速的回落幅度便以个位数计算了，甚至成为可以接受的现象。再进一步，若以改革开放初期财政收入增幅持续下滑的15年（1979～1993年）为参照系，当前财政收入增速的回落幅度便变得极其微小，甚至谈不上什么回落，几乎可以忽略不计了。

这实际上启示我们，对当前我国财政收入形势的判断，不必也不宜忧心忡忡，反而应当且可以持相对从容和乐观的态度。

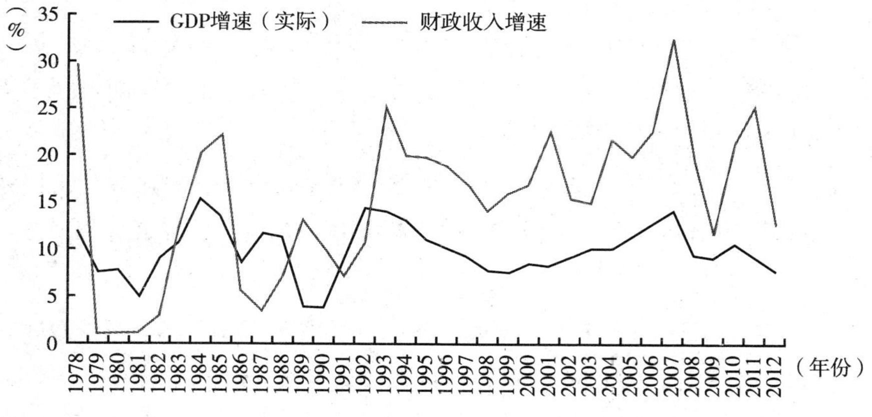

图1　1978～2012年中国财政收入增速与GDP增速对比

二　当前财政收入增速的下滑也是一种符合规律的经济现象

将财政收入增速的下滑置于历史发展的长河中特别是放在国际金融危机的特殊背景下加以审视，如下几个方面的事实，不能不收入视野。

经济决定财政，这是一个早已为人们熟知的基本规律。经过 30 多年的改革开放，中国经济已经步入新的发展阶段。人口红利减少、劳动力成本上升，向大力发展服务业的调整又不可避免地导致社会劳动生产率增速及经济整体增长速度放缓。换言之，随着中国经济由高速增长转为中速增长并进入个位数增长阶段，财政收入的增速自然会相应降低。此其一。

当前正在经历的这一轮国际金融危机，并非传统意义上的单纯的周期性危机，而是结构性和周期性因素相交织的危机，甚至更多的是由结构性因素所导致的危机。鉴于它主要是由全球性经济结构调整所引致的，也鉴于中国经济已经与全球经济深度交织在一起，中国自身经济结构的调整任务亦十分繁重，中国将不得不经历一个十分痛苦且相对漫长的深度转型调整过程。在这一过程中，随着经济的持续震荡和增速放缓，财政收入也会由此进入一个持续的震荡期和增长速度的下滑期。此其二。

持续多年的中国财政收入高速甚至超高速增长现象，是从 1994 年开始的。在此之前，中国也曾经历过持续多年的财政收入增速下降。一减一增、先减后增，30 多年间所走出的这一财政收入“V”形运行轨迹告诉我们，1994 年之后的财政收入持续高速增长，在很大程度上，是对以往财政收入增速持续下降的矫正，具有相当的补偿性质。既然是补偿，那么，这种补偿便不会是无止境的。在补偿到达某一节点之后，它必然要回归正常轨道。此其三。

1994 年之后的财政收入持续高速增长，是在 1994 年财税改革之后出现的。在很大程度上，它可以归结为 1994 年财税改革的产物，具有相当的改革红利性质。既然是改革红利，那么，这种红利效应的释放便不会是持续放大的。受收益递减规律的影响，在红利效应释放一段时间之后，它肯定要步入递减状态。这就是说，财政收入的持续高速增长，特别是高于甚至远高于经济增速的财政收入增长，是某一发展阶段的特殊现象。只有与经济增速相适应的财政收入增速，才是生活中的常态。此其四。

当前中国财政收入的主体是税收收入。在现行的税制体系下，70% 以上的税收收入来自增值税、营业税和消费税等间接税。这样一种“向间接税一边倒”的税收收入格局意味着，我国税收收入的绝大部分要作为价格的构成要素之一，附着于价格之中。它与商品和服务的价格绑在一起，并随价格的涨跌而升降，随价格的轻微变化而剧烈动荡，那么，当经济高速增长时，税收收入的增速便可能高于经济增速，当经济增速放缓或低于以往增速时，税收收入的增速便可能低于经济增速。故而，只要我国的现行税制体系及由此决定的税收收入格局不改变，中国经济增速的下滑带来税收收入和财政收入增速的更大幅度的下滑，当属意料之中的事情。此其五。

注意到当前财政收入增速的下滑并非仅仅是我们被迫接受的现实，而且是经济发展规律的作用使然，在某种意义上，它是处于深度转型调整期的中国经济在财政收入线索上的一个必然反映，我们更应以寻常心坦然加以面对。

三　放眼宏观，当前的财政形势几乎谈不上什么严峻

上述的分析都是基于公共财政收入的数据，在一般预算口径的基础上做出的。更为复杂的问题在于，在当前的中国，公共财政收入或称一般预算收入并不等于全部政府收入。除了公共财政收入之外，中国政府还有如下几个方面的收入：政府性基金预算收入、社会保险预算收入和国有资本经营预算收入。

以 2013 年的预算数字计算，在包括上述所有四类预算收支的盘子中，公共财政预算收入所占的比重，仅约为 65%。其余三类预算收入所占比重加总，高达 35% 左右。这意味着，对于财政收入增速下滑影响的分析，绝不能停留于公共财政预算收入口径，而应伸展至包括四类收入在内的所谓“全口径”政府收入层面做宏观分析。

一旦将聚焦点伸展至政府性基金预算收入、社会保险预算收入和国有资本经营预算收入，则可以见证与公共财政预算收入迥然相异的另一番景象。

不妨以目前能够获得数据支撑的政府性基金预算收入和社会保险预算收入为例。按照财政部公布的数据，2013 年 1 ~6 月，全国政府性基金收入 21061 亿元，比 2012 年同期增加 5870 亿元，增长 38.6%。全国社会保险基金收入 15276 亿元，比 2012 年同期增长 15.6%。上述两类政府收入，比同期公共财政收入的增幅（10.8%）分别高出 27.8 个和 4.8 个百分点。“全口径”政府收入视野下的“一减一增、此减彼增”这一具有体制转轨时期特点的特殊现

象告诉我们，单纯就公共财政收入的变化做一般预算收支口径上的考察，可能会做出财政形势因此变得严峻的判断。但如果对包括四类收入在内的所谓“全口径”政府收入做通盘考虑、统筹安排，或者“堤内损失、堤外补”，算大账后的结果，当前中国的财政形势几乎谈不上什么严峻。

换一个角度，脱出自我纵向比较的局限而放眼全球做国际间的横向比较，还可以进一步加深我们的认识。

以2012年具有代表性意义的国家和地区的数据为例，其财政收入的增速分别为，OECD国家如澳大利亚8.54%，奥地利4.27%，加拿大3.54%，法国5.85%，德国5.59%，日本2.1%，英国0.54%，美国5.21%，比利时4.52%，丹麦-1.29%，芬兰1.55%，希腊-5.6%，荷兰1.71%，冰岛8.05%，爱尔兰1.44%，挪威6.57%，葡萄牙-12.54%，西班牙0.6%，瑞典2.1%，瑞士-0.4%，意大利2.47%；新兴市场经济体和我国周边国家（地区）如印度0.04%，俄罗斯0.03%，新加坡-2.16%，中国台湾2.65%。

无论是以属于发达经济体的OECD国家财政收入增速为参照系，还是以属于新兴市场经济体的国家财政收入增速为参照系，抑或以我国周边国家和地区的财政收入增速为参照系，当前我国财政收入的增速都高于甚至远远高于国际的一般水平（见图2）。

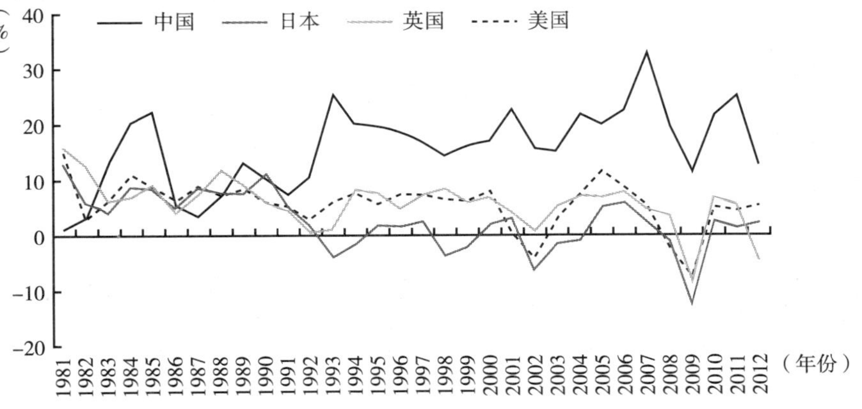

图2 1981～2012年中国财政收入增速与部分发达国家财政收入增速对比

这又进一步启示我们，将 8.1% 的当前财政收入增幅放在世界的棋盘上，完全可以视为一个正常状态下的好指标。

四 “过紧日子”就是“过正常日子”

关于当前中国财政收入增速下滑问题的讨论进行到这里，可以立刻得出的基本结论是，在经历了长达近 20 年的财政收入高速甚至超高速增长之后，伴随着我国经济增速进入换挡期，财政收入的增速也要换挡。这就是说，在我国经济进入新的发展阶段的宏观背景之下，我国的财政收入已经走出特殊的发展时期而回归正常轨道。从这个意义上讲，财政收入增长速度下降一些具有必然性。当前所说的财政要“过紧日子”，就是从此要“过正常日子”。

认识到我国财政收入增速已经回落到一个新的平台上，并且，这一态势已经不可逆转，我们只能也必须操用“常态”视界——静观其变、平心静气、小心翼翼，以从此“过正常日子”的理念和视界承受住财政收入增速换挡的压力，妥善做好下一步的财政收支安排及相关财政政策布局。这至少包括以下几个方面。

第一，鉴于我国宏观经济形势已经发生重要变化，同时政府支出规模过大不利于经济结构调整和经济持续健康发展的事实，稳定既有政府支出规模及其占 GDP 比重，并使其不再进一步扩大或提升，无疑是必要的。这意味着，各级政府不仅要厉行节约，严格控制一般支出，把钱用在刀刃上——非做不可、不干不成的重要事项。而且，即便是必须增加的公共投资支出，也要在增加并引导好民间投资的同时，着眼于打基础、利长远、惠民生且又不会造成重复建设的基础设施领域。

第二，鉴于经济结构优化既是当前中国经济发展的重要课题，又是今后中国经济发展的重要潜力所在，且化解产能过剩、解决经济结构调整问题的根本出路在于彻底转变政府职能，在稳定既有政府支出规模及其占 GDP 比重的同时，进一步调整和优化政府支出结构，无疑是必要的。这意味着，我们必须摒弃以扩大政府投资和建设支出换取经济增长的传统思维定式，并适时做出支出向民生领域倾斜的政策抉择。

第三，鉴于我国当前财政收支面临的压力与现行政府预算管理格局的不规范密切相关，同时“公开、透明、规范、完整”已经成为政府预算制度改革的重要目标，通过全面深化财税体制改革，全面规范政府的收支行为及其机制，无疑必要的。这意味着，下一步的财税体制改革必须正视并突破主要来自政府内部的既得利益格局的阻碍，真正下决心把实行“全口径”政府预算管理落实到位。以财税体制改革所创造并释放的巨大红利，减轻和化解当前的财政收支压力。

第四，鉴于我国宏观经济政策运行框架已经做出重要调整，同时当前我国宏观经济政策的重要着力点在于“稳”，保持政策的连续性和稳定性，并以此稳定市场预期、向社会释放推进经济结构调整的坚定信号，是必要的。这意味着面对经济增速和财政收入增速的“双换挡”，我们必须沉住气，坚持实施积极的财政政策和稳健的货币政策。只要宏观经济运行处于合理区间和主动调控范围之内，就不能因财政收支的压力和财政形势的变化而对宏观经济政策做大的调整。以财政政策和货币政策格局的稳定，让市场学会自我调节，为市场的自我调节留足必要空间，进而营造公平竞争的市场环境，奠定使市场在资源配置中起决定性作用的坚实基础。

B.11

进一步提高宏观调控水平 处理好政府和市场的关系

汪同三*

摘　要：

改革开放以来，我国宏观调控政策取得很大成绩，不仅保持了宏观经济运行的稳定，使年度之间经济增速波动的幅度明显收窄，而且保持了价格水平基本稳定。面对国际经济危机，宏观调控措施较好地抵御了外部冲击，减弱了冲击的负面影响。在国内宏观经济出现问题时，及时采取有针对性的调控措施，实现宏观经济大局稳定。提高宏观调控水平，要求把实现经济平稳健康发展作为调控目标，把握好宏观调控效果的力度，同时注意处理好政府与市场的关系。

关键词：

宏观调控　调控水平　政府管理

改革开放以来，加强和改善宏观调控一直是伴随着宏观经济运行的经常性工作。为了保持经济平稳健康运行，防止出现大的波动，我们应对新情况，解决新问题，在加强和改善宏观调控的过程中逐步提高认识、积累经验，不断把宏观调控工作推向更高水平。党的十八大提出“健全现代市场体系，加强宏观调控目标和政策手段机制化建设”的任务。习近平总书记最近又把“进一步提高宏观调控水平，提高政府效率和效能。以加快转变政府职能为抓手，处理好政府和市场的关系”作为全面深化改革需要深入调查研究的重大问题

* 汪同三，中国社会科学院数量经济与技术经济研究所，研究员。

之一。认真研究如何进一步提高宏观调控水平，处理好政府和市场的关系，具有重要意义。

一　我国宏观调控工作取得重要成绩

改革开放以来，在党中央、国务院的领导下，经过各方面的共同努力，我国宏观调控工作取得了重要成绩。

第一，在遭受国际经济危机冲击时，我国通过及时有效的宏观调控措施，较好地抵御了外部冲击，减弱了外部冲击的影响，保持了国内经济的稳定。在20世纪90年代末期遭受亚洲金融危机冲击时，我国及时采取宏观调控措施，在坚持人民币不贬值的同时，采取努力扩大内需、刺激经济增长的政策，保持了国内经济的健康和稳定增长，同时对缓解亚洲经济紧张形势、带动亚洲经济复苏发挥了重要作用。2008年美国金融危机轰然袭来，我国及时实施积极的财政政策和适度宽松的货币政策，迅速推出了进一步扩大内需、促进经济增长的具体措施，很快形成并全面实施了应对美国金融危机冲击的一揽子计划，迅速扭转了经济增速过快下滑的局势，在世界经济中率先实现企稳回升，避免了我国现代化进程因巨大的外部冲击而出现大的波折。

第二，在国内宏观经济运行出现较为突出的问题时，及时采取有针对性的宏观调控措施进行治理，实现宏观经济大局稳定。20世纪90年代中期，我国出现严重的经济过热，通货膨胀率超过24%，面对这样严峻的局面，我国落实十四大精神，坚定不移地向社会主义市场经济转轨，同时推出一系列抑制经济过热的宏观调控措施，最终在1996年成功实现了“软着陆”，宏观调控成绩举世瞩目。21世纪初，2003年“非典”冲击之后，我国出现部分行业固定资产投资增长过猛和粮食生产供求关系趋紧的问题，引致通货膨胀压力明显。我国及时加强和改善宏观调控，一方面清理整顿各类开发区，加强建设用地管理，控制信贷和土地两个“闸门”，抑制固定资产投资增长过快；另一方面出台减免农业税、设立粮食最低收购保护价、种粮直补等一系列重要措施，实现了粮食连续多年增产。这些宏观调控使得我国国民总收入增长连续六年、国内生产总值增长连续五年保持在10%以上，为我国经济总量在世界经济中的排名快速跃升奠定了基础。

第三，宏观调控保持了宏观经济运行的稳定，在经济增速较高的情况下，年度之间经济增速波动的幅度明显收窄。随着社会主义市场经济体制的逐步完善和宏观调控经验的积累，自1996年“软着陆”成功以来，除了2008年受美国金融危机严重冲击，GDP增速与上年相比减慢4.6个百分点之外，GDP年度之间增速的波动幅度均未超过2个百分点。在经济增速波动幅度收窄的同时，全国就业状况一直保持稳定，城镇就业人数稳定上升，年均新增就业人数超过1000万人，城镇登记失业率一直保持在较低水平。

第四，宏观调控保持了价格水平的基本稳定。与人民生活密切相关的CPI自1996年“软着陆”以后，再未出现过两位数的上涨，除了2008年和2011年CPI上涨幅度略高于5%之外，其余年份均低于5%。在保持国内价格整体水平基本稳定的同时，人民币汇率保持了稳定的逐步上升，国际收支平衡状况良好，人民币国际化进程稳步前行。

第五，我国坚持不断加强和改善宏观调控，为以科学发展观为指导，加快转变经济发展方式，积极调整经济结构奠定了基础，创造了条件。进入21世纪以来，我国经济发展的内需拉动作用增强，服务业在国民经济中的比重有所上升，城镇化取得进展。建设资源节约型和环境友好型社会日益深入人心。

严格来说，宏观调控是市场机制之外的因素，因此，针对市场运行中某种突出问题采取调控措施时，很可能出现某种程度的矫枉过正，产生一些事与愿违的负作用。例如，在抑制过热时，可能造成增速过快下降；在刺激经济时，可能造成某种程度的产能过剩，以及形成价格上涨因素。改革开放以来，我国在宏观调控工作中经历了风风雨雨，逐步积累了丰富的经验，宏观调控日臻成熟，特别是十八大以来，面对经济下行压力，我国坚持稳中求进的总基调，采取了一系列创新性的政策措施，统筹稳增长、调结构、促改革，保证了经济平稳运行，在宏观调控工作中积累了可贵的经验。

二　进一步提高宏观调控水平的迫切性

当前，我国面对的国内外形势更凸显进一步提高宏观调控水平的迫切性。

首先，党的十八大综观国际国内大势，突出我国发展仍处于可以大有作为的重要战略机遇期。在未来的一段时期中，要准确判断重要战略机遇期内涵和条件的变化，全面把握机遇，沉着应对挑战，赢得主动，赢得优势，赢得未来，确保到2020年实现全面建成小康社会的宏伟目标。为了实现这一宏伟目标，要加快完善社会主义市场经济体制，加快转变经济发展方式。而完成这一任务的根本，是坚持全面深化经济体制改革。党的十八大指出，全面深化经济体制改革的一项重要内容就是“健全现代市场体系，加强宏观调控目标和政策手段机制化建设”。

其次，美国金融危机和欧洲主权债务危机余波未了，世界经济仍然处于深度调整期，既有复苏迹象，也面临基础不稳、动力不足、速度不均的问题。未来一段时间内，世界经济低速增长的态势仍将延续。主要发达经济体的结构性问题远未解决，新兴市场经济体增速放缓，外部风险和挑战增加。世界贸易组织多哈回合谈判举步维艰，贸易和投资保护主义不断花样翻新。实现世界经济全面复苏和健康成长，将是一个长期而曲折的过程。随着经济全球化的进展，我国经济与世界经济的联系越来越紧密，为了有效降低国际经济波动对我国宏观经济运行稳定的影响，我国必须努力进一步提高宏观调控水平。

最后，我国社会主义事业发展仍然面临着严峻的困难和挑战，经济社会发展过程中还存在不少矛盾和问题。当前，除了需要对外部环境可能带来的冲击高度关注、采取稳妥应对举措、防患于未然之外，更需要对国内需求下滑、产能过剩、地方政府债务、影子银行及潜在的通胀压力等问题和挑战保持清醒认识。存在这些问题的原因，有些是长期存在的深层次矛盾和问题的影响，有些是前期实施短期刺激经济的宏观调控措施难以避免出现的负作用。克服困难、化解矛盾、战胜挑战，实现既利当前更惠长远的政策目标，必须努力进一步提高宏观调控水平。

三　如何提高宏观调控水平

根据历次宏观调控工作的经验，特别是最近一年来的经验，提高宏观调控水平要注意以下几个方面。

第一，实现经济平稳健康发展是宏观调控的明确目标。经济发展是国家富强、民族振兴的决定性条件。“发展是硬道理”是颠扑不破的真理，中国特色社会主义是全面发展的社会主义。我国只有在经济不断发展的基础上，才能实现中华民族伟大复兴的目标。经济发展不仅要关注 GDP，更要关注就业，关注居民收入的提高，关注在现有资源环境约束下经济发展的可持续性。

第二，稳步提升经济发展的质量和效益是检验宏观调控效果的重要标准。宏观调控并不直接对发展方式转变和经济结构调整发生作用，但是宏观调控必须与转变发展方式和调整经济结构的政策措施相结合，不能增加调结构、深化改革的成本，在实现稳增长的同时为调结构和促改革创造条件。

第三，把握好力度是提高宏观调控效果的关键。在国内外经济环境中没有出现影响严重的突发事件时，宏观调控要注意保持政策的连续性和稳定性，同时要审时度势，根据形势的变化增强前瞻性、针对性和灵活性。宏观调控除了要掌握好政策措施的方向和时机，还要把握好调控措施的力度。掌控方向和时机已属不易，而力度的把握则更难一些。面对国内外经济环境中的风风雨雨，我们越来越深刻地认识到，“稳中求进”是一条重要的基本经验。

第四，坚持创新思维是提高宏观调控水平的根本之路。近一年来我国在宏观调控工作中创造着新的经验，不断增强宏观调控的定力，坚持稳中求进的总基调，采取系列性创新政策措施，统筹稳增长、调结构、促改革，兼顾当前和长远，实现经济平稳运行。我国根据现阶段经济发展的潜力和实际情况，提出了科学确定保持经济增长和控制通货膨胀的合理区间的概念。宏观调控就是要守住稳增长、保就业的“下限”，把握好防通胀的“上限”，使宏观调控不仅稳定宏观经济政策，而且为经济转型升级和结构优化调整提供宏观环境条件保证。

四　处理好政府与市场的关系

宏观调控能否发挥稳定经济运行、防止增长出现大的波动、有效抵御各种外部冲击的积极作用，关键在于能否处理好政府与市场的关系。

当前，搞好宏观调控、处理好政府与市场的关系的根本保证是加快转变政府职能。宏观调控实质上是政府对市场的某种干预，政府是宏观调控政策措施制定和执行的主体。除了对宏观经济形势预判的科学性和准确性之外，宏观调控政策的筹划制定和执行，以及调控过程中必要的政策措施调整，都必须充分尊重市场经济规律，按市场经济规律办事。只有坚定不移地推动政府职能转变，以转变政府职能为核心，大力推进行政管理体制改革，才有可能使政府在宏观调控工作中既不越位，也不失位，使宏观调控作用真正到位。

宏观调控是市场经济必有内容，社会主义市场经济更离不开宏观调控。同时，也不应该把宏观调控当成能够包罗万象的筐，把一切都归功于或归咎于宏观调控。在建立和完善社会主义市场经济体制的过程中，要谨防“调控依赖症”，将宏观调控泛化、庸俗化。宏观调控针对的是特殊环境下保持经济运行平稳的问题，它必须适应于长期发展战略，与国家长期发展战略相结合，才能发挥更为积极的作用。宏观调控的生命力在于我国不断深化的改革开放事业。社会主义市场经济中的宏观调控是改革开放的结果，宏观调控为改革开放的不断深入提供环境条件保证，宏观调控也只有在深化改革、扩大开放及社会主义市场经济体制不断完善的过程中，才能与时俱进且不断提高水平，产生更为积极的正面效果。

B.12

稳增长、调结构下的金融运行

王 毅 石春华 叶 欢*

摘 要：

2013年，我国金融运行总体保持平稳，货币供应量增速回落，外汇占款增速回升，贷款投放较多，市场利率小幅波动，人民币持续升值，债市交易量同比减少，股票市场指数回升。然而，在运行中仍有几个问题需要关注，包括：利率市场化改革中的存款利率的灵活性、贷款利率管制的放开，同业业务增长迅猛造成的风险上升，银行资产质量压力加大等。对此，我国应该保持货币政策稳定性，促进金融业健康发展。

关键词：

金融 稳增长 调结构

2013年中国经济总体处于筑底企稳阶段，潜在产出增速回落。金融运行总体表现平稳，货币增速有所回落。在监测分析金融运行中，如下问题值得关注：一是利率市场化进程加快，贷款利率管制于7月全面放开；二是金融机构同业业务、银行理财与信托业务增长迅猛，潜在风险上升，影响宏观调控效果；三是银行信贷质量压力加大，不良贷款可能在未来几年集中暴露。面对这些新老问题，应继续实行稳健的货币政策，稳步推进利率市场化，防范金融风险，促进金融业健康发展。

---

* 王毅、石春华、叶欢，中国人民银行调查统计司。本文仅反映笔者的观点，不代表所服务机构的意见。

一　金融运行基本情况

（一）货币供应量增速回落，人民币存款增速回升

2013 年 9 月末，广义货币 M2 余额为 107.74 万亿元，同比增长 14.2%，增速比上月和上年同期分别低 0.5 个和 0.6 个百分点；狭义货币 M1 余额为 31.23 万亿元，同比增长 8.9%，增速比上月低 1 个百分点，比上年同期高 1.6 个百分点（见图 1）；流通中货币 M0 余额为 5.65 万亿元，同比增长 5.7%，增速比上月和上年同期分别低 3.6 个和 7.6 个百分点。前三季度累计净投放现金 1833 亿元，同比少投放 850 亿元。

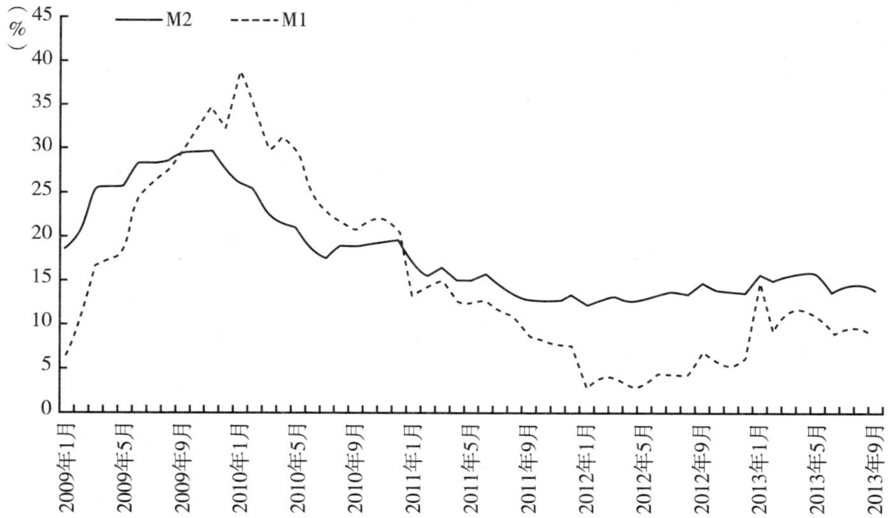

图 1　货币供应量同比增速

资料来源：中国人民银行。

多因素共同影响使 M2 增速回落。一是 2012 年同期货币增速明显回升，同比基数较高，2012 年 9 月末 M2 同比增长 14.8%，较 2012 年 8 月末上升 1.3 个百分点；二是 9 月基础货币增速回落，货币乘数略有下降。

人民币各项存款增速回升。9 月末，金融机构人民币各项存款余额为 103.09 万亿元，同比增长 14.6%，增速比上年同期高 1.3 个百分点。2013 年以来，人民币存款增速总体呈“前高后低”态势。前三季度，人民币存款新增 11.27 万亿元，同比增加 2.23 万亿元。其中，储蓄存款新增 4.43 万亿元，余额同比增长 13.6%；非金融企业存款新增 2.38 万亿元，余额同比增长 11.6%；财政存款新增 1.46 万亿元，余额同比增长 19.9%。

（二）外汇占款增速回升，基础货币平稳增长

9 月末，外汇占款余额 25.35 万亿元，比年初增加 1.69 万亿元，同比增加 1.4 万亿元，余额同比增长 7.8%，增速比上月末和上年同期分别高 1 个和 7.2 个百分点。在外汇占款增速回升的背景下，中国人民银行加强流动性管理，使基础货币增速基本保持平稳。9 月末基础货币余额为 26.31 万亿元，比年初增加 1.08 万亿元，同比少增 633 亿元，余额同比增长 11.5%，增速比上月末低 1.1 个百分点，较上年同期高 0.3 个百分点（见图 2）。

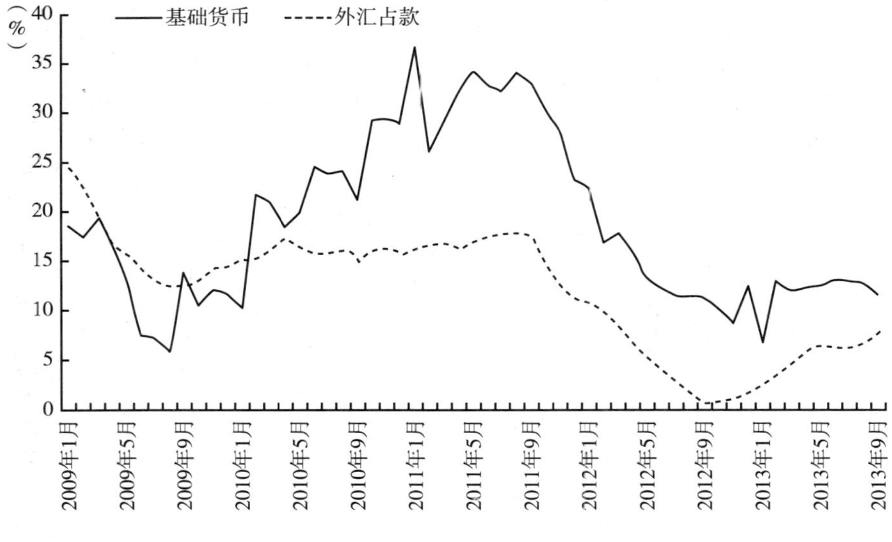

图 2　基础货币和外汇占款增速

资料来源：中国人民银行。

（三）贷款投放较多，贷款结构有所改善

9月末，人民币贷款余额为70.28万亿元，同比增长14.3%，增速比上月末高0.2个百分点，比上年同期低2个百分点。前三季度人民币贷款累计新增7.28万亿元，同比多增0.56万亿元，较2010～2012年同期的平均水平多1.04万亿元。分期限看，主要是人民币中长期贷款增加较多，票据融资大幅减少。9月末，人民币中长期贷款余额同比增长12.7%，年内累计新增3.88万亿元，同比增加1.53万亿元；人民币短期贷款余额同比增长18.9%，年内累计新增3.22万亿元，同比减少1027亿元；票据融资余额同比下降12.1%，年内累计新增103亿元，同比减少8210亿元（见图3）。

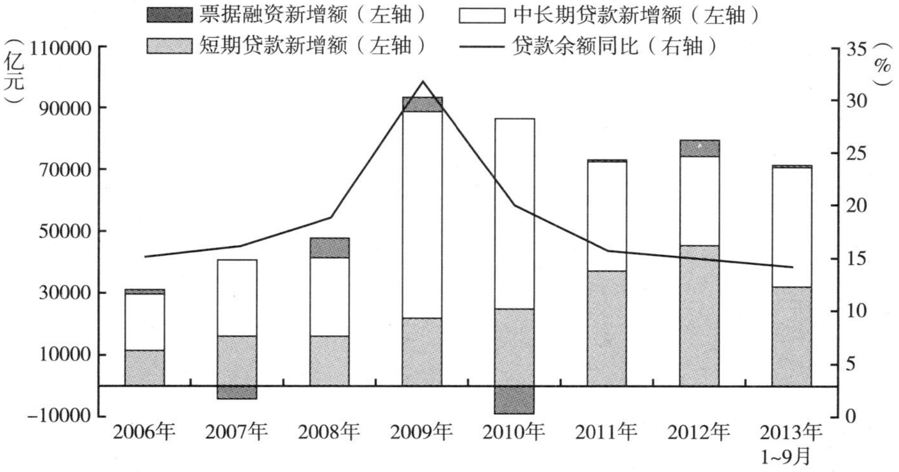

图3　人民币贷款新增额与余额同比

资料来源：中国人民银行。

贷款结构有所优化。一是主要金融机构本外币中长期贷款增速逐月提高，[①] 其中部分产能过剩行业贷款增速下降，服务业贷款增速持续加快。9月末，本外币中长期贷款余额同比增长12.3%，增速连续10个月出现回升。其中，钢铁和建材行业均同比下降8.7%；服务业贷款同比增长10.8%，增速连

① 主要金融机构指中资银行（不含农村商业银行、农村合作银行和村镇银行）。

续4个月出现回升，较2012年同期高2.7个百分点。二是小微企业人民币贷款支持力度较大。[①] 9月末，小微企业人民币贷款余额同比增长13.6%，增速较同期大型和中型企业分别高2.2个和3.4个百分点。9月末小微企业人民币贷款年内新增1.61万亿元，占同期全部企业贷款增量的43.4%。三是涉农贷款增速高于各项贷款，[②] 占比继续提高。9月末本外币涉农贷款余额16.73万亿元，同比增长18.6%，增速比同期各项贷款增速高4.3个百分点；涉农贷款余额占同期各项贷款的26.9%，占比较上年末高0.7个百分点。

（四）市场利率小幅波动

从利率浮动情况看，执行下浮、基准利率的贷款占比有所上升，执行上浮利率的贷款占比有所下降。6月，一般贷款中执行下浮、基准利率的贷款占比分别为12.55%和24.52%，比3月分别上升1.11个和0.73个百分点；执行上浮利率的贷款占比为62.93%，比3月下降1.84个百分点。

9月质押式债券回购和同业拆借月加权平均利率分别为3.49%和3.47%，略高于8月的水平，月环比回升幅度分别比上年同期收窄10个和6个基点。9月末，隔夜、1周Shibor分别为3.13%和4.20%，分别较上年末降低74个和38个基点；3个月Shibor为4.67%，上升77个基点；1年期Shibor为4.40%，与上年末持平，总体水平较6月末明显回落（见图4）。

（五）人民币持续升值

2013年以来，人民币持续升值。截至10月31日，人民币兑美元较上年末升值2.33%，而2012年全年仅较2011年末升值0.25%。从年内走势看，4～5月升值较快，月末分别较上月末升值0.77%和0.67%。6月下旬开始，人民币出现短暂贬值，此后升值幅度有所放缓。10月23日，人民币汇率升至汇改以来的最高点6.1330，比二次汇改当日累计升值11.15%。1～10月195个交易日中，人民币兑美元交易中间价有100个交易日较上日升值，95个交易日较上日贬值；

① 口径为主要金融机构、小型农村金融机构（包括农村商业银行、农村合作银行和农信社）及外资银行。

② 口径为主要金融机构、小型农村金融机构、村镇银行、财务公司。

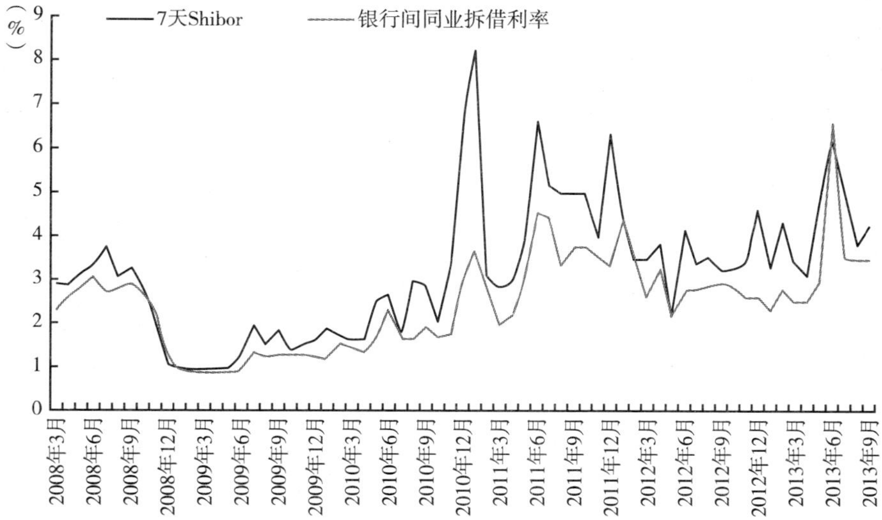

图4　市场利率波动

资料来源：中国人民银行。

日均升值0.07个基点，而上年全年日均升值0.01个基点（见图5）。

从海外远期市场看，香港无本金交割远期外汇（NDF）美元兑人民币1

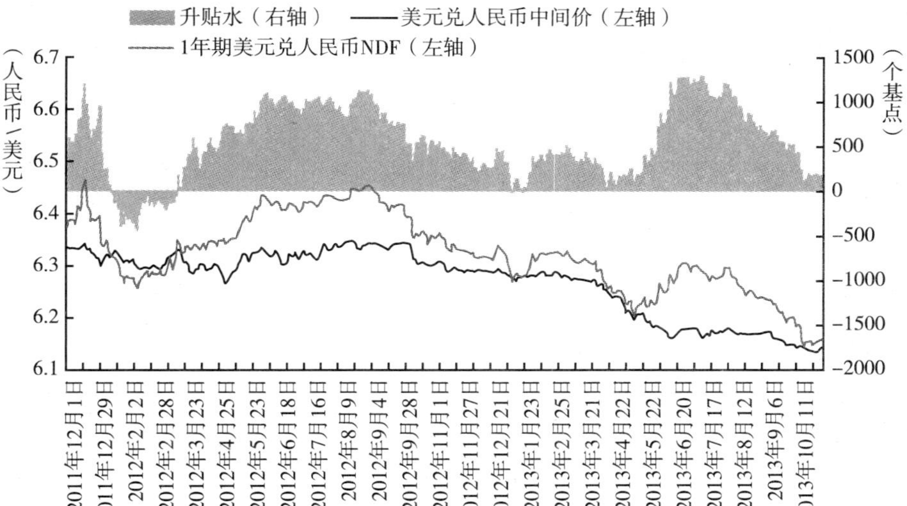

图5　人民币汇率即期及远期变化

资料来源：中国人民银行，CEIC。

年期合约数据显示，人民币贬值预期呈倒“V”形。1～4月，人民币远期汇率与即期汇率走势基本一致，贬值预期较为稳定。5～6月，远期汇率和即期汇率走势出现背离，贬值预期不断强化。7月开始，远期汇率呈不断升值趋势，贬值预期减弱。

二　金融运行中需要关注的几个问题

（一）利率市场化改革进行中

1. 金融机构存款利率定价更加灵活

2012年6月允许存款利率上浮10%后，银行业机构经过短暂的市场观察和相互试探，形成了三个梯队。一是工、农、中、建、交等大型银行，将1年以下（含1年）定期存款利率上浮8%～9%，1年以上的定期存款利率不上浮；二是全国性股份制银行，将活期、1年以下（含1年）定期存款利率上浮10%，1年以上不上浮；三是地区性中小银行机构直接将各期限存款利率上浮10%。

随着竞争的加剧，2013年第一季度五大商业银行授权分支行有条件地将存款利率上浮幅度提高至10%。近期，五大商业银行和全国性股份制银行进一步下放定价权限，目前，普遍采取“紧盯同业、权限下沉，差异定价、精细管理，上浮中短、控制长期”的定价策略。各类商业银行执行上浮利率的期限普遍扩展到2年期、3年期，并下调了享受上浮利率的最低起存金额。同时，利率定价精细化程度提高。目前，银行对财政、社保、公积金、机关团体、大型企事业单位等对公客户和VIP个人的大额存款进行精细化定价，对一般储蓄存款则主要通过理财产品吸收分流，储蓄存款的挂牌利率变动不明显。

2. 利率市场化的新举措

（1）全面放开贷款利率管制。央行决定自2013年7月20日起全面放开金融机构贷款利率管制。当前信贷市场资金供不应求，绝大多数贷款利率在0.9倍和基准利率以上，并未触及贷款利率0.7倍的下限，取消贷款利率下限影响不明显。目前货币市场流动性偏紧的形势还将延续，商业银行短期内不会大幅下调贷款利率。调查显示，多数银行机构表示将保持贷款利率不变。

（2）贷款基础利率集中报价和发布机制开始运行。10 月 25 日，央行宣布贷款基础利率（Loan Prime Rate，LPR）集中报价和发布机制正式运行。LPR 是贷款利率市场化的关键配套举措，是利率市场化改革的又一重要步骤。与国外的最优贷款利率机制类似，LPR 未来将成为整个信贷市场的基础利率，是利率市场化后银行贷款利率定价机制的基础，能够起到有效引导银行合理进行贷款定价、保证贷款利率下限完全放开后信贷市场平稳运行的作用。同时，LPR 也是银行贷款自主定价的重要内容，为银行构建自己的贷款定价机制提供了基础，有利于增强银行自主定价能力。

（二）同业业务增长迅猛

近年来，我国金融机构业务创新风起云涌，带动了银、证、保等跨市场的业务合作迅速发展，金融机构同业业务扩张较快，已成为金融机构管理流动性、整合有效资源、增加收益的重要渠道之一。银监会数据显示，2013 年 9 月末，银行同业资产（包括银监会监管的各类非银行业金融机构，下同）余额 20.20 万亿元，占总资产的 14.0%，比 2006 年提高 7.1 个百分点。银行同业负债 16.47 万亿元，占总负债的 11.4%，比 2006 年提高 4.7 个百分点。

同业业务快速发展可能造成以下问题。

1. 同业业务风险上升

2013 年以来，关注类同业资产规模上升，信用风险提高。2013 年第二季度末，关注类同业资产余额上升到 255 亿元，[①] 占同业资产的 0.12%，比 2012 年末高 0.06 个百分点。近年来，同业业务整体期限延长，变现能力下降，流动性风险和信用风险都有所上升。2007 年末，商业银行同业资产剩余期限 7 天以内的部分占 43.8%，30 天以上的部分占 31.7%，而 2013 年第二季度末，这两个比例分别是 27.9% 和 54.6%。

2. 宏观调控效果受到影响

金融机构通过同业业务实现存款“冲时点”，造成货币统计数据失真，流动性管理困难。2012 年由非银行金融机构资金运用和隐匿贷款派生的货币占

① 法人机构口径，含境外分支行。

全年广义货币 M2 增量的 20% 左右。金融机构通过同业业务实现贷款“绕规模”，在一定程度上改变了传统的货币派生渠道，也规避了存贷比和资本充足率监管要求，不仅使信贷总量调控效果受到影响，而且可能使房地产业、产能过剩行业等限制性行业获得融资，影响经济结构调整进程。部分同业业务通过多层“通道”包装，结构复杂，资金划转频繁，来源用途无法对应，风险容易在不同行业和市场间传染扩散，增大系统性风险。

（三）银行理财与信托发展迅速

1. 理财产品快速增长， 运作方式多样化

第三季度银行业金融机构共发行理财产品 3.3 万只，募集资金 15.3 万亿元，比上年同期多募集 4.7 万亿元。9 月末理财产品存续 4.2 万只，资金余额 8.8 万亿元，同比增长 46.4%。受监管新规影响，[①] 近期增速有所减缓。第三季度，理财产品月均增速为 42.5%，比上半年平均水平低 10 个百分点。其中，表内理财产品 2.1 万只，资金余额 3.2 万亿元，同比增长 47.9%；表外理财产品 2.1 万只，资金余额 5.6 万亿元，同比增长 45.6%，持有非标准化资产占比持续下降。

从资金来源看，个人资金是理财资金的主要来源，银行自有资金购买理财产品（主要是小银行购买大中型银行的理财）快速增加，个人、非金融企业、银行资金占比为 3∶1∶1。从期限分布看，开放式产品资金流动较快，封闭式产品中，3 个月以上产品占比上升。从市场份额看，开展理财业务的银行数量快速增加，但大中型银行市场占有率接近九成，市场集中度明显提高。

部分商业银行利用理财产品操纵存款规模，手段不断翻新，规模日益扩大。其主要方法有三：一是商业银行通过回购、拆借或直接购买等手段为表外理财产品提供资金，表外理财产品借助保险等渠道将资金以保险公司存放等形式存入银行表内，增加存款规模；二是加大表内产品（于结构性存款中核算）的发行、营销力度，不再单纯依赖表外产品存款“冲时点”；三是银银合作，

① 银监会于 2013 年 3 月发文（8 号文）规定理财资金投资非标准化债权资产的余额，以理财产品余额的 35% 和商业银行总资产的 4% 的低者为上限。

用表内资金直接或借助信托渠道相互购买他行表内理财产品，扩大存款规模。9 月末，银行购买理财产品 1.4 万亿元，同时通过拆借、回购、受益权转让等方式为理财产品提供资金超过 1 万亿元。

还有商业银行利用理财业务调整表内信贷规模及结构，扩大对实体经济融资，开始借助信托计划、资产管理计划等 SPV 进行大量交易，参与机构也由两方发展为三方甚至多方，模式日益丰富。这种行为在一定程度上满足了实体经济的融资需求，但同时为规避监管延长了企业融资链条，推高了企业融资成本，增加了潜在风险。

在规范理财投资标的的银监会 8 号文出台后，银行理财资金出现了新的运作模式：银行以理财资金购买券商资产管理计划，再由该计划通过场内质押式回购为企业融资。此交易模式的标准化程度更高，且银行只提供资金，交易由券商负责，风险也由券商承担。银行理财开展此类业务既可以满足监管要求，又可以拓宽社会资金参与直接融资的渠道。

2. 信托产品数量略有增长，产品规模持续下降

第三季度累计发行资金信托产品 4307 只，净募集资金 6555 亿元，较上年同期少募集 916 亿元，下降 12.3%。9 月末存续资金信托产品 2.7 万只，产品金额 9.7 万亿元，同比增长 62.4%。当月新发产品预期平均年化收益率 7.4%，较上年同期上升 70 个基点，较同期贷款加权平均利率高 89 个基点。

信托资金主要投向贷款（4.7 万亿元，占总资产的 48.5%）、股权（2.0 万亿元，占总资产的 20.8%）和非股票证券（1.3 万亿元，占总资产的 13.3%），资产结构保持稳定。第三季度新增信托贷款主要投向建筑业（779 亿元，占 22.3%）和房地产业（666 亿元，占 19.1%），共占新增贷款的 41.4%。

当前信托产品运行中主要存在以下问题：一是政府投融资平台和房地产企业借道信托计划大量融资。2013 年以来，政府投融资平台和房地产企业从信托取得约 2 万亿元资金。二是信托收益权转让风险值得关注。信托公司将信托收益权转让给银行或其他机构，在一定程度上满足了实体经济的融资需求，但同时也避开了监管部门对银信合作和信贷规模的监测与控制，干扰了货币政策的执行效果，增加了潜在风险。三是“刚性兑付”使信托业面临较大风险。

"刚性兑付"在早期推动了信托业快速扩张，但也使市场风险未能有效释放，一旦个别信托产品出现实质性兑付风险，将放大客户对所有信托产品的风险预期，信托融资能力下降，发新还旧模式可能受到较大冲击。

（四）银行资产质量压力加大

第三季度以来，银行不良贷款率与不良贷款余额小幅上升。2013 年 8 月，银行不良贷款率为 1.55%，比第二季度末上升 0.03 个百分点；银行不良贷款余额为 11469.8 亿元，比第二季度末上升 372.5 亿元。目前，不良贷款主要集中在钢贸行业、制造业及小微企业，房地产、政府融资平台贷款情况总体较好。

但是，实际信贷质量不容乐观。一是，有的贷款被"过桥"贷款掩盖，大中小型企业均有涉及。二是，有的贷款尚未到期或进行了续贷，目前还维持在"关注"类，光伏、造船行业普遍存在。三是，有的银行放宽"关注"类标准。温州部分银行表示，只要能偿还利息就不计入不良，甚至只要老板没"跑路"就不计入不良。四是，银行为了维持较低的不良率，加快了不良资产处置进度。

预计未来银行资产质量压力将进一步加大，短期不良贷款可能继续小幅增加，长期发展取决于整体经济走势。如果经济增速快速放缓，不良贷款在未来两三年内可能集中暴露，不良率将会明显上升。

三　保持货币政策稳定性，促进金融业健康发展

当前我国宏观经济企稳回升，但未来制约因素较多，潜在产出增速下滑。综合考虑我国货币存量超过 100 万亿元、2013 年新增人民币贷款将超 9 万亿元、直接融资快速发展及金融创新层出不穷等因素，2014 年应继续坚持稳健的货币政策，保持信贷平稳增长。应综合运用数量型和价格型货币政策工具，强化公开市场操作的预调、微调。进一步推进利率、汇率市场化进程，适时扩大存款利率、汇率的波动幅度，积极推进资本项目可兑换，努力实现 2014 年的经济社会发展目标。

一是稳步推进利率市场化，完善金融宏观调控体系。尽快出台存款保险制度，改变当前政府兜底的局面，保障存款人的利益，优化金融市场发展环境。关注融资成本和金融市场利率的变化情况，引导和管理好社会预期，保障金融市场平稳运行。根据利率市场化发展程度，逐步强化价格型调控和传导机制，完善数量、价格和宏观审慎相结合的金融宏观调控模式。

二是推进同业存单发行，促进同业业务证券化，规范同业业务发展。鉴于同业业务在商业银行资产负债中的占比不断提高，应加强对银行同业业务监管，规范其发展。从国际经验看，同业存单作为存款类金融机构进行同业融资的金融工具，具有标准化、电子化、流动性强、透明度高等特点，是货币市场上重要的交易品种，为金融机构提供了有效的流动性管理手段。推进同业存单发行，有利于将同业存款交易从网下逐步引导到网上，提高银行同业业务信息的公开性和透明度，促进同业业务规范发展。此外，也将为探索发行面向企业和个人的大额存单积累经验。

三是提高银行业竞争水平，促进银行业健康发展。目前的金融创新主要以提高银行赢利水平为目标，部分创新方式以规避宏观审慎政策为出发点，虽然提高了短期赢利水平，但积聚了风险，难以持续发展。目前，银行提供的服务与实体经济需求还有较大差距，金融创新的正确方向是在解决这些差距的过程中，提高银行的赢利能力。从调研的情况看，金融机构竞争越激烈的地方，金融机构主动适应实体经济需求的动力越强。因此，有必要进一步提高银行竞争水平，鼓励民间资金和外资进入金融领域，引导银行业转型以更好地适应实体经济的需求。

四是完善融资制度，优化信贷结构。在关注银行信贷资产质量的同时，加强对银行表外业务、民间融资情况的分析监测，特别关注其对政府融资平台、房地产企业、小微企业的影响。参照信贷支持实体经济的政策体系，对以规避宏观审慎政策为目的的变相贷款业务进行规范，推动“影子银行”阳光化。完善信贷风险抵补机制，鼓励信贷支持小微企业、“三农”、先进制造业、战略性新兴产业等的发展，以及传统产业改造升级。从严控制产能严重过剩行业贷款，但不搞“一刀切”。

B.13

我国经济已进入7%～8%的增长区间

——2013～2014年经济形势分析与展望

张立群*

摘　要：

2013年，我国出口增长低位走稳，消费增长基本平稳，投资增长小幅波动，总体平稳。然而，决定我国经济增长的仍然是宏观经济政策。就目前来看，我国经济增长稳定在7%～8%，也使得2013年成为进入转型升级主导的中高速增长的开局之年。虽然发展环境变化和刺激性政策退出使得经济增长率下降，但是由于工业化和城镇化的快速推进，市场机制配置资源的能力不断增强，我国经济仍将处于中高速增长。预计在2014年，我国经济增长继续稳定在7%～8%。因此，我国应加快转型升级步伐，不断增强经济增长的内生力量。

关键词：

经济形势　展望　内生增长

一　2013年：经济增长在7%～8%区间的调整稳定之年

进入2013年以后，经济增长始终在7%～8%的区间波动（见图1）。其中，第一、第二季度连续小幅回落，第三季度回升，第四季度预计又有小幅回落。

（一）三大市场需求增长趋稳

决定经济增长走势的短期因素是市场需求。2013年经济增长的区间，首

* 张立群，国务院发展研究中心宏观经济研究部研究员。

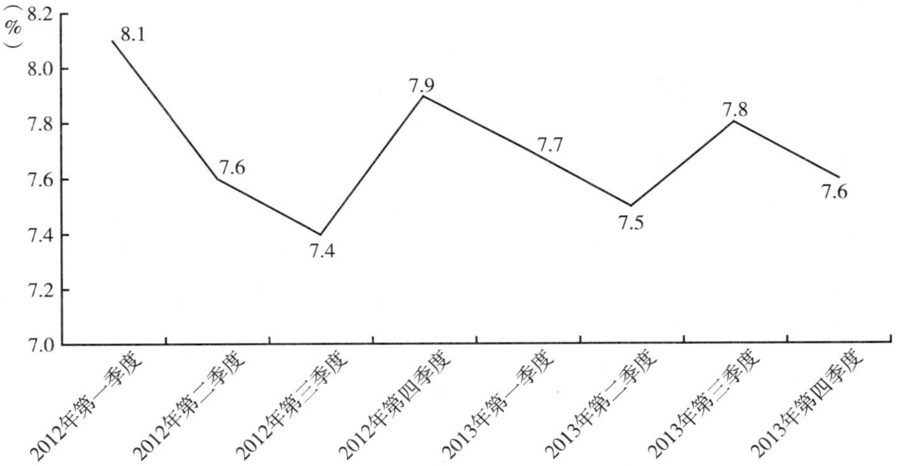

图1　2012～2013年季度GDP增长率

注：2013年第四季度为预测值。

先是由市场需求水平决定的。

1. 出口增长低位走稳

前三季度，外贸出口同比增长8%，较上年同期水平（7.4%）略有提高。从前三季度增长率的变化轨迹看，波动幅度很大，且总体呈下降态势（见图2）。出口数据的这一特征，主要受热钱流入导致的出口“一日游”影响。如果剔除这一因素的扰动，据估计第一季度出口增长为6%左右，第二季度为4%，第三季度为6%，前三季度平均增长5.3%，低于上年同期水平。从变化趋势看，呈低位走稳态势。9月出口增速大幅下降，主要受上年基数影响，未来国际经济形势总体平稳，外贸出口企业状况大体稳定，支持出口的政策措施增加；尽管有人民币汇率重新加快升值的影响，但预计可以继续保持低位平稳增长态势。

2. 消费增长基本平稳

从消费实际同比增长率变化看，基本平稳（见图3）。其中，1～2月增速下降，主要受治理公款消费、禽流感、雾霾天气等因素影响。由于就业形势总体平稳，收入增长和消费预期比较稳定，消费物价涨幅平稳，这些构成支持消费平稳增长的基本面。此外，汽车市场的持续温和恢复，房地产市场比较活跃，带动家电、家具、装修材料等的销售活跃，也为消费平稳增长提供了积极支持。

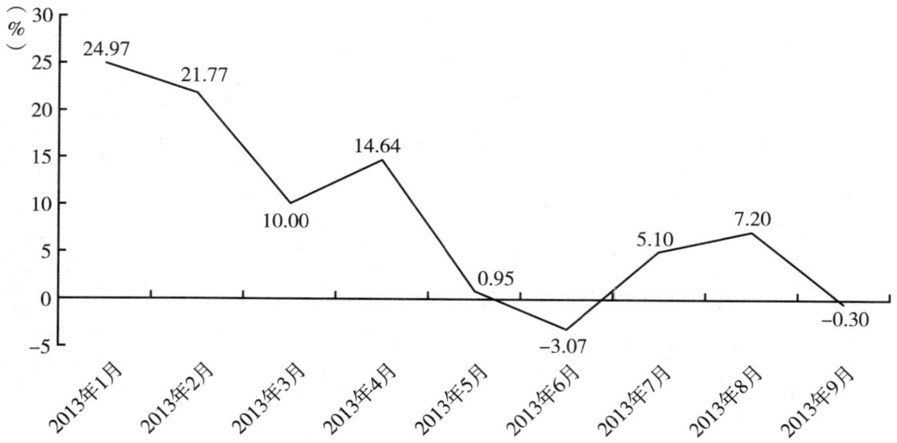

图 2　2013 年出口当月同比增长率

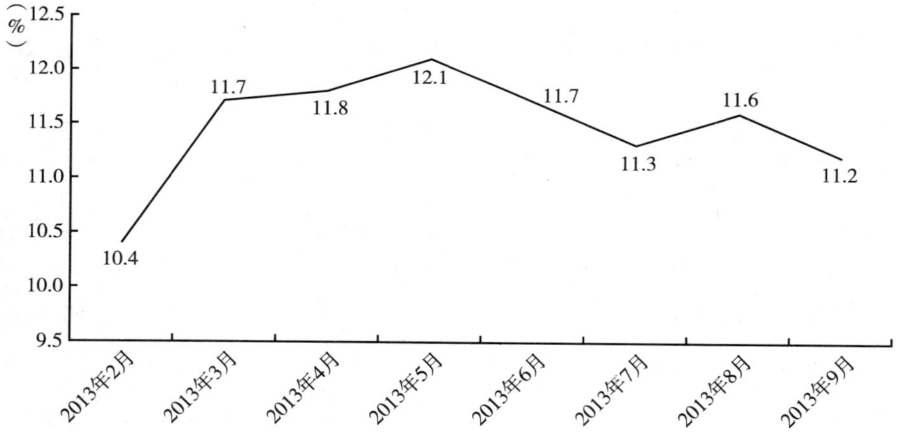

图 3　2013 年消费当月实际同比增长率

3. 投资增长小幅波动，总体平稳

2 月以后，投资增长率一度连续小幅回落，6 月以后开始企稳并有小幅回升（见图 4）。投资三个主要组成部分的增长，出现不同特点。其中，制造业投资增长先落后升，房地产投资增长率在 20% 左右的水平开始出现调整波动，基础设施投资增长率高于 20%，但也有一定波动（见图 5）。制造业投资增长取决于制造业企业的订单水平，以及由其决定的开工率和产能利用率。而决定制造业企业订单水平的因素主要有消费、出口及各类投资项目的材料、设备采购活动。由于

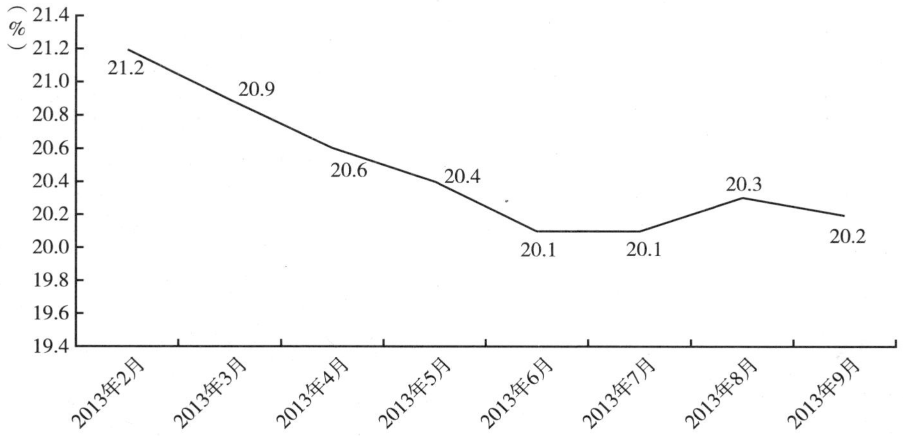

图4　2013年投资累计同比增长

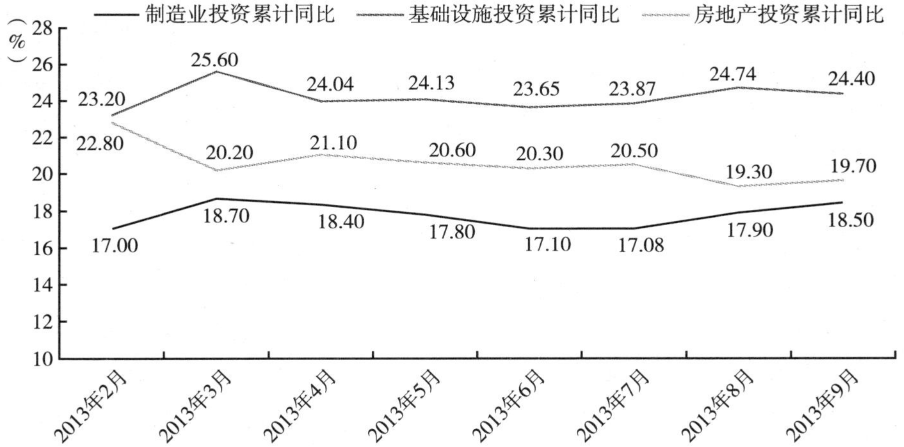

图5　2013年制造业、房地产、基础设施投资增长

消费增长比较平稳，出口增长波动和投资增长波动是引起制造业投资波动的主要因素。这也表明制造业投资具有从属性质，是滞后变量。制造业、基础设施、房地产投资占总投资的比重接近80%，如果制造业投资具有从属性质，则主导投资变化趋势的就主要是基础设施和房地产投资。基础设施投资主要由政府主导，围绕稳增长的目标，这一投资自2012年以来低位趋升，增长率目前已经在20%以上，是支持投资增长最重要的因素。房地产投资则取决于房地产市场形势，虽然宏观经济政策通过对房地产市场的调控，进而可以影响到房地产投资，但比较起来，具有较多不确定性。目前，房地产投资增长率维持在20%左右，基础设施投资增长率则超过20%，两项投资增速由低转高的时间已经1年多，已经带动制造业投资增速由低转高，因此，可以认为投资平稳增长的基础已初步建立。

综合以上情况，2013年出口、消费、投资三大需求增长总体趋稳，引导经济增长进入了7%～8%的区间。

（二）决定需求增长特点的一个重要因素是宏观经济政策

2012年宏观经济政策的重点由控通胀转向稳增长，这可以视为一个政策的转折点，即从一揽子计划的撤出状态，重新转向稳定经济增长。其中，最重要的是财政支出政策的调整及相应的政府投资增速（主要表现在重大项目、基础设施投资）由低转高，以及货币政策由紧转松（两次下调存款准备金率，两次下调存贷款基准利率，年度新增贷款额度由7.5万亿元扩大到8.1万亿元）。受政策效果影响，2012年投资增长由落转稳，支持经济增长率在第四季度出现回升（由第三季度的7.4%提高到7.9%）。初步实现了筑底企稳的目标，但尚未形成支持经济增长稳定在7%～8%区间的宏观经济政策体系。2013年则是探索经济在7%～8%区间平稳增长的可行性，以及形成相应的宏观经济政策体系的开创时期。从2013年的经济运行态势看，已经取得了初步成功。其主要表现是：经济增长率尽管有一定波动，但始终围绕7.5%这一中位线上下起伏，没有出现趋势性回落，波动幅度不大（见图1）。财政政策没有进一步扩张，政府投资（基础设施投资）增长率没有出现大幅上扬，政府投资项目的选择更为谨慎，更注重与转型升级活动紧密结合。加强了城市基础设施、节能减排、信息基础设施、全国铁路网等方面的建设力度，有力地支持了经济转型升级活动；加大了改革力度，积极发挥市场机制配置资源的基础性作用，大力鼓励民间资本参与基础设施领域的投资。货币政策在支持实体经济发展和转型升级需要，同时稳定资金链条和货币金融环境，防范金融风险快速累积等方面也取得了积极成效和重要经验。宏观经济政策开始兼顾当前与长远、兼顾稳定需求和改善供给，初步形成了新的体系。对支持三大需求增长趋稳，支持经济增长稳定在7%～8%区间，开始发挥明显成效。这使2013年成为进入转型升级主导的中高速增长的开局之年。

二　我国经济转入中高速增长的主要原因与支持因素分析

2010年以来，我国经济增长率持续回落，但2013年回落态势明显趋缓（见图6）。2012年第二季度以来，我国经济已经连续7个季度运行在7%～8%的区间内，预计2014年将继续保持这一特点。

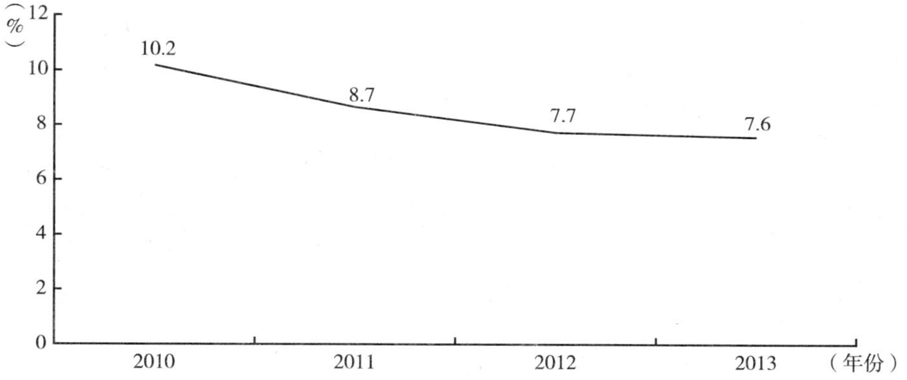

图6　2010～2013年GDP增长率（2013年为预测值）

我国经济在经历改革开放初期阶段较大波动以后，从20世纪90年代中期以后，总体进入平稳较快发展态势，经济增长率一直在7%以上。其基本原因是工业化、城镇化的快速推进。改革开放使市场机制配置资源的能力不断增强，范围不断扩大，人民创业活力增强和生活水平提高从生产和市场需求两个方面推动了工业化、城镇化快速推进。而我国巨大的人力资源优势、高储蓄带来的资金优势、对外开放和自主创新结合形成的技术供给优势，有力地保障了工业化、城镇化的快速推进。这些基本条件目前仍然存在，没有发生本质的改变。

从供给方面看，人口红利消失、制度决定的技术创新能力减弱、资源环境约束增强，是担心经济增速进一步下降的重要依据。2012年我国劳动年龄人口9.3亿人，在城镇就业的3.7亿人，农民工1.63亿人，这些数据表明我国目前不存在劳动力资源不足。“招工难”“招工贵”主要是产业布局和城市承载能力问题使劳动力进城难，在城市留下来难上加难。此外，教育制度、择业偏好、产业升级等问题使劳动力供给结构与需求结构错位。技术创新方面，我国正处于从简单引进到学习、消化吸收再创新、原始创新的转换阶段，支持技术创新的制度在现实需要日益强劲的推动下，通过改革正在逐步孕育成长，制度决定的技术创新能力在逐步增强。这些尤其是在东部地区和劳动技术密集的产业中正日益明显地表现出来。资源节约和环境保护方面的成效表明，我国正在逐步走上一条可持续发展的道路。这些事实表明，我国潜在经济增长率不会因为这些问题而出现持续下降。从制度方面看，改革的深化正在适应发展的要求，进一步消除了制约生产力解放的体制、机制弊端。

综合以上分析可以认为，我国经济潜在增长率虽有下降（2003～2007 年大体在 10%～11%），但目前仍保持在 7%～8%。

三　2014 年：经济运行继续稳定在 7%～8%的区间，但中位点可能略有下移

尽管居民、企业、政府和社会等方面对经济增速下降后的环境逐步适应，但经济增长的基础仍不稳固，下行压力仍然不容忽视。从三大需求来看，一些问题仍需高度重视。

（一）出口增长预计仍将停留在较低水平

我国出口增长仍然处于国际金融危机后的调整适应过程，增长水平既取决于外部市场变化，也取决于自身转型升级和综合竞争力的变化。在宽松货币政策和政府债务进一步扩张的支持下，预计 2014 年发达国家经济大体平稳；受美元等货币扩张的拉动，新兴发展中国家经济也会有不同程度的好转。我国出口的外部环境预计大体平稳。但国内出口企业转型调整仍处于关键时期，成本压力、市场竞争压力加大，微利甚至没有利润等考验仍然比较严峻。基于这两方面因素推测，2014 年出口增长总体仍将停留在较低水平，但波动幅度收窄，出口增长率预计在 7%左右。

（二）消费增长基本平稳

我国居民消费刚性较大，恩格尔系数 2011 年城镇居民为 36.3%，农村居民为 40.4%；在就业形势总体平稳、城乡居民收入增长基本稳定的情况下，消费增长将保持平稳。汽车市场将转为平稳状态，房地产市场带动的家居产品的销售也将转为平稳状态。受基数影响，治理公款消费对消费增速的负面影响将消失。综合这些分析，预计 2014 年消费（社会消费品零售总额）同比实际增长 11% 左右。

（三）投资增长存在下行压力

从前面分析看，投资增长主要由基础设施和房地产主导。当前房地产市场出现分化现象。一线大城市表现为供不应求，房价上涨压力比较大；三、四线城市总体表现为供大于求，前几年建设的房屋销售困难，资金回收难度大。如果一线城市要稳定房价，重点只能够加强需求管理，进而使一线城市房地产市场保持平稳，房地产开发投资增速也将保持平稳；三、四线城市市场水平则会使房地产开发投资，增速下降。综合分析，房地产投资增速存在下降压力。2014 年各级政府支持基础设施投资的资金压力预计将继续增大，基础设施投资提高增速的潜力将明显减弱。综合以上情况，2014 年投资增速有下降的可能，预计为 18% 左右。

综合需求因素进行测算，预计 2014 年经济增长率在 7.5% 左右，低于 2013 年的水平。

B.14

2014 年中国经济发展的政策选择

李泊溪*

摘　要：

2014 年中国经济发展的政策选择要适应中国经济发展的阶段性变化，以改革促进创新驱动是其经济政策选择的重要方面。我国工业化和城镇化的进一步发展是形成我国经济发展的长期动力。应提高投资的效益和改善投资结构，以适应产业结构调整和经济转型的需要。第三次工业革命和大数据云计算的发展战略决定了我国今后的经济发展方向。

关键词：

中国经济　结构调整　经济政策

一　政策要适应中国经济发展的阶段性变化

我国经济发展的阶段性变化过程中，经济发展速度出现下降的情况，引起了国内外关注。专家们从不同角度分析了出现这种情况的原因，从国际经验和理论逻辑方面做了论证和有深刻意义的分析。国务院发展研究中心对中国经济发展既做了近期分析，又做了长期展望，回答了中国经济发展的阶段性变化特征，并指出当前经济变化符合规律，已经发生的这种现象很正常，把握好，能构筑中国经济新的发展空间。

中国经济长时期的高速增长，伴随的是能源资源高消耗、粗放发展、投资回报低等问题突出。增速的下滑，是结构转型升级的机会，我国经济一定要摆

* 李泊溪，国务院发展研究中心研究员。

脱对高增长的依赖。国务院发展研究中心的研究认为，经济发展阶段转换反映了经济增长的规律，认识并适应这个规律是正确的选择。从世界工业化的历史经验看，在人均收入 11000 国际元的发展水平上会出现经济自然滑落，是追赶型经济成功的标志。特别要说明的是，即使我国经济发展速度降低，其速度仍很高，增量仍然大，在世界上仍属于高速增长国家。

党中央国务院对此规律有正确的认识和判断，采取了“稳增长、调结构”的政策，这是非常正确的，2014 年要继续推行这样的宏观政策取向。中国经济已经进入新的发展阶段，正在进行深刻的方式转变和结构调整，这是非常必要的。

同时，要警惕有些地方对形势认识不清，盲目“推高”，把速度“促上去”，造成结构难调整、问题回归、产能过剩加剧，必须防止。另外，要控制经济发展速度变化节奏，使经济发展速度缓慢变化，“稳增长”不能出现大起大落。

二 鼓励创新促经济发展

我国要力争经济发展阶段稳定转换，就要密切关注阶段转换的发展变化，对信息做有效的梳理，对各级经济管理部门，要加强领导、统一认识，特别是在国内外尚存在不确定因素的情况下，此项工作很重要。要明确经济转型一定要成功，进入新的增长阶段，以开启新的发展空间。

经济发展要从重规模、速度转向同时更重质量、效益，从外延转向内涵，从重生产到同时重生活，实现党的十八大提出的 GDP 和人均收入都翻番的要求。这就必须认识到在新的增长阶段，需要培养新动力，这个新动力最主要的就是“创新”，用创新促进经济发展上台阶，促进结构升级、资源配置水平和效益的提高。尽管“结构升级”还可通过引进技术等来达到，但最基本且至关重要的是创新。

必须清醒地认识到，我国是经济大国还不是经济强国，与发达工业化国家相比，我国科学技术总体水平还有较大差距，整体创新能力薄弱，创新效率不高。在我国创新体系进入创新战略建设的今天，特别是面临着我国经济从传统追赶型向创新转型的过渡，创新成为我国经济发展的新动力，创新的重要性更突出。我国要重视能源资源使用效率的提高，有的国家提出将能源本位作为衡量经济发展的基本单位，这也说明了能源效率的重要性。追求能源效率的提高可能成为发展的动力之一。

改革发展与创新紧密相连，创新不仅能够直接转化为生产力，而且可以放大各生产要素的效应，从而提升全社会综合竞争力，提高经济发展的质量和效益，促进转型升级。我国已经有一套比较完整的直接支持创新活动的政策体系，但尚未能很好地发挥作用，原因在于体制、机制方面仍然存在障碍。改革与创新结合，促进理念、制度、机制创新，从而突破技术创新，提高经济发展的质量和效益，以改革促进创新驱动是 2014 年中国经济政策选择的重要方面。

三 我国仍处于战略机遇期

针对我国经济发展的战略机遇期问题，许多机构和专家从不同角度进行了分析，国务院发展研究中心也正在做相关研究，尽管有不同的论证，但结论相近。即在未来 20 年或是更长的时期，中国仍处于大有作为的战略机遇期。

从经济上看，我国工业化总体上处于中期阶段，工业化的动力和潜力依然存在，我国城镇化处于大发展阶段，城镇化的动力很旺，这两大因素是我国经济发展的长期动力。近两年来，我国经济增速的回落符合经济规律，是发展的必然，而经济发展步上新台阶后，保持经济较高增速、持续发展也是符合经济规律的。

中国现有 13.54 亿人口，是全球潜力最大的消费市场，经历了改革开放 30 多年以来的大发展，我国成为世界第二大经济体，可我国仍有大量待发展区域和新的发展空间，中西部地区“求发展”的效果已开始显现，沿海东部地区“求跨越”的动力仍然强劲。党的十八大提出了全面建成小康社会的宏伟目标，要求“实现国内生产总值和城乡居民收入翻一番”，首次明确提出城乡居民收入倍增目标，而且与国民生产总值增长同步，既鼓舞人心又激励了人民发展经济的斗志。

许多国家对我国改革开放以来经济发展所取得的辉煌成就是认同的；中国

对世界各国的重要国策：始终坚持和平发展、共同发展、合作共赢、不称霸等，获得世界上越来越多国家的赞赏；中国的国际地位和国际影响力越来越得到世界各国的承认，这是主流。国际社会某些人对中国提出质疑，发表对中国前景不看好的言论，对中国经济发展中出现的贫富差距等问题故意扩大，混淆视听，这种情况由来已久，其中有偏激和嫉妒因素。对于中国经济发展中存在的负面因素，一定要尽力克服，在中国经济发展中重视和克服发展的不利因素。少数国家为了自身利益而损害我国利益，更有极少数国家领导人出于政治因素，对我国挑起事端，为此，要严正以待，绝不姑息，以利于问题的公正解决。综合来看，世界和平发展、共同发展、合作共赢、经济全球化的总潮流会持续。未来国际对我国的影响，仍将是机遇大于挑战。我国未来发展的机遇期不会改变。

机遇期预示着发展机遇的存在，要把机遇变成发展的现实，就需要抓住机遇，利用机遇，制定适宜的战略。在党的十八大确定的战略方针指导下，做好经济结构调整，解决好收入分配问题，搞好宏观调控，保持好经济的协调，正确处理改革开放与发展的关系，强化绿色生态在发展中的地位，顺民心、促公平，实现机遇期的全面发展。

四　中国经济持续发展的关键是改革开放

我国改革开放以来，经济发展充满活力，并取得了辉煌成就。我国经济正在寻求新的发展动力，动力从何而来，要从改革开放中来、创新中来。

如果说改革开放决定着前 30 年经济高速增长的话，在新的发展阶段构筑新的发展平台，实现经济的持续发展，也会是由深化改革开放决定的，历史会证明这点。

改革开放以来，原有的计划经济体制总体废除，社会主义市场经济体制基本确立。可到目前为止，我国改革开放任务还未全面完成。比如，怎样健全市场机制，充分发挥市场在配置资源中的基础作用，仍然是新阶段要着力解决的问题；明确哪些政府该管，哪些要由市场机制决定，协调好两者的作用，依然是改革的重点问题之一；如何为不同所有制企业创造平等竞争的环境，释放企业的活力，这是改革的基础性问题；有些重大领域的改革如金融改革、要素市场改革等远未到位。特别要注意的是，进一步深入改革进入攻坚战、深水区，涉及权利的再分配，改革难度加大。而且有些阻碍改革开放的意见，是用国家利益等说法出现的，增加了达成共识的难度，说明更需要加强改革开放推进的力度，攻坚克难，务求取胜。各界乃至全国人民对改革开放是充满期待的，改革开放是人心所向，也是历史潮流，不可阻挡。

党的十八大已提出了战略指导思想，明确指出：全面建成小康社会，必须以更大的政治勇气和智慧，不失时机深化重要领域改革，坚持破除一切妨碍科学发展的思想观念和体制机制弊端，构建系统完备、科学规范、运行有效的制度体系，使各方面制度更加成熟、更加定型。党的十八大提出的战略方针，为我国深入改革开放，指明道路。

深入改革开放涉及方方面面，问题复杂，要解决的矛盾交错影响，对此要有充分的估计，因此，要在党的十八大方针指导下，把改革开放与发展结合起来做全面的设计，确定实施细则，积极推进。

五　中国经济发展从投资为主到消费为主是国民收入分配问题

“国民收入分配”可从不同的角度研究，也有不同的分配方法。本文从投资与消费两者的关系上来简要分析。

我国经济发展长期是以投资为主体，投资占国民经济的比重大，消费占比小。而以消费为主体的国家，这两个数据要反过来，这种变化不是靠单独扩大消费就能解决，它实际上是国民收入的分配问题。

扩大消费，一是在现有分配总水平下增加消费；二是提高国民收入中居民消费总额的比重，这样投资总量的比重会有所下降。在前一种情况下，扩大消费是有限的，而后一种情况，消费才有可能出现实质性增长。这是从总量来讲，实际上还有收入分配问题，同样的居民消费总量不同的收入分配方案会对消费市场有不同的影响。然而，投资与消费比重的改变，涉及居民收入构成、国民收入分配原则等综合性问题，需要在未来的发展和改革中逐步解决，认识到这一点是很重要的，必须进一步明确工作安排与要求。

当前重要的工作是提高投资的效益、改善投资结构，以适应产业结构调整和经济转型的需要，这样就能做到，同样的投资干更多的事，或者同样的事用较少的投资。这符合提高资源配置效率的要求，有助于提高我国竞争力。投资效益的提高为扩大消费创造条件，有助于在国民收入分配中提高消费的比重。

六　重视世界科技发展大趋势的影响

从国务院发展研究中心的研究看，我国产业的发展尽管有自身特色，总体上与典型工业化国家发展规律基本吻合，这是对我国工业化进程迄今为止的分析判断。今后我国经济发展、产业发展怎么走，世界其他国家的经济发展怎么走，与各国对国际上出现的第三次工业革命和大数据云计算的发展持什么战略、营造什么样的发展环境很有关系。现以大数据为例做简要说明。

大数据指的是人们在大规模数据的基础上可以做到的事情，这些事情在小规模数据的基础上是无法完成的。大数据是人们获得新的认知、创造新的价值的源泉，大数据是改变市场、组织机构及政府与公民关系的方法。

有关专家认为，大数据开启了重大的时代转型，它促进了人们思维方式的转变。云计算和大数据是“一体两翼”：一个是问题（大数据），一个是解决问题的方法（云计算）。可以说，大数据是隐藏的“宝矿”，云计算是“开矿”的工具。现在人们对大数据的重视，其实是包括了云计算在内的。大数据在世界上的发展很快，它结合第三次工业革命，推动了生产力的发展。

大数据时代的来临对生产力发展产生了重要影响。可简述为，大数据保障了生产力的持续发展，提高了生产力的运行效率，促进了决策技术的进步，创造了新的产业部门，提升了资源配置的水平。在我们的研究中，对大数据重塑能源系统、改变工业生产、促进农业发展、促进医疗健康及使社会更安全等做了研究。总的结论是，大数据可能重塑一国经济发展，深度影响生产、生活，因此，我们必须从国家战略高度予以重视。

要发展新科技，就需要创新，特别要为主要创新主体——企业营造良好的环境。在资源获取方面为各种所有制企业创造公平竞争条件、减少限制、放宽市场准入、改革价格形成机制、破除影响企业创新的行政管理体制等，并为此对法律和税制进行改革。同时，充分借鉴各国创新政策经验，制定鼓励企业创新的系统政策。以营造有利于创新的生态环境为目标，将转变创新推进方式作为 2014 年宏观政策的重点之一。

2014 年我国宏观经济调控政策要以稳定、进取为特色，稳定是指经济发展的总体稳定，财政、货币政策等宏观调控政策稳定；进取是指在改革开放上积极推进，以促进经济发展中各种问题的解决。前 30 年的发展由改革开放推动，今后的发展需要由更深刻、更彻底地改革开放来推动。我们对中国经济的发展前景充满信心，在党的十八大方针指引下，中国将坚持改革开放的正确方向，攻坚克难，务求全胜，力争在我国发展战略机遇期取得更加辉煌的成就。

B.15

中国宏观经济形势与政策：2013～2014年*

中国人民大学经济学研究所

摘　要：

2013年，中国经济在保持价格稳定的同时平稳和缓增长，初步逆转2011年以来增长速度持续下滑趋势，但实际复苏进程迟缓。2014年，中国经济应该继续实行积极的财政政策和稳健的货币政策，通过适应性需求管理的扩张操作，促进总体经济景气的正常化而实现其从萧条到繁荣的周期形态根本转换。

关键词：

中国经济　通货膨胀　需求管理

一　中国宏观经济指标预测

中国经济经历1991～2001年与2002～2009年的完整波谷－波谷经济周期，从2010年起重新进入经济周期的扩张阶段。然而，在2009年末和2010年初的恢复性和补偿性高速增长后，中国经济扩张势能弱化，2011年和2012年实际GDP增长速度连续回落。

2013年，中国经济复苏相对乏力，承续2012年以来的平稳和缓增长惯性。中国经济继续实行积极的财政政策和稳健的货币政策，在逐步退出大规模

---

* 中国人民大学中国宏观经济分析与预测中心研究项目。讨论：胡乃武、黄泰岩、包明华、方芳、邹正方、黄隽、王劲峰；执笔：郑超愚。

财政刺激政策的同时，努力保持货币信贷和固定资产投资的适当规模，基本逆转2011年以来实际GDP增长速度逐季减速趋势。2013年实际GDP增长速度将接近2012年，从而导致2013年实际GDP水平与其潜在水平缺口继续扩大。不过，中国经济复苏在2013年暂时停滞，并未中断2010年以来总体经济景气的扩张过程而在2013年形成新经济波谷。

2014年，中国需求管理应该适应自主经济增长能力的恢复程度，继续实行积极的财政政策和稳健的货币政策，促进持续强劲的经济扩张过程，最终实现总体经济景气从萧条到繁荣的周期形态根本转换。这样，通过适应性需求管理的积极操作，进一步平衡国内需求与国外需求、投资需求与消费需求以及民间投资需求与政府投资需求对中国经济增长的拉动作用，使得实际GDP增长速度能够超过其潜在增长速度而逐步弥合实际GDP水平与潜在水平缺口。

依据中国人民大学中国宏观经济分析与预测模型——CMAFM模型，分年度预测2013年与2014年中国宏观经济形势，其预测结果如表1所示。其中，主要宏观经济政策假设包括：（1）2014年中央财政预算赤字为9750亿元；（2）2014年人民币与美元平均兑换率为6.03∶1。

表1　2013年与2014年中国宏观经济指标预测

预测指标	2013年	2014年
1. 国内生产总值(GDP)增长率(%)	7.87	8.64
其中:第一产业增加值	4.1	4.4
第二产业增加值	8.1	9.0
第三产业增加值	8.5	9.2
2. 全社会固定资产投资总额(亿元)	454110	559460
社会消费品零售总额(亿元)	238280	273300
3. 出口(亿美元)	22050	24540
进口(亿美元)	19560	21610
4. 狭义货币供应(M1)增长率(%)	11.2	13.1
广义货币供应(M2)增长率(%)	14.9	15.5
5. 居民消费价格指数(CPI)上涨率(%)	2.7	3.0
GDP平减指数上涨率(%)	2.2	3.4

注：预测时间为2013年10月。

二　中国宏观经济形势分析

（一）潜在国民收入与国民收入缺口

在二元结构条件下，中国经济采取总量生产函数 $Y = A(t) \cdot K$，从而具有类似 AK 模型的投资驱动内生增长性质。因此，容纳滞后效应的潜在国民收入增长过程 $Y_t = \prod_{i=1}^{k} \{[Y_{t-i} \cdot (1+\delta)^i]^{w(i)}\}$，同时具有固定自然增长速度 δ 和时变年度增长速度。选取时滞阶数 k＝5，分别在几何级数 $w(i) = q^i$ 与余弦函数 $w(i) = \cos[(i-1) \cdot (\pi/2k)]$ 的分布概率代表性情形下，使用 OLS 方法在 1983～2012 年间拟合中国实际 GDP 指数的对数线性方程 $\log Y_t = \sum_{i=1}^{k} \{w(i) \cdot [\log Y_{t-i} + i \cdot \log(1+\delta)]\}$，如表 2 所示。

表 2　中国潜在国民收入回归方程

$\log Y_t = \sum_{i=1}^{5} \{w(i) \cdot [\log Y_{t-i} + i \cdot \log(1+\delta)]\}$		
$w(i)$	q^i	$\cos[(i-1) \cdot (\pi/2k)]$
δ	0.101422 (28.39480)	0.101262 (31.49878)
R^2	0.998447	0.997682
SE	0.033018	0.040334

1983～2012 年，中国潜在国民收入自然增长率在几何级数权数情形下 δ＝10.1422％，在余弦函数权数情形下 δ＝10.1262％。依据表 2 的中国实际 GDP 指数拟合方程，同时静态预测和动态预测 1983～2012 年中国实际 GDP 指数而分情形建立 1983～2012 年中国潜在 GDP 时间序列，以计算其间中国国民收入的绝对缺口和相对缺口指标，其时间路径如图 1 所示。几何级数情形超过余弦函数情形的国民收入自然增长率能够指示 20 世纪 80 年代以来中国经济加速增长的历史趋势，而动态预测情形的中国经济周期相位相对滞后于静态预测情形的中国经济周期相位。

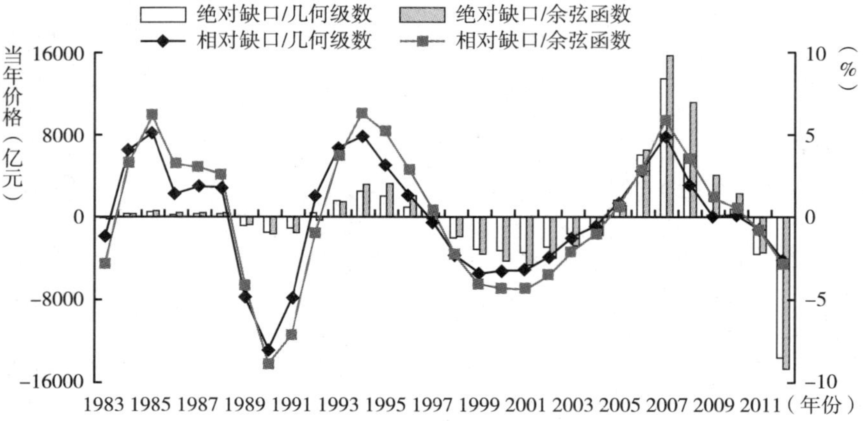

图 1（a） 中国国民收入绝对缺口和相对缺口：静态预测

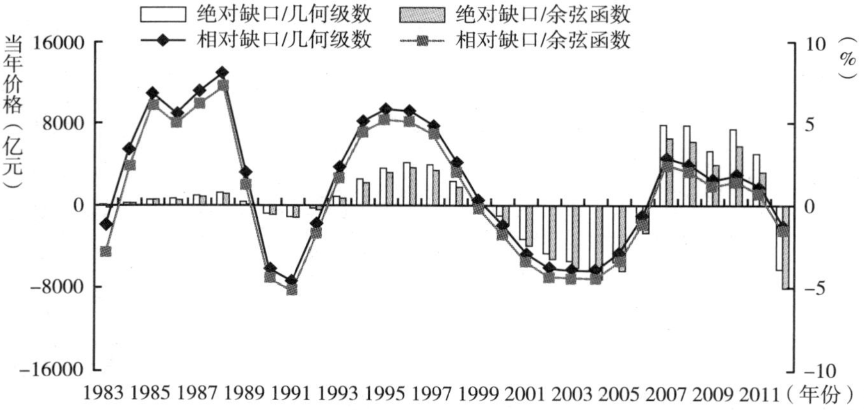

图 1（b） 中国国民收入绝对缺口和相对缺口：动态预测

（二）经济周期相位与经济复苏前景

作为增长型经济周期，次贷危机以来中国经济景气的正常化过程应该依次通过转折点 $tp1$、$tp2$ 与 $tp3$，分别以（$\Delta\ln Y$）/dt = 0，d［ln（Y/Y^*）］/dt = 0 与 ln（Y/Y^*）= 0 标志，如图 2 所示。依据 GDP 累计季度增长速度，2009 年第一季度为实际国民收入增长速度的波谷位置而构成 $tp1$，2009 年第四季度为实际国民收入缺口的波谷位置而构成 $tp2$。2010 年第一季度与第二季度，

总体经济景气从 $tp2$ 向 $tp3$ 前进。从 2010 年第三季度起，总体经济景气退步于 $tp1$ 与 $tp2$ 间。

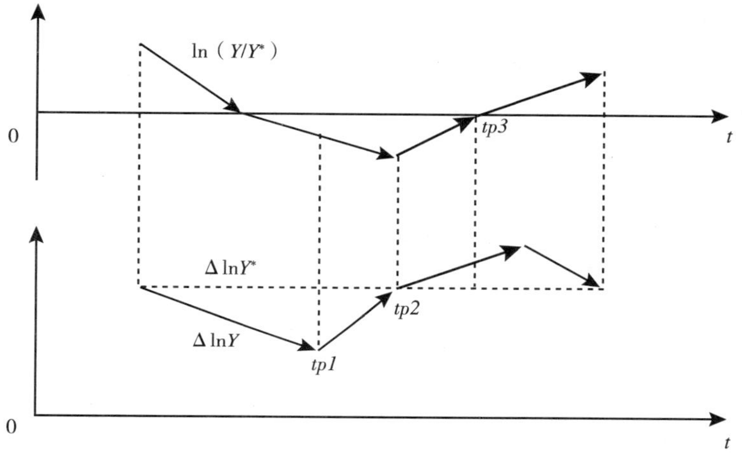

图 2　增长型经济周期的衰退和复苏阶段

在古典型经济周期思维下，可能错误定位中国国民收入波谷于国民收入增长速度波谷的 $tp1$ 处，并且在实际国民收入增长速度接近其潜在增长速度的 $tp2$ 处，错误判断中国经济景气在国民收入缺口最大时已经正常化，因而困惑于宏观好转与微观恶化对立或者无就业复苏的所谓悖论现象。图 3 定性描述中国经济景气正常化的前景Ⅰ和Ⅱ，分别因刺激性需求管理政策的提前退出而从 $tp1$ 和 $tp2$ 起维持固定国民收入增长速度。在容纳滞后效应后，潜在国民收入受实际国民收入负面吸引而反向“软着陆”，相应地国民收入缺口首先在前景Ⅰ下连续扩大和在前景Ⅱ下保持不变，然后逐渐收敛直至完全弥合。比较潜在国民收入的原始趋势 $\ln Y^*$，前景Ⅱ轨迹 $\ln Y^*_{\mathrm{II}}$ 发生截距漂移而保持原始增长速度，前景Ⅰ轨迹 $\ln Y^*_{\mathrm{I}}$ ♂进一步发生速度漂移而形成扇形国民收入损失。

中国经济 SNA 体系无法提供国民收入的全面生产、支出和收入指标，缺乏覆盖主要产业部门和企业单位的生产能力利用率统计数据而不能够充分反映资本要素的利用程度，习惯依据生产法国民收入指标测度属于国民经济状态空间不可观察成分（UC）的实际经济周期。由于缺乏类似美国国民经济研究局经济周期年表（chronology）的权威参照系，这样单纯的国民收入波动测度方

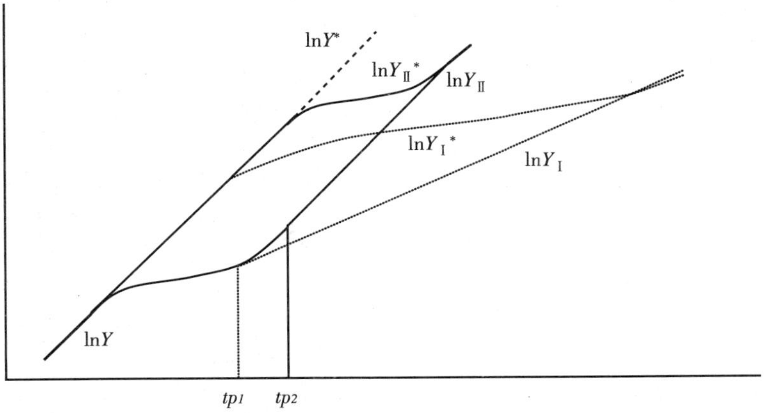

图 3　滞后效应与反向“软着陆”

法无法事后检验和校准。同时，中国非农业部门的凯恩斯失业与消费不足（under-consumption）均衡状态，其劳动力市场的超额供给与超额需求分别表现为农村剩余劳动力的回流与迁出转移方向或者迟缓与快速转移速度。依据托达罗模型，城镇工资水平 W 与农村工资水平 W 是通过城镇失业率 u 动态平衡的，$W\cdot(1-u)=W$，从而在 W 由生存工资外生决定条件下，W 是与 u 反相波动的。不仅现行登记失业率统计脱离劳动力市场的实际供求状况，而且全口径统计城镇失业率在经济波谷位置时可能相对稳定甚至有所下降，将指示虚假繁荣的劳动力市场。

（三）经济波动的国际耦合性质

从 20 世纪 90 年代后期起，中国贸易顺差与国民收入同向波动，从而能够辨识中国经济波动主要是外部需求驱动的。20 世纪 80 年代以来，美国国际贸易与国民收入反向波动，并且从 90 年代中期起同步性增强，从而能够辨识美国经济波动主要是内部需求驱动的。在内部需求驱动的美国经济波动模式与外部需求驱动的中国经济波动模式的国际经济结构基础上，美国经济景气通过国际贸易途径向中国经济景气传播，使得中国经济周期耦合美国经济周期。

2005 年以前，中国经济与美国经济的经济周期是高度耦合的。次贷危机前中国经济波动与美国经济波动的暂时脱耦，误导次贷危机初期中国宏观经济分析忽视美国次贷危机的严重冲击，迟缓中国需求管理政策取向的宽松调整。图4分别以时间差分的季度累计GDP增长率和季度年化GDP增长率，指示2007～2012年中国经济增长加速度和美国经济增长加速度；其间，中国经济增长加速度与美国经济增长加速度基本同向波动，并且与美国国民收入缺口的时间差分动态一致。

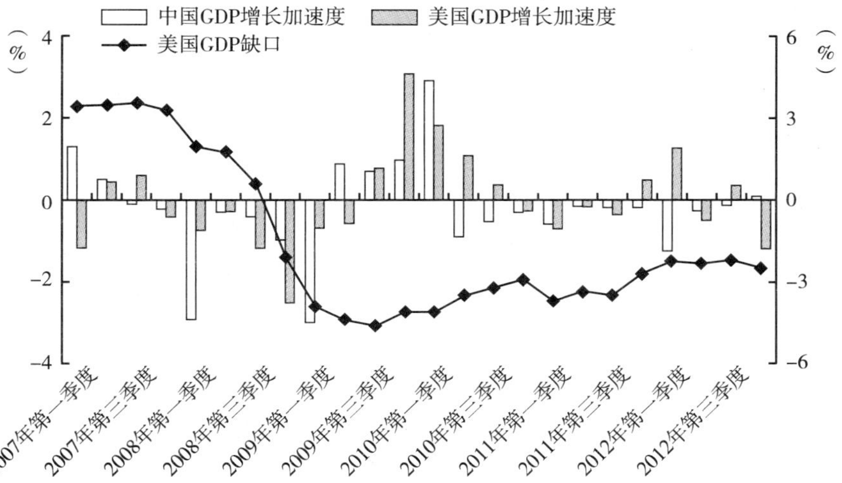

图4　中国与美国国民收入增长加速度

2012年前美国宽松的货币政策，或者推动国际商品价格上涨而向中国直接输入通货膨胀，或者驱使国际资本流入而向中国间接输入流动性。一方面，输入型通货膨胀实际升值人民币汇率而减少净出口需求，在从美国经济景气到中国经济景气的传导过程中，在国际贸易的收入途径外开启国际贸易的价格途径；另一方面，出于去通货膨胀需要，中国稳健的货币政策相对于国内经济景气复苏的适度宽松政策取向基准是偏于紧缩的。因此，美国经济景气通过经济周期耦合机制负面影响中国经济景气，不仅导致次贷危机前期中国经济的严重收缩和衰退，而且障碍次贷危机后期中国经济的独立复苏和正常化。2013年以来，当美国与中国经济复苏的“快车道”与“慢车道”预期角色开始转换后，美国经济景气通过国际耦合机制对中国经济景气的正面影响，自然体现在中国经济的净出口需求增加上升、人民币升值压力减小及国际资本流入规模缩小。

在强调全球经济环境不确定性的同时，应该重视美国经济未二次探底及刺激性需求管理政策未提前退出的积极作用，并且不应该忽略美国经济强劲扩张和快速复苏的现实可能性。次贷危机时期，美国劳动力市场调整不支持劳动窖藏（labor hoarding）假说，其就业削减是与产出收缩基本等幅度的，未出现劳动力生产率显著下降；美国存货投资调整与市场需求收缩基本同步，未出现存货－销售比率和存货－产出比率显著上升的存货化现象。当悲观经济预期逆转而市场需求恢复时，由于无去存货化过程，有效需求增长将迅速映射至生产增长；由于无劳动窖藏阻隔，生产增长将迅速映射至就业增长，最终导致美国经济景气的正常化进程比较其历史记录更为迅猛。

三　中国宏观经济政策建议

（一）高储蓄－高投资－高增长的经济发展模式

假设总人口 $N_t = N_t^Y + N_t^O$，年轻人口 $N_t^Y = N_{t-1}^Y \cdot (1+\eta)$；年轻人口国民收入 $y_t = y_{t-1} \cdot (1+\delta)$，总国民收入 $Y_t = N_t^Y \cdot y_t$。采取效用函数 $U(c) = \ln c$，年轻人口最优消费 $c_t = [1 - 1/(2+\theta)] \cdot y_t$，从而年轻人口国民收入储蓄取向 $s = 1/(2+\theta)$。因此，国民收入总储蓄 $S_t = N_t^Y \cdot (s \cdot y_t) - N_{t-1}^O \cdot (s \cdot y_{t-1}) \cdot (1+r)$，国民收入总储蓄倾向 $S/Y \approx s \cdot (\eta + \delta - r)$。

中国国民收入的高储蓄倾向是能够依据年轻人口和高成长经济的生命周期模型来充分解释的。对于国民收入储蓄率 $s \cdot (\eta + \delta - r)$，不仅节俭观念及源于收入不确定性的预防型储蓄动机，提高（个体）储蓄率 s，而且年轻人口、高经济增长速度与低实际利率水平相配合，扩大人口增长率 η 和经济增长率 δ 与实际利率 r 的差距 $(\eta + \delta - \mathrm{r})$，从而共同提高总体储蓄率。在可预见的未来，虽然人口增长率和个体储蓄倾向逐渐下降，但是中国经济继续快速增长，并且保持年轻人口结构而劳动人口负担系数在临界值 1 以下，国民收入储蓄倾向因而仅有限下降。特别是由于全球储蓄过剩，国内利率被国际利率长期锁定在较低水平上而偏离资本边际生产率，$(\delta - r) > 0$。面临高储蓄倾向的国民收入分配结构，中国经济需要在以增加国内投资需求为轴心的需求管理政策体系支持下，实现高储蓄向高投资的充分转化，通过资本积累途径消除古典失业和支持即将来临的老龄社会。

罗斯托经济发展阶段理论与库兹涅茨现代经济增长理论，均认为国民收入投资比率提升不仅是从传统经济向现代经济结构转变的前提条件，而且是现代经济区别于传统经济的典型特征。由国民收入高投资比率驱动的大规模资本积累与嵌入型技术进步，构成后发国家赶超战略的核心部分。从粗放经济到集约经济的增长方式转变是从传统经济到现代经济的结构转变结果，也是中国经济结构现代化的基本标志。菲尔普斯黄金律理论的动态无效现象，既包括中央计划经济体制下的投资过渡状态，也包括分散市场经济体制下的投资不足状态。对于中国经济体系，没有观察到（净）投资收益率低于人口增长率与技术进步率总和的普遍现象；同时，其人均资本存量向发达国家收敛的发展中国家性质，不同于黄金律理论比较并且选择国民收入储蓄比率的定态模型对象。

（二）超越新教条主义

伴随经济增长、通货膨胀和经济结构的宏观经济政策目标定位，中国宏观经济分析逐渐形成经济增长问题的马尔萨斯主义、通货膨胀问题的货币主义和经济结构问题的准菲利普斯曲线这样的三维度研究纲领。2010 年以来中国通货膨胀和经济增长经验，证伪中国经济和世界经济进入通货膨胀时代而中国通货膨胀无法控制的悲观论断，以及中国经济景气率先复苏并且已经正常化的乐观论断，并且确认中国通货膨胀发生在经济复苏过程中而并非经济过热现象；同时，在非均衡的萧条经济环境中，中国产业结构的高加工度化未取得实质性进展。

对于中国经济高速增长的历史原因和未来趋势，马尔萨斯主义的人口红利解释和悲观预测失之简单和偏颇。经济增长理论前沿一直存在所谓增长之谜的不可知领域，也正是在增长之谜的理论背景下，中国经济持续快速增长才构成所谓中国奇迹。与中国经济相比较，一方面，许多发展中国家存在更加年轻的人口结构、更加丰富的剩余劳动力和更加低廉的劳动力成本，却处于纳克斯的低国民收入水平均衡陷阱而无法完成经济起飞；另一方面，某些发展中国家在更加老化的人口结构下，仍然在更高水平的国民收入基础上继续快速增长。在人口诅咒或者人口红利这样的资源因素以外，市场经济制度、全球经济一体化环境以及经济政策的发展主义目标导向和实用主义工具理性，能够解释中国经济高速增长奇迹，并且乐观预测中国经济高速增长趋势。

中国通货膨胀包含国内与国外、总量与结构以及供给与需求的多重原因，不可能局限于承认通货膨胀的需求拉动类型并且由货币供应单一决定有效需求的货币主义理论。在经济景气转折时期，货币乘数和货币流通速度极其不稳定，从基础货币到货币供应到总需求的货币政策传导机制难以有效预测，无法满足微调和预调的精细需求管理要求。次贷危机以来，美国联邦储备实际上实行与以前日本量化宽松（QE）货币政策不同的信贷宽松（CE）货币政策，在货币乘数和货币流通速度急剧下降的条件下大幅度增加基础货币，恢复信贷规模和有效需求。CE 货币政策背离货币主义的固定政策规则，却成功稳定通货膨胀趋势和通货膨胀预期。

仿袭经典菲利普斯曲线的失业与通货膨胀间置换关系，中国准菲利普斯曲线假设在经济增长速度与经济结构演化间存在类似置换性，在宏观经济调控原理论证中倾向于以经济结构均衡或者升级的潜在收益平衡经济增长减速的现实成本。中国经济发展伴随着经济结构高级化，而经济结构变迁是以各部门不等速增长为前提的，其部门增长速度差异必然在高速增长时期扩大而在低速增长时期缩小，即总体经济增长速度与其部门离散性是负相关的。企业经营困难集中于沿海地区外向发展的劳动密集型中小型企业，应该是与输入型经济萧条相一致的常规经济周期现象，而服务业和轻工业的相对快速增长背离的重化工业化和高加工度化的经济发展历史阶段，依据投资需求和重工业生产的强顺周期性而明确指示经济萧条。借鉴大萧条时期清算主义政策失败经验，有效需求严重不足的过度市场竞争压力是无法处置过剩生产能力和促进产业结构升级的，并且经济萧条阶段的非正常需求结构都无法指示供给结构调整的合理方向

（三）内在稳定机制与积极需求管理

结构主义分析方法假设中国国有企业和地方政府存在超经济的投资动机而非国有企业存在非理性的投资行为，而货币主义分析方法假设人民币汇率相对于国际收支平衡目标低估，两者都认为固定资产投资、银行体系流动性与国际

贸易顺差如图5（a）所示而相互激发，最终形成的中国经济固定资产投资增长过快、国际贸易顺差过大与银行体系流动性过剩的所谓不平衡、不协调和不可持续问题。与此相反，凯恩斯主义分析方法认为，中国国际贸易巨额顺差表明国内投资需求相对于国内储蓄能力不足，并且反映人民币汇率相对于国际收支平衡目标低估。在固定资产投资、银行体系流动性与国际贸易顺差的负反馈链式作用过程中，凯恩斯主义揭示如图5（b）所示的缩小国内储蓄剩余与升值人民币汇率的中国经济内在均衡调整机制。

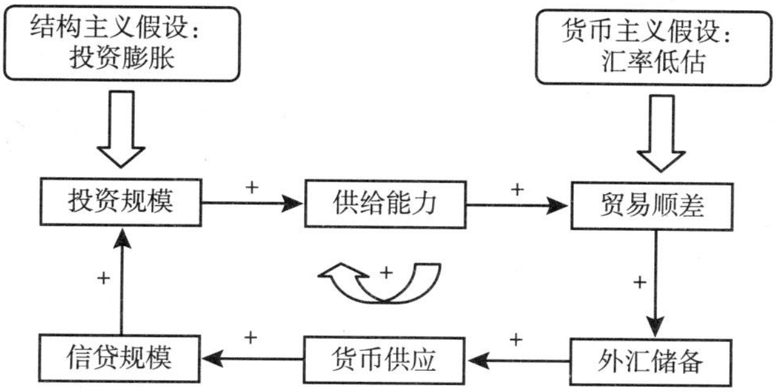

图5（a）　结构主义与货币主义的正反馈循环过程

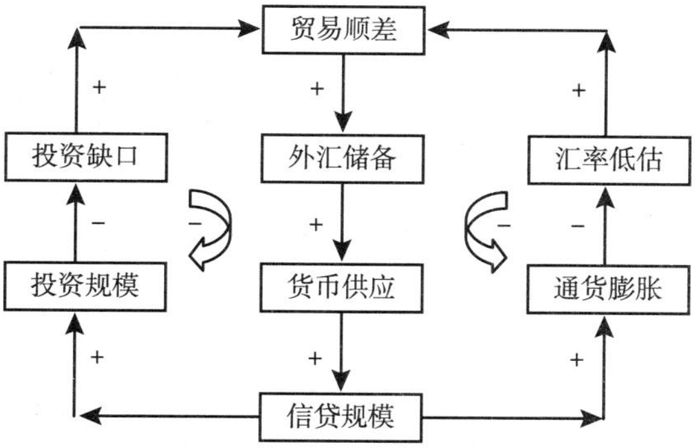

图5（b）　凯恩斯主义的负反馈循环过程

以二次型损失函数 $V=\theta\cdot(y-y^T)^2+(\pi-\pi^T)^2$ 体现的保守型需求管理是自我实现性质的，导致依存于初始经济增长目标 y^T 的多重国民收入均衡状态，而积极需求管理依据抛物线形损失函数 $V=-\theta\cdot y+(\pi-\pi^T)^2$，能够实现与潜在国民收入技术上限一致的最大可持续增长率目标（HSGR），其稳定均衡位置是唯一和确定的。中国经济的长期均衡状态是政策依存的，只有在乐观经济增长预期和积极需求管理政策配合下才能够实现资源充分利用。一方面，准 AK 模型的内生经济增长模型，使得凯恩斯定理长期成立，在警示停滞膨胀危险的同时蕴含经济增长目标与价格稳定目标的互补性；另一方面，国民收入储蓄倾向模型 $S/Y=s\cdot(\eta+\delta-r)$，蕴含高储蓄率与高增长速度间的正向反馈机制而支持高储蓄 - 高投资 - 高增长的经济发展模式。

面临实时未知的潜在总供给能力，积极需求管理采取微撞（fine-tapping）操作模式，通过间歇性增加总需求而探索潜在总供给前沿，能够避免保守型需求管理的低水平国民收入均衡陷阱。在中国经济景气尚未正常化的背景条件下，经济增长速度区间管理的微调模式，需要同时前向预测潜在国民收入增长速度和后向估算国民收入缺口。若国民收入缺口估算错误，即使潜在国民收入增长速度预测正确，也存在如图 3 轨迹 $\ln Y_{\text{II}}^{*}$ 所示的国民收入持久水平损失；若潜在国民收入增长速度预测错误，存在如图 3 轨迹 $\ln Y_{\text{I}}^{*}$ 所示的国民收入持久速度损失。

（四）经济增长速度区间与财政货币政策组合

从无国民收入缺口并且潜在国民收入增长速度预测正确的理想状态出发，图 6 示范经济增长速度区间管理的可能政策规则及其状态实现空间。假设实际国民收入增长速度遵循随机游走过程 $g_t=g_{t-1}+\varepsilon_t$，在经历相当时间后抵触目标区间边界（$g^*-\eta$，$g^*+\eta$），从而能够简化为与需求管理同频率的二元平均发布 $g_t\in\{g_{t-1}-\eta, g_{t-1}+\eta\}_t$。经济增长速度目标制定或者遵循历史包容政策规则①：$g_{t+1}^{T}=g_t$，或者遵循目标锚定政策规则②：$g_{t+1}^{T}=g^*$，或者遵循周期平衡政策规则③：$g_{t+1}^{T}=2g^*-g_t$。历史包容政策规则允许实际国民收入探索未知潜在总供给前沿，却蕴含偏离增长目标区间的可能性；目标锚定政策规则依赖潜在增长速度的准确预测能力，否则将衍生嵌套于（$g^*-\eta$，$g^*+\eta$）的潜在增长目标预测区间（$g^*-\delta$，$g^*+\delta$）而软化（$g^*-\eta$，$g^*+\eta$）边界约束；周期平衡政策规则能够在完整经济周期内实现潜在增长速度目标 g^*，在目标区间（$g^*-\eta$，$g^*+\eta$）较为宽泛时却导致过度的政策扰动。

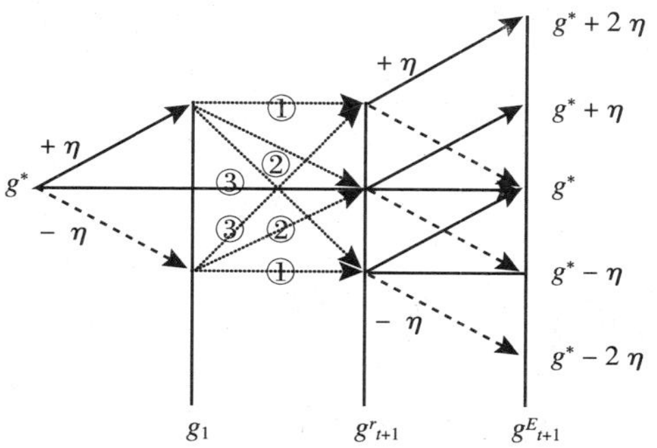

图 6　区间管理的经济增长速度分布

中国经济高速增长的自然冲销能力，能够将财政赤字比率和政府债务余额控制在财政健全的合理范围内。积极的财政政策在进行结构性减税的同时，需要建立地方财政预算的周期平衡机制，尽快消除年度平衡地方财政预算约束的内在反稳定器（built-in destabilizer）。由于汇率和利率尚未自由化，国内货币政策与国外货币政策以及国内利率政策与信贷政策在相当范围内是相互独立的。在工具变量不少于目标变量的丁伯根法则约束下，稳健的货币政策具有较为自由的操作空间，能够同时进行经济稳定目标与金融稳定目标以及内部平衡目标与外部平衡目标的多维度调节。中国广义货币政策的架构体系应该同时包含经济稳定与金融稳定职能、经济增长目标与价格稳定目标以及利率工具与数量工具目标，通过宏观审慎监管的结构性信贷政策，有效支持实体经济发展和防止向虚拟经济融资漏出，并且预备应对吉布森悖论所预示的在总体经济景气正常化后从虚拟经济到实体经济的大规模资金回流和可能的资产价格泡沫破裂。

消费、投资与贸易形势分析篇

Analysis of Consumption, Investment, and Trade Situation

B.16 2013年我国外贸形势分析与预测

裴长洪　付彩芳*

摘　要：

2013年1~8月，我国进出口贸易在经历了上半年较大波动之后，走上了平稳增长的道路，进出口额比2012年同期增长8.3%。外贸结构进一步优化，国际市场和国内区域布局更加合理。在接下来的几个月，企业要面对有关国家贸易保护主义抬头、经营成本上升、货币升值压力等不利因素。同时，国际经济与贸易的复苏、国内经济好转、相关贸易政策的支持依然是支撑贸易稳定增长的利好因素。因此，综合各方分析，2013年9~12月外贸依然会保持增长势头，预计2013年进出口总值相

* 裴长洪，中国社会科学院经济研究所所长，研究员，博士生导师；付彩芳，中国社会科学院经济研究所。

比于 2012 年会有所回升。

关键词：

对外贸易　外贸结构　形势展望

一　2013 年 1 ~8 月我国进出口贸易形势分析

2013 年是全球经济形势复杂多变的一年，也是全球经济贸易具有转折性的一年，虽然全球经济增长缓慢，但是复苏的势头是明显的。在发达经济体表现良好的同时，新兴经济体却出现了金融动荡，增长放缓。面对复杂而严峻的进出口环境，1 ~8 月，我国仍实现了 27043. 1 亿美元（折合人民币 168731. 19 亿元）进出口贸易总值，累计同比增长率为 8. 3%。其中，出口金额 14292. 6 亿美元（折合人民币 89179. 51 亿元），累计同比增长 9. 2%；进口金额 12750. 5 亿美元（折合人民币 79551. 69 亿元），累计同比增长 7. 3%；贸易顺差 1542. 1 亿美元（折合人民币 9627. 82 亿元），累计同比增长 28. 2%。具体来讲，我国 1 ~8 月进出口贸易具有以下的特点。

（一）上半年进出口波动较大，7 ~8 月开始稳定增长

2013 年的进出口波动较大，经历了大起大落到理性回归的过程（见图 1）。

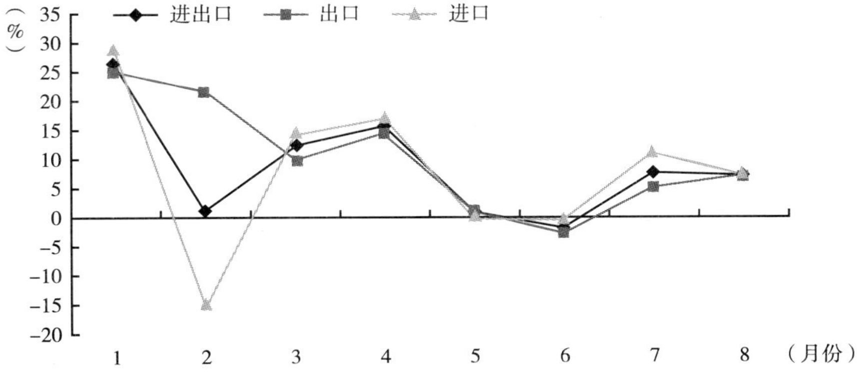

图 1　2013 年 1 ~8 月进出口同比变动

2013年1~4月，我国进出口金额快速增加（见表1），特别是内地对香港贸易超高增长，进出口数据大大超出市场预期，一度引发市场对统计数据的质疑。究其原因，是自2012年底以来，人民币持续升值，离岸、在岸人民币兑美元汇差扩大，在利差和汇差的驱动下，诱发大量的套利贸易。贸易项下的套利活动发展太过迅猛，造成了市场的混乱和贸易数据的失真。

表1　2013年进出口情况

单位：亿美元，%

项目	1月	2月	3月	4月	5月	6月	7月	8月	1~8月累计
金额	3455.8	2634.9	3652.6	3559.6	3451.1	3215.1	3541.6	3527	27043.1
同比变动	26.7	1	12.1	15.7	0.4	-2	7.8	7.1	8.3

资料来源：海关统计、商务部网站。

4月中下旬以后，由于相关部门的监管措施，套利贸易从5月开始基本得到遏制，5~6月的进出口出现了很大的下滑。5月出口和进口增速分别为1.0%和-0.3%，分别比上月大幅减低13.7个百分点和17.1个百分点。6月进出口同比下降2%，是2012年2月以来首次同比负增长；进口同比下降0.7%，出口同比下降3.1%，增速创下44个月来新低。5~6月出口增速大幅回落，一方面是因为套利贸易得到监管和遏制，虚假贸易水分被挤出；另一方面也反映了当时真实的经济环境：经济增速放缓、需求低迷、国内企业经营成本居高不下、人民币实际有效汇率上升、贸易环境恶化等。

7、8月进出口相比第一、第二季度明显回升。7月当月我国进出口总额3541.6亿美元，同比增长7.8%。其中，出口金额1859.9亿美元，同比增长5.1%；进口金额1681.7亿美元，同比增长10.9%；实现贸易顺差178.2亿美元。8月进出口总额3527亿美元，同比增长7.1%。其中，出口金额1906.1亿美元，同比增长7.2%，相比7月的5.1%继续回升；进口金额1620.9亿美元，相比于上月，从10.1%小幅回落到7%。7~8月进出口回暖，一方面是由于稳定外贸增长、优化外贸结构等政策措施的利好，另一方面反映了经济好转、需求的改善，特别是欧美经济复苏拉动中国出口增加，国内经济好转的预期也带动了进口的增加。

（二）我国对欧盟、日本贸易下降，对美国、东盟进出口平稳较快增长

表 2 列出了我国对主要贸易伙伴的进出口情况，可以看出，按照进出口贸易金额计算，美国、欧盟、东盟、日本仍然是我国重要的出口国家和地区。由于多元化市场战略的推进和国际经济形势的影响，我国对欧盟、日本贸易下降，对美国、东盟贸易平稳较快增长的态势在延续，对金砖国家等新兴市场出口依然维持在高位。

表 2　2013 年 1～8 月主要贸易伙伴进出口情况

单位：亿美元，%

经济体	进出口		出口		进口	
	进出口总额	同比变动	出口总额	同比变动	进口总额	同比变动
欧　盟	3625.7	-1.1	2192.8	-2.1	1432.9	0.5
美　国	3336.9	6.6	2328.3	2.9	1008.6	16.5
东　盟	2843.1	12.5	1560.8	23.6	1282.3	1.4
中国香港	2677.2	30	2567.3	31.8	109.9	-0.9
日　本	2000.8	-8.5	952.3	-3.4	1048.5	-12.7
韩　国	1791.8	9.4	606.7	4	1185.1	12.3
中国台湾	1332.1	27.4	273.8	22.8	1058.3	28.7
澳大利亚	864.4	7.5	236.3	0.6	628.1	10.3
巴　西	591.9	2.9	232.5	7.9	359.4	-0.1
俄罗斯	587.1	0.5	310.3	9.9	276.8	-8.3
南　非	442.8	13.3	112.4	23.4	330.4	10.2

注：经济体的排序按照我国贸易金额从高到低排列。

资料来源：海关统计。

受国际竞争加剧和欧洲、日本经济形势的影响，我国对欧盟和日本的出口份额在下降。2013 年前 8 个月，我国对欧盟进出口金额 3625.7 亿美元，同比下降 1.1%，出口金额 2192.8 亿美元，同比下降 2.1%。由于欧盟成员国具体情况的差异，对欧盟不同成员国的出口出现了分化：对德国出口 433.7 亿美元，同比降低 6.8%；对法国、意大利出口同比分别下降 2.5% 和

2.2%；对英国出口310.9亿美元，同比增加4.9%。1~8月对日本的进出口金额为2000.8亿美元，同比下降8.5%，出口同比下降3.4%，进口同比下降12.7%。

我国对美国、东盟进出口贸易总额稳定增长，但是对美国和东盟的贸易差额发生了转变。2013年1~8月，我国对美国进出口同比增长率为6.6%。其中，出口金额2328.3亿美元，同比增加2.9%；进口金额1008.6亿美元，同比增加16.5%。同期我国对东盟进出口金额同比增加12.5%，其中，出口金额为1560.8亿美元，同比增加23.6%；进口金额1282.3亿美元，同比增加1.4%。从贸易差额来看，2013年1~8月对美贸易顺差1319.7亿美元，相比2012年同期1398.5亿美元的贸易差额，贸易顺差额收窄5.6%，是继2009年之后又一次贸易顺差出现负增长。2013年1~8月我国对东盟贸易顺差278.5亿美元，相比2011年同期逆差额150亿美元和2012年同期逆差1.5亿美元，可以看出我国对东盟的贸易结构已经发生了巨大变化。

1~8月对香港双边贸易增长30.0%，与台湾双边贸易增长27.4%。同期对金砖国家的出口依然保持较高的增长，对俄罗斯、巴西、印度、南非出口金额分别为310.3亿美元、232.5亿美元、325.8亿美元、112.4亿美元，分别同比增长9.9%、7.9%、5.2%、24.3%。考虑到新兴市场潜在增长下降以及基数大等原因，对这些国家和地区的出口增速在第四季度可能会有较为明显的回落。

（三）中西部省份进出口快速增加，逐渐成为新的外贸增长点

根据各省份海关和商务厅的统计数据得出，东部沿海省份依然是我国进出口的重要支撑力量，但是进出口增长率出现了分化。例如，根据福建省国民经济统计指标，1~8月实现了进出口总额1113.64亿美元，同比增加14.7%。其中，出口金额695.45亿美元，同比增加15.0%；进口金额418.19，同比增加14.2%。广东和浙江分别同比增长16.5%和8.2%，而江苏出口仅增长2.5%，上海下降3.4%。

2013年1~8月，中西部省份进出口快速增加。据海关统计，陕西省进出口同比增长27%；河南省进出口同比增长22.3%，其中，进口同比增长

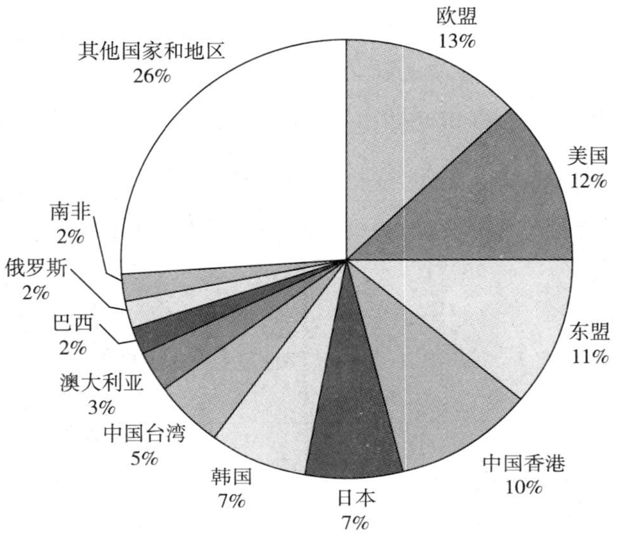

图 2　2013 年 1～8 月我国与不同经济体贸易份额

33.3%；湖南省进出口同比增加 16%，其中，出口同比增长 25.2%；山西省进出口同比增长 15.9%，其中，出口同比增长 40.8%；安徽省进出口同比增加 14.9%。随着对外贸易的持续增长，中西部省份已经成为我国对外贸易新的增长点，我国对外贸易的国内区域布局也会逐渐趋于均衡。

（四）外商投资企业所占比重继续下降，私营企业进出口比重进一步提升

2013 年 1～8 月，外商投资企业出口金额为 6704.5 亿美元，同比增长 1.5%，出口额占同期出口总值的 46.9%，所占比重较 2012 年同期下滑了 3.6 个百分点。外商投资企业进口金额 5640.6 亿美元，同比下降 0.9%，进口金额占同期进口总值的 44.2%，相比 2012 年 47.9% 的比重下降了 3.7 个百分点。同期，其他企业（包括私营企业和集体企业，主要为私营企业）出口总额 5942.9 亿美元，同比增长 24.1%，占我国同期出口总额的 41.6%；进口总额 3833.2 亿美元，同比增长 33.8%，进口总额占我国进口总值的 30.1%，相比 2012 年同期比重提高 6 个百分点。私营及集体企业进出口增速远远高出同期我

国外贸总体增速，占我国外贸总值的比重在逐年提高，逐渐成为我国对外贸易的主体。国有企业进出口双双同比下降，出口同比下降2.9%，进口同比下降1.5%。国有企业出口总额占同期出口总额的11.5%，进口金额占同期进口总值的25.7%，进出口占我国外贸总值的比重在不断降低。总体来讲，私营企业已经逐渐成为我国对外贸易的主力军，我国外贸主体结构的优化反映出了经济结构调整的成效。

表3　2013年1~8月不同性质企业进出口情况

单位：亿美元，%

企业性质	出口			进口		
	金额	同比变动	占出口额比重	金额	同比变动	占进口额比重
国有企业	1645.3	-2.9	11.5	3276.7	-1.5	25.7
外商投资企业	6704.5	1.5	46.9	5640.6	-0.9	44.2
其他企业	5942.9	24.1	41.6	3833.2	33.8	30.1
总　值	14292.6	9.2	100	12750.5	7.3	100

资料来源：海关统计，或根据海关数据计算得出。

（五）一般贸易平稳增长，加工贸易份额下降

2013年1~8月，我国一般贸易进出口额为14235.1亿美元，同比增长7.7%，一般贸易额占同期我国进出口总值的52.6%。其中，出口总额为7010.1亿美元，同比增长9.9%，占同期出口总额的49%；进口总额7225亿美元，同比增长5.9%，占同期进口总额的56.7%；一般贸易项下逆差214.9亿美元，同比下降52.7%。

加工贸易进出口总额为8735.4亿美元，同比增加0.9%，加工贸易占同期我国进出口总值的32.3%。其中，出口总额为5522.2亿美元，同比下降0.8%；进口额为3213.2亿美元，同比增加4%。加工贸易项下顺差2309亿美元，收窄6.7%。

其他贸易方式进出口总额为4072.6亿美元，占同期进出口总额的15.1%，同比增长31.3%。其中，海关特殊监管区域物流货物出口同比增加105%。

从三种贸易方式的比重变化情况可以看出，一般贸易和其他贸易方式所占比重逐年上升，而加工贸易所占比重在不断下降，我国的贸易方式结构逐步趋于合理和均衡（见表4、图3）。

表4　2013 年1～8 月我国进出口贸易方式总值

单位：亿美元，%

贸易方式	出口		进口	
	金额	同比变动	金额	同比变动
一般贸易	7010.1	9.9	7225	5.9
加工贸易	5522.2	-0.8	3213.2	4
其他贸易方式	1760.3	54	2312.3	18.1
总　值	14292.6	9.2	12750.5	7.3

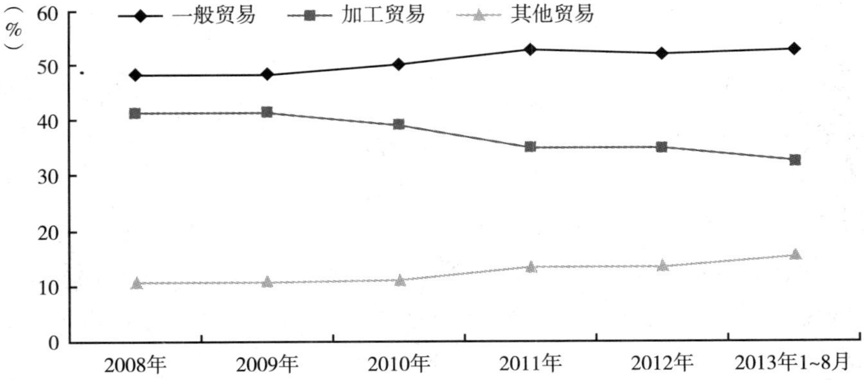

图3　不同贸易方式贸易额比重变动

资料来源：根据海关统计和《中国统计年鉴（2012）》整理得出。

（六）高新技术产品进出两旺，劳动密集型产品出口增势良好

2013 年1～8 月，我国高新技术产品出口金额4266.3 亿美元，同比增长15.2%，出口金额占我国同期出口总额的29.8%；进口金额3675.7 亿美元，同比增长16.5%。机电产品出口金额8177.6 亿美元，同比增长9.3%，出口额占同期出口总额的57.2%；进口金额5508.2 亿美元，同比增加10%。高新技术产品出口持续稳定增长，出口产品结构不断优化。近年来，国家产业结构

调整的效果已经显现，外贸增长方式也在加快转变。

在高新技术产品进出两旺的同时，劳动密集型产品出口也表现良好。服装、纺织品、鞋类、家具、塑料制品、箱包和玩具等七大类劳动密集型产品出口总金额2964.3亿美元，同比增长11.5%。其中，服装出口增长势头强劲，计1127.9亿美元，同比增加13.4%，高出同期出口增速4.2个百分点。

表5　2013年1～8月部分产品出口情况

单位：亿美元，%

项目	机电产品	高新技术产品	纺织品	服装	家具	鞋类	塑料制品	箱包	玩具
金额	8177.6	4266.3	701.1	1127.9	335	325.3	220.7	179.6	74.7
同比	9.3	15.2	12.2	13.4	8.5	7.1	11.2	13.2	7.6

（七）能源、资源型产品进口数量增长

2013年前8个月，由于价格变动，原油、煤炭、铁矿石等主要能源、资源型产品进口数量同比增长，进口金额却同比下降或略增（见表6）。1～8月，原油进口18561万吨，同比增加2.9%；铁矿砂进口52612万吨，同比增加8.3%；煤及褐煤进口21303万吨，同比增加15.5%；成品油进口2742万吨，同比增加7.4%。能源资源型原材料进口增加主要有两个原因：一是国际大宗商品价格下降，国内企业趁低价抄底；二是国内政策预期趋于明朗，前景看好，特别是政府稳增长、拉动需求的政策，促使企业增加库存。与进口数量增加形成鲜明对比的是，进口金额出现同比下降或者增加缓慢的现象，其原因是国际大宗商品价格下降。2013年1～7月，铁矿砂进口平均价格为每吨131.1美元，同比下跌5.6%。2013年7月，国际三大港口动力煤价格全面跌破80美元/吨。

表6　2013年1～8月能源、资源型产品进口情况

项目	数量（万吨）	同比变动（%）	金额（亿美元）	同比变动（%）
原　油	18561	2.9	1436.5	-2.9
铁矿石	52612	8.3	681.5	1.9
煤及褐煤	21303	15.5	193	-2.2
成品油	2742	7.4	216.7	1.3

二　2013 年 9 ~ 12 月我国外贸面临的挑战

2013 年 1 ~6 月，贸易出现了超常的增长和急速的下降。7 ~8 月贸易开始回归常态，稳定增长，主要是因为套利贸易的监管和全球经济复苏的势头逐步明朗。但是，在未来的几个月，我国仍然要面临诸多的挑战。

1. 人民币持续升值的压力

2005 年，我国开启了以市场供求为基础，参考一篮子货币进行调节、有管理的浮动汇率制度。8 年过去了，人民币兑美元升值幅度超过 34%。特别是近期国内经济向好，资本回流使得人民币升值速度加快，出口企业的利润和承受能力受到很大影响。面对人民币升值，如果说传统产业面临的是订单、利润缩减，那么一些高端产品还要承受人民币升值和日元贬值的双重压力，因为日元的贬值使得日本产品更具价格优势，我国将面临更加激烈的竞争环境。人民币升值给企业带来的既有压力又有动力。从长期来看，人民币升值使得企业会有较大的压缩成本的动力，促进其提高自主创新能力，提高产品的科技含量和附加值，提升产品的国际竞争力。人民币升值后，很多高科技设备的进口价格也会降低，有利于企业引进国外的高新技术，这将推动企业向高技术含量、高附加值的集约型模式发展。

2. 劳动力和资金成本上升影响出口竞争力

受到劳动力成本和资金成本上升的制约，我国出口企业的竞争力受到影响。首先，经济持续快速增长和通货膨胀造成劳动者生活成本上升，人口老龄化及劳动力结构的改变使得我国劳动力成本优势逐渐减少，劳动力价格上涨依然在持续。2013 年第一季度，全国有 13 个省市先后上调了最低工资标准，平均涨幅在 16.9%。其次，中小企业融资难的困境依然存在，融资成本上升也加大了企业的经营成本。

3. 贸易保护主义来势凶猛

我国近几年成为在全球遭受贸易摩擦最多的国家。中国光伏产品、钢铁产品先后被美国和欧盟征收反倾销税、反补贴税，一些国家用限制性的手段控制高新技术产品或者是资源性产品的出口，国际贸易保护主义不断升级，贸易摩擦频发且多样化，我国的贸易环境出现了一些恶化。世界贸易组织将2013年全球贸易增长预测从此前的4.5%调降至3.3%，主要原因就是担心保护主义升温。世贸组织总干事拉米警告称，2013年贸易增长甚至可能弱于预期，尤其是欧元区危机带来风险，而且各国可能试图进一步限制贸易，以支撑本国经济。商务部有关数据显示，2013年第一季度共有12个国家对我国发起了22起贸易救济调查，同比增长22%。泰国、印度、巴西、阿根廷、马来西亚等发展中国家也对我国发起了贸易救济的调查。2013年5月欧委会宣布准备对中国无线电通信设备及其组件进行双返调查。6月6日又宣布对中国的光伏产品征收11.8%的临时反倾销税。贸易摩擦发生的国家、产品呈现多样化的态势，对我国相关优势产品的出口造成了较大的影响。

4. 中东紧张局势对经济复苏产生不利影响

2013年中东地区的政治形势复杂动荡，特别是近来西方国家准备对叙利亚采取军事行动的消息引发市场普遍担忧，原油价格在9月初涨至6个月来新高，2013年9月6日伦敦市场布伦特原油价格涨到116.12美元/桶。奥巴马确定对叙利亚动武的声明，一度引起美国、德国、法国、西班牙、意大利、希腊等国的股市出现不同程度下跌。中东地区的政局可能影响到美国和欧元区经济的复苏，甚至阻碍全球经济复苏。

三　存在的机遇

在未来几个月，我国外贸虽然要面对诸多的挑战，但是依然存在一些机遇和利好因素。

1. 全球经济和贸易复苏

2013年全球的经济增长格局出现了新的变化，发达国家将成为全球经济增长的新动力。虽然IMF对2013年全球经济增长的预测为略高于3%的疲弱水平，但是不可否认的是全球经济复苏的强劲势头。全球贸易特别是先进经济体的进口将在未来有一个大幅增长，我国最主要的贸易伙伴欧元区经济趋好，美国经济复苏，这对我国外贸是利好消息。根据IMF的预测，2013年第四季度世界产出的增长为3.5%。欧元区的经济增长速度将在第四季度转为正增长，同时，OECD 公布 7 月欧元区领先指标由 100.3 升至 100.5，OECD 表示这是成长动能增强的讯号；欧元区 8 月经济景气指数上升至 95.2，为一年半以来最高；欧元区 8 月 PMI 指数为 51.3，为 26 个月来最高，这些指标都显示了欧元区经济增长动能不断加强，但是欧洲主权债务危机和失业率高企的问题可能会对经济有负面的影响。美国上半年的就业状况进一步恢复，房地产持续复苏，居民消费逐步回暖，这些因素都将成为美国经济复苏的重要支撑力量。IMF 预测美国第四季度产出增长为 2%，高于全年的平均水平，2014 年的产出为 2.7%，高于 2013 年的水平。国际货币基金组织在 7 月下调了其在 4 月的全球经济增长预期，主要原因是新兴市场经济体的增长放缓，再加上美国退出量化宽松政策的预期，新兴经济体会面临更加复杂的内外环境。G20 峰会上奥巴马表态退出量化宽松会分阶段进行，程序是可控的。这种沟通协调能够延缓一些国家陷入困境。考虑到不同经济体的表现，我国在第四季度的出口增长率将会出现分化，但是分析整体经济形势，第四季度出口依然会稳定增长。

表 7　世界经济展望预测

单位：%

项目	2013 年	2013 年第四季度	2014 年
世界产出	3.1	3.5	3.8
发达经济体	1.2	1.8	2.1
美国	1.7	2	2.7
欧元区	-0.6	0.3	0.9
日本	2	3.5	1.2
英国	0.9	1.1	1.5
新兴和发展中经济体	5	5.6	5.4
俄罗斯	2.5	3.6	3.3
巴西	2.5	2.6	3.2
南非	2	2.3	2.9
印度	5.6	6	6.3
东盟五国	5.6	5.5	5.7
世界贸易总量	3.1	—	5.4
发达经济体进口	1.4	—	4.3
新兴和发展中经济体进口	6	—	7.3
发达经济体出口	2.4	—	4.7
新兴和发展中经济体出口	4.3	—	6.3

资料来源：IMF：《世界经济展望》，2013 年 7 月。

2. 美国维持 QE 规模使得经济不确定性暂时延期

2013 年 9 月，美联储议息会议决定继续维持量化宽松规模，原因是对经济复苏放缓的担忧：近期经济数据好坏参半，虽然劳动力市场有所好转，但是根据美国劳工部的统计数据，美国就业率的下降同时伴随着劳动参与率的下降；2013 年核心 PCE 物价指数年率最高为 1.3%，低于刺激经济增长所规定的 2% 的长期通胀目标；房地产市场近期正在进一步好转，但近期抵押贷款利率过快上升，将对房地产市场进一步复苏造成负面冲击。虽然继续维持量化宽松规模的决定令市场感到意外，但是伯南克将在 2014 年第一季度离任，不排除第四季度量化宽松政策退出的可能性，所以退出延期实际上可能只是不确定性冲击的延后。

3. 国内宏观经济向好

根据国家统计局 9 月发布的 8 月经济统计数据显示，8 月工业生产同比增加 10.4%，1～8 月固定资产投资同比增加 20.3%，社会消费品零售总额同比增加 13.4%。生产、投资、消费的增长均超过上月，显示出了中国经济回暖的迹象。国家统计局公布 8 月 PMI 比上月提高 0.7 点，达到 51，创 16 个月的新高，反映出了中国制造业的景气度复苏趋势明显。同时，汇丰银行发布的 PMI 值为 50.1，高于 50 的荣枯线，而且汇丰调查对象多为中小企业和出口企业，对经济动向的反应更为灵敏。可以看出，政府推出的铁路等基础设施建设的经济刺激政策，激发了对于需求增加的期待。

4. 稳增长、调结构政策措施出台

2013 年以来进出口形势复杂严峻，我国及时出台了促进外贸稳定增长、调结构的政策措施。7 月 27 日，国务院办公厅下发了《关于促进进出口稳增长、调结构的若干意见》，提出了调整出口法检费用和目录、加大出口退税支持力度、加快推进跨境贸易人民币结算、改善金融服务、扩大信用保险支持、提高贸易便利化水平等意见。相关部门和各地方都积极出台具体措施来落实。例如，财政部和国家质检总局执行免收 2013 年 8 月 1 日至 2013 年底 5 个月的出口商品法检费用的政策；国家质检总局积极落实减少出口法检商品种类的政策，从 8 月 15 日起对 1507 个海关商品编码的一般工业制成品不再实行出口商品检验。中国人民银行、海关总署、国家税务总局、中国出口信保公司也都出台了有关外汇、通关、税收、保险等贸易促进措施。一些地方也积极出台配套措施。这一系列的政策措施极大缓解了出口企业负担，增强了出口企业的信心。

四　2013 年 9～12 月外贸形势展望

距离金融危机爆发已过去 5 周年，2013 年是充满机遇与挑战的一年，是世界经济形势出现转折的一年，这一年我国外贸面临的环境是严峻和复杂的。发达经济体和新兴市场国家的经济形势出现了分化，特别是新兴市场经济疲软，使得对其出口增速会面临压力。对在接下来的几个月，出口企业要面对经营成本的上升、贸易保护主义抬头、本币升值等诸多压力。但同时全球经济复苏、外需回暖无疑是我国外贸持续增长的利好因素，特别是对外贸易的一系列新政策、新举措，有助于实现我国外贸稳增长、调结构的目标。所以，9～12 月的进出口将会出现持续增长的势头，同时，出口商品结构、外贸经营主体结构和贸易方式结构会更加合理，国际市场布局、国内区域布局也会继续优化。

参考文献

裴长洪、余颖丰：《2012 年我国贸易形势分析与预测》，载《2013 年中国形势分析与预测》，社会科学文献出版社，2012。

B.17

2013 年我国外贸发展情况及2014 年展望

陈凯杰*

摘　要：

2013 年，我国进出口贸易保持中低速增长态势，主要有增速稳中趋缓、加工贸易增速回落、地区格局发生变化、民企好于外资和国企、商品结构进一步优化等特点，贸易摩擦形势依然不容乐观。就面临的挑战而言，主要有世界经济复苏缓慢、全球贸易保护主义形势严峻、企业综合成本居高不下。对此，我国应该完善稳定出口政策，培育外贸竞争新优势，积极增加进口和改善贸易环境等。

关键词：

中国外贸　展望　增速

2013 年以来，外需持续低迷，国内经济增速放缓。受国内外市场环境等多重因素影响，我国进出口贸易保持中低速增长，呈现波动上升的态势。前三季度，我国进出口贸易总额 30603.7 亿美元，同比增长 7.7%。其中出口 16148.6 亿美元，进口 14455 亿美元，分别增长 8% 和 7.3%。贸易顺差 1693.6 亿美元，扩大 14.6%。从总体上看，外需低迷仍将持续较长时间，预计第四季度外贸将延续第三季度低速增长的态势，实现全年 8% 的增长目标存在较大压力。

---

* 陈凯杰，商务部政研室研究员。

表 1　全国进出口简要情况

单位：亿美元，%

项　目	9 月当月		1～9 月累计	
	绝对值	同比变动	绝对值	同比变动
进出口总值	3560.8	3.3	30603.7	7.7
出口总值	1856.4	-0.3	16148.6	8.0
进口总值	1704.4	7.4	14455	7.3
进出口差额	152.0	-44.6	1693.6	14.6

一　2013 年以来我国外贸的主要特点

（一）进出口增速稳中趋缓，压力犹存

从单季数据看，第一、第二、第三季度的进出口贸易分别增长 13.5%、4.3%和 6%。其中，6 月更是首次出现进出口双降的现象。7～8 月受国内宏观政策推动和国际市场需求回暖等因素的共同作用，进出口增速有所好转，分别增长了 7.8%和 7.1%，带动整个第三季度进出口企稳回升，但 9 月当月出口出现 0.3%的负增长，外贸总体增长 3.3%。2013 年以来，我国外贸整体增速继续高于同期世界贸易增幅，表现出较强的综合竞争优势，但形势依然严峻。

（二）一般贸易平稳增长，加工贸易增速回落

前三季度，我国加工贸易进出口 9894.3 亿美元，增长 0.7%，较 2012 年同期回落了 1.5 个百分点。一般贸易进出口 16162 亿美元，增长 7.8%，较加工贸易增速快 7.1 个百分点。其中，一般贸易出口 7944.9 亿美元，增长 8.9%，占出口贸易总值的 49.2%，比重较 2012 年同期提升 0.4 个百分点；加工贸易出口 6250 亿美元，下降 0.9%，占出口贸易总值的 38.7%，比重较 2012 年同期减少 3.5 个百分点。一般贸易进口 8217.2 亿美元，增长 6.8%，占进口贸易总值的 56.8%，比重较 2012 年同期减少 0.3 个百分点；加工贸易进口 3644.2 亿美元，增长 3.6%，占进口贸易总值的 25.2%，比重较 2012 年同期减少 0.9 个百分点。

（三）发达经济体市场低迷，新兴经济体贸易有波动

前三季度，与美日欧双边贸易额累计10167.5亿美元，较2012年同期微增0.1%；占我国对外贸易总额的33.2%，较2012年同期回落了2.5个百分点。其中，对日本和欧盟的双边贸易分别下降了7.9%和0.8%，对美国贸易增长6.7%。新兴市场中，我国与俄罗斯双边贸易661.1亿美元，与印度双边贸易485.1亿美元，分别同比下降0.1%和4.5%；与巴西双边贸易676.4亿美元，与南非双边贸易488.1亿美元，分别同比增长3.2%和9.1%；与东盟双边贸易总值3223.6亿美元，同比增长11.6%。

（四）地区格局发生积极变化，外贸增速西高东低

前三季度，广东外贸进出口总值8145亿美元，增长13.8%。同期，江苏、上海和浙江进出口总值分别为4052.4亿美元、3238.3亿美元和2492.2亿美元，分别增长0.2%、-1.3%和7%。长三角和珠三角的三省一市进出口值合计占我国进出口总值的58.6%，继续发挥主导作用。从出口方面来看，前三季度广东出口4683.6亿美元，同比增长12.3%，如不包括深圳则出口2358.4亿美元，增长5.3%，与2012年同期持平，表明2013年广东全省出口情况未出现明显改观。中部六省前三季度进出口贸易额1559亿美元，其中出口992.5亿美元，分别同比增长12.7%和15.1%，分别超过全国增速5个百分点和7.1个百分点，西部地区的云南、广西和重庆出口增长分别达到27.9%、38.7%和9.7%。尽管中西部地区外贸快速增长，但由于其基数较小，尚难以从根本上改变我国外贸发展态势。

（五）贸易主体差异较大，民营企业好于外资和国企

前三季度，我国民营企业进出口同比增长25.4%，高于整体增幅17.7个百分点；外商投资企业进出口同比增长0.3%；国有企业进出口同比下降1.4%。近年来，外商对华直接投资战略开始出现重大调整，一方面在制造业直接投资上出现分流，包括将部分投资和订单向东南亚地区转移；另一方面对国内投资从最初看重劳动力等要素成本优势，转为看重国内庞大的消费市场，更多投向服务业和内地商贸中心城市。2013年前8个月，我国实际使用外商

直接投资 797.7 亿美元，同比增长 6.4%。其中，制造业吸收外资下降 3.3%，批发零售业、住宿餐饮业和房地产业等同比分别增长 28.3%、43.7%和 14%。这些变化和调整都直接或间接影响到我国对外贸易。

（六）进出口商品结构进一步优化，能源和资源性产品进口量增价跌

从出口商品来看，我国机电产品前三季度出口 9229.9 亿美元，增长 8%，占出口总值的 57.2%，与 2012 年同期持平。高新技术产品出口 4804.9 亿美元，增长 13.3%，占出口总值的 29.8%，较 2012 年同期上升 1 个百分点。同期，纺织品、服装、箱包、鞋类、玩具、家具、塑料制品等七大类劳动密集型消费类产品出口 3380.5 亿美元，增长 10.4%，占出口总值的 20.9%，较 2012 年同期微增 0.4 个百分点。

从进口商品来看，2013 年前三季度，我国铁矿砂进口 6 亿吨，增加 9%，进口均价为每吨 129.1 美元，下跌 4.3%；大豆 4575 万吨，增加 3.3%，进口均价为每吨 605.2 美元，上涨 4.8%。煤 2.4 亿吨，增加 17.6%，进口均价每吨 90.3 美元，下降 14.2%；原油 2.1 亿吨，增加 5.4%，进口均价为每吨 775.4 美元，下跌 5.2%。

（七）我国出口产品遭遇贸易摩擦，形势依然不容乐观

2013 年前三季度，共有 17 个国家和地区对我国出口产品启动 63 起贸易救济调查，较 2012 年同期增长 10.5%。其中，发达国家发起 20 起，同比增长 25%。美国对我国华为、中兴、三一重工等具有较强国际竞争力的企业发起多起调查。我国也依然是欧盟贸易救济调查的首要目标国，2013 年前 8 个月欧盟新发起的贸易救济调查全部针对中国产品。金融危机爆发以来，美欧等发达经济体纷纷修订贸易救济规则和相关法规，引入反规避等制度，加大了贸易保护力度，对我外贸环境构成了新的挑战和压力。

二　我国外贸发展的形势及面临的主要挑战

当前，我国外贸发展面临的突出问题仍是主要经济体经济尚未企稳，外需

增长存在变数。深圳亿达通公司对1300家小微外贸企业的问卷调查显示，近80%的企业订单额并未出现增长，其中三成企业出现下降。2013年秋季广交会第一期到会客商情况不乐观，80%以上订单是3个月到半年的短单，表明2014年初形势依然不稳。有机构预计，2013年、2014年我国进出口贸易仍将与整体经济增速保持同步。

（一）世界经济复苏缓慢

2013年以来，美国市场显示出复苏迹象，但年中美国政府宣布量宽政策退出及稍后的延迟退出等讯息导致新的不确定性，对全球经济增长造成压力。欧洲尚未从主权债务危机阴影中走出，欧元区主要成员依然受高债务、高失业、低信贷等因素制约，稳定增长困难重重。未来随着美国货币政策的调整，新兴经济体经济金融形势将变得更为严峻。世界银行已据此将2013年和2014年世界经济增速由此前的2.4%和3.1%分别下调至2.2%和3.0%。

（二）全球贸易保护主义形势严峻

2008年10月以来，全球各国共采取700项新的贸易限制措施。其中，2012年5月至2013年5月，各国实施了150项新的贸易限制措施，仅取消18项；2013年新增限制措施虽比前两年有所下降，但在一些特定领域仍有所增加。在多哈回合谈判进展迟缓背景下，各种排他性的区域贸易投资协定明显增多，美欧已启动跨大西洋贸易与投资伙伴协议（TTIP）谈判，美国主导的跨太平洋伙伴关系协定（TPP）谈判正在加紧推进，更高层次的规则之争愈加明显。

（三）企业综合成本居高不下

2013年1～9月，人民币实际有效汇率上升5%，名义有效汇率上升5.4%，兑美元和日元分别升值了2.3%和14.3%，而其他货币兑美元都明显贬值，冲击企业接单意愿和赢利水平。据了解，人民币名义汇率每上升1%，企业利润将减少1%～4%。此外，企业融资成本居高不下，国内贷款利率远高于美日等发达国家。劳动力、土地、环保成本持续上涨，珠三角地区制造业普通工人工资已超过 3000 元/月，广东、上海、浙江的最低工资分别上涨 19%、12%、14%。外贸各环节乱收费严重，仅海运环节就有 20 多种，每年向外贸货主乱收费超过 1000 亿元。

三　转变外贸发展方式，推动外贸平衡发展

进出口贸易是拉动经济增长的“三驾马车”之一。保持外贸平稳增长，对稳定国内宏观经济和就业至关重要，只能加强，不能削弱。2013 年、2014 年，我国外贸发展仍面临较多的不确定、不稳定因素，需进一步强化忧患意识和危机意识，将稳增长、调结构、促转型的各项政策落实到位，不断增强产业的核心竞争力，全面提升企业在全球价值链中的功能定位，加快转变外贸发展方式，促进开放型经济持续健康发展。

（一）完善稳定出口政策

认真落实好 2013 年 8 月国务院关于稳定外贸发展的各项政策。加快出口退税进度，确保人民币汇率基本稳定。完善大型成套设备出口融资保险专项政策，扩大出口信用保险规模，提高覆盖面。拓宽外贸企业融资渠道，改善对中小企业的金融服务。推进贸易便利化，清理规范外贸各环节不合理收费。推动完善出口商品法检目录，严格控制“两高一资”产品出口。

（二）培育外贸竞争新优势

围绕形成以技术、品牌、服务、质量为核心的外贸竞争新优势，积极探索推进新型贸易方式。鼓励外贸企业进行商业模式、营销方式和生产技术创新。加快推进外贸转型升级示范基地、重点机电产业国家出口基地、科技兴贸创新基地建设。巩固传统市场，大力开拓新兴市场。办好中国品牌商品海外展，拓展中国进出口商品交易会功能。大力发展跨境电子商务和供应链管理企业，在境外建立自主营销和售后服务网络。引导加工贸易向产业链高端延伸、向中西部地区转移，促进加工贸易转型升级。

（三）积极增加进口

继续实施鼓励进口的贴息政策，扩大先进技术设备、关键零部件、能源原材料和消费品进口，鼓励境外开采权益资源产品回运。建立进口促进公共服务平台，培育国家进口贸易促进创新示范区，调整鼓励进口技术和产品目录，促进先进技术的引进消化吸收再创新。积极推动美欧放宽对我高技术出口限制。

（四）改善贸易环境

深化双边经贸合作，发展与美欧等发达国家的经贸关系，加强与金砖国家等新兴经济体和发展中国家的贸易投资便利化。支持多边贸易体制建设，推动世贸组织第九届部长级会议就早期收获达成共识。加快实施自贸区战略，积极开拓周边及区域市场。健全有关工作机制，有效应对贸易摩擦，依法实施贸易救济，加强产业损害预警。

B.18

在调整中追求新发展

——2013～2014年中国外贸分析与展望

金柏松　刘建颖*

摘　要：

2008年世界经济发生复合型危机，目前进入结构和模式调整与转变时期；新一轮科技、产业革命还在孕育之中，因而处在熊彼特超长周期过渡阶段。这些因素决定了世界经济增速处于低水平。我国宏观经济政策实行调结构、扩内需、推改革，等于主动放弃高增长。故我国对外贸易不仅受到世界经济制约，而且受到国内因素影响，在高利率等货币政策压迫下，随着经济增速放缓而趋缓。2014年，世界经济也许比2013年略显乐观，我国经济改革也将深入推进，一些积极因素将成为推动出口增长的主要动力。我国传统出口优势正在丧失，建议我国制定鼓励机械、汽车、装备制造业出口的政策，提升新一代信息产品出口水平，塑造新竞争优势，推动我国外贸发展进入新阶段。

关键词：

复合型危机　结构调整　非典型性信贷危机　不确定性

2008年世界经济爆发复合型危机，对实体经济打击巨大，对虚拟经济打击更深。危机过后，人们反思危机爆发原因，寻找深层次问题，提出世界经济需要进行大规模、深层次、宽领域调整，这些行动计划对世界经济、贸易增长速度必然产生深刻影响，形成危机过后弱势复苏格局。在此情况

---

* 金柏松，商务部国际贸易经济合作研究院研究员；刘建颖，商务部国际贸易经济合作研究院博士。

下，分析我国对外贸易需要持以新的角度、平和的心态，提出的对策也不应急功近利。

一　正确面对近年来我国对外贸易增速回落

改革开放以来，我国对外贸易一直保持高速增长（见图1），以加入世贸组织为契机，我国对外贸易甚至出现连年超高速增长，在世界贸易大国的位次从2000年的第七，跃升至2011年的第二，其间不过十年。可以说进入21世纪，中国每天都在赶超，都在创造奇迹，以至于我们已经习惯了高速度，而对危机过后我国对外贸易增速急剧下滑显得烦躁不安。

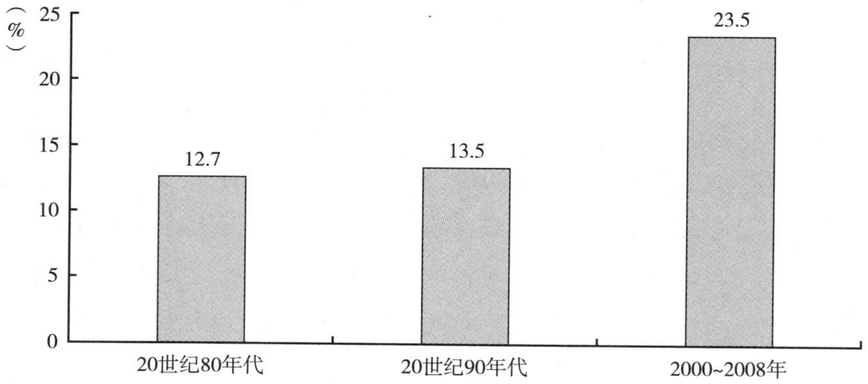

图1　20世纪80年代以来我国进出口年均增速情况

资料来源：根据历年海关统计计算。

2008~2009年，我国外贸曾一度急剧下滑，月份数据出现少有的负增长，随后变负增长为正增长，一些人曾认为危机过后将云开雾散，再现“艳阳天”。没想到2011年、2012年、2013年贸易增速步步回落，竟跌入个位数，有时还在低增长空间“打转转”，与人们的预期相差较大（见图2）。

不过结合世界经济贸易形势分析，考虑到我国经济增速也在同时回落，我们还应面对内外大环境，如深入分析其中的前因后果，并进行国际比较，应该对中国对外贸易发展有信心（见图3）。

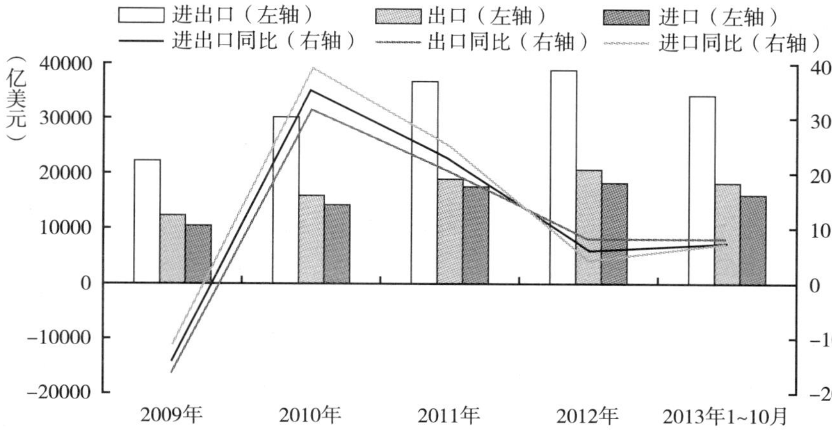

图 2　2009 年以来我国进出口规模和增速

资料来源：历年海关统计。

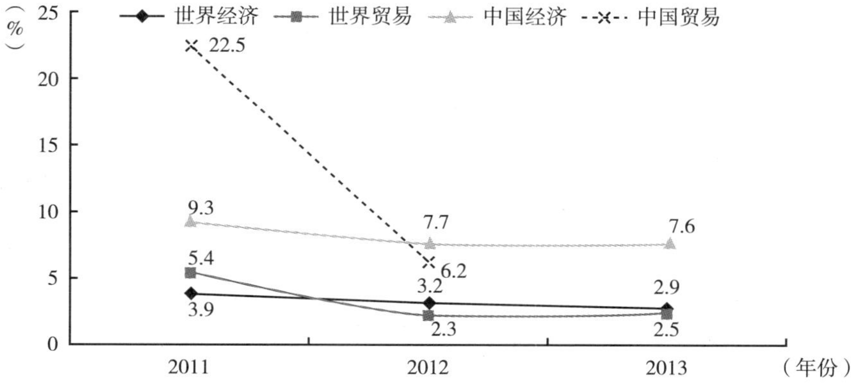

图 3　2011 年以来世界及中国经济、贸易增速

注：2013 年为预测值。

资料来源：IMF，《世界经济展望》，2013 年 10 月；WTO，《贸易快讯》，2013 年 9 月 19 日。

1. 世界经济发生复合型危机基本含义

2007 年，世界经济首先发生“次贷危机”。2008 年，随着美国大型投行先后倒闭，美国、欧盟债务违约集中爆发，危机迅速扩大到银行、保险行业，出现金融全领域危机，房地产和股市出现暴跌，进而扩展到实体经济。实体企业不敢投资，家庭债务负担加重，不得不减少消费和增加储蓄，实体经济在很短时间内出现严重衰退。在金融危机演变、深化过程中，美欧政府和货币当局以大规模财政、货币政策措施救助经济，出现财政赤字巨大化、货币发行超量宽，在救助经济的同时又埋下新的危机种子，从而暴露其宏观经济还存在结构性失衡和发展模式走到尽头等更深层次的问题。因此，危机由金融领域扩展到实体经济，由表层问题演变为深层问题，综合归纳应称之为“复合型危机”。

2. 复合型危机的严重后果

分析危机表面原因会发现，首先是金融、房地产、股价等泡沫严重，泡沫破灭导致危机爆发，从深层次分析原因会发现是虚拟经济与实体经济比例严重失调产生了泡沫；其次是虚拟经济爆发危机诱发实体经济发生周期性衰退，而实体经济衰退背后还有深层次原因，就是产业结构性失衡、对外经济结构性失衡等问题；最后，更进一步分析，虚拟经济泡沫化和结构性失衡是因为发展模式出现了问题。美欧国家长期以金融带动产业发展的模式，其经济增长潜力已经“枯竭”，社会福利措施只能增加不能减少，社会总成本过高导致实体经济失去竞争力，经济增长不能持续。虚拟经济过度发展、实体经济过小、制造业比重过低、贸易严重失衡等，已经不能支撑起庞大的虚拟经济。与此同时，以中日为代表的亚洲国家和德国以出口为导向、带动经济增长的模式过多地依赖于美欧市场，依赖结构性、巨额贸易顺差等恰好成为美欧经济失衡的对称面，也难以持续。

3. 世界经济危机后正在大调整，以实现再平衡

认识到世界经济爆发复合型危机的严重性，解决存在的问题也绝不轻松。在第一、二、三、四届 G20 峰会上，世界经济大国的领导汇聚一堂，同步采取措施拯救世界经济，共同反对贸易保护主义，先后提出危机平复后的政策调整措施，纠正扭曲结构，试图建立新的发展模式，实现再平衡，如采取措施扩大制造业投资、扩大出口、加强金融改革与监管、遏制金融过度发展等。一般估计世界主要国家采取这些调整措施通常需要 3 ~ 5 年，如美国计划用 2009 ~ 2014 年 5 年时间实现出口倍增，2010 年、2011 年调整进展顺利，2012 年、2013 年增长势头放缓，预计 2014 年美国实现目标的可能性较小。考虑到中国、欧盟、日本的调整远未结束，调整或许还将是世界经济主基调。

4. 转化经济增长模式将需长期努力

经济增长模式是在一国实施发展战略和相应配套措施，经过长期运行形成的固定架构和范式，因而世界主要国家找到和确立新的发展模式需要一个长期过程。

5. 科技、产业革命决定了世界经济处于超长周期的低潮

二战后世界经济发生的电子、信息科技、产业革命一浪接一浪，如今已经接近尾声，而新一届科技、产业革命还在孕育之中，何时才能取得科技发明的重大突破、产业革命何时爆发还未定。

归纳以上分析，我们认识到如今世界经济处于调整期，处于新的发展模式确立过程中，处于科技产业革命孕育期。在这种情况下，我们有理由相信世界经济贸易增速将处于低潮，在低位运行。

二　对 2013 年我国对外贸易运行的几点认识

2013 年我国对外贸易增速忽高忽低，出人意料，只有通过分析其背后的成因，才能了然真相。

第一，2013 年 1 ~9 月，我国累计出口增长 8.0%，进口增长 7.3%，总体呈现增速平稳，事实上，从月份贸易增速分析上看却大相径庭，表现得忽高忽低。2013 年 1 月，我国进出口贸易增长 27.0%，2 月增速陡降至 1.1%，形成巨大落差；3 月、4 月贸易似乎增长正常，分别为 12.0% 和 15.6%；但 5 月仅增长 0.3%，6 月竟然下降至 2.0%，表现十分异常；7 月、8 月有所回升，相对平稳；9 月增速为 3.3%，近似停滞，也令人费解，如此剧烈波动在我国改革开放三十余年的历史中实属少见（见图 4）。

第二，出口商品结构持续改善，主要表现如下。

其一，2013 年 1 ~9 月，我国一般贸易进出口 16162.0 亿美元，同比增长 7.8%，占我国外贸总额的 52.8%。其中，一般贸易方式出口增速 8.9%，占比 49.2%，比 2012 年同期占比 48.6% 有持续提升。2005 年以来，我国一般贸易方式出口增速开始高于加工贸易出口方式，为我国外贸出口结构改善的启动

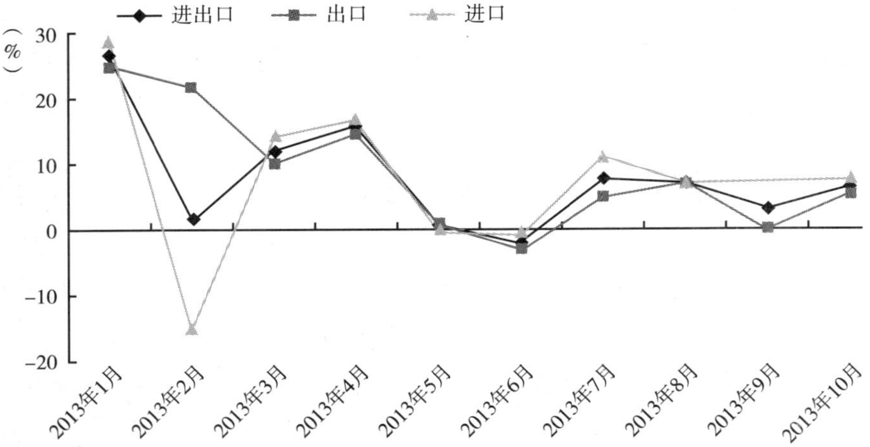

图 4　2013 年我国进出口月度增速情况

资料来源：海关统计数据。

时点（见图 5、图 6）。2006 年，我国一般贸易方式出口占比 43.0%，至今占比达到 49.2%，共提高了 6.2 个百分点。随着我国一般贸易方式出口占比提高，我国出口商品附加价值在不断提升。

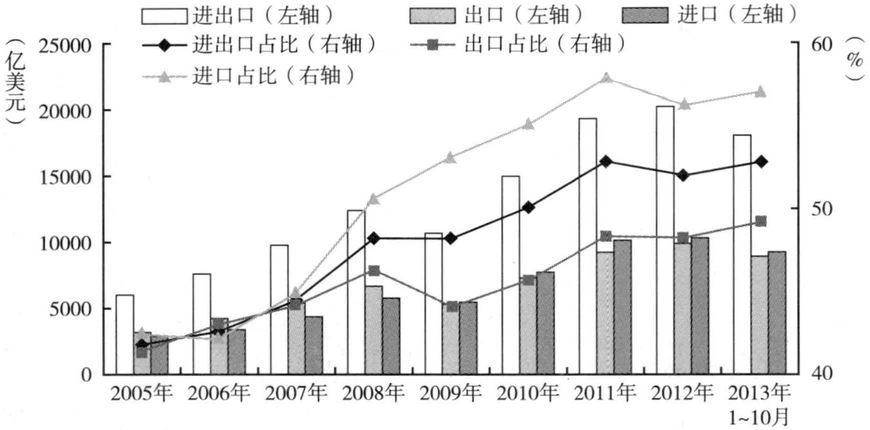

图 5　2005 年以来我国一般贸易规模及占比情况

资料来源：根据历年海关统计数据计算。

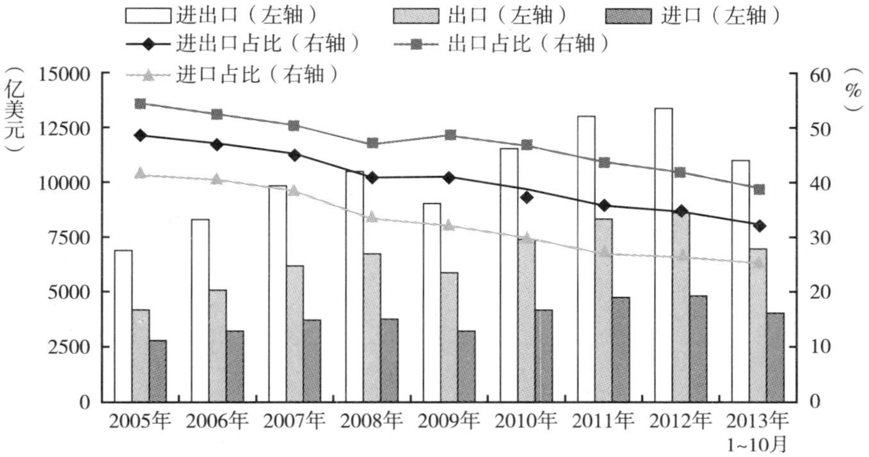

图6　2005 年以来我国加工贸易规模及占比情况

资料来源：根据历年海关统计数据计算。

其二，产品出口溢价能力在减弱。与 2009 ~2011 年我国出口同比价格指数连续上涨不同，2012 年我国出口同比价格指数上涨趋势达到阶段性顶峰后，2013 年开始一路下滑，最新海关统计 8 月我国出口同比价格指数下跌 2.1%。但也有少数产品保持着溢价能力，海关统计显示，2013 年 1 ~9 月，我国集成电路单价上涨 56.8%；1 ~8 月，我国出口各类船舶 109 万艘，单价 171.5 亿美元，增长 39.6%；1 ~7 月，生丝、手表、箱包及类似容器、塑料制品、鞋类和摩托车及有动力装置的脚踏车出口平均单价分别上涨了 16.6%、16.2%、14.2%、8.0%、7.7%和1.4%。在人民币持续升值、利率高企、各类费用大涨的情况下，2013 年我国产品出口溢价能力从全局转变为一部分，说明我国出口商品改善结构已经进入末期。如图 7 显示，2011 年、2012 年、2013 年 9 月，我国出口产品同比价格指数分别为 111.1、101.8、97.9。值得关注的是，2013 年出口产品价格由上涨转为下跌，今后如果形成趋势，则拐点在 2013 年初。这说明我国外贸出口正面临竞争力下滑的高风险，同期进口产品同比价格指数分别为 109.1、97.6、98.6，比出口还早一年由涨价转为跌价，表明世界需求呈现弱势特征。

其三，我国对外承包工程带动出口 14.1 亿美元，增加 11.1%，其中多数为成套设备、大型装置等高附加价值产品，规模虽然不大，但可以起到示范和推销作用。

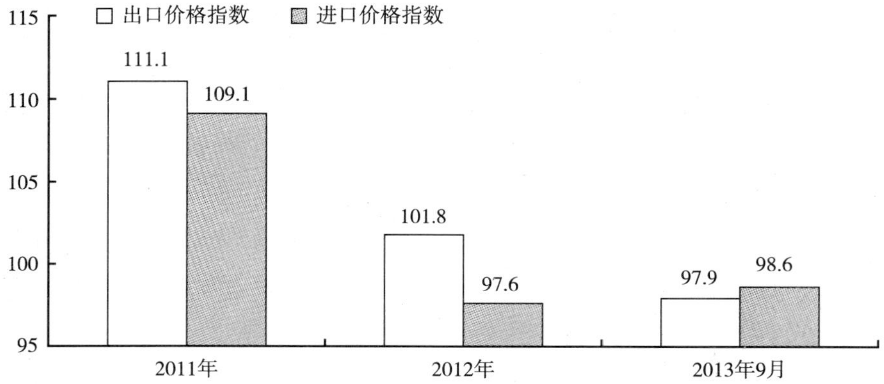

图 7　2011 年以来我国进出口价格指数情况

资料来源：历年海关统计数据。

其四，民营经济出口首次超过国有经济，表现出更强的竞争力和增长潜力（见图 8、图 9）。

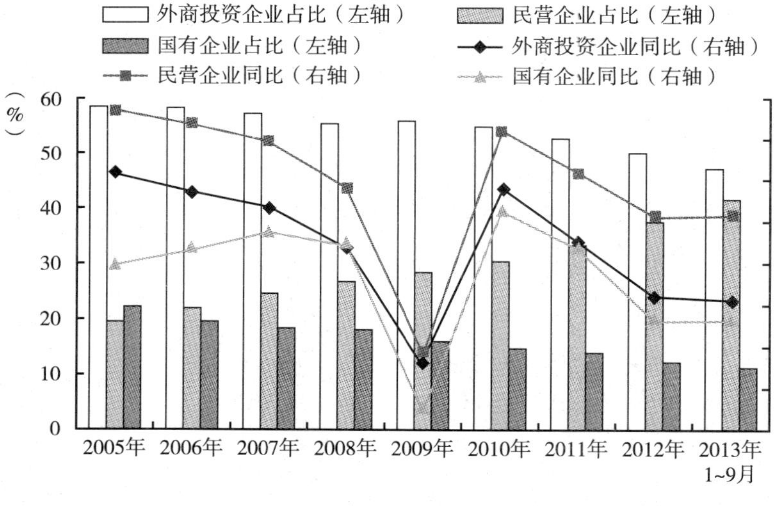

图 8　2005 年以来我国各类企业出口占比和增速

资料来源：根据历年海关统计数据计算。

其五，进口商品结构持续改善。按照初级品和制成品分类分析，我国制成品进口占比越来越低，初级品进口占比持续走高，说明我国对外贸易在国际分工中的地位稳步提升（见图 10）。

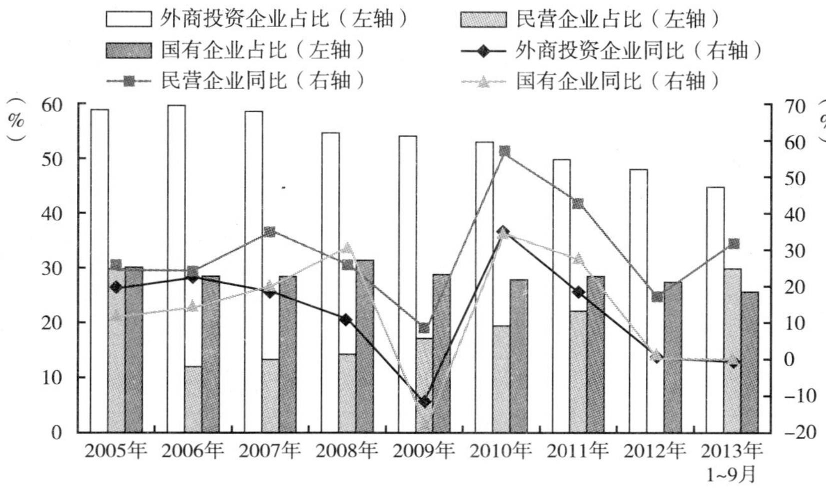

图 9　2005 年以来我国各类企业进口占比和增速

资料来源：根据历年海关统计数据计算。

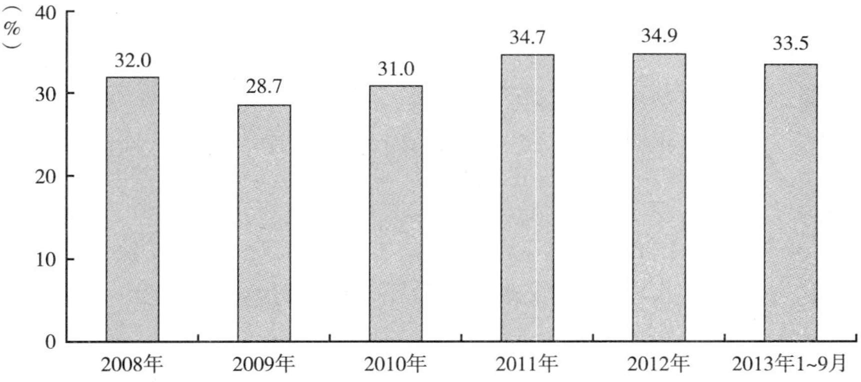

图 10　2008 年以来我国初级产品进口占比情况

资料来源：根据历年海关统计数据计算。

第三，电子商务进出口迅速增长，初具规模，已经可以影响全局。2013 年 5 月 28 日至 6 月 1 日，在中国电子商务大会上，商务部电子商务和信息化司司长李晋奇发布了《中国电子商务发展报告（2012）》，指出 2012 年中国电子商务持续快速增长，电子商务交易额突破 8 万亿元，同比增长 31.7%，其中，网络零售额超过 1.3 万亿元，同比增长 67.5%；跨境交易突破2万亿元，增长25%。2013年，工信部发布2013年前三季度电子商务交易规模达7.5万亿元，增长35%。按照跨境交易占比25%估算，2013年前三季度我国电子商务跨境交易额达到18750亿元，占我国19.1万亿元进出口规模的9.8%。如果纳入海关统计，则我国进出口贸易需修正，结果将大幅增加。

第四，我国武器出口在起步阶段快速增长。目前，从我国统计数据中还无法了解武器出口，但据《纽约时报》报道，瑞典斯德哥尔摩国际和平研究学会于2013年公布的一份全球武器转移报告显示，2008～2012年，中国常规武器，包括高端飞机、导弹、护卫舰及火炮的出口比此前五年激增162%。其中，巴基斯坦是中国武器出口的主要对象。该学会估计，中国已超越英国成为全球第五大武器出口国。2003～2007年，中国是全球第八大武器出口国。2012年，全球武器总销售额估计为735亿美元（约合4479亿元），美国抢占了39%的市场份额。英国简氏信息集团的统计数据显示，以美元计价的中国海外军售额也取得快速增长，过去五年中国军工出口增加近一倍，达22亿美元（约合134亿元），超越加拿大与瑞典。显然，随着我国制造业向中高端发展，我国武器制造水平也在提高，因此，国际市场对我国武器需求出现快速增长趋势，但出口规模尚小，对全局几乎没有影响，估计2013年也将如此。

三　2013年外贸运行中存在的一些问题

如前所述，我国对外贸易月份增速出现剧烈波动，说明其背后存在一些严重问题，需要认真对待。

第一，2013年第一季度我国出口存在虚高，同时也扭曲了GDP增长数据。2013年以来，我国利率与主要国家货币政策超级量宽比高得出奇。因此，1～4月外商在借助出口实施投机套利的金融活动，集中体现在我国内地对香港地区出口猛增69.2%。粗略测算，1～3月我国内地对香港地区出口虚增高达380亿美元，折合人民币为2386亿元。出口虚增还导致我国2013年第一季度名义GDP虚增了2.3个百分点，即我国公布第一季度名义GDP增长

10.1%，扣除虚增部分后，应修正为7.8%。如果对实际GDP增速7.7%也予以修正的话，应该是6.0%，已低于政府目标。

第二，金融超级紧缩，出口企业不堪忍受。2013年5月末至7月初，我国资金供应陷入极度紧张状态，爆发了所谓的“钱荒”，由于这是在政府和央行调控下爆发的信贷危机，而不是市场调节失控爆发的危机，故应该称之为“非典型性信贷危机”。短暂出现的信贷危机对实体经济、出口打击极大，企业不堪忍受。据中国票据网数据，5月大部分时间内6个月银行承兑汇票贴现率为3.8%，5月下旬开始上升，6月末一度升至约10%，7月第一周约为6%。受此影响，我国出口企业资金成本大幅升高。我国多数企业出口利润率一般为3%～5%，优秀企业可达5%～10%。当流动资金成本超过3%时，企业出口基本无利可图，超过5%的企业只能放弃。显然“非典型性信贷危机”是导致我国企业出口大幅下滑的“元凶”，故5月我国出口增长只有1.0%，6月甚至成为-3.1%。

第三，少数企业出口骗退税让多数企业蒙冤。2013年1～4月，外商利用内外利差做套利投机生意，金融资本利用同一笔出口货源反复套利，导致出口虚增，同时出口企业也多次骗取退税。地方税务部门立刻停止退税，核查骗税企业，连带影响正当企业的退税，令多数企业蒙冤，不能及时收回退税资金。这也严重影响了出口。

第四，数量分析我国2013年第二季度扭曲出口造成的严重后果。以往世界主要国家和地区的出口增速均低于我国，但5月、6月我国出口受到高利率抑制，增长率明显偏低，以至于被我国台湾地区出口增速大幅反超，说明是内部原因造成了我国出口放缓。因此，分析第二季度我国的出口，以外部增长为常态，经计算我国4月出口虚增124.2亿美元。而5月、6月情况恰恰相反，增速过低。以我国大陆与台湾地区出口增速相关性为参照，我国大陆5～6月出口统计是-1.2%，经过修正应该增长12.6%，即出口少增加448.3亿美元。综合分析的结果是，我国第二季度名义GDP公布数据为8.4%，应修正为10.1%（见表1）；如果没有金融紧缩和退税等负面因素影响出口增速，我国政府公布实际GDP增速为7.5%，应该修正为9.0%。

表1　剔除出口异常因素后2013年上半年我国GDP修正值

单位：%

项目	名义增速		实际增速	
	公布	修正	公布	修正
第一季度GDP	10.1	7.8	7.7	6.0
第二季度GDP	8.4	10.1	7.5	9.0
上半年GDP	9.2	9.1	7.6	7.5

资料来源：公布数据来自国家统计局，修正数据为商务部研究院白光裕女士测算。

第五，我国宏观经济调控存在严重问题。2013年以来一直困惑人们的是，我国投资项目不少、M2发行规模和速度均不低，为何GDP增速效率甚低，且低得吓人？因为在2013年第一季度我国经济已经低于目标下限，但统计数据虚增麻痹了我们。在我国政府意识到宏观经济偏冷时立刻决定启动一批项目扩大投资，但成效并不明显。其主要原因，一是虚增没有了，二是社会发行的货币资金没有按照预期流入实体经济和出口企业，三是房地产业以高价筹资，引发“非典型性信贷危机”，所以，2013年第二季度经济实际增速勉强合格。

在当前形势下，我国资金市场利率相对于国际市场超级宽松而言，已经达到超高水平。超高利率不仅调控实体经济跌入过冷状态，而且给外部资金炒作提供了利差空间，更有推高人民币升值的副作用，此“三害”对我国实体经济和出口企业造成了巨大打击，不仅没有调好结构，反而更加扭曲。

放眼世界经济发展历史，央行调控经济的职能从未在结构调整中发挥影响。在控制货币发行总量时，还试图决定资金分配或不分配给哪些产业，这是前所未有的做法，是典型的计划分配资金做法，其后果就是拿到计划资金的企业又将资金投到黑市进行交易，获取价差，坐享其成。由于房地产赢利水平相对偏高，可以承受更高的资金成本，故政府越打压，房地产投资越发展，而此时实体经济、出口产业已不堪紧缩折磨。

四　2013年我国外贸增长预测分析

2013年初，基于世界经济和中国经济增速回升的预期，对2013年对外贸易增速预测值为出口增长11%、进口增长10%。但基于以上情况及IMF调低世界经济增速至2.9%、WTO调低世界贸易增长至2.5%，预计2013年我国国民经济实际增长7.8%。内外环境已有所改变，对全年外贸增速下调已成必然，具体分析如下。

首先，考虑到第四季度发表的美日欧采购经理人指数均显示出乐观趋势，经济增速将保持较好态势，我国对其贸易增速也将有所提高。

其次，新兴经济体增速大幅下调，第四季度经济增速将不如第三季度，我国对其贸易增速也将略慢。

再次，2013年10月，我国采购经理人指数为51.4，连续4个月在分界线以上，其中，新出口订单指数为50.4%，比9月回落0.3个百分点，连续3个月在分界线以上；进口指数为50.0%，比上月回落0.4个百分点，境况不佳，表明第四季度我国对外贸易增长大致略强于第三季度。

最后，广交会传递出的信息显示交易并不活跃，与上年同期相比几乎没有增加，说明对2013年第四季度不能期待过高，2014年第一季度对外贸易也将大致持平。

基于以上情况，推测2013年全年对外贸易出口增长8.2%，达到22170亿美元；进口增长7.8%，达到19600亿美元；进出口总额将达41770亿美元，增长8.0%；贸易顺差增加11.2%，达到2570亿美元。

五　2014年世界经济、贸易展望

第一，根据IMF预测，2013年世界经济增长2.9%，2014年将有所提升，增速达到3.6%，同时世界经济增长动力更多地来自先进经济体，新兴市场经济体相对疲软。2013年9月22日，世界贸易组织发布最新经济数据，预计2013年全球贸易额将增长约2.5%，低于2013年4月预测的3.3%。世贸组织称，2014年全球贸易额预计增长4.5%，低于2013年4月预期的5%，其中，发达经济体和发展中经济体的出口增幅分别为2.8%和6.3%，进口增幅分别为3.2%和6.2%。展望2014年世界经济、贸易形势，估计比2013年略有回升，有利于我国扩大进出口增速。但两大机构对世界经济、贸易的预测分析提示人们关注

2014年世界经济存在的不确定性，同往常一样存在向下调整预测值的风险。

首先，世界经济风险存在于美国国债能否顺利调整上限。由于美国国会在医改方面存在严重分歧，两党借题发挥，在提高债务上限领域激烈讨价还价，受此影响，2013年美国经济少增长0.8个百分点。2014年美国还将讨论提高债务上限问题，如果可以大幅提高，“一次到位”，则有利于加快美国经济复苏步伐；如小幅提升，国会多次讨论以至于纠缠不清，则将削弱复苏势头。

其次，2012年、2013年全球连续出现贸易增速慢于经济增速现象，实际上已经发生轻微通缩，2014年经济增速如果再次出现下调，则以大宗商品为代表的全球物价还将下跌，新兴经济体中依赖资源出口的国家的经济增长前景将持续偏冷，届时全球讨论通缩问题将浮出水面。

再次，日本经济复苏能否持续应该给予重点关注。尽管日本政府为从2014年4月1日起提高消费税做好准备，将投入5万亿日元扩大财政投资，实现减税措施，出台一些结构改革措施，但效果如何还有待观察。

最后，人们预期美联储即将退出量宽存在潜在风险。我们不否认美联储实行量宽货币政策对美国经济复苏发挥了重大作用，但也应看到美联储为退出量宽政策正在造势，结果改变了全球资本流向，引发新兴经济体发生初期动荡。未来正式退出，如果过急、过快，恐怕将有更大的负面影响，特别是有可能诱发日本债务危机。因为日本债市与美国债市相关性强。美国一旦退出量宽政策，则国债利率将进一步上扬，日本国债利率也将随之上扬。但日本债务负担率为250%，远超过美国的110%，更令人担忧的是，对于债市风险敞口，日本政府及其央行几乎无能为力。所以，多一份准备，就多一份安全。

基于以上认识，预计2014年我国外贸出口增长9.0%，达到24170亿美元。

第二，国内经济持续放缓，存在一定风险。2014年外贸形势将受以下有利因素影响：其一，十八届三中全会召开，推动改革将释放被束缚的生产力，有利于宏观经济较快增长，也有利于贸易增长；其二，世界经济略好于2013年，有利于外贸增长；其三，对房地产政策由以打压为主转为以完善供应结构为主，对汽车发展预计不会出台新的抑制政策，有利于汽车产业增长回升，有利于外贸增长；其四，继续对中低收入阶层予以政策倾斜，改革分配体制，发展社会保障，有利于保持消费和外贸较快增长；其五，扩大人民币自由兑换的改革，推广人民币贸易结算，有利于贸易发展。

同时，2014 年也有不利于贸易增长的因素。从 2010 年第一季度我国经济增长 11.9% 起，逐步回落，最低降至 7.4%，降幅达 4.5 个百分点。2014 年我国政府如果坚持调控，则经济风险将显著增加，主要表现为：一是，房地产积累的泡沫在经济增速持续下滑的影响下破灭的可能性增加，属于宏观经济环境趋于恶化的风险，不利于贸易增长；二是，如果加快地方债务清理和管理偿还等，不利于投资增长，也不利于外贸增长；三是，2014 年我国贸易顺差增加趋势将引发更多的对外贸易摩擦，特别是我国与新兴经济体和美国发生新贸易摩擦可能升温，出口贸易将受打压；四是，人民币还将略有升值，拉高我国的出口成本，不利于出口；五是，汇率形成机制改革允许扩大浮动区间，不利于企业规避汇率风险；六是，我国存款准备金率过高，利率过高，将抑制出口增长。

基于以上分析，预计 2014 年我国进口增长有望实现 8.5%，达到 21270 亿美元。

总之，2014 年我国对外贸易总额将达到 45440 亿美元，增长 8.8%；贸易顺差达到 2900 亿美元，增加 12.8%。

六　几点建议

从 2013 年我国外贸增长暴露出的一些问题来分析，我国外贸出口传统竞争优势正在弱化，下一步培育新的竞争优势还在摸索之中。因此，2014 年将是我国对外贸易追求新发展元年。建议我国重点扶植和发展以下方面。

第一，积极发展机械、汽车、装备制造业出口，但须克服诸多困难。众所周知，我国装备制造业主要由国企经营，其中还有一批国企同时在经营军工产业。国企经营一般存在效率低的弊端，新产品、新技术的产业化、商业化发展不足；而其优势是技术实力较强，甚至拥有一些世界一流技术人才，可制造出从航空航天到高科技船舶、从半导体芯片到超级计算机等世界一流产品。但市场经济要求赢利，要求高效率，这是国企的短板。借鉴欧美成功经验，国企还应民营化，国家订货应通过“公共采购”来实现。如美国军工企业基本是民营的，研发技术都将实现产业化，以赢利为目标。

2013 年我国成立了全国铁路总公司，出口前景十分光明。据 2013 年 11 月 3 日新华社评论，我国高铁具备国际竞争优势，以轨道技术为例，高速列车轨道沉降误差以毫米计，标准比 F1 赛车跑道还高。中国高铁纵横东西南北，沿线有湿陷性黄土，有湿地，也有高寒之地，在这些地方，我国成功地解决了地质沉降和轨道热胀冷缩问题，有效地控制了钢轨全线高低误差，京广、京沪、哈大等线路正常行驶就是最好的证明。

以 2008 年 8 月京津城际高速铁路开通为标志，截至 2012 年底，高速铁路运营里程达 9356 公里，其间经历了六次提速，运营时速最高可达 350 公里，超过日本、法国居世界第一。我国已掌握了时速 250 公里、350 公里及以上的技术，以及涵盖设计施工、装备制造、系统集成、运营管理等高速铁路成套技术，成为世界上高铁运载人次最多、在建规模最大的国家。

2013 年 10 月，我国总理李克强对泰国总理英拉表示，中国高铁技术先进、安全可靠、成本具有竞争优势，希望加强合作。如果在曼谷和清迈之间架起高铁，其 678 公里的路程，高铁行驶将会比目前的 11 个小时缩短到 3 个小时。

如今世界对高速铁路需求广阔，不仅有东南亚，而且有美欧、俄罗斯、巴西、印度及中东等，如果货物运输也能实现高速，则全球将掀起铁路革命、运输革命。

推销大型装备制造产品往往与国际政治有关，与一国综合实力有关。面对相对不利的国际政治、安全环境，我国政府推销高铁等大型装备出口还需做出巨大努力。为此，需要立刻开始制定大型装备产品出口战略。对高铁而言，当前还需要解决的是高速铁路单独实现赢利、建立可复制的商务运行模式等，只有实现赢利才算真正成功，才能得到世界的认可。

类似的装备产品在我国还有核电、飞机及机械产品，如汽车、新能源汽车、新能源发电装备等。这些产品的出口与我国劳动密集型产品出口的做法大相径庭，需要我国企业学会国际营销，发展国际渠道，自主经营，搞好售后服务，只有这样才能培育出我国出口新优势。

第二，提升新一代信息产业出口优势。我国企业在电子电器、电脑、半导体、通信产业已经跻身世界前列。据了解，我国联想电脑出货已居世界第一；华为、中兴、小米生产的智能手机的市场占有率居于世界前列；华为、中兴制造的通信装备位居世界前列；格力、创维、TCL、海尔、海信等在家电领域已跻身世界前列。围绕新一代信息技术、云计算，我国企业的实力已经达到世界水平。然而，这些企业竞争实力与英特尔、苹果、三星、LG 等还存在较大差距。为此，需要鼓励和引导行业整合，优化配置资源，形成整体竞争力，以便形成我国外贸出口竞争新优势。

第三，积极发展区域合作、自贸区合作、新兴经济体合作，以合作促发展。在美国主导下，涵盖了美日、美欧、日欧之间的自贸区合作正在紧锣密鼓地推进。而我国也应积极参与 RCEP 合作，推动上合组织经济合作，加快中韩、中澳自贸区谈判，倡导全球新兴经济体合作，以合作化解贸易纠纷，以合作带动贸易发展。

第四，以投资带动贸易发展。凡是世界经济发生危机的地方，都是我国扩大投资、推行兼并的好时机。而扩大对外投资，不仅可以带动贸易增长，而且可以掌握经营主动权，积极开拓新渠道，发展自主品牌贸易。

第五，建议我国政府将电子商务交易数据纳入全局，做到既不漏报，也不重复计算。如前所述，我国电子商务交易跨境贸易规模占贸易总额的近一成，每年以 20% ~40% 的速度增长，足以影响全局。

第六，建议放弃以货币政策调结构的目标。我国实际利率与世界相比处于超高水平，不仅不利于扩大出口，而且没有达到调结构的目的。建议我国加快成立民营银行、电子商务银行，引入竞争机制，降低融资成本。

B.19
2013 年上海证券市场回顾与 2014 年展望

吴 谦 朱平芳*

摘 要：

2013 年前三季度，在海外经济复苏趋势向好而中国经济处于总体增速下滑、流动性紧平衡的经济结构转型的背景下，A 股市场总体呈现宽幅震荡行情，但结构性分化加剧，新兴行业涨幅居前，传统周期行业涨幅落后，债券市场在第二、第三季度也开始了深幅调整。展望 2014 年，A 股市场难以出现持续上涨行情，将呈现宽幅震荡的特征，存在结构性投资机会，建议投资者关注经济结构转型和改革红利受益的行业及具有优良成长性的上市公司。

关键词：

证券市场　经济结构转型　货币政策

一 2013 年上海证券市场回顾

2013 年前三季度，在海外市场复苏趋势向好、中国经济处于总体增速下滑、流动性紧平衡的经济结构转型的背景下，A 股市场总体呈现宽幅震荡行情，但结构性分化加剧，新兴行业涨幅居前，传统周期行业涨幅落后。债券市场可谓经历了多事之秋，从银监会八号文整顿“非标理财”开始，到债市监管风暴，再到央行要求商业银行加强资产负债管理以降低期限错配问题，在这

* 吴谦，国海富兰克林基金管理有限公司；朱平芳，上海社会科学院数量经济研究中心研究员。

一系列因素的影响下，2013 年第二季度和第三季度我国债券市场展开了深幅调整。

（一）影响证券市场的宏观面和政策面因素分析

1. 海外经济喜大于忧

（1）美国经济复苏趋势向好，但尚须进一步巩固

2013 年以来，美国整体经济延续了始于 2012 年下半年的企稳回升势头，无论是房地产、就业、私人消费还是信贷等都展现出不少令人欣喜的变化。进入第三季度后，此前一直在低位徘徊的美国制造业的表现也让人眼前一亮，7 月和 8 月的美国供应管理协会（ISM）制造业采购经理人指数（PMI）均创下近两年来新高（见图 1）。

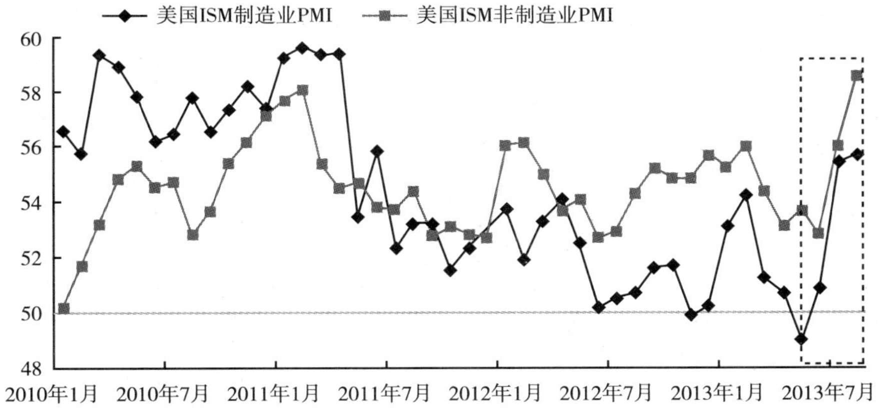

图 1　美国 ISM 制造业和非制造业 PMI

资料来源：Wind。

尽管美国经济复苏趋势向好，但过程并非一帆风顺，其间非农就业、消费者信心指数、新屋开工数等重要数据偶有反复。正因如此，出于对目前经济复苏基础尚未十分稳固的谨慎考虑，美联储在 2013 年 9 月的议息会议结束后宣布维持每月 850 亿美元的购债规模不变。但笔者认为，由于美国经济复苏的趋势已经形成，2013 年第四季度的经济运行情况依然整体向好，偶尔的数据不及预期并不能表明美国经济出现恶化，暂缓 QE 退出的时

间将不会持续太久。

（2）欧洲经济初露起色

受益于2013年以来美国经济的持续好转及欧洲央行的降息等刺激政策，2013年第三季度的欧洲经济指标开始出现改善。从7月开始，欧元区Markit综合PMI持续处于扩张区间，并接连创下近两年来新高（见图2）。欧元区的OECD综合领先指标也从2013年5月开始维持在100以上运行，表明欧洲总体经济已显示出复苏迹象。

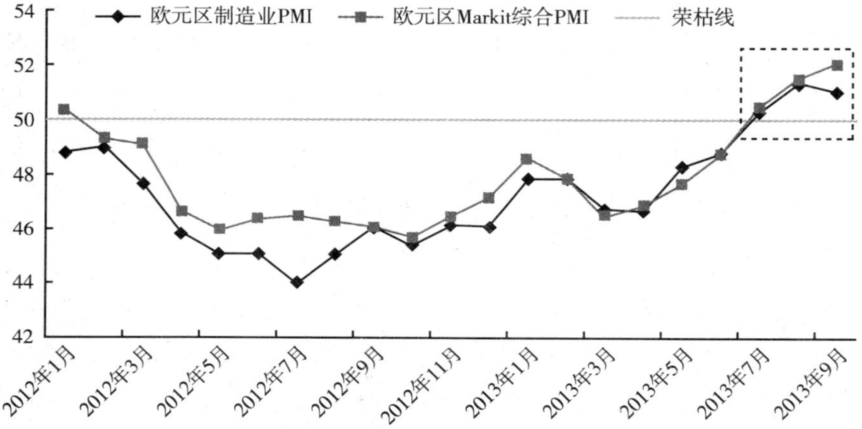

图2　欧元区PMI重回扩张区间

资料来源：Wind。

2. 转型期的中国经济复苏企稳

2013年第三季度我国GDP增速同比增长7.8%，比第二季度回升0.3个百分点，扭转了2012年第四季度以来的持续下行趋势。第三季度经济回升的动力主要源于经济前景预期好转的情况下总需求的恢复及企业补库存周期的重启（见图3）。而预期的好转则得益于第二季度以来一系列稳增长政策措施的密集出台，包括加快铁路建设投资、大力推进棚户区改造、加大信贷和债券融资等资金支持、促进信息消费、增加节能环保投资等，使得企业信心得到明显提升。

随着“稳增长、调结构、促改革”政策基调的确立，制造业投资增速和基建投资增速双双回暖，企业预期改善导致短期补库存现象出现。7月、8月工业增加值均出现超预期反弹（见图4），固定投资增速开始企稳，在信心回升下内需亦出现改善，我国经济呈现预期自我强化的阶段性回暖。

稳增长政策对企业预期的改善是2013年第三季度经济复苏的基础，在经济回到合理区间后，政策继续加码的可能性较低。中期来看，中国经济进入下一轮持续增长的条件并不成熟，经济恢复活力需要更多改革，预计未来1~2年内，经济周期仍将处于交替期（见图5）。

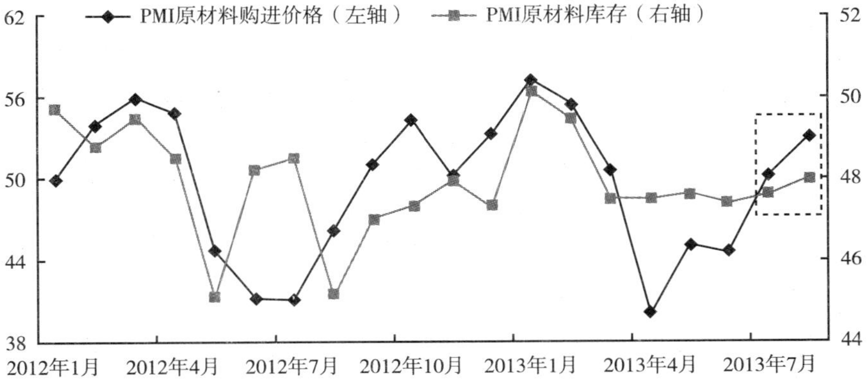

图3 企业补库存周期重启

资料来源：Wind。

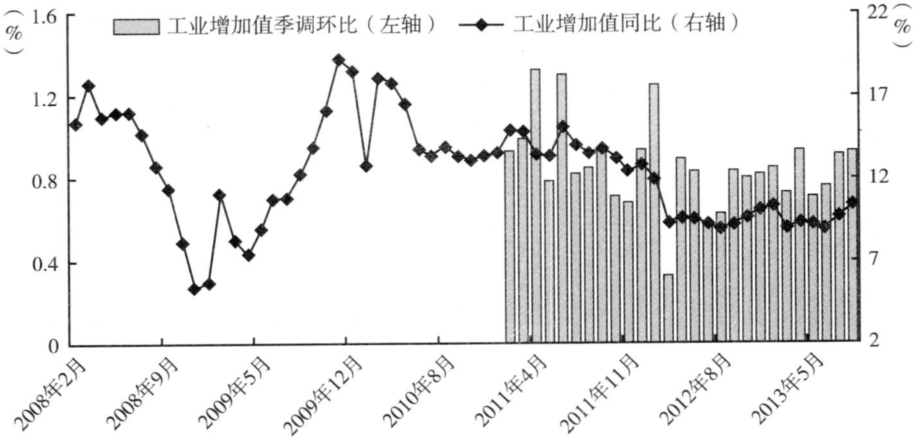

图4 工业生产强劲反弹

资料来源：Wind。

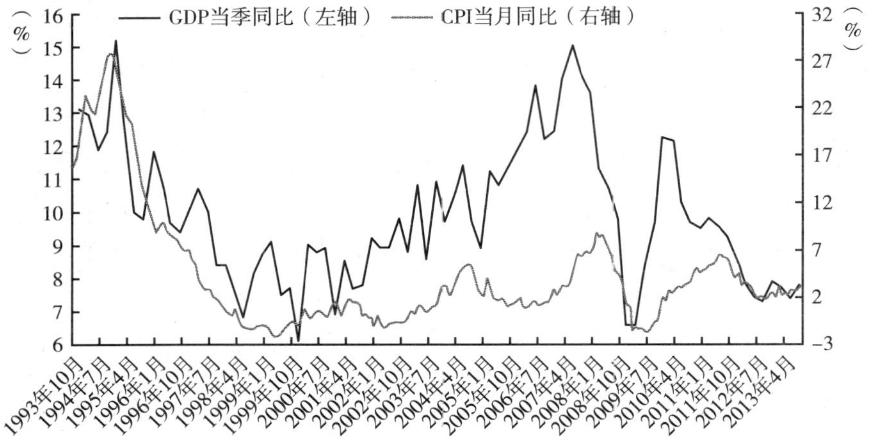

图5　中国GDP与CPI走势

资料来源：Wind。

3. “稳中偏紧”的货币政策

从2013年第二季度后半段开始，银行间市场的资金面一改上半年异常宽松的格局，多个期限的回购利率于6月20日创下历史最高纪录（见图6）。第三季度以来，尽管央行重启逆回购操作，但是市场投资者的情绪依然非常脆弱，资金利率易涨难跌，整体波动中枢远高于6月“钱荒”之前的平均水平。

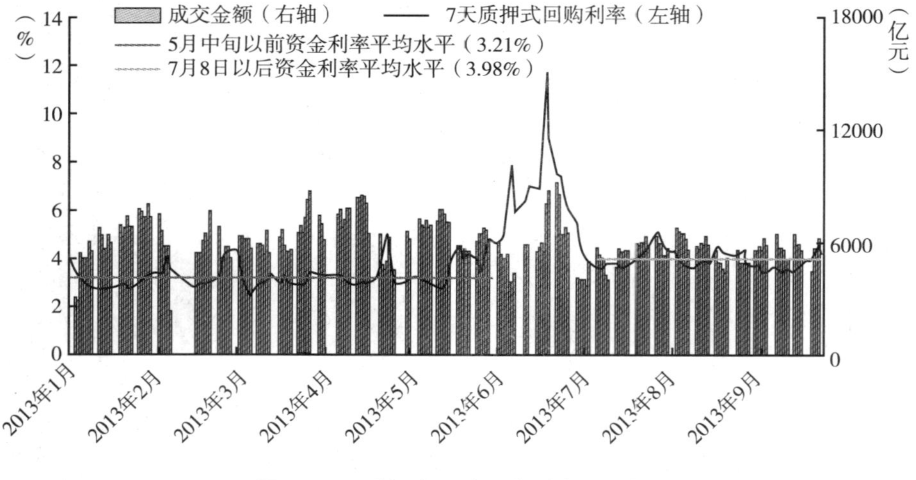

图6　7天质押式回购利率及成交金额

资料来源：Wind。

2013 年资金利率的大幅波动，一方面来自外部流动性的大起大落，另一方面则缘于内部流动性监管的加强超出了大部分投资的预期，资金面前景的不明朗使得机构态度趋于谨慎。从外部流动性来看，外汇占款自 2012 年末开始回暖，2013 年前四个月则超预期地大幅流入，尤其是 1 月的单月增量达到 6837 亿元的历史新高，造成上半年大部分时间国内的流动性异常“充裕”。然而从 5 月开始，受美国经济强劲复苏、美联储退出 QE 预期明显升温等因素的影响，以印度卢比、泰铢等为首的新兴市场国家货币竞相进入贬值通道，国际投机资金大幅回流美国。尽管人民币成功避免大幅贬值，汇率相对稳定，但外汇占款规模自 5 月开始依然大幅回落（见图 7）。与此同时，5 月以来国家外管局连续发文加强对违规跨境套利贸易的监管力度，进一步导致资金外流加速，其中 6 月和 7 月的外汇占款更是下滑到负增长的水平。不可否认，2013 年以来外汇占款单月增量的巨幅变化是导致国内资金利率异常波动的关键因素之一。

而从内部流动性来看，2013 年上半年社会融资总量大幅增长，但是传统的表内信贷融资与总融资规模之间的差距持续扩大，表明 2013 年以来金融脱媒化有加速的趋势（见图 8）。在银行表外理财中，非标资产的快速增长、代持现象的日趋常态化、同业资产负债期限错配的不断创新以规避监管等行为逐

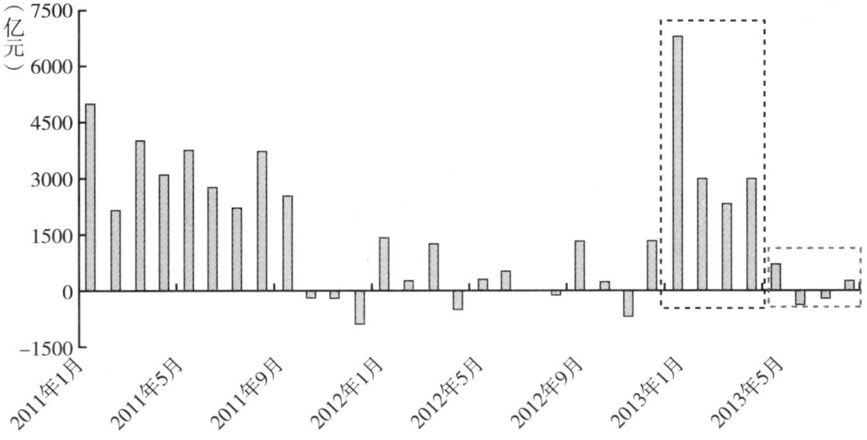

图 7　2011 年 1 月至 2013 年 5 月外汇占款大起大落

资料来源：Wind。

渐引起监管机构的高度重视。从银监会八号文整顿“非标理财”开始，到债市监管风暴、规范同一金融机构法人不同账户间交易，再到央行要求商业银行加强资产负债管理以降低期限错配问题等，都充分体现出监管层建立审慎监管以防范系统性金融风险的管理思路。

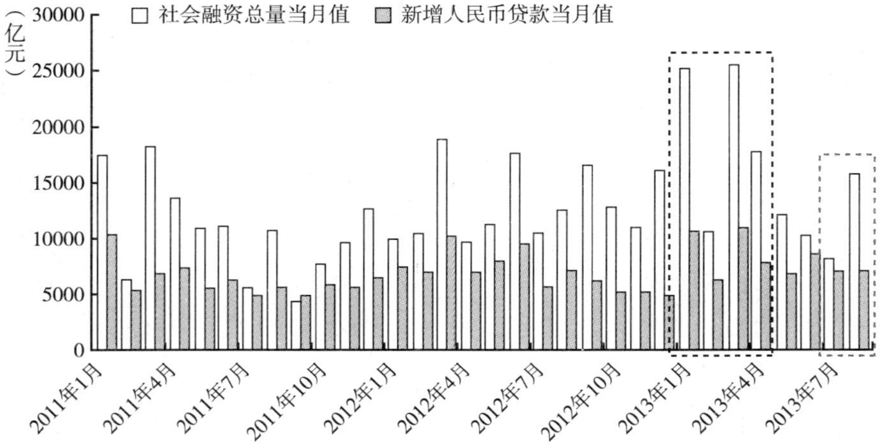

图8　2011 年 1 月至 2013 年 7 月社会融资总量增长情况

资料来源：Wind。

（二）2013 年前三季度 A 股市场总体震荡，结构性分化加剧

2013 年前三季度 A 股市场总体呈现宽幅震荡行情，但结构性分化加剧。前三季度，上证综指和沪深 300 指数分别下跌 4.16% 和 4.51%，但代表中小市值公司的中证 500 指数和中小板指数则分别上涨了 18.23% 和 23.55%，而创业板指数更是上涨了 91.62%（见图 9）。

A 股市场以成长股上涨主导结构性行情，新兴行业涨幅居前，传统周期行业涨幅落后，前三季度各行业走势的分化非常严重。按照申万一级行业分类，信息服务行业涨幅高达 103%，而表现最差的采掘业下降了 26%（见表 10），相差 129 个百分点。

2013 年以来，市场结构分化的内在逻辑在于市场对新政改革主导下的经济结构转型寄予厚望，新兴行业的强劲上涨其实有很强的基本面支撑。从长期来看，互联网电视、互联网金融以及移动互联网等新兴产业正在前所未有地颠覆着人们的生活。

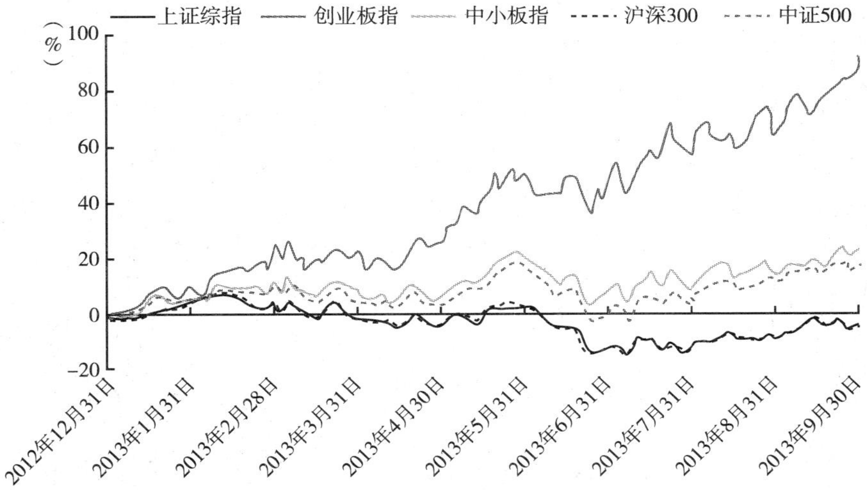

市场指数	上证综指	沪深300	中证500	中小板指	创业板指
2013年前三季度涨幅	−4.16%	−4.51%	18.23%	23.55%	91.62%

图 9　2013 年前三季度市场主要指数的走势分化加剧

资料来源：Wind。

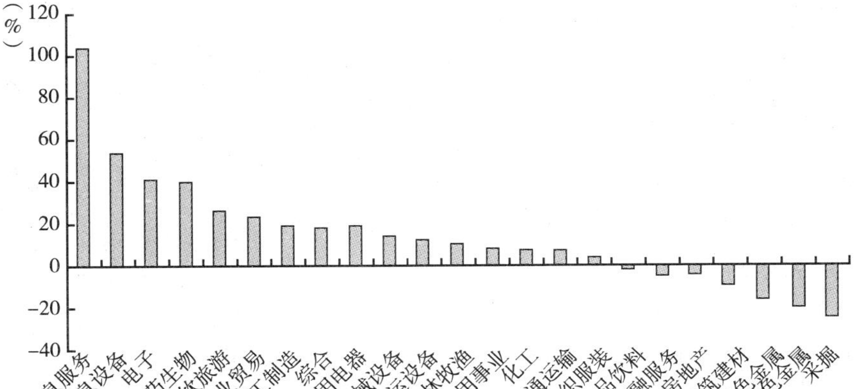

图 10　2013 年前三季度行业指数的走势分化显著

资料来源：Wind。

（三）债券市场情况回顾

2013 年债券市场呈冲高回落态势，第一季度在流动性宽松及经济下行预期的推动下，债券市场走出了一波温和上扬行情。从第二季度开始，市场氛围出现紧张局面，主要受到监管风暴及“钱荒”等因素的影响，资金面在 5 月和 6 月都有明显收紧，债券市场中短端收益率飙升。整体来看，中债银行间国债收益率曲线和中债银行间企业债收益率曲线均在第一季度陡峭化扭转，第二季度以后整体平坦化上行（见图 11、图 12）。前三季度，国债、信用债收益率上行，利率债表现更为惨烈，调整是从短端传导到长端、高评级再传导到低评级。前三季度，中债综合净价（总值）指数下跌了 1.82%，中债国债总净价（总值）指数下跌了 3.22%，中债信用债总净价指数下跌了 0.93%。

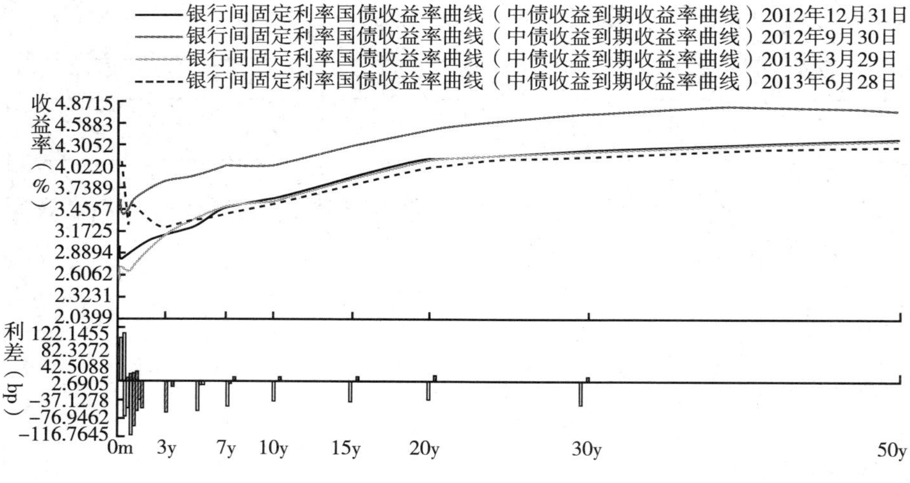

图 11　银行间固定利率国债收益率曲线

资料来源：Wind。

（四）基金市场运行情况

1. 新基金发行创新高，低风险产品受青睐

2013 年前三季度，基金市场共有 292 只基金完成募集，募集规模总计 4642.99 亿份，发行数量和发行规模较 2012 年全年均有显著提升（见表 1）。

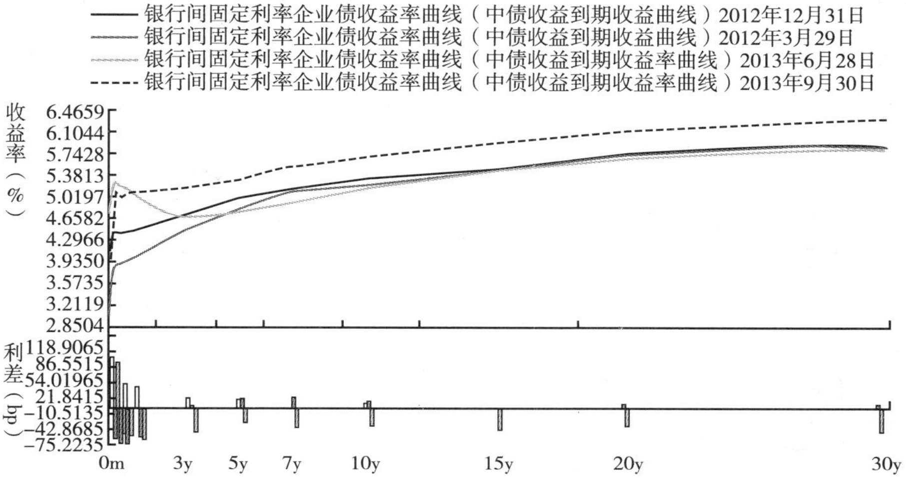

图 12　银行间固定利率企业债收益率曲线

资料来源：Wind。

这既得益于发行规则的简化，又因为市场竞争压力的扩大，各基金公司纷纷在产品设计上下足功夫，希望能有所创新，从而吸引投资者投资，抢占市场份额。但

表 1　近几年新基金发行情况

单位：只，亿份

年份	新基金数	发行总份量	平均发行份量
2001	5	157. 26	31. 45
2002	18	557. 95	31. 00
2003	40	683. 18	17. 08
2004	51	1821. 35	35. 71
2005	57	1002. 79	17. 59
2006	90	3889. 69	43. 22
2007	39	4168. 63	106. 89
2008	93	1706. 32	18. 35
2009	118	3763. 20	31. 89
2010	147	3099. 84	21. 09
2011	211	2762. 46	13. 09
2012	260	6446. 63	24. 79
2013(前三季度)	292	4642. 99	15. 90

资料来源：Wind。

单只基金的平均发行规模为15.90亿份，较大幅度地低于2012年的平均发行规模（见图13）。从新产品发行结构上看，中低风险的债券型基金和货币市场基金的发行数量占比超过6成，募集份额占比达到8成。

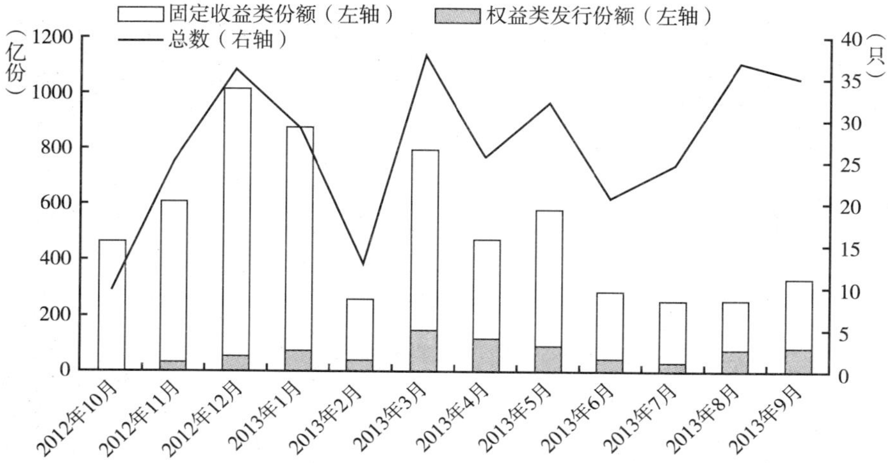

图13　2012年10月至2013年9月新基金发行情况

资料来源：Wind。

2. 基金创新产品层出

（1）ETF创新产品加速

ETF（交易型开放式指数基金）是近几年基金市场创新的重要领域，继2012年跨境ETF推出后，ETF的投资标的从股票市场扩充到了债券市场、货币市场及黄金市场。

国泰上证5年期国债ETF、嘉实中证中期国债ETF和博时上证企债30ETF等债券ETF的推出，不仅是基金市场的重大创新，而且对中国债券市场的长远发展具有重大意义，通过转托管的形式将银行间的债券存量及流动性引入交易所市场，对提高交易所流动性不佳的跨市场挂牌债券的交易活跃度将起到重要作用，对促进场内场外市场互联互通、建设规范统一的债券市场也意义重大。

华宝兴业现金添益交易型货币市场基金和银华交易型货币市场基金的推出，使客户能用自己在证券账户中的保证金余额直接购买货币ETF，而需要购买股票时再直接赎回，实现“T+0”操作，提高了二级市场客户保证金的使用效率。

黄金 ETF 的推出也是2013 年基金产品的另一大创新。华安基金和国泰基金均发行了黄金 ETF，主要投资于上海黄金交易所的现货合约，跟踪黄金现货的价格，让黄金 ETF 的投资者完全享受到金价的投资涨幅，享受到金价的投资收益。商品、股票、债券、现金资产是最重要的四类资产配置工具。黄金作为重要的商品类别，可以与 A 股、债券和货币资产形成互补，从而将投资者的投资范围从证券市场拓展到商品市场。另外，黄金 ETF 有利于扩大黄金市场的投资者范围，丰富投资者种类，有利于形成黄金市场与其他金融市场协调发展的局面，有利于进一步完善我国金融市场体系，扩大金融市场的深度和广度。

（2）货币基金的创新一浪高过一浪

为满足投资者生活、消费、投资各类需求，基金公司针对货币市场基金的创新，可谓一浪高过一浪，极大地拓展了货币基金的范畴，主要从货币基金的交易功能和支付功能两方面展开。交易功能主要针对场内保证金，通过场内实时申赎或者 ETF 二级市场交易，实现货币市场基金与股票等场内交易工具的无缝对接；而支付功能的创新则是围绕着网购支付和多账户还款展开。部分货币市场基金增加了购物还款支付功能（见图 14）。比如易方达货币市场基金开通了“智能金账户”和“快溢通”功能，这是易方达基金分别与广发银行、交通银行联手打造的以提高客户闲散资金收益为目标的新型智能金融服务。服务开通后，借记卡里的闲置资金将按协议约定自动申购为易方达货币市场 A 级基金，追求高于活期存款的理财收益；信用卡还款时系统将自动比对账单、自动赎回货币基金还款。利用储蓄卡现金收入与信用卡还款“时间差”，实现“一钱两用”。根据投资者对到账速度要求的提升，部分货币市场基金实现了“T+0”快速赎回功能。比如，易方达货币市场基金实现了 10 万元以下资金“T+0”快速赎回、1 分钟内到账的功能，并可以在手机客户端上实现操作，非常方便。部分货币市场基金业务实现了自动余额归纳功能。华夏基金与工行联手推出“余额理财”功能——系统可自动把设定的金额申购为华夏现金增利货币基金，华夏现金增利基金化身为“现金管家”，为投资者提供了工资理财的便捷途径。

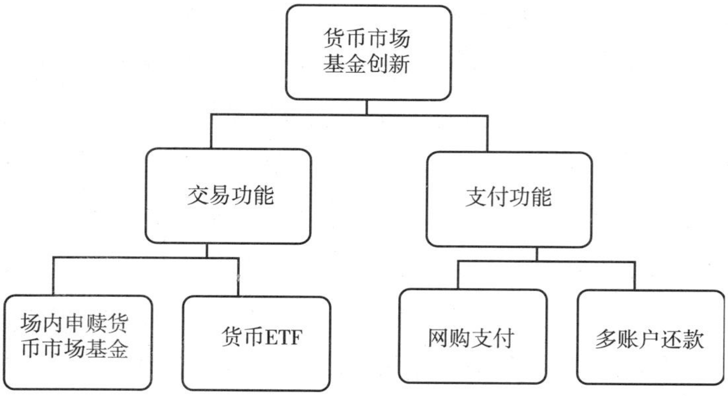

图 14　货币市场基金的创新

互联网企业与基金业的合作是 2013 年的一大亮点。各家基金公司亦将互联网金融的创新当做重中之重。天弘基金发行天弘增利宝货币市场基金后，火速与支付宝对接，成立了“余额宝”。截至 9 月底，余额宝即天弘增利宝货币基金规模已达到 556.53 亿元，成为全市场最大的基金。“余额宝”的出现点燃了互联网金融的战火，基金公司在积极抢滩互联网金融这片“蓝海”。天弘阿里旗下的支付宝、淘宝，腾讯旗下的财付通，以及百度都成为各家基金公司争先合作的对象。目前，在国内互联网公司中，BAT 三大互联网巨头（即百度、阿里巴巴和腾讯）均已获得支付牌照，此外，新浪、网易、盛大也都推出了自己的支付工具。可以看到的是，阿里巴巴的“余额宝”已携近百亿元资金向虚拟银行进一步迈进，而腾讯也打出金融牌照申请并与证券公司传出合资的计划，引得诸多券商试水证券电商，掀起一场互联网金融市场的“海啸”。

二　2014 年上海证券市场展望

（一）影响证券市场走势的主要因素

对 2013 年第四季度和 2014 年证券市场走势的判断，主要从海外经济形势、国内宏观经济趋势和政策层面展开分析。

1. 全球经济温和复苏，但仍存在不稳定因素

2013 年全球经济逐步走出低谷，继续保持缓步增长，形势继续朝好的方向发展，但不稳定、不确定的因素依然突出，国际金融危机的深层次影响仍未消除，跨境金融风险问题凸显，实现世界经济全面复苏和健康成长仍然面临严峻挑战。发达国家经济复苏成为全球经济复苏的重要推动力量，出现一些好转迹象，但其结构性问题远未解决；新兴市场国家的经济增长普遍放缓，面临较大下行压力。

（1）美国

美国 2013 年经济呈现温和复苏态势，但 9 月失业率为 7.2%，仍远高于危机前水平。美联储量宽政策退出的步伐仍不确定，债务上限问题虽暂时延期至 2014 年 2 月 7 日，但仍将长期存在，成为美国及世界经济的最大隐患，政府关门事件对实体经济产生了较大的负面影响。远期来看，美国仍面临巨额债务的可持续问题，紧缩财政对经济的拖累效应将长期存在。

（2）欧元区

在德国和法国经济形势反弹的推动下，2013 年第二季度欧元区经济环比折年率增长 1.1%，2011 年第四季度以来首次实现增长，经济出现复苏曙光。但欧元区当前复苏的基础仍不牢固，还未摆脱债务危机泥潭，实体经济仍然脆弱，8 月失业率高达 12%。欧元区存在的制度性、结构性问题仍未得到妥善解决，经济增长的初步迹象依然很弱，不同成员国之间的经济增速依然明显。

（3）日本

“安倍经济学”推动日本 2013 年第二季度 GDP 环比折年率增长 3.8%，连续三个季度实现增长，并成功走出通缩，8 月 CPI 同比增长 0.9%，创近 5 年新高。日本经济的短期恢复得益于超宽松货币政策、日元急速贬值和政府的大规模公共投资刺激。“安倍经济学”目前仍以需求刺激为主要手段，未来仍需解决财政可持续性问题和通过经济结构性改革提供长期发展动力问题。

（4）新兴市场

2013 年第二季度，巴西、印度、俄罗斯、南非 GDP 分别同比增长 3.3%、2.4%、1.2% 和 2.0%，整体来看金砖国家经济增速较 2010 年的危机快速恢复时期出现明显回落。但通胀水平居高不下，其中印度 8 月 CPI 高达 10.8%。

新兴市场国家保持快速发展的困难增多，内部原有的增长优势和政策驱动力边际效应递减，普遍面临经济增长放缓、外部需求疲软、失业率升高、社会矛盾凸显、财政压力增大、债务规模上升、资本快速外流等问题。

2. 中国处于新经济常态

中国经济未来最大的变化在于其“常态背景”发生重大变化。过去十年的常态背景是，经济在外贸和投资的拉动下保持两位数增长，宏观调控的主要目标在于防止经济过热；资本、贸易双顺差，宏观流动性的水位在不断上升，央行的收紧速度赶不上水位上升的速度。经济内生动力强劲加上流动性充裕，造成了虚拟市场的繁荣，受益领域包括房地产、收藏品和股票流通市值等。

过去十年我国取得了越来越大的国际经济贸易市场份额，靠的是低成本，而这个成本优势在今后 5～10 年内很可能被大幅度削弱，甚至丧失这一优势。成本上升的主要原因有五个：劳动力成本的上升、环保成本的上升、土地成本的上升、资源和能源成本的上升、人民币升值。这些因素在过去 5～10 年中不断累积，在过去两三年中进一步加速。为什么近年来的宏观调控越来越频繁、越来越短期化？原因之一就是在成本升高后，几个调控目标之间越来越难以兼顾，政策腾挪空间越来越小。过去 20 年的 WTO 红利在快速消失，由此促动的工业投资和产能扩张的动力也成为无源之水，反而形成了产能过剩和去产能动力。消费剔除出口、消费和工业投资，剩下基建投资和房地产投资，然而这两个领域的需求会受到银行、地方和中央资产负债表的硬约束。

流动性方面，在资本流入与外汇占款投放放缓的大背景下，放松流动性将成为央行调控的新常态，但央行的“放水”和流动性水位下降很可能相伴而生，如同过去十年收紧与水位升高的关系一般。而扩张地产和基建投资（作为政策“保增长”的主要手段），将通过商业银行的表外资产扩张，挤占本不宽裕的流动性，虚拟市场承受的压力会更大。

（二）2013 年第四季度及 2014 年 A 股市场行情展望

当中国经济总量增长系统性放缓后，经济结构将面临强大的调整需求，经济结构调整将沿着“寻觅新经济”和“改革历史积弊”两条线展开。一方面，企业和政府将自发寻找经济转型的方向，如生物制造、清洁能源、信息技术等战略性新兴制造业，以及传统制造业升级、信息化、智能化等；另一方面，政府也将通过改革来修补过去十年传统经济发展带来的积弊，如加大环保投入、国企改革、政府职能转变、土改、军工建设等，以期重整经济基础。宏观流动性由过剩转向平稳趋紧，通胀水平在产能过剩的背景下长期保持较低水平。

中国（上海）自由贸易试验区范围涵盖上海市外高桥保税区、外高桥保税物流园区、洋山保税港区和上海浦东机场综合保税区四个海关特殊监管区域，在其揭牌后的三年内，主要的受益者应该还是28 平方公里区域内的企业，它们可以享受行政效率提高、贸易和金融自由所带来的商机和优势。与此同时，自贸区外的长三角企业则可以通过区内区外的互动对接来分享自贸区改革的好处，可以通过自贸区的企业共享全球贸易需求和资本。贸易需求带动金融服务，由自贸区一点连接中国和全球的货物和资金，帮助中国外贸在新的国际准则下成功“突围”。这一概念可能转化成的经济利益将给 A 股市场带来板块活跃的催化剂。

美国量宽政策的退出预期、我国十八届三中全会政策的改革措施与落实、流动性是否充裕以及新股开闸等是影响 A 股市场的重要因素。在中国处于整体经济增长速度下滑、流动性紧平衡的新经济常态下，股指很难有趋势性机会，将以震荡或结构性行情为主。但对应于经济结构转型及产业升级，将存在结构性的投资机会，建议投资者关注在经济转型和政策受益的行业和个股中寻找机会，但应注意过分被热炒的题材股、透支业绩的高市盈率成长股所蕴涵的较大风险。

（三）债券市场展望

影响债券收益率的因素从长期看，主要受制于通胀水平和经济增长水平的中枢变化，短期主要看流动性、债券供给—需求、机构行为以及政策监管性因素的影响，而利率市场化进程在某种程度上又干扰了市场利率的中枢波动。可见，债市的驱动因素在不同的经济环境下是动态变化的，在经济结构转型的未来5～10年甚至更长时间内，利率市场化进程将是影响债市的重要因素。笔者认为，2013年第四季度和2014年债券市场的驱动因素主要是经济基本面、流动性和监管政策、机构行为等。

经济基本面方面，2014年整体经济环境继续有利于债券市场：中国经济增速下滑，中短期内难以出现明显回暖，通货膨胀也难以成为影响市场的主要因素，大概率上对债市不会产生较大影响。

2014年央行仍将继续采取稳中偏紧的货币政策，在保持合理货币信贷总量的基础上，加强政策的针对性和灵活性，适时适度预调微调，在资金利率波动加大的时点通过适度的公开市场操作稳定市场预期。央行“锁长放短”的货币政策仍将维持流动性整体的紧平衡格局。央行货币政策操作正在经历从利率管理向收益率曲线管理的转变。传统的以短期利率为货币政策工具的政策框架遭遇到传导机制不顺畅的困境，需要央行在整条收益率曲线上分别施加影响。利率管理是货币政策的一阶导管理，收益率曲线管理是二阶导管理。在收益率曲线的短端，央行以逆回购利率牵引7天回购利率和Shibor；在长端则是3年期央票的发行与续作，牵引LPR利率。两者可以存在方向相反的状态，原因是央行在长短端的目标可以有差异。

债市监管政策有利于债市的持续健康发展。2013年政府加强了对债市的监管，监管层出台了八号文规范“非标理财”、十号文严控商业银行平台贷款和债市治理丙类账户和代持行为的监管风暴等。笔者认为，政府采取这些监管措施是为了把未来的系统性金融风险消灭在萌芽状态，确保不发生金融风险。债市监管措施的升级导致机构头寸紧张、代持现象减少、资金结构性不匹配，理财和自营之间交易受限使得银行在资金调配方面比较困难，但经过2013年6月的“钱荒”后，商业银行加强了流动性管理，对债券配置减少的力度可能告一段落，未来对债券的需求可能逐步恢复，有利于债市回暖。

债券市场经过2013年第二、第三季度的充分调整后，资金面冲击及信用资质恶化等负面因素已基本被市场下跌所反映，目前债券收益率处于较高水平，债券市场收益率处于平坦化态势。流动性是2013年第四季度的主导因素，资金成本的高低对机构加杠杆获得息差的投资模式影响比较大。第四季度财政存款会集中投放，资金面相比第三季度有望好转。尽管第四季度基本面不会对债市构成明显压力，但在基本面和政策面的拐点尚未出现之前，整体债市的策略仍将以偏防御为主，趋势性行情短期内恐怕难以出现，但笔者认为 2014 年第一季度将迎来较好的债券配置时机。

市场价格与收入分配篇

Market Price and Income Distribution

B.20
农村劳动力转移现状和趋势

蔡 昉 王美艳*

摘 要：

基于中国经济已经经历的发展阶段和发生的转折，本研究尝试重新估算农业劳动力及其比重，描述和分析农业劳动力的人口特征，并对刘易斯转折点之后农村劳动力转移的趋势进行判断。研究发现，由于传统统计方式不能恰当区分劳动力的实际务农时间，官方统计高估了农业劳动力的数量和比重。与城镇劳动年龄人口相比，农村劳动年龄人口的年龄构成更加老化，经济活动人口和就业人口的状况也同样如此。研究指出，刘易斯转折点之后，中国的农村劳动力将继续转移，而且转移的速度并不应该有丝毫减慢。

关键词：

农业劳动力 劳动力转移 刘易斯转折点

---

* 蔡昉，中国社会科学院人口与劳动经济研究所所长；王美艳，中国社会科学院人口与劳动经济研究所研究员。

基于中国经济已经经历的发展阶段和发生的转折，本报告从经济理论和中国现实出发，把对农村劳动力转移过程的回顾、现状的描述与分析，以及刘易斯转折点之后劳动力转移趋势的判断结合起来，提供有助于理解农村劳动力的数据系列，提出对政策调整的建议。由于对刘易斯转折点之后农业劳动力剩余程度及未来的劳动力配置趋势存在着诸多不尽相同的认识，本报告借助已有的研究成果，尝试重新估算农业劳动力及其比重，阐述关于劳动力进一步转移的观点，并提出相应的政策建议。

一　农业劳动力数量和比重

根据国家统计局的数据，1978 年和 2012 年，中国农业劳动力总量分别为 2.83 亿人和 2.58 亿人，其间农业劳动力比重从 70.5% 下降到 33.6%，平均每年下降的幅度为 2.2%。这个农业劳动力比重下降幅度，显然快于改革开放之前，如 1953 年这个比重为 83.5%，到 1978 年的 25 年间仅仅下降了 13 个百分点。

然而，从改革开放以来的经济增长和产业结构变化速度看，过去 34 年中农业劳动力比重下降的速度或者是不尽如人意的，或者是统计上存在低估的倾向。首先，改革开放以来 30 余年的农业劳动力转移是前所未有和高度浓缩的。劳动力流动和人口迁移的一个重要结果是，城市化率从 1978 年的 17.9% 提高到 2012 年的 52.6%，其间平均每年提高 3.2% 或 1 个百分点。其次，国际经验显示，具有可比性国家的农业劳动力比重的下降速度非常快。例如，与中国同样经历二元经济发展并实现了高速增长的日本和韩国，在相同的时间区间，农业劳动力下降速度均要大大快于中国。例如，日本在 1953 ~ 1987 年的 34 年里，农业劳动力比重的下降速度为每年 4.5%，韩国在1963 ~ 1997 年的 34 年里，农业劳动力比重的下降速度为每年 5.1%，都比中国在 1978 ~ 2012 年的 34 年里的农业劳动力比重的下降速度（每年 2.2%）快 1 倍以上。

根据官方统计，2009 年我国农业劳动力为 2.89 亿人，占全国劳动力的比重仍然高达 38.1%。这种高估在很大程度上是由传统统计方式不能恰当区分劳动力的实际务农时间造成的。因此，如果能够把务农时间更加准确地区分出来，无疑会得出更有说服力的结论。一项基于农村住户调查资料的研究突破了以往只能对劳动力就业按照年度进行分类的局限，把农村劳动力在不同经济活动中的劳动投入以人月进行了划分，得出务农劳动力总数为1.87亿人的结果。官方统计把农业劳动力总数高估了1亿多，高估比例为54.5%。根据这个重估的务农人数，如果仍然按照2009年中国城乡就业总人数7.9亿人为基数的话，农业劳动力占全部城乡就业的比重就不是38.1%，而只有24.7%（都阳、王美艳，2011）。

2009年农业劳动力实际数量是1.87亿人，仅为统计年鉴数字2.89亿人的64.7%，从这一重估结果出发，可以重新构造一个农业劳动力数量和比重数据系列（见表1）。固然，这个新的数据系列包含了一些不可避免的假设，但是它仍然有助于我们理解中国实际发生的产业结构调整，以及劳动力配置现状，并对未来做出展望。实际上，做出下面两个假设，不仅有助于读懂表1所重新估算的农业劳动力数量，还能从这个数据系列中发现一些必要的政策含义。

表1 农业劳动力的重新估计

单位：万人

年份	统计年鉴数			估计数	残差
	第一产业	第二产业	第三产业	第一产业	年鉴数减估计数
1984	30868	9590	7739	30868	0
1985	31130	10384	8359	30255	875
1986	31255	11216	8811	29655	1600
1987	31662	11726	9395	29066	2596
1988	32249	12152	9933	28489	3760
1989	33224	11976	10129	27924	5300
1990	38914	13856	11979	27369	11545
1991	39098	14015	12378	26826	12272
1992	38699	14355	13098	26294	12405
1993	37680	14965	14163	25772	11908
1994	36628	15312	15515	25260	11368
1995	35530	15655	16880	24759	10771
1996	34820	16203	17927	24267	10553
1997	34841	16547	18432	23786	11055
1998	35177	16600	18860	23314	11863

续表

年份	统计年鉴数			第一产业	残差
	第一产业	第二产业	第三产业	估计数	年鉴数减估计数
1999	35768	16421	19205	22851	12917
2000	36043	16219	19823	22397	13645
2001	36399	16234	20165	21953	14446
2002	36640	15682	20958	21517	15123
2003	36204	15927	21605	21090	15114
2004	34830	16709	22725	20671	14158
2005	33442	17766	23439	20261	13181
2006	31941	18894	24143	19859	12082
2007	30731	20186	24404	19465	11266
2008	29923	20553	25087	19078	10845
2009	28890	21080	25857	18700	10191
2010	27931	21842	26332	18328	9602
2011	26594	22544	27282	17965	8629
2012	25773	23241	27690	17410	8363

资料来源：国家统计局：《中国统计年鉴》（历年），中国统计出版社；都阳、王美艳（2011）。

第一，为了把基于2009年的农业劳动力数量估计构造成一个时间序列数据，我们先假设在随后的年份，即2010～2012年，每年实际农业劳动力皆为统计年鉴数字的64.7%。进一步，我们假设从1984年家庭承包制在全国推广起，农业剩余劳动力开始实质性转移，因此，2009年显示出的农业劳动力估计数与统计数据之差，是从1984年开始逐年增加并累积的。因此，我们假设各年以相同的速度变化，把2009年的估计结果倒推到1984年。

第二，由于我们无法知道农业劳动力的估计数与统计年鉴数之间的差额，是否转移到第二产业和第三产业，以及按照怎样的比例在第二产业和第三产业中分布，因此，将其单独列出作为“残差”。实际上，这个“残差”既可能以不同的比例增加第二产业或第三产业的就业数量，又可能在某些特定年份表现为短暂的农业就业数量增加。例如，在20世纪80年代末和90年代初经济调整期间，以及2008～2009年金融危机时期，这种情况就可能发生。这个“残差”项的一个重要含义是，按照特定时期的农业生产率水平，这些劳动力一旦转移出来，就不再为农业生产所需要。因此，保持非农产业就业的稳定和持续增长，在社会生活上接纳转移劳动力，对维护长期就业稳定性来说是不容忽视的。

上述对农业劳动力数量和比重的重新估算，可以与其他一些研究相互印证。笔者根据2005年实际上实现了就业转移的农村劳动力情况，重新估算的农业实际就业人数为2.85亿人，占当年全部就业人数7.46亿人的38.2%。根据不同的农业劳动力需求假设，剩余劳动力比例为5%～13%（蔡昉、王美艳，2007）。这个数字和比例虽然比表1的估计高，但是仍然显著地低于统计年鉴44.8%的农业劳动力比重。另一项研究使用农业部农村经济研究中心年度调查数据，重新构造了农业和非农产业就业数据，发现非农就业人数从1978年的1.44亿人增加到2007年的5.68亿人，相应的，农业就业比重降低到26.2%（Brandt and Zhu，2010）。这个数据系列与表1显示的估计数更加接近。

二　农业劳动力的人口特征

由于改革开放以来劳动力流动性大大增强，以及户籍制度改革相对滞后，使得劳动力在城乡的实际分布与户口登记严重脱节，因此，当我们谈到农村劳动力的时候，实际上有两种含义：一是指户籍身份意义上的农村劳动力，即持有乡村农业户口的劳动力，无论其是在乡村就业还是在城市就业；二是指常住地（6个月及以上）意义上的农村劳动力，即无论其户口登记地在哪里，但其就业的常住地是乡村。两种含义的农村劳动力实际上是有交叉的。前一种含义的农村劳动力最典型的划分方式是将农村劳动力分为两个人群，即农业劳动力和农民工。后一种含义的农村劳动力虽然理论上包括非农村户籍人口，但是主要还是由农村户籍人口构成，他们就业于乡村，包括农业劳动力和农村非农产业的就业者。因此，本文以农村劳动力为整体，对农业劳动力、本地就业农民工和外出农民工三个群体进行考察，基本可以囊括全部农村劳动力的情况。

按照第六次全国人口普查定义的常住人口这个口径，农村16岁及以上劳动年龄人口数为5.12亿人，农村就业人口数为3.94亿人，其中农业劳动力

（从事农、林、牧、渔业的劳动力）数为2.94亿人。由于在就业时间上界定有问题，这几个数字有很大的高估可能性，并且劳动年龄人口未设上限，所以这几个口径的人口数与前面我们进行分析时使用的数据不尽相同，但是仍然可以依据普查数据对农村劳动力的一些重要特征进行考察。

特别有意义的是农村劳动年龄人口、经济活动人口、就业人口和农业劳动力的年龄特征。以往的研究已经表明，由于劳动力大规模外出，按照常住人口计算，农村人口的老龄化程度已经超过城市。而在观察劳动年龄人口的情况下，我们可以看到，这个作为劳动力基础的人口群体，也呈现了严重的老龄化趋势。“六普”数据显示，按照常住人口的定义，在农村16岁及以上劳动年龄人口中，16～20岁年龄组人口比重为9.1%，21～30岁为17.4%，31～40岁为18.4%，41～50岁为20.4%，50岁以上为34.7%。而相同口径的城镇劳动年龄人口年龄构成则是16～20岁占10.2%，21～30岁占21.3%，31～40岁占21.9%，41～50岁占19.7%，50岁以上占27.0%。相应的，比较农村与城镇经济活动人口和就业人口的年龄结构，也可以得出与此十分相似的结果。而农业劳动力的年龄结构显现出老龄化程度更高，16～20岁年龄组人口比重为3.4%，21～30岁为16.7%，31～40岁为19.3%，41～50岁为26.4%，50岁以上为34.6%。换句话说，在农业劳动力中，40岁以上的年龄组人口占到61%。

反差最大的是把农业劳动力的年龄结构与农民工（包括本地和外出农民工）进行比较。结合普查数据和农民工监测调查数据可以看到，2010年，农业劳动力中30岁以下人群比重只有20.1%，50岁以上的则有34.6%；而农民工这两个年龄组的比重分别为42.4%和12.9%（见图1）。不仅如此，这里显示的农民工中有38.8%是未出乡镇的本地就业农民工，如果与更为年轻的离开本乡镇的外出农民工进行比较的话，年龄反差要强烈得多。例如，据国家统计局调查，2011年，在本乡镇就业农民工中，有60.4%的人年龄在40岁以上，而在离开本乡镇外出的农民工中，40岁以上的仅占18.2%。

前面我们已经讨论过农业劳动力的数量及其在全部劳动力中的比重。这里，我们将其放在农村的背景下做一些补充性描述。首先，我们已经知道，由

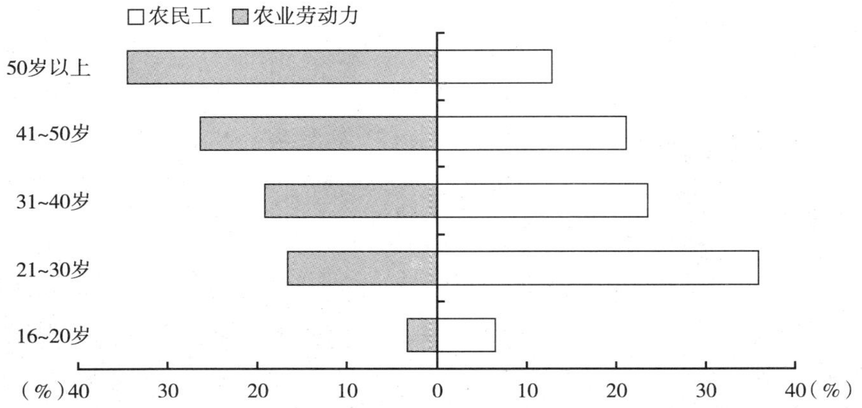

图1　农民工与农业劳动力年龄结构比较

资料来源：第六次全国人口普查数据；国家统计局：《2012 年全国农民工监测调查报告》，http：//www. stats. gov. cn/tjfx/index. htm。

于青年人受教育程度更高，年龄成为劳动力外出的一个优势，所以留下的农业劳动力的老龄化程度远远大于农村非农就业者以及外出农民工。其次，在全部农村劳动力中，农、林、牧、渔业和水利业生产人员占 74. 8%；女性务农的比例为 79. 7%，略高于男性的 70. 6%。最后，由于统计数据仅限于 16 岁及以上劳动年龄人口，所以我们看不到小于 16 岁人口参加农业劳动的情况。但是，依据经验我们知道，在农业中未成年人帮助家庭劳动是存在的，而受雇于非农产业则较为少见。综上所述，人们通常把农业生产中的劳动者形象地称为“386199 部队”，是有一定道理的。

三　刘易斯转折点之后的劳动力转移

我们是在二元经济发展第一个转折点的意义上使用“刘易斯转折点”这一概念的，即这个转折点的到来并不意味着农业剩余劳动力已经吸纳殆尽，也不意味着农业与非农产业的边际劳动生产率相等。不过，这两种现象的出现即商业化点的到来，是从刘易斯转折点之后开始加快的。对中国经济发展来说，正确地判断刘易斯转折点的到来是有十分重要的意义的。

一个经济体一旦跨越刘易斯转折点，就意味着农业边际劳动生产率不再为零，继续转移剩余劳动力既有潜力也有必要，但是要以农业劳动生产率的同步提高为前提。在这个阶段上，如果继续转移的劳动力不能为机械化等劳动生产率的提高所弥补，就会造成农业产出的下降。正因为如此，刘易斯转折点在发展经济学中也被称为“食品短缺点”，会出现农产品供给的矛盾，以及由食品价格带动的通货膨胀。

在揭橥于农业的整个经济改革过程中，中国农业生产率的提高，无论是劳动生产率、土地生产率还是全要素生产率的提高，都是成效显著的。但是把农业生产率表现放在特定历史阶段上进行国际比较的话，即观察中国到达刘易斯转折点时农业劳动生产率和土地生产率与其他国家和地区相关发展阶段上的水平相比，我们可以看到，中国仍有巨大的生产率差距和提高潜力（见图2）。

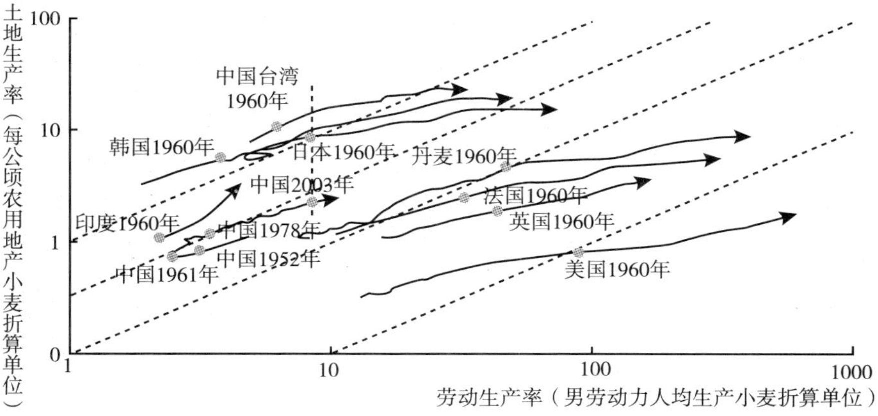

图2　农业生产率的历史比较

资料来源：参见赵文《新格局下的中国农业》，经济管理出版社，2012。

例如，从以往的研究文献中我们可以知道，日本大约在1960年，韩国和中国台湾地区大约在20世纪70年代初，分别到达各自的刘易斯转折点（Minami，1968；Bai，1982），而中国内地到达这个转折点的时间，则是2004年。图2中2003年中国内地的土地生产率与这几个东亚经济体相比差距较大。而把中国内地的农业劳动生产率与发达国家1960年水平相比，差距则更加明显。

实际上，伴随着农业劳动力的转移，及2004年到达刘易斯转折点，中国的农业机械化呈现速度加快及劳动节约的特征。从农业技术进步及其模式的变化上，可以看到农业发展对生产要素的相对稀缺性变化即劳动力短缺所做出的敏感反应。也就是说，在改革开放后稍早的一段时间内，农业中还蓄积着大量的剩余劳动力，技术进步的重点不是节约劳动力，而是节约土地，故小型农机具增长较慢。稍后直至最近的一段时间内，剩余劳动力转移加速、数量减少，农业中已经逐渐显现劳动力短缺的问题，大型农机具发展迅速，具有了节约劳动的技术变迁特点。

但是，由于农业劳动力转移及城市化不彻底，耕地流转不畅，难以实现土地集中，农业经营规模受到制约，也影响着农业机械化的发展和劳动生产率的提高。事实上，“羞羞答答”的城市化并不能造就一个建立在价格激励和规模化经营基础上的现代化农业生产方式。在缺乏稳定的定居预期情况下，外出的农民工不敢转让承包地的经营权，更不愿意放弃已经闲置的宅基地，造成在最严格的土地管理制度下，土地的生产和生活利用率有所下降。

例如，2012 年农民工总规模为 2.63 亿人，其中 9925 万人在本乡镇从事非农产业工作。这些劳动者从就业性质来看，无疑已经离开土地，但是他们中的很多人仍然兼营农业，承包地和宅基地无疑也继续保留。同年，外出农民工即离开本乡镇 6 个月及以上的农村劳动力为 1.63 亿人，其中约 1.3 亿人属于住户仍在农村的外出家庭成员，他们无暇从事农业生产，但其他家庭成员仍然居住在农村，承包地和宅基地并不会放弃。此外，还有 3375 万举家外迁农村人口，他们已经完全脱离了农村生活和生产活动。但是，他们名下的承包地和宅基地的使用权在很多情况下也没有放弃，有些在把承包地转包给他人耕种的情况下，还享受着政府给予的种粮补贴。

由此可见，在务农劳动力大幅度减少的同时，农业经营户总数，即或者全业或者兼业或者仍然实际拥有承包地经营权的农户数量，并没有实质性地减少。这导致农业经营规模不能随着农业就业比重的下降而相应扩大，妨碍了农业劳动生产率的提高。

作为 20 世纪 80 年代初家庭承包制的一个结果，中国农业土地的分布具有零散、细碎、经营规模小的特点。在劳动力总数减少的情况下，如果未能根本改变这种土地经营状况，将不利于机械化耕作，土地边界和田埂还浪费土地。

此外，较小的经营规模，更妨碍了生产者对价格激励做出积极的反应，不利于形成专业化和职业化经营。土地通过集中，能形成一定的规模经营，形成条状的田垄、较少但更有效率的沟渠，以及更少的房屋占用。

实际上，在刘易斯转折点之后，农业剩余劳动力仍然存在，其向非农产业的转移并不应该有丝毫的减慢。例如，日本在1960年农业劳动力比重为30.2%的时候达到了刘易斯转折点，随后的20年里，农业劳动力比重继续下降了近20个百分点，即每年下降1个百分点。韩国在1972年农业劳动力比重为50.5%的时候达到了刘易斯转折点，随后的20年里农业劳动力比重下降了36.4个百分点，即每年下降1.8个百分点（见图3）。中国在2004年达到刘易斯转折点时，官方统计的农业劳动力比重为46.9%，学者估算的数字为27.8%。今后即使按照日本相对慢的速度，即从2004年之后的20年里中国农业劳动力比重每年下降1个百分点，按照官方数字口径，在2024年应该下降到26.9%，按照学者估算的口径则应该下降到只有7.8%。换句话说，未来农业劳动力转移丝毫也不应该慢于过去的速度。

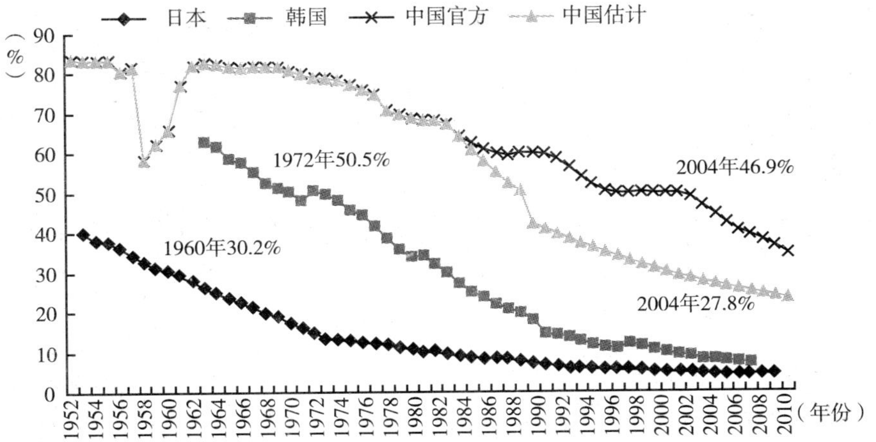

图3　中国、日本和韩国农业劳动力比重变化

资料来源：中国的数据来自国家统计局《中国统计年鉴2012》，中国统计出版社，2013；国家统计局：《新中国五十五年统计资料汇编》，中国统计出版社，2005。日本的资料来源于Minami（1968）及日本统计局网站http：//www.stat.go.jp/。韩国的资料来源于韩国统计局网站数据库http：//kosis.kr/eng/database。

与中国经济发展宏伟目标相关的一个比较，也要求中国在今后继续保持农业劳动力转移速度。2012 年，中国人均 GDP 超过了 6000 美元，属于中等偏上收入国家。未来 10 年或者更长的时间，是中国从中等偏上收入国家迈向高收入国家行列的关键时期。在这期间，与人均 GDP 在 6000～12000 美元之间的中等收入国家相比，中国农业劳动力继续转移的潜力仍然是巨大的。2011 年，处在这个发展阶段上的几个国家的平均农业劳动力比重为 14.2%，比中国学者估计的农业劳动力比重低 7 个百分点，比统计年鉴数字低 20 多个百分点。这意味着在今后 10 年乃至 20 年中，从现有的农业劳动力存量出发，每年需要减少数百万农业劳动力，即每年需要降低 1 个百分点左右。

此外，中国 15～59 岁劳动年龄人口已经开始显著减少。根据第六次全国人口普查数据预测，2010～2020 年，这个年龄组人口每年平均将减少近 300 万。这意味着，在尚不具备大规模用机器替代劳动力的情况下，劳动力短缺现象将继续加剧。因此，经济增长对劳动力的强烈需求，也要求农业劳动力保持一定的转移速度。例如，根据测算，2007～2011 年，非农部门的平均就业弹性为 0.27，即非农部门的 GDP 每增长 1 个百分点，就业增加 0.27 个百分点。根据 2020 年之前的 GDP 潜在增长率预测，每年经济增长仍将创造出 900 万个就业岗位（都阳、陆旸，2013）。由于新增劳动力不能满足岗位需求，提高包括农业劳动力转移在内的各种劳动参与率方式是唯一的出路。

据此，我们认为在 2020 年全面建成小康社会之时，农业劳动力比重应该下降到相同人均收入国家的平均水平，即 14% 左右，在 2012 年（20% 左右）的基础上，每年下降 0.75 个百分点。与此同时，在 2012 年 52.6% 的城市化率基础上，每年提高 0.9 个百分点，于 2020 年接近 60%。值得指出的是，城市化速度适当放慢并不与劳动力转移的要求相矛盾，因为加速户籍制度改革可以在按照常住人口口径统计的城市化速度减缓的同时，通过农民工的市民化达到提高劳动参与率的效果。

参考文献

蔡昉、王美艳：《农村劳动力剩余及其相关事实的重新考察——一个反设事实法的应用》，《中国农村经济》2007 年第 10 期。

都阳、陆旸：《经济发展新阶段的劳动供给形势与政策》，载蔡昉主编《中国人口与劳动问题报告 No. 14——从人口红利到制度红利》，社会科学文献出版社，2013。

都阳、王美艳：《中国的就业总量与就业结构：重新估计与讨论》，载蔡昉主编《中国人口与劳动问题报告 No. 12——“十二五”时期挑战：人口、就业和收入分配》，社会科学文献出版社，2011。

Bai, Moo-ki, “The Turning Point in the Korean Economy,” *Developing Economies* 2 (1982).

Brandt, Loren and Xiaodong Zhu, “Accounting for China's Growth,” Working Paper, No. 395, Department of Economics, University of Toronto, February, 2010.

Minami, Ryoshin, “The Turning Point in the Japanese Economy,” *The Quarterly Journal of Economics* 3 (1968).

B.21

2013～2014年中国就业形势分析与展望

杨宜勇　杨亚哲　黄燕东*

摘　要：

2013年外部经济环境不容乐观，内部经济发展增速趋缓，就业中总量压力和结构性矛盾依旧突出，新老问题交汇、内外问题交织，使得我国就业工作面临着诸多问题和挑战，真可谓逆水行舟，不进则退。为了促进就业，我国各部门、各地区认真部署，全力以赴，实现了整体的稳定。展望2014年，不稳定的内外经济增长环境，可预见的就业困难，整体就业形势依然不容乐观，需在落实就业优先战略、采取更加积极就业政策的基础上，针对新形势多头并进，多措并举，保量增质，稳中有为，推动实现更高质量的就业。

关键词：

就业形势　结构性矛盾　高质量就业

2013年，各级政府坚持劳动者自主就业、市场调节就业、政府促进就业和鼓励创业的方针，实施就业优先战略和更加积极的就业政策，对做好就业工作发挥了积极的作用。在各部门、各地区坚定决心、突出重点、扎实工作、全力以赴的举措下，2013年的就业工作还是整体上保持了稳定性。展望2014

* 杨宜勇，国家发展和改革委员会社会发展研究所所长，世界经济论坛全球议程理事会理事，首都经济贸易大学中国人力资源和社会保障研究院院长；杨亚哲，中国移动研究院人力资源部博士；黄燕东，浙江经济职业技术学院副教授。

年，国际经济发展态势不稳，国内也进入改革的深水区，转方式、调结构、经济转型升级的逐步推进都会对就业工作产生影响。对此，我们一定要充分认识到做好就业工作的极端重要性，认真分析复杂严峻的就业形势，加强分析研判，进而采取切实有效的针对性措施，全力以赴做好就业这一民生之本的工作。

一　2013 年中国就业总体形势及面临的挑战

（一）总体形势：逆水行舟，全力以赴

就业是关系经济升级、民生改善和社会稳定的大事。国家历来高度重视就业工作中存在的问题，关注其快速发展。李克强总理于 2013 年 9 月 10 日在大连会见出席“2013 夏季达沃斯论坛”的企业家代表时表示，就业是每个政府都要面对的突出问题。对中国政府来说，我们发展的目的是保障和改善民生，而最大的民生就是就业。

2013 年经济发展增速趋缓，就业中总量压力和结构性矛盾依旧比较突出，新老问题交汇、内外问题交织，使得我国就业工作面临着诸多问题和挑战，正可谓逆水行舟，不进则退。为了促进就业，我国政府长期采取积极的就业政策，在经济“爬坡过坎”的关键阶段，也把更多的力气放在了扩大就业上，通过认真部署，扎实工作，全力以赴，稳中求进，整体来说就业工作取得了比较积极的进展。

（二）面临挑战：困难重重，内外交织

从国际环境来看，当今世界经济正在进行深度调整，国际经济结构发生着变革，金融危机的影响仍在继续，虽说 2013 年上半年美日等国在量化宽松的货币政策推动下经济呈现好转趋势，但仍然缺乏发展推力。与此同时，很多发展中国家出口下滑、投资需求减少，也呈现低位运行，部分国家长期失业率呈上升趋势。后危机时代，各经济体面临着不同程度的内生增长动力缺乏问题。为重塑产业竞争优势，各国采取贸易保护措施的动机大大增强，也使得我国外贸环境日趋复杂，对我国外贸经济以及外贸企业产生不小的影响，进而影响着

这些行业的就业问题。

具体来说，一方面，全球经济相对脆弱，发展前景不太明朗，存在下行风险。根据2013年7月世界银行在《世界经济展望》中的预测，2013年全球增长仍将处在略高于3%的疲弱水平，与2012年的情况相同。[①] 这一增长速度低于2013年4月《世界经济展望》中的预测，在很大程度上是由于几个主要新兴市场经济体的国内需求明显减弱、增长明显减缓，以及欧元区的衰退持续得更久。世界经济增长速度的减缓直接影响着已经融入世界经济的我国的对外贸易，使得外向型出口企业发展困难，吸纳就业能力下降。另一方面，为维护竞争优势，各国多采取贸易保护措施，使得我国已经连续十几年成为全球遭受贸易摩擦最多的国家，后危机时代我国外部经济发展环境比较复杂，对我国外部经济拉动就业产生了不利影响。

从国内环境来看，总量压力和结构性矛盾依旧突出，与此同时，我国经济进入由高速增长步入中速增长这个换挡期，经济增长速度变缓对我国就业工作的开展产生了挑战。习近平总书记在天津调研时就说，就业是民生之本，解决就业问题的根本要靠发展。要切实做好以高校毕业生为重点的青年就业工作，加强对城镇困难人员、退役军人、农村转移劳动力就业工作的支持，搞好职业技能培训，完善就业服务体系，缓解结构性失业问题。[②]

具体来说，一是就业的总量压力。虽说我国劳动年龄人口于2012年底达到顶峰，之后开始出现下降，但20~59岁就业年龄人口仍在增加，就业的总量压力依然不小，尤其要注意高校毕业生的就业、农业富余劳动力的转移就业和就业困难群体的再就业等三个方面。二是结构性矛盾突出。2013年我国经济自身正处于从规模扩张向内部调整的拐点，经济结构的调整也必然带来需求的变化，从而造成一些新兴行业需求人才、中高级人才供不应求，而一些传统行业、过剩产能和落后产能的行业却出现大批失业人群。根据中国人力资源市场信息监测中心于2013年第二季度对全国104个城市的公共就业服务机构市场供求信息进行的统计分析，市场中中高级技能人才供不应求；与2013年第

① 《世界经济展望》，国际货币基金组织官网，2013年7月9日。

② 《习近平勉励大学生转变择业观念》，《新京报》2013年5月16日。

一季度和2012年同期相比，对中高级专业技术人员的用人需求增加，而对初级技能劳动者的用人需求有所减少。[①] 三是经济运行总体平稳，但发展速度变缓，下行的压力短时期内还难以改变，用工整体需求下降，进而极大地减少了由经济快速增长而带来的就业需求量的增加，影响了经济增长对就业的拉动效应。

总之，2013年国内外经济形势错综复杂，充满变数，使得就业工作也困难重重。同时，内外交织的各种挑战也影响着就业目标的完成，需要加以注意。

二　2013年我国政府为实现更加充分的就业所采取的措施及取得的成效

（一）政府举措：多头并进，保障就业

2013年，各级政府在党的十八大精神和“两会”一系列重要部署的指引下，坚持贯彻劳动者自主就业、市场调节就业、政府促进就业和鼓励创业的方针，落实就业优先战略，采取更加积极的就业政策，迎接了挑战，也实现了就业工作的整体稳定。

1. 针对高校毕业生就业难的问题

2013年被称为“史上最难就业年”，原因之一是2013年全国普通高校毕业生规模比上年增加19万，再创历史新高，共699万，这比总人口数为562万的青海省还要多出137万，也是自新中国成立以来大学毕业生最多的一年。其实从20世纪90年代开始，高校毕业生就业困难就已经成为社会关注的重点问题。2000～2012年全国高校毕业生总人数分别为107万、115万、145万、212.2万、280万、335万、413万、495万、550万、611万、630万、660万、680万。[②] 2013年，由于高校毕业生众多，也受国内经济增速放缓、

① 中国人力资源市场信息监测中心：《2013年第二季度部分城市公共就业服务机构市场供求状况分析》，人力资源和社会保障部网站，2013年7月4日。

② 《教育部关于做好2013年全国普通高等学校毕业生就业工作的通知》，教育部网站，2012年11月19日。杨宜勇、杨亚哲：《2011～2012年中国就业形势分析与展望》，载《中国经济形势分析与预测（2012）》，社会科学文献出版社，2011。

产业结构调整、总量就业压力和结构性矛盾等因素影响，使得2013年高校毕业生就业形势相当严峻。根据第三方调查机构麦可思日前发布的《2013届毕业生签约分析》，截至2013年4月，被调查的2013届硕士毕业生签约率为26%，低于2012届同期11个百分点；本科毕业生为35%，低于2012届同期12个百分点；高职高专毕业生为32%，低于2012届同期13个百分点。本届高校毕业生总体签约进程与上届相比明显下滑，企业对应届毕业生的需求出现降温迹象。① 针对严峻形势，政府、学校、用人单位等多方共同努力，通过拓宽毕业渠道、鼓励自主创业、完善就业服务、开展就业帮扶等多项措施来保障高校毕业生的就业。2013年5月14日，习近平总书记在天津调研时强调有关部门要加大对高校毕业生自主创业的支持力度，对就业困难毕业生进行帮扶。② 2013年5月15日，国务院常务会议指出“要采取有效措施，切实保障应届毕业生就业水平不降低、有提高”。③

2013年5月16日，国务院办公厅发布了《关于做好2013年全国普通高等学校毕业生就业工作的通知》，指出普通高等学校毕业生是国家宝贵的人才资源，党中央、国务院高度重视高校毕业生就业工作，要求采取切实有效的措施，进一步做好高校毕业生就业工作，并从深入落实高校毕业生就业政策、拓宽高校毕业生就业渠道、鼓励高校毕业生自主创业、加强高校毕业生就业服务、开展就业帮扶和就业援助、大力促进就业公平、推动高等教育更好地适应经济社会发展需要、加强高校毕业生就业工作组织领导等八个方面来阐述。尤其提到“用人单位招用人员、职业中介机构从事职业中介活动，不得对求职者设置性别、民族等条件；招聘高校毕业生，不得以毕业院校、年龄、户籍等作为限制性要求”，为促进就业公平提供了保障。④

各级人力资源和社会保障部门也制定出台了高校毕业生求职补贴、离校未就业毕业生实名登记等配套文件，组织开展离校未就业毕业生就业促进计划。

---

① 《2013届毕业生就业：硕士签约率最低压力最大》，中国新闻网，转引自京华网，2013年5月28日。

② 《习近平勉励大学生转变择业观念》，《新京报》2013年5月16日。

③ 《李克强主持召开国务院常务会议》，人民网，2013年5月16日。

④ 国务院办公厅：《关于做好2013年全国普通高等学校毕业生就业工作的通知》，中华人民共和国中央人民政府网站，2013年5月16日。

通过落实鼓励劳动者创业的税收优惠、小额贷款、场地安排等政策，扶持一大批劳动者成功就业。同时，完善全国公共招聘网，组织开展应届高校毕业生就业网络招聘活动、民营企业招聘周等就业服务专项活动。深入推进人力资源服务机构诚信体系建设，取消对举办全国性人才交流会的行政审批，实施人力资源市场一线观察项目，积极推动人力资源市场整合。① 2013 年，人力资源和社会保障部组织实施的 6 个全国性公共就业人才服务专项活动中，4 个与高校毕业生有关，包括：为民营企业与高校毕业生和其他求职人员搭建供需对接平台的民营企业招聘周活动（5 月），针对离校未就业应届高校毕业生的就业服务月活动（9 月），针对高校毕业生的就业服务网络招聘月活动（3 月、5 月、8 月、10 月），针对 2014 年高校毕业生的就业服务周活动（11 月）。

教育部门也要求落实“一把手”工程，各地教育行政部门和各高校主要负责同志确保本地本校毕业生就业率水平基本稳定，有条件的地方要设立高校毕业生就业工作专项经费，加强保底就业服务，完善企业吸纳毕业生的扶持政策等。抓好税收、贷款、贴息、落户、场地等政策落实，进一步简化毕业生创立企业、办理小额担保贷款的手续；设立省级大学生自主创业资金，建设创业项目资源库，推动每个地市至少设立一个具有一定规模的高校毕业生创业园。此外，教育部还将与国资委、工信部等合作，举办战略性新兴产业、先进制造业、信息技术产业等方面的招聘活动，积极动员国有企业扩大招聘规模、增加人才储备，同时启动“农村教师特岗计划”“到村任职”“三支一扶”“西部计划”等基层项目。②

2. 针对农民工群体就业难的问题

国家统计局的监测调查显示，2013 年第二季度农村外出务工劳动力人数达到 17111 万，同比增加 444 万，增长了 2.7%。与此同时，由于经济增速趋缓，我国的就业岗位也相应减少，根据中国人力资源市场信息监测中心的调查，在相同的 94 个城市中，2013 年第二季度的需求人数相较 2012 年第二季度减少了 34.8 万，下降了 5.7%。③ 为更好地帮助农村劳动者实现转移就业、满足广

① 《上半年全国城镇新增就业 725 万人》，《中国劳动保障报》2013 年 7 月 26 日。

② 《2013 年毕业大学生逼近 700 万人》，京华网，2013 年 5 月 28 日。

③ 中国人力资源市场信息监测中心：《2013 年第二季度部分城市公共就业服务机构市场供求状况分析》，人力资源和社会保障部网站，2013 年 7 月 4 日。

大用人单位的用工需求，人力资源和社会保障部、中华全国总工会和全国妇联于2013年1~3月在全国共同组织开展春风行动，以“搭建供需平台、促进转移就业”为主题，这是人力资源和社会保障部联合有关团体连续8年开展的以农村劳动力转移就业为重点对象的专项活动。并且人力资源和社会保障部与中国移动合作开展的12582惠农就业信息平台已覆盖8.4亿人，[①] 有效地缓解了农民工务工信息不对称的问题。同时，“小额担保贷款”“就业帮扶”“农民工返乡创业”等一系列政策措施的落实，也有效地保障了农民工群体的就业问题。

3. 针对困难群体就业难问题

提高劳动者就业能力和技能水平是稳定就业的关键。但对就业群体中的困难人群来说，针对其特点和需求，完善更加积极的就业政策、健全长效的帮扶机制、努力创造平等的就业机会则更显得重要。2002年，中央12号文件首次提出建立再就业援助制度，各地普遍启动了就业援助工作。到2007年，普遍建立了“出现一户、援助一户、稳定一户”的动态工作机制。2008年，《就业促进法》要求各级政府建立就业援助制度，并专设“公平就业”一章，确立了公平就业的原则和制度。2010年，《关于加快推进残疾人社会保障体系和服务体系建设指导意见的通知》依法维护了残疾人劳动就业的权利，切实保障了残疾人享有平等就业的机会。2012年，《国家基本公共服务体系“十二五”规划》中就提到以高校毕业生、农村转移劳动力、城镇就业困难人员和零就业家庭为重点服务对象，全面提升就业全过程的公共服务能力，努力创造平等就业机会。2013年，中组部、中编办、财政部、人社部、国资委、国家公务员局、中国残联七部门联合出台《关于促进残疾人按比例就业的意见》以保障残疾人劳动就业权利，该意见要求到2020年，全国所有省级党政机关、地市级残工委主要成员单位至少安排1名残疾人就业。

健全就业援助制度，对不同就业困难群体实施分类帮扶，解决好就业困难人员、零就业家庭就业问题，保障劳动者权益，实现就业公平，不仅是维护家庭稳定、促进劳动者长远发展的重要举措，而且是促进社会和谐、增强全民凝

① 《12582惠农就业信息平台已覆盖8.4亿人》，新华网，2013年1月5日。

聚力和向心力的重要基础。整体来说，在这些就业援助帮扶的共同举措下，困难群体的就业也取得了较好的成效，为2013年就业工作的开展奠定了良好的基础。

当然，还有其他许多相应的措施，比如2013年上半年，各级人社部门认真贯彻实施新修订的《劳动合同法》，在全国部署开展严格规范劳务派遣专项行动；颁布《劳务派遣行政许可实施办法》，截至6月底，共有17个地区调整最低工资标准，平均调整幅度为17.6%；完善和落实鼓励劳动者创业的财税、金融、工商、场地等扶持政策，重点扶持高校毕业生自主创业和农民工返乡创业；加大人力资源市场监管力度，严厉打击招聘过程中的歧视、限制及欺诈等行为，及时纠正就业不公平现象；等等。这些措施共同维护了2013年就业工作的稳定。

（二）取得成效：迎接了挑战，实现了稳定

“推动实现更高质量的就业”是党的十八大的明确要求，在十八大精神的指引下，各部门、各地区坚持贯彻劳动者自主就业、市场调节就业、政府促进就业和鼓励创业的方针。落实就业优先战略，采取更加积极的就业政策，使得2013年的就业工作在逆水行舟中迎接了挑战，实现了整体稳定。

2013年就业工作的目标任务是，全年努力完成城镇新增就业900万人以上、失业人员再就业500万人、就业困难人员就业120万人，城镇登记失业率控制在4.6%以内的目标任务，推动实现更高质量的就业。[①] 目前，就业形势总体平稳。一方面，全国城镇新增就业同比略有提高。2013年1～6月，城镇新增就业人数725万，同比多增31万，完成全年900万目标的80.6%；失业人员再就业500万人和就业困难人员就业120万人都能圆满完成。另一方面，城镇登记失业率在严峻的环境下保持了整体的稳定。到2013年第二季度末，城镇登记失业率为4.1%，与第一季度和上年同期持平。[②] 预计1～9月累计城镇新增就业人数1120万，第三季度末城镇登记失业率进一步下降为4.0%。

① 《2013年就业促进司工作要点》，人力资源和社会保障部网站，2013年4月17日。

② 《人力资源和社会保障部2013年第二季度新闻发布会》，中国网，2013年7月25日。

三　2014 年我国就业形势展望及战略任务

（一）形势展望

2014 年，变化和挑战已不是悄然到来，而是可以预见中的困难。在就业方面就表现出新老问题交织、多重挑战交汇的情况，整体就业形势可谓非常严峻。国际经济发展形势仍然不确定，风险和变数依旧较多，欧美主要经济体面临着财政紧缩、主权债务风险上升等诸多问题，新兴经济体面临着经济结构调整、出口下滑等问题，世界经济艰难复苏，影响着出口型经济及就业的发展。国内经济增速放缓，随着经济结构调整、产业结构优化等深入推进，经济发展对就业的拉动力也呈现着不同的发展趋势。与此同时，我国的劳动力供求总量矛盾和结构性矛盾并存，并逐渐呈现向结构性矛盾转变的趋势，城镇稳定就业问题、农村富余劳动力转移问题、维护高校毕业生为重点的青年就业问题、保障失业人员特别是就业困难群体的就业问题等多重挑战交汇，公共服务和人才服务以及职业技能培训尚不能满足需求，这些情况都增大了保障劳动者充分就业的难度，也给 2013 年的就业工作提出了挑战。

但困难归困难，国家依旧非常重视就业工作，随着各项制度、政策的稳步推进，随着各项规划的一一落实、我国人力资源结构的逐步改善、劳动者素质的不断提升，以及全国人力资源市场的逐步完善，我国的就业工作还是可以面对挑战主动出击、稳中有为、让人民满意的。

总之，2014 年的就业工作面临不稳定的内外环境，可预见的就业困难，新老问题交织，多重挑战交汇，整体就业形势严峻，需在贯彻劳动者自主就业、市场调节就业、政府促进就业和鼓励创业的方针、落实就业优先战略、采取更加积极的就业政策的基础上，针对新形势，多头并进，多措并举，探索中前行，前行中收获。

预计 2014 年全年城镇新增就业人员将保持稳定，实际可以完成 1200 万人就业，就业困难人员实现再就业的人数应该也会保持稳定，城镇登记失业率的目标任务可以控制在 4. 0% 以内。

（二）战略任务

就业是民生之本，十八大报告明确提出要“推动实现更高质量的就业”，并将其作为“在改善民生和创新管理中加强社会建设”的一个组成部分。随着我国人口结构的变化，我国劳动力大量供给、低成本使用的“人口红利”时代正在逐渐改变，再加上经济结构调整，就业结构性矛盾凸显。如何在保障劳动力就业的基础上提高劳动力的使用效率、提升就业质量成为全新课题。

一方面，继续落实“就业优先战略”，贯彻劳动者自主就业、市场调节就业、政府促进就业和鼓励创业的方针，采取更加积极的就业政策，实现经济和就业相互促进、相互协调。在经济结构调整的过程中，主动改善就业结构，把改革发展和促进就业结合起来，以经济发展拉动就业，以就业发展促进经济，实现就业的量的稳定。另一方面，健全人力资源市场，完善就业服务体系；加强职业技能培训，提升劳动者素质；加大市场监管力度，促进就业公平等措施并举，营造更加公平、更加和谐的就业环境。在稳定的就业量下，推动实现就业朝着更高质量的方向发展。

（三）难点突破

我国历来遵循民族平等、民族团结、民族共同繁荣的原则，政府对少数民族无论在教育还是就业上都给予了一定的优惠、倾斜政策。如双语教育、“两基”计划、高考加分和降分计划、对口支援等项目与政策的实施都取得了巨大的成果。但总体教育经费仍然投入不足，一些优惠政策也因种种原因没有完全落实到位，导致少数民族整体受教育程度仍然远远低于汉族水平。今后，必须进一步完善相关教育优惠政策，长期坚持对少数民族教育事业的支持与帮扶，重点抓好义务基础教育，办好职业教育，鼓励进一步接受高等教育。

少数民族就业结构不合理，出现了一些准入门槛低的行业供大于求，而一些专业技术人员供不应求的现象。在此情况下，应借鉴德国双元制模式，结合少数民族地区当地的一些产业、工作岗位大力发展与之相对接的职业教育，形成产学研一体化、企业与职业院校联合办学的模式，培育更多的专业技术人员，填补一些就业岗位的空白，促使就业结构趋于平衡。

无论是职业技术学校还是本科高校，都应合理设置专业，加强职业规划与创业培训，逐步扭转少数民族部分毕业生的择业观，使其合理评估与规划，找到最适合自己的职业发展道路。

B BLUE BOOK .22

2013年中国税收形势分析预测及2014年初步展望

付广军*

摘　要：

2013年第一季度税收收入呈明显的低速运行态势，其增长速度不到经济增速的一半，第二季度虽有回升，但仍然低于经济增速1.8个百分点。主要税种收入增速较上年均呈不同程度的回落，沿海主要税源大省税收收入增速明显放缓，全国税收收入增速低位运行。2014年，假如中国宏观经济形势处于中速运行态势，税收收入将进入一个低增长时期，并与经济增长保持基本同步。

关键词：

税收形势　宏观经济　税收收入

2013年以来，中国税收形势受经济形势和营改增的双重影响，税收收入及主要税种收入增长均出现不同程度的下降，并处于由低到高逐月缓慢回升的状态。尤其是2011年10月26日国务院常务会议决定从2012年1月1日起，在上海试行深化增值税制度改革（简称“营改增”）试点，以及2013年8月1日营改增在全国铺开以来，中国税收收入增长总体放缓。随中国宏观经济增长进入一个中速增长时期，税收收入将进入一个低增长时期。

---

* 付广军，国家税务总局税收研究所研究员。

一　2013 年前三季度税收形势分析

2013 年前三季度（1 ~9 月），全国税收收入实现 90273.08 亿元，[①] 同比增长 7.2%，比上年同期回落 1.1 个百分点。

（一）2013 年 1 ~9 月分季度累计税收收入走势分析

2013 年第一季度，税收收入累计实现 29419.16 亿元，同比增长 3.0%，比上年回落 6.4 个百分点，国内生产总值（GDP）实现 118854.80 亿元，按可比价同比增长 7.7%，税收收入增速低于 GDP 可比价增速 4.7 个百分点；上半年，税收收入累计实现 63426.51 亿元，按可比价同比增长 5.7%，比上年同期回落 4.3 个百分点，GDP 实现 248009.20 亿元，按可比价同比增长 7.6%，税收收入增速低于 GDP 可比价增速 1.9 个百分点；前三季度，税收收入累计实现 90273.08 亿元，同比增长 7.2%，GDP 实现 386762.00 亿元，按可比价同比增长 7.7%，税收收入增速低于 GDP 可比价增速 0.5 个百分点（见表 1）。

表 1　2013 年税收收入分季度运行状况

单位：亿元，%

指标名称	第一季度累计		前两季度累计		前三季度累计	
	绝对数	同比增速	绝对数	同比增速	绝对数	同比增速
税收收入	29419.16	3.0	63426.51	5.7	90273.08	7.2
GDP	118854.80	7.7	248009.20	7.6	386762.00	7.7
宏观税负	24.75		25.57		23.34	

注：经济增长率为可比价。

资料来源：国家税务总局收入规划核算司：《税收月度快报》，2013 年 9 月。

（二）2013 年前三季度分月度税收收入运行分析

2013 年前三季度中国税收收入月度运行特点如下：一是增速前低后高，

① 本文所说的税收收入是指税务部门统计口径，不包括关税和船舶吨税，未扣减出口退税。

呈逐月上升趋势。1 月实现 12599.88 亿元，同比增长 2.5%；2 月仅实现 8149.59 亿元，同比增长 2.1%；后四个月税收收入同比增长均高于 10%，9 月更是高达 12.2%。二是除 1 月外，前三季度税收收入呈“中间高、两头低”的态势，2 月、3 月、8 月、9 月均低于万亿元，4 月、5 月、6 月、7 月均高于万亿元。其中，2 月、3 月、8 月、9 月税收收入分别为 8149.59 亿元、8669.70 亿元、7565.78 亿元和 8536.79 亿元；中间的 4 月、5 月、6 月、7 月税收收入分别为 10890.94 亿元、11947.11 亿元、11169.30 亿元和 10731.19 亿元（见表 2、图 1）。

表 2　2012 年和 2013 年税收收入分月度运行状况

月份	2013 年		2012 年		与 2012 年比较（个百分点）
	绝对数(亿元)	同比增长(%)	绝对数(亿元)	同比增长(%)	
1	12599.88	2.5	12294.16	5.9	-3.4
2	8149.59	2.1	7984.67	12.3	-10.2
3	8669.70	4.8	8277.07	12.1	-7.3
4	10890.94	7.9	10098.56	4.1	3.8
5	11947.11	6.7	11199.68	16.1	-9.4
6	11169.30	10.1	10150.93	11.6	-1.5
7	10731.19	10.4	9723.21	3.8	6.6
8	7565.78	10.1	6870.83	0.7	9.4
9	8536.79	12.2	7615.45	7.9	4.3

资料来源：国家税务总局收入规划核算司：《税收月度快报》，2013 年 9 月。

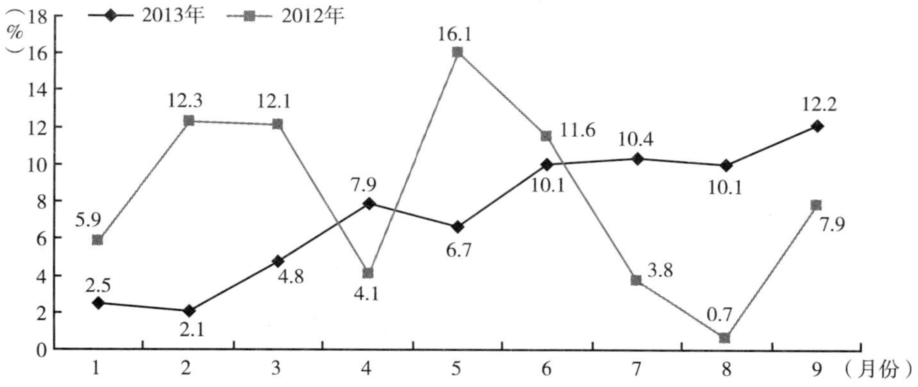

图 1　2012 年和 2013 年分月度税收收入增速

（三）2013 年前三季度税收收入结构分析

2013 年税收收入结构分析如下所示。

表 3　2013 年前三季度税收收入运行状况

单位：亿元，%

指标		绝对数	同比增加	同比增长	占全部收入比
税收收入		90273.08	6078.54	7.2	100.0
分产业	第一产业	124.21	19.50	18.6	0.1
	第二产业	42132.27	960.12	2.5	46.7
	第三产业	48016.60	6098.96	11.9	53.2
分地区	东　　部	60276.08	3797.99	6.7	66.8
	中　　部	15360.57	1184.67	8.4	17.0
	西　　部	14636.44	1095.89	8.1	16.2
分级次	中 央 级	50305.34	1334.23	2.7	55.7
	地 方 级	39967.73	4744.30	13.5	44.3

资料来源：国家税务总局收入规划核算司：《税收月度快报》，2013 年 9 月。

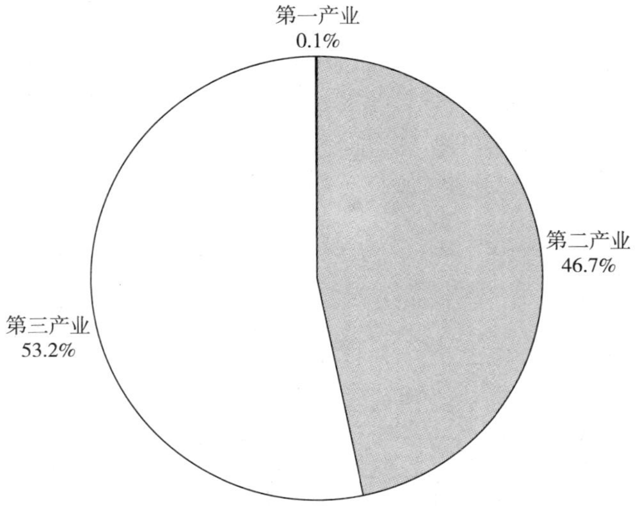

图 2　2013 年前三季度税收收入分产业结构

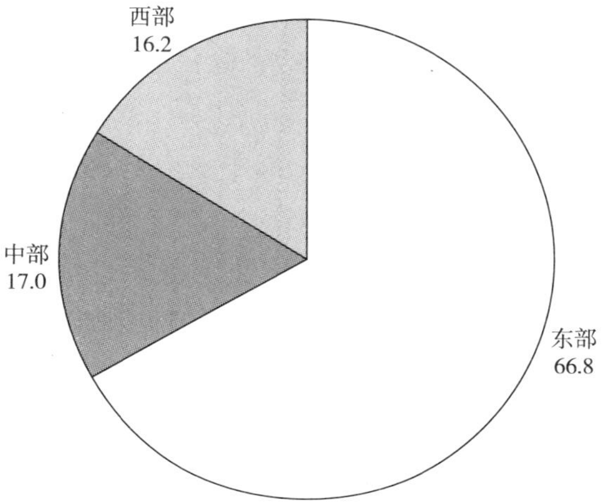

图 3　2013 年前三季度税收收入分地区结构

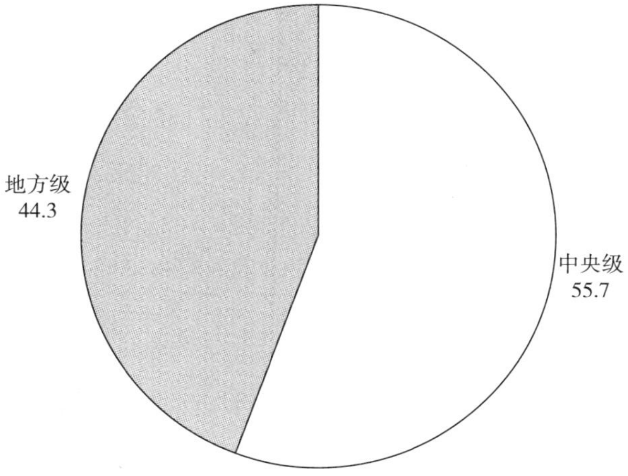

图 4　2013 年前三季度税收收入分级次结构

分产业看，第一产业税收收入 124.21 亿元，同比增长 18.6%，仅占全部税收收入的 0.1%，即使是高增长对税收收入的影响也不大；第二产业税收收入 42132.27 亿元，同比增长 2.5%，占全部税收收入的 46.7%；第三产业 48016.60 亿元，同比增长 11.9%，占全部税收收入的 53.2%（见表 3、图 2）。

分地区看，东部地区税收收入 60276.08 亿元，同比增长 6.7%，占全部税收收入的 66.8%，由于占比较大，其增速较低对税收收入增速低位运行影响较大；中部地区税收收入15360.57亿元，同比增长8.4%，占全部税收收入的17.0%；西部地区税收收入14636.44亿元，同比增长8.1%，占全部税收收入的16.2%（见表3、图3）。

分级次看，中央级税收收入50305.34亿元，同比增长2.7%，占全部税收收入的55.7%；地方级税收收入39967.73亿元，同比增长13.5%，占全部税收收入的44.3%（见表3、图4）。

中国2013年前三季度税收收入增长7.2%，其主要原因如下：从产业看，第二产业税收增速降低；从地区看，东部地区增速降低；从级次上看，中央级收入同比增长仅为2.7%。

（四）2013年前三季度主要省份税收收入运行分析

从中国税收收入前10名税源大省（市）看，除第9名四川省外均为东部沿海经济发达省份。2013年前三季度主要税源大省的税收收入增幅均呈现不同程度的下降，税收收入前3名的广东省仅比上年提升0.4个百分点，上海市回落0.1个百分点，北京市回落1.0个百分点；税收收入增幅回落最大的是辽宁省和河北省，分别回落9.2个和9.3个百分点（见表4、图5）。

表4　2013年前三季度税收收入前10名省市

指标	2013年前三季度		2012年前三季度		与2012年增速比较（个百分点）
	绝对数（亿元）	同比增长（%）	绝对数（亿元）	同比增长（%）	
税收收入	90273.08	7.2	84214.57	8.3	-1.1
1. 广东省	10454.88	6.3	9830.87	5.9	0.4
2. 上海市	8576.15	3.6	8276.97	3.7	-0.1
3. 北京市	8524.10	14.0	7478.90	15.0	-1.0
4. 江苏省	7998.36	7.6	7433.89	4.5	3.1
5. 浙江省	6289.27	5.6	5956.89	3.6	2.0
6. 山东省	5809.27	6.5	5454.04	5.7	0.8
7. 辽宁省	3722.24	3.0	3613.30	12.2	-9.2
8. 天津市	2899.88	2.0	2844.22	6.7	-4.7
9. 四川省	2761.48	12.4	2457.35	13.5	-1.1
10. 河北省	2707.98	0.7	2687.86	10.0	-9.3

注：广东、浙江、山东、辽宁四省税收收入均包含所辖计划单列市。

资料来源：国家税务总局收入规划核算司：《税收月度快报》，2013年9月。

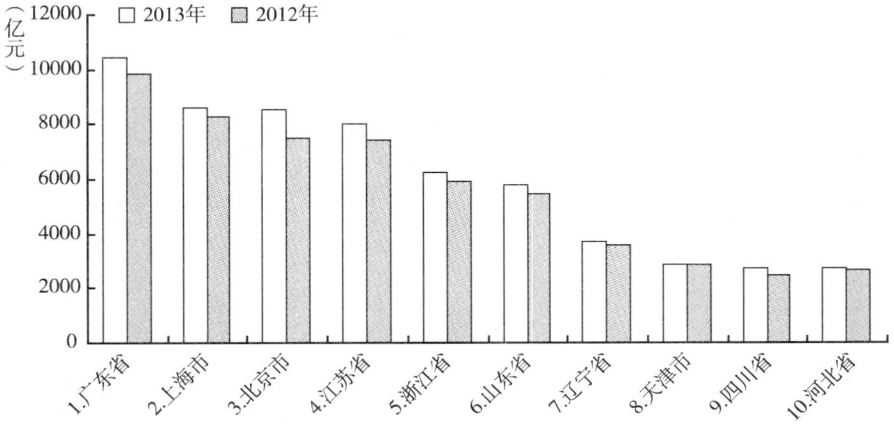

图 5　2012 年和 2013 年前三季度税收收入前 10 名税源大省（市）

二　2013 年前三季度税收收入运行特点及原因

（一）2013 年前三季度税收运行主要特点

第一，与上年同期比，税收收入增速小幅回落。2013 年 1 ~9 月税收收入增速比上年同期回落 1.1 个百分点（见表 5）。

表 5　2012 年和 2013 年前三季度税收收入及主要税种增长情况

项　　目	2013 年前三季度同比增长(%)	2012 年前三季度同比增长(%)	与 2012 年比较（个百分点）
税收收入合计	7.2	8.3	-1.1
其中:国内增值税	8.2	4.7	3.5
消费税	4.1	11.2	-7.1
营业税	10.9	12.2	-1.3
企业所得税	7.2	11.7	-4.5
个人所得税	10.4	-8.2	18.6
城市维护建设税	11.1	11.4	-0.3
印花税	21.0	-7.4	28.4

资料来源：国家税务总局收入规划核算司：《税收月度快报》，2013 年 9 月。

第二，与生产经营相关的主体税种收入增速较上年有升有降。1～9月，国内增值税同比增长8.2%，比上年同期增速提高3.5个百分点。消费税、营业税和企业所得税同比分别增长4.1%、10.9%和7.2%，比上年同期增速分别回落7.1个、1.3个和4.5个百分点。

第三，个人所得税收入增幅较大。1～9月，个人所得税同比增长10.4%，比上年同期增速提高18.6个百分点，其中，财产转让所得税增幅最大，同比增长35.2%；工资薪金所得税和劳务报酬所得税增幅均较大，同比分别上涨13.0%和11.7%；个体工商户生产经营所得税小幅下降，同比下降4.0%。

第四，与房地产相关的税收收入增速很高。1～9月，房地产业税收收入比上年同期增加2708.01亿元，同比增长29.3%；房地产营业税比上年同期增加1108.41亿元，同比增长37.4%；房地产企业所得税比上年同期增加503.12亿元，同比增长26.7%；契税比上年同期增加758.85亿元，同比增长36.5%。

第五，进口税收增速明显回落。1～9月，进口货物增值税消费税同比下降10.1%，比上年同期增速回落13.5个百分点，其中，进口货物增值税比上年减少927.84亿元，同比下降9.0%；进口货物消费税比上年减少199.83亿元，同比下降26.0%。

（二）2013年前三季度税收收入增速影响因素分析

与上年同期相比，2013年前三季度税收收入增速小幅回落的主要原因如下。

第一，国内经济增速小幅回落，导致与经济指标密切相关的税种收入增速放缓。1～8月规模以上工业增加值增长9.5%，比上年同期增速回落0.6个百分点；1～8月社会消费品零售总额增长12.8%，比上年同期增速回落1.3个百分点。

第二，工业企业经营状况好转。1～8月全国规模以上工业企业实现利润34864亿元，较上年同期增长12.8%，比上年同期增速提高15.9个百分点。

第三，价格总水平涨幅回落使得以现价计算的税收收入增速回落。1～8月全国居民消费价格总水平同比上涨2.5%，比上年同期回落0.4个百分点。

第四，房地产销售额大幅增加。1～8 月商品房销售额实现 45724 亿元，同比增长 34.4%，比上年同期提高 32.2 个百分点，房地产行业相关税种的收入大幅增加。

第五，一般贸易进口额增速小幅上升。1～8 月一般贸易进口额实现 7225 亿美元，同比增长 5.9%，比上年同期增速提高 1 个百分点。

第六，税制改革（如营改增）和小微企业税收优惠政策使一些主体税种都有不同程度的减收。其他如实施小型微利企业所得税优惠政策，以及对小微企业免征增值税和营业税、部分进口商品关税调降、营业税改征增值税试点扩大至全国等政策，都使企业所得税、增值税、营业税和关税等相关税收减收。

三　2013 年全年税收收入预测及 2014 年初步展望

（一）2013 年全年税收收入预测

从 2013 年前三个季度税收运行情况看，尽管部分省份税收仍然保持了较高的增长速度，但全国大部分省份税收收入增速明显放缓，特别是东部沿海发达地区税收收入增速低于全国平均水平，这些省份的税收收入在全国税收收入中所占份额较大，原来对税收收入增长的拉动贡献较大，它们的税收运行状况对全国税收运行影响起着决定作用。到 2013 年底，这种低速运行的情况不可能会有根本性改观，即使年底税收收入增长有翘尾因素，受经济运行的影响，2013 年税收收入增速也不会太高。

我们根据 2012 年税收分季度运行情况，对 2013 年税收收入进行简单类比预测：2012 年前三季度税收收入累计达 84194.54 亿元，占 2012 年全年税收收入 110740.04 亿元的 76.0%。2013 年前三季度税收收入累计达 90273.08 亿元，假设 2013 年仍保持 2012 年前三季度占全年税收收入同样的比重，2013 年全年税收收入为 118780.37 亿元，同比增长 7.3%；假设保持 2013 年前三季度同样的增长速度（7.2%），则 2013 年全年税收收入为 118713.37 亿元（见表 6）；考虑到后三个月的翘尾因素，估计 2013 年全年税收收入会高于前面两个预测数值，假如继续保持2012年全年比前三季度高3个百分点的情况，则2013年全年税收收入为122035.52亿元。

表6　2013年全年税收收入预测分析

单位：亿元，%

年份	第一季度累计		上半年累计		前三季度累计		全年累计	
	绝对数	同比增长	绝对数	同比增长	绝对数	同比增长	绝对数	同比增长
2012	28552.07	9.4	59994.66	10.0	84194.54	8.2	110740.04	11.2
2013	29419.16	3.0	63426.51	5.7	90273.08	7.2	118780.37	7.3

（二）2014年中国税收形势初步展望

从2013年前三季度主要税收指标分析。2013年是中国“十二五”规划实施的第三年。从前三季度的经济形势看，经济增长基本维持在上年水平，增速为7.7%。固定资产投资、工业生产与销售、国内贸易及货币信贷增速均比上年有所回落。

从2013年前三季度税收收入的走势和全年预测分析，2014年税收收入增长应略低于上年。

根据有关方面对2014年经济的预测，如果经济增长保持在7.7%左右，预计2014年全年税收总收入将增长7.8%～9.0%，税收收入初步估计为128045.24亿～129470.6亿元。

需要说明的是，20世纪90年代以来税收收入增速多数年份超过经济增速的现象，已从2013年起出现转折，2014年应进入一个税收收入增速与经济增长可比基本同步时期，低于现价经济增速的态势基本确定。

四　几点看法和建议

第一，逐步扩大增值税“扩围”范围。营改增涉及的行业目前仅为交通运输业和部分现代服务业。虽然增值税“扩围”范围越大，对地方财力的影响越大，且增值税覆盖全部服务业后，地方税务局将面临无税可征的困境，并不可避免地涉及国、地税机构改革问题，但基于营改增试点的效果分析表明，增值税“扩围”的范围越大，增值税抵扣链条越完整，对经济的促进作用越明显。尽管从短期看，地方政府收入会因增值税“扩围”而减收，但从长期看，随着减税效应凸显，经济发展必将促进税源增加，并最终增加地方税收收入。因此，从税制改革的趋势看，营业税全面改征增值税为大势所趋。

第二，调整中央与地方增值税收入分享比例。营改增无疑会减少地方税收收入，进一步降低地方财政收入在全国财政收入中的比重，地方财政会愈加困难。分税制改革以来，中央财政收入占全国财政收入的比重不断提高，财力相对充裕。因此，有必要适当调高地方政府在增值税收入中的分享比例。假设在其他税种收入归属不变的前提下，我们建议未来国内增值税在中央与地方的分享比例至少保持在 50∶50。

第三，积极争取扩大房地产税改革试点。分税制改革后，中国并没有建立起真正意义上的地方税体系，地方缺乏主体税种，这使得地方政府缺乏稳定的财政收入来源。随着营改增的推进，地方政府将逐渐丧失营业税这一主要的税收来源，虽然可考虑调整或提高增值税分享比例和增加中央财政转移支付力度，短期内弥补由于增值税“扩围”改革导致的地方财政收入缺口，但从长远来看，必须完善地方税体系，重新确立地方主体税种。房地产税是最适合作为地方主体税的税种之一。

第四，完善支持企业技术创新的税收政策。党的十八大报告提出，要加快形成新的经济发展方式，使经济发展更多地依靠科技进步、管理创新驱动。企业的技术创新不仅关系到企业个体竞争能力的提高，也关系到经济发展方式转变和创新型国家的建设。企业技术创新有着较强的外部性、公共性特征，同时，由于技术创新存在较大的不确定性和风险性，特别是目前中国的小微型企业占企业总数的比重很高，这些企业的技术创新投入有限、风险承受能力较弱。因此，国家从制度层面建立完善的企业技术创新支持体系就显得尤为重要。支持企业技术创新的税收政策总的原则应当是，构建以间接性税收优惠为主，以直接性税收优惠为辅，以注重技术研发过程激励为主，不以技术研发成果为依据，涵盖所有地区、行业的企业技术创新税收支持体系。

第五，调整出口导向型经济发展战略，改革优化出口退税制度。中国出口导向型经济发展模式是以牺牲宝贵的资源和恶化环境为代价。国际金融危机出现后这种发展模式的脆弱性显现出来，因此，中国外贸发展战略需要适时调整，逐步向贸易平衡战略转变，鼓励拥有自主创新技术和高附加值的产品出口，减少低附加值产品出口比例，适度扩大进口规模，加大技术产品和稀缺资源进口力度。

B.23

2013年大宗商品市场分析与新一年展望

陈克新*

摘　要：

2013年我国大宗商品市场整体温和回升，主要表现在稳增长举措提振了消费需求，新增资源相应增长，并且商品市场价格在高位运行。展望2014年，经济企稳会从以下方面对大宗商品带来利好的影响：一是宏观经济向好提振诸多需求，二是需求扩张提供更大资源供应空间，三是实体经济需求将逐步成为价格上升的主要力量。对此，我国应该抓住机遇进行商品资源战略储备。

关键词：

大宗商品　商品资源战略储备　宏观经济

2013年，因为前期宏观调控趋紧、全球经济复苏乏力以及欧美债务危机拖累，大宗商品市场温和运行，需求与供应小幅增长，总体价格水平先扬后抑再升。展望新一年大宗商品市场形势，中国经济企稳与欧美国家经济继续复苏，整体需求状况好于2013年，进而刺激新增资源，尤其是进口会增长较多，全年价格水平相对处于高位，不会出现大幅跌落局面。

一　2013年整体市场商品温和回升

整体分析，2013年中国大宗商品市场呈现温和回升态势。

---

* 陈克新，兰格经济研究中心首席分析师。

（一）稳增长举措提振消费需求

2013年上半年，受欧美国家紧缩开支影响，世界经济复苏乏力，对中国出口形成重大冲击，其中6月中国外贸出口下降3.1%，创下新低。与此同时，因为对出口环境严峻形势估计不足，并过于担忧国内物价上涨，宏观调控偏紧，致使国民经济增速超预期滑落，一度逼近经济容忍底线。2013年上半年，全国经济增速（GDP）为7.6%，其中第一、第二季度经济增速分别为7.7%和7.5%，较2010年10.3%的增长水平萎缩了近3个百分点，工业增加值、固定资产投资、居民消费、进出口等指标均不理想，有的已经低于计划目标。从一些能够反映重要大宗商品消费水平的主要产出指标来看，火力发电量、货运量、重要工业成品产量（如粗钢、轮胎、水泥产量与原油加工量等）增速多有回落。其中，上半年全国发电量同比仅增长4.4%，远低于同期国民经济增速。

国内与出口两方面需求增速萎缩，致使市场信心缺失，生产者、贸易商、投资者悲观氛围笼罩，普遍进行的过度去库存行为，致使产业链库存低于合理水平，比如钢铁企业铁矿石库存最低时仅1个星期用量，也抑制了消费需求。据此测算，上半年中国石油、煤炭、金属、矿石、橡胶等大宗商品需求疲弱，总体增长幅度在5%以内。

国民经济逼近容忍底线，整体商品需求疲软，引发企业收入萎缩、利润下降、财政税收减少、失业增加等诸多问题，如果不采取有力措施，经济运行还会进一步放缓，有可能滑出合理区间。因此，决策部门陆续出台稳增长举措作为宏观调控的首要目标，包括提出稳定市场预期、研究部署加快棚户区改造、加快发展节能环保产业、加强城市基础设施建设、促进信息消费、减少小企业税收、拉动国内有效需求，以及央行有选择地再次释放流动性等多个方面，从而实现了国民经济企稳筑底回升，大宗商品需求获得提振，增长水平逐步扬升。统计数据显示，从2013年下半年开始，反映大宗商品需求的“三驾马车”全面回升。其中，7月外贸出口同比增长5.1%，环比增长6.7%；固定资产投资同比增长20.1%，比6月提高0.8个百分点；工业增加值同比增长9.7%，比6月提高0.8个百分点；发电量同比增长8.1%，比6月提高2.1个百分点，增速创2012 年以来月度新高。8 月、9 月主要宏观经济指标保持回升态势，其中9 月全国居民消费价格指数（CPI）温和上行，工业生产者出厂价格指数（PPI）降幅继续收窄，全社会用电量数据持续回升，中国采购经理人指数（PMI）连续创下新高，第三季度国内生产总值（GDP）达到7.8%，为2012 年第四季度以来的最高水平。受其影响，2013 年7 月以后全国重要大宗商品需求回升态势明显。据测算，2013 年1 ~8 月，全国铁矿石、原油、焦炭、10 种有色金属、天然橡胶等7 种重要大宗商品表观消费量累计达216353 万吨，比上年同期增长6.6%，其中第三季度消费增幅超过7%。在重要大宗商品中，2013 年前8 个月成品糖、铁矿石、焦炭、初级形态塑料累计表观消费量增幅同比较高，均在7%以上，只有原油需求疲弱，增幅不足2%。受稳增长政策效应进一步显现影响，预计2013 年第四季度大宗商品消费水平继续回升，2013 年全国大宗商品表观消费量比上年增长7%左右。

表1　2013 年1 ~8 月全国重要大宗商品表观消费情况

单位：万吨，%

品　　种	消费量	比上年同期增长
铁矿石	143033	7.3
原油	31914	1.7
10 种有色金属	2817	6.7
天然橡胶	234	6.4
焦炭	31354	7.2
成品糖	1363	14.7
初级形态塑料	5308	7.1
合　　计	216353	6.6

（二）新增资源相应增长

消费需求的提振，推动了大宗商品资源相应增长。按照统计数据测算，2013 年1 ~8 月，全国7 种重要大宗商品累计新增资源量同比增长6.6%，与消费水平大体相当，预计全年增幅亦在7%左右。

在新增资源构成中，前8 个月，7 种重要大宗商品累计国内产量同比增长6.7%。其中，铁矿石产量达到90421 万吨，比上年同期增长6.7%；焦炭产量达31595万吨，同比增长7.7%；10种有色金属产量达2623万吨，同比增长9.7%；原油与天然橡胶产量均小幅增长（见表2）。

表2 2013年1～8月重要大宗商品新增资源情况

单位：万吨，%

品　种	产量	同比增长	进口	同比增长	资源量	同比增长
铁矿石	90421	6.7	52612	8.3	143033	7.3
原油	13808	2.3	18561	2.9	32369	2.6
10种有色金属	2623	9.7	259	-20	2882	6.2
天然橡胶	85	3.0	149	8.5	234	6.4
焦炭	31595	7.7	—	—	31595	7.7
成品糖	1133	15.6	233	-3.8	1366	11.8
初级形态塑料	3782	9.9	1583	2.7	5365	7.7
合计	143447	6.7	73397	6.6	216844	6.6

从全年来看，因为需求波动影响，大宗商品供应力度亦先弱后强。国家海关总署统计数据显示，上半年许多重要大宗商品进口水平呈现同比下降局面。其中，进口原油1.4亿吨，下降1.4%；进口大豆2749万吨，下降5.4%；进口铜200.2万吨，下降20%；只有铁矿石进口3.8亿吨，增长5.1%，但增幅也处于历史较低水平。中国大宗商品进口依存度较高，平均超过50%。上半年重要大宗商品进口量呈现不同程度下降，从一个侧面显示了消费需求确实乏力。

进入下半年后，消费需求疲弱局面有了很大改观，由此推动资源供应，尤其是大宗商品进口呈恢复性增长，扭转了前期下降局面。据统计测算，2013年1～8月，全国7种重要大宗商品累计进口量同比增幅达到6.6%，明显高出上半年水平。其中，铁矿石进口同比增长提高到8.3%，原油进口同比增长2.9%；铜、铝进口仍为下降局面，但降幅明显收窄。由于国内需求回升，以及补库要求，预计第四季度全国重要大宗商品进口量会有所增加，全年7种重要大宗商品进口增幅将超过8%。

（三）市场价格高位运行

虽然2013年大宗商品市场供大于求、人民币较大幅度升值导致进口成本下降，但整体价格水平依然高位运行，未出现深幅跌落。据测算，2013 年 9 月，全国大宗商品价格指数（CCPI）为 141.6，比上年同期下降 0.8%。在重要大宗商品价格中，橡胶类与有色金属类同比降幅较大，分别下降 27.3% 和 8.5%；而矿产类上涨 3.7%，钢铁类上涨 0.8%（见表 3）。

表 3　2013 年 9 月中国大宗商品价格指数

类　　别	9 月	环比涨跌	环比涨跌幅(%)	同比涨跌	同比涨跌幅(%)
总指数	141.6	1.9	1.4	-1.2	-0.8
橡胶类	89.7	5.0	5.9	-33.6	-27.3
油料油脂类	201.6	6.3	3.2	-43.9	-17.9
能源类	131.1	3.6	2.8	-2.5	-1.9
牲畜类	240.2	3.1	1.3	21.8	10.0
食糖类	103.7	1.3	1.2	-7.8	-7.0
农产品类	177.2	0.2	0.1	-0.8	-0.5
有色金属类	75.6	0.0	0.0	-7.0	-8.5
矿产类	133.9	-0.6	-0.4	4.8	3.7
钢铁类	103.9	-0.9	-0.9	0.9	0.8

从 2013 年各月环比情况来看，整体价格曲线呈现先扬后抑再升态势。其中，前 2 个月延续了 2012 年下半年的回升态势，2 月达到全年最高点（150.6），随后震荡下行，一直滑落至 5 月的 137.8（见图 1）。进入下半年

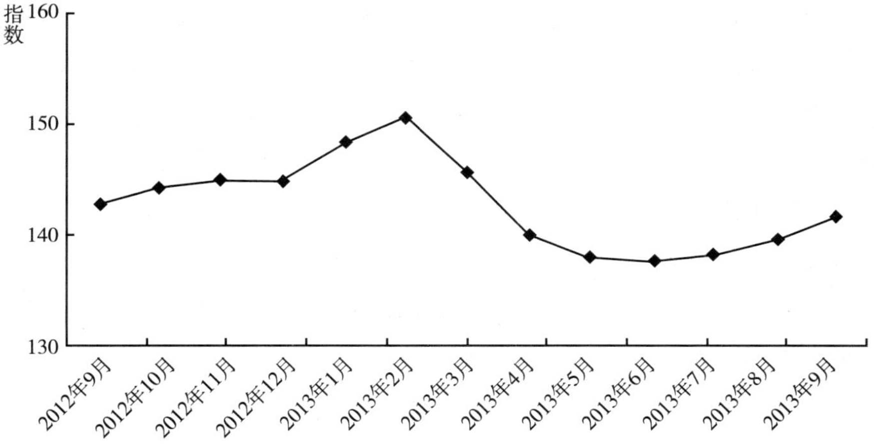

图 1　2012 年 9 月至 2013 年 9 月中国大宗商品价格指数月度走势

后，稳增长举措提振需求，大宗商品价格谷底回升，9月达到141.7，比5月回升了2.8%。预计年内几个月价格水平相对稳定，全年大宗商品价格指数下降1%左右。

二 经济企稳夯实新一年市场回升基础

稳增长、调结构与促改革是2014年中国宏观调控的三大着力点。上述三个方面宏观调控相辅相成，从不同侧面推动了中国经济增速企稳回升。预计2014全年GDP增速达到或者接近8%，高出2013年的增长水平。受其影响，全国大宗商品市场需求状况好于上年，进而刺激新增资源，尤其是进口会增长较多，全年价格水平处于相对高位，不会出现大幅跌落局面。

（一）宏观经济向好提振诸多需求

大宗商品需求与整体经济状况紧密相关，2014年中国主要经济指标的企稳回升、内外经济环境的改善，对原油、煤炭、矿石、金属、橡胶等大宗商品需求的提振是不言而喻的。

首先是提振投资建设需求。从现阶段情况分析，投资仍是稳住中国经济增长、避免超预期滑落的重要手段，同时调整经济结构、加强国民经济薄弱部门发展也都需要新的投资来实现，而加大改革步伐、一些领域取消行政审批、引进民间资本、依靠市场配置资源等将会提供投资新动力。预计2014年中国建设投资将会在节能环保、城乡基础设施、交通道路、民生服务、居民住宅等多个方面展开。上述几个方面的建设规模庞大，所需资金可能达到十数万亿元。其中，仅城市地下管网改造，全国投资就将超过3500亿元；在环保方面，全国将投入2万亿元进行水污染治理，并大规模开展大气污染防治行动，仅北京市就要投入1万亿元；全国城市轨道交通建设也将投资4万亿元之多，同时，许多项目已经完成审批，2014年将进入施工建设阶段。此外，2013年全国房地产销售量价齐升，“日光盘”与“地王”频现，开发商资金情况较好，同时，国家大力加强安居工程建设，也将使得2014年房地产开发投资提速。如此规模巨大的建设投资势必激发数量巨大的大宗商品需求。

其次是提振出口需求。2013 年，发达国家相继修正前期紧缩政策，政府首要目标由紧缩开支转向刺激增长、增加就业。虽然存在美联储退出量宽预期，但存在很大不确定性，即便退出，其规模会很小、退出时间会很长，而且其他国家均不会跟进。受其影响，主要发达国家经济也将企稳回升，整体状况好于上年。据世界银行预测，2013 年美国经济将增长 2%，2014 年升至 2.8%；欧元区经济 2013 年内结束衰退，2014 年也有望增长 0.9%；日本经济亦会出现增长局面。发达国家经济提速，再度成为全球经济增长引擎，自然改善 2014 年中国出口环境，为中国经济提速添砖加瓦。2013 年下半年，中国外贸出口明显提速，已经显示了这一势头。而中国经济提速又将提振全球经济，产生境外市场对中国商品的更大需求，如此利多循环。

再次是提振制造业生产需求。全国固定资产投资与出口的双双向好，派生出大量城乡居民消费，使得 2014 年中国制造业获得极大提振，包括建筑材料、工程机械、物流设备、家用电器等制造业需求，引致增加其原材料需求。2013 年下半年，中国制造业采购经理人指数（PMI）持续强劲扬升，其中 9 月中国制造业 PMI 保持在 50 枯荣线上方，连续数月回升，也预示着 2014 年中国制造业形势明显好于上年。制造业历来是大宗商品的重要消费领域，一般占其总需求量的五成以上。新一年中国制造业形势明显好转，势必增加大宗商品需求。

最后是提振企业补充库存需求。因为“买涨不买落”的市场行为，从 2012 年开始的全国大宗商品去库存行为一直持续到 2013 年中期，许多企业库存低于合理水平。据兰格钢铁网市场监测数据，2013 年 7 月底，全国主要市场钢材社会库存同比下降 7.6%，中钢铁协会员钢铁企业钢材库存同比下降 12.9%，有些钢铁企业库存最少时仅够 1 个星期的铁矿石用量，甚至更少。随着市场预期转变、信心恢复与增强、价格触底回升，2014 年内企业势必补充库存，致使大宗商品需求增加。如果价格持续上涨，且涨势过快，将会引发偏低库存企业的恐慌性补库，导致中间需求进一步膨胀，短时期逆转供求关系。

初步测算，2014 年中国原油、矿石、煤炭、金属、橡胶等重要大宗商品的需求总量将增长 8% 以上，增长幅度明显超过上年水平。其中，粗钢需求量（含出口）将达到或超过 8.5 亿吨，较上年增长 6% 以上。

（二）需求扩张提供更大资源供应空间

2014年中国需求扩张，为大宗商品新增资源提供了较大的增长空间。据初步测算，2014年全国7种重要大宗商品新增资源增幅将比上年增长8%以上，其中，原油、铁矿石、煤炭、金属、橡胶等重要产品的产量都会高于上年增长水平。受到国内经济增长与出口拉动，国内粗钢产量将达到8.2亿吨，比上年增长5%左右，从而拉动铁矿石、焦煤及其他能源的需求增长。

中国大宗商品进口依赖性较高，国内需求的扩张势必拉动进口大幅增长。由于多种因素的影响，2013年中国大宗商品进口增幅较为温和，随着国内外需求的同步启动，以及补充库存需求的明显增加，新一年内中国大宗商品，尤其是工业用原材料进口增长将更为明显。初步测算，2014年全国原油、煤炭、铁矿石、橡胶、铜、铝等重要大宗商品进口总量将比上年增长8%以上。其中，石油进口增幅超过3%，铁矿石进口增幅超过8%，铜进口也会由降转升。

（三）实体经济需求逐步成为价格上升的主导力量

一般而言，大宗商品价格行情主要受到实体经济需求与货币因素的共同影响。应该说，在上述两项因素中，实体经济需求旺盛、消费者购买力增加才是商品行情高位运行的真正基础，货币因素只是在此基础之上推波助澜而已。随着2014年国内外经济的复苏与增长，尤其是制造业与住房等固定资产投资的活跃，实体经济需求趋向旺盛，将逐步上升为大宗商品行情的主导性推动力量，美联储退出QE等货币因素逐步退居次要地位，由此引发的未来市场流动性冲击将大为减弱。正是因为如此，一段时期以来，国际市场铁矿石、原油、金属等大宗商品价格并不理会美联储退出QE的预期与美国债务上限危机的影响，未出现大幅跌落，继续相对高位运行，其中纽交所石油价格保持在100美元/桶上方，铁矿石价格甚至震荡上行。

最近美国国会两党就提高债务上限达成妥协，意味着美国政府更多的债务累计，也意味着最终还将印刷更多的钞票，继续向市场释放更多的流动性。如此之多的超发货币至今未能引起物价大涨，主要还是因为世界需求低迷、人们对复苏不确定性的疑虑甚至恐惧。因此，随着今后实体经济需求启动、市场信心恢复、低价抄底有利可图，这些流动性将会卷土重来，逐步增加原油、矿石、金属、橡胶、谷物等大宗商品的金融属性需求，即避险与炒作需求。届时，大宗商品行情的震荡向上，将由以往单一需求动力转变为两项需求动力的共同驱动。

预计 2014 年中国大宗商品价格总体价格涨幅在 3% 左右，其中铁矿石到岸全年平均价格在 120 美元/吨左右。

2014 年，中国大宗商品价格整体水平呈现较大幅度扬升，势必增加下游物价压力。受其影响，新一年内 CPI 水平继续上涨，有些月份同比涨幅超出 3%；全年 PPI 有可能转降为升，有些月份同比涨幅也会超出 3%。

三　抓住机遇进行商品资源战略储备

中国大宗商品的国际贸易战略方针应当是逢低买进。换言之，就是要抓住这个低成本有利时机，大量购进矿石、原油、金属等大宗商品，在满足即期需求的同时积累长期储备，以应对今后的价格暴涨。

着眼于未来“资源为王”的长期战略，实施重要大宗商品战略储备，包括企业与国家两个层面。从国家层面来说，要抓住国际投行做空、市场空头氛围浓厚的有利时机，大量购买原油、矿石、有色金属、橡胶、黄金等实物商品，要以实盘为主，并且运到中国。从企业层面来说，尤其是大型国有企业，也要扭转“漫漫熊市”思维，避免过度去库存化、一味低价位抛空。要利用每次价格跌落，特别是大幅跌落机会，逐步充实重要原材料储备。否则，今后行情反转，引起竞相抢购，势必遭遇严重损失。对于诸多参与大宗商品战略储备的企业，有关方面都应予以贷款利息、减免税收及财政补贴等方面的政策，实施结构性宽松货币政策与积极的财政政策。

中国为全球最重要的大宗商品进口国与消费国。由于中国大宗商品购买力巨大，国际市场价格影响力巨大，因此逢低买进也要把握好购买节奏。虽然目前国际市场大宗商品价格相对低迷，确实提供了一个极好的大宗商品买入时机，但也不可一拥而上，致使市场价格飙升，要少说多做，低调逐步进行，有关方面应当予以宏观指导与调控。

B.24

2013～2014年经济景气和物价走势分析与预测*

陈 磊 隋占林**

摘 要：

在潜在经济增长率下移和稳增长、调结构、促改革的政策取向共同影响下，2012年7月以来，经济景气在“偏冷”区间出现弱回升态势，2013年8月已返回“正常”区间，短期内经济有望保持平稳运行，新一轮经济周期或进入“微波化”的新阶段。预测2013年和2014年GDP增长率将分别约为7.7%和7.5%。从2012年第四季度开始，物价进入新一轮比较温和的上升周期，并可能持续到2014年第二季度，预计2013年和2014年的CPI上涨率分别约为2.7%和3%，仍然处于适度增长区间，通胀压力显著增加的可能性不大。

关键词：

经济周期 景气分析 物价走势

我国经济增长速度在2012年第四季度结束了历史上少有的连续10个季度的收缩局面后，止跌企稳，GDP增速已经连续6个季度在7.4%～8%的区间小幅波动。在“控通胀”宏观调控措施和经济增速下滑的影响下，CPI上涨率

* 本项研究得到国家自然科学基金项目（71173029）、教育部社科规划基金项目（10YJA790021）、国家社科基金重大项目（10zd&010）和辽宁省高等学校创新团队项目（WT2010013）的资助。感谢桑红静和李雨对本项工作的协助。

** 陈磊，教授，东北财经大学数学与数量经济学院副院长，经济计量分析与预测研究中心主任；隋占林，东北财经大学数学与数量经济学院博士研究生。

在2012年第三季度回到2%以下，出现物价周期谷底，此后呈现温和回升走势；PPI虽仍然处于负增长区间，但2012年第四季度以来也出现止跌企稳态势。目前，全球经济的下行风险有所缓解，但复苏进程并未出现明显起色，我国外贸增速仍在低位徘徊。国民经济处于潜在增长率下移和深层次改革的攻坚阶段，结构性矛盾突出，经济运行风险加大。

2013～2014年，我国经济运行能否继续保持弱回升或平稳运行态势？未来一段时间的经济景气和物价走势如何？2014年能否再次出现通货膨胀？政府的宏观政策取向应如何调整？为了对这些热点问题做出比较科学和准确的回答，本文基于改进后的“经济景气分析和监测预警系统”和非参数周期转折点测定方法，对当前的经济周期态势和经济景气状况，以及物价波动形态与影响因素进行分析和判断，采用先行指标、新型扩散指数和多种经济计量模型对经济增长、物价等主要经济指标的走势进行分析和预测，在此基础上，对政府下一步的宏观调控提出政策建议。

一　利用景气分析与新型扩散指数对经济周期态势的分析和预测

按照国际流行的景气指标法的要求并结合国内经济运行情况，经过重新筛选和对比，我们对选用的景气指标组进行了适当微调。其中，一致景气指标仍然由工业增加值、累计固定资产投资（不含农户）、社会消费品零售额、狭义货币M1和财政收入五个指标组成。滞后指标组仍然由CPI、PPI、产成品库存和货运量合计组成。先行（领先）景气指标除原有的钢产量、水泥产量、汽车产量、股票成交量、人民币贷款总额和固定资产投资施工项目个数（累计）等六个指标外，增补广义货币M2和固定资产投资本年施工项目计划总投资额（累计）两个新指标，经过测算，这些指标的超前期都在3～6个月，可归属于短先行指标。同时，考虑到原有的逆转CPI指标的平均超前期为12个月，与其他先行指标的超前期差别较大，且与基准指标的时差相关系数较低，故从短先行指标组中剔除，但仍作为可利用的长先行指标单独考查其先行性。各景气指标均为同期比增长率序列，[①] 经季节调整并消除不规则因素。利用美国全国经济研究所（NBER）方法，分别建立了一致、先行和滞后合成指数（各指数均以 2000 年平均值为 100）与扩散指数。

1. 基于合成指数和非参数转折点测定方法对经济周期转折点和周期态势的分析

经济周期波动基准日期即景气转折点的确定无疑是经济景气分析中的一个关键问题。识别和确定经济周期转折点的传统方法是 NBER 的 Bry 和 Boschan 于 1970 年开发的测定转折点准则和程序（简称“B－B 法”），该方法在各国的经济周期测量和分析中得到广泛应用。从 20 世纪 80 年代开始，一些学者利用非线性马尔科夫转换模型对经济周期转折点进行统计推断，并描述经济周期波动的非对称性特征。21 世纪初，Harding 和 Pagan（2001，2002）针对经济周期转折点的识别和周期特征分析提出了不基于模型的非参数算法，填补了传统 NBER 方法所缺少的统计基础。他们通过对比确定转折点非参数方法与基于马尔科夫转换模型的参数方法，提出非参数方法不受参数稳定性的影响，因此在转折点识别问题上比参数方法更有优势。在此基础上，Artis 等人（2004）采用马尔科夫链方法并加入峰谷交替和长度约束、振幅约束等准则，通过计算变量在周期不同阶段间的转移概率和各时点的扩张或衰退概率，建立了新的转折点识别的非参数算法，并成功用于欧盟地区的经济周期分析。基于该方法还可针对景气指标组构造新型景气扩散指数。

国内在周期转折点的识别上依靠对指标时序图的直观判断或经典的 B－B 法，有时可能造成误判和判别结果的不一致，特别是在周期波动的形态比较复杂的情况下。陈磊和孔宪丽（2007）曾在 B－B 法的基础上，从实证测量角度对经济波动、经济短周期、中周期做了明确划分，并针对扩张或收缩及整个周期的最短持续时间和波动幅度提出了相应的判别准则。本文按照其中经济短周期的判别准则，采用 Artis 等人的非参数算法测定了 1997 年以来先行、一致、滞后合成指数的短周期转折点，其中，反映宏观经济景气的一致合成指数的测定结果可以作为我国经济周期波动的基准转折点时间，具体结果如表 1 所示。

① 资料来源于中国经济信息网宏观月度库，数据截至 2013 年 9 月。

由于三个合成指数均较平滑，经过对比，该方法的测定结果与传统 B－B 法对主要转折点的测定结果是一致的。

表 1　经济（短）周期的转折点测定结果

波谷			波峰		
先行合成指数	一致合成指数	滞后合成指数	先行合成指数	一致合成指数	滞后合成指数
1998. 03	1998. 04	1998. 09	1999. 04	2000. 08	2001. 05
2001. 05	2001. 12	2002. 03	2003. 12	2004. 03	2004. 08
2005. 02	2005. 03	2006. 04	2006. 03	2007. 11	2008. 06
2008. 09	2009. 01	2009. 07	2009. 10	2010. 01	2011. 08
2012. 01	2012. 06	2013. 04*			
平均超前 3. 6	—	平均滞后 7. 4	平均超前 10. 5	—	平均滞后 10

注：“＊”为暂定转折点，有待将来进一步确定。

根据对一致合成指数转折点的测定结果，1998 ~2012 年，我国经济景气已经经历了 4 次短周期，每个周期的长度在 41 ~45 个月，平均值接近 43 个月，波长具有一定规律性，按照经济周期类型的通常划分方法，可归属于基钦型周期。周期扩张与收缩阶段的平均持续期分别为 24. 5 个月和 17. 75 个月，具有非对称性，总体上属于长扩张型周期。

根据表 1 的测定结果，1998 年以来，先行和滞后合成指数同样经过了 4 个短周期，平均周期长度分别为 41. 3 个月和 43. 3 个月，也具有一定的规律性。图 1 和图 2 显示，两个指数各自具有较好的先行和滞后特征。时差相关分析的结果表明，先行合成指数的总体平均超前期为 4 个月，但波谷平均超前 3. 6 个月，而波峰平均超前 10. 5 个月，波峰的超前期变异性较大；滞后合成指数的总体平均滞后期为 6 个月，但波谷平均滞后 7. 4 个月，而波峰平均滞后 10 个月，两者的滞后期变异性都较大。

根据一致合成指数所反映的宏观经济总体走势（见图 1，其中阴影部分为景气收缩阶段）和转折点测定结果，按谷—谷的测量方法，经济景气经过 29 个月的超预期下滑，已经在 2012 年 6 月结束了前一轮短周期。这与我们在 2012 年 10 月做出的判断是一致的。主要受货币供应、固定资产投资和消费增速大幅回落的影响，此次景气收缩形成了较深的波谷，谷底的景气指数已经低

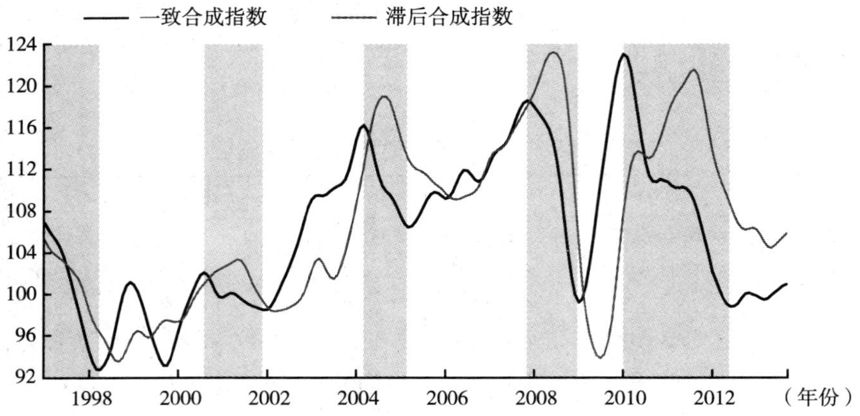

图 1　一致合成指数和滞后合成指数

于 2000 年的平均值和上次波谷，创造了 2002 年以来的最低水平。2012 年 7 月以来，月度经济景气出现止跌企稳后缓慢复苏的弱回升态势，在底部经过一次小的起伏后，从 2013 年 4 月开始再次出现连续 6 个月的缓慢上升。

图 1 显示，主要反映物价和库存变动的滞后合成指数在 2011 年 8 月形成峰顶转折点后，经过 20 个月的不断下滑，于 2013 年 4 月结束下降走势，此后连续多月缓步回升。根据该指数的周期波动特征，结合物价指标出现的回升趋势，可以初步确定该指数的周期波谷转折点已形成，谷底水平与上次相比较为适中。这可以进一步确定前一轮经济景气的周期谷底转折点已经在 2012 年 6 月出现，与滞后指数的波谷时差为 9 个月，长于 7.5 个月的波谷平均时差。按照这一判断，始于 2009 年 8 月的该轮滞后合成指数周期波动共持续了 45 个月，其中上升期 25 个月，下降期 20 个月。

值得注意的是，与 CPI 和 PPI 近来的走势不同，工业企业库存增速自 2011 年 11 月以来一直处于下降阶段，到 2013 年 8 月已持续了 22 个月，为 21 世纪以来的最长收缩期，增速由 24.2% 减到 8 月的 5.7%，下降幅度较大，表明受产能过剩和调整经济结构的影响，工业企业的库存调整时间和幅度超过预期。始于 2009 年 10 月的本轮库存周期已持续近 4 年，根据库存周期的波动特征和 2013 年库存增速的下降速度趋缓的迹象，此轮库存周期或接近尾声。

2. 利用先行合成指数、传统扩散指数和新型扩散指数对经济运行走势的预测

由调整后的 8 个先行指标构成的先行合成指数变动为图 2 中的细实线。如图 2 所示，该指数经过大幅回落在 2012 年 1 月触底形成周期谷底转折点后，开始转入温和回升态势，到 2013 年 9 月已经连续回升 20 个月，但累计上升幅度并不大，这种温和回升情况此前罕见。先行指数的走势预示经济景气的弱回升态势可能在 2013 年内继续保持，甚至有望延续到 2014 年第一季度。

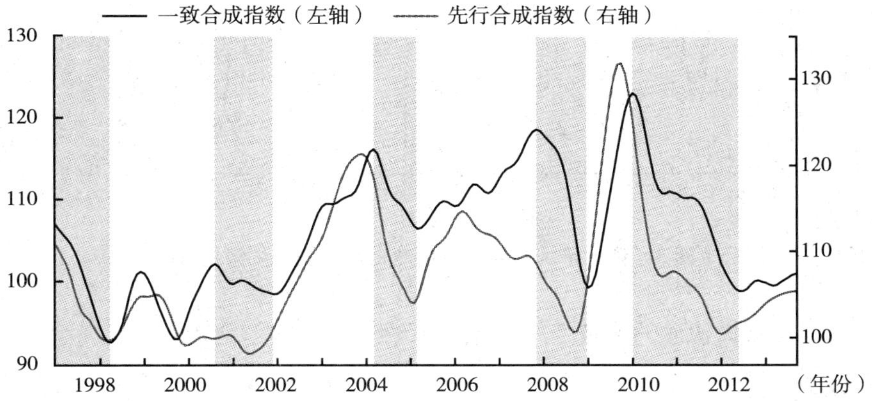

图 2　一致合成指数和先行合成指数

从各先行指标的变化情况来看，2012 年以来，粗钢产量、汽车产量、固定资产投资施工项目个数和股票成交量增速均大体呈现波浪形温和回升趋势；水泥产量增速的回升趋势不明显；固定资产投资本年施工项目计划总投资额和广义货币 M2 增速经过温和回升后从 2013 年 5 月开始出现小幅回落；而人民币贷款余额增速自 2012 年 10 月以来呈缓慢下降态势。此外，超前期在一年左右的长先行指标——逆转 CPI 经过一年左右的较快上升后，同样从 2012 年 10 月以来进入温和下降阶段。可见，各先行指标的走势不太一致，总体回升力度不强。实际上，7 月以来该先行合成指数的上升势头有所减缓，指数的回升趋势或在年内出现转变。

扩散指数（DI）把景气指标组中保持上升指标占比的变动看做景气扩散

的过程（见图 3），其值为 50% 时表示经济活动的上升趋势与下降趋势平衡，意味着该时刻是景气的转折点。移动平均后扩散指数本身的极大值（峰）点和极小值（谷）点会领先于 50% 对应的景气转折点，利用这一性质，有时可以帮助提前预测景气的转折点出现时间。

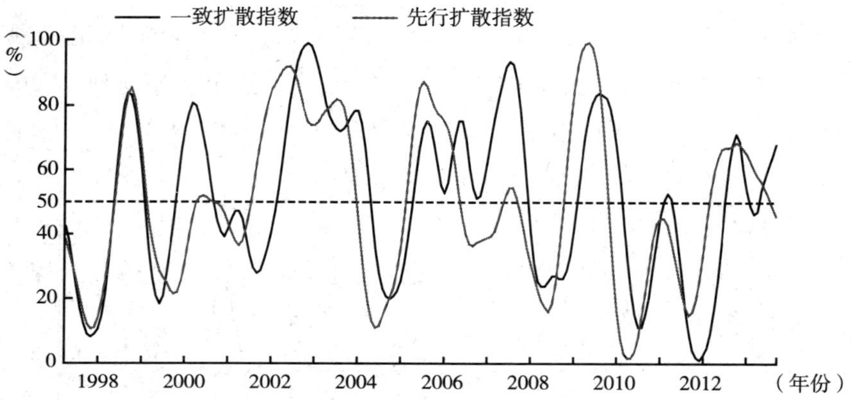

图 3　移动平均后的一致扩散指数和先行扩散指数

由 5 个指标构成的一致 DI（见图 3）在 2012 年 7 月回到 50% 线之上，同样反映经济景气在 2012 年 6 月筑底，此后该指数在 50% 线附近出现反复，并重回 50% 线之上，反映经济活动的上升力量与下降力量接近平衡，近期上升趋势略占上风，但总体回升力度较弱。由 8 个先行指标构成的先行 DI（移动平均后见图 3）在 2012 年 3 月回到 50% 线以上的扩张区间，显示先行景气动向在 2012 年 2 月触底后总体呈回升态势。但移动平均后该指数只上升到 67% 的较低水平，显示先行经济活动的回升力度不强。2012 年 11 月以来，该指数出现缓慢下滑趋势，并且在 2013 年 8 月回到 50% 线以下，说明先行合成指数很可能从 8 月左右开始止升趋降。若如此，根据平均超前期推断，经济景气的弱回升趋势可能在 2013 年底或 2014 年第一季度结束。

2004 年，Artis 等人基于转折点识别的非参数马尔科夫链算法，提出了构造景气扩散指数的新方法。该扩散指数将马尔科夫链与确定转折点的判别准则相结合，可以综合每个时点上所有指标扩张或收缩的终止序列信息，按照马尔科夫链的基本原理，运用迭代算法计算各时点对应的扩张概率和衰退概率，选取扩张概率或衰退概率作为扩散指数。该扩散指数既可以判断景气波动在经济系统中的扩散情况，又可以给出经济景气出现扩张或衰退的概率。与传统扩散指数类似，该指数与中位线（50%线）相交时点的前一个月可以作为景气转折的参考时间。

本文基于这一非参数算法和调整后的先行与一致景气指标分别构建了新型马尔科夫链扩散指数（以下简称“MDI”）。为了与传统的扩散指数相对应，本文把扩张概率作为先行MDI与一致MDI（见图4）。图4中阴影所示的时间区间系根据前文的短周期转折点测定结果确定的经济周期衰退期。不难看出，一致MDI低于50%的区间与经济周期波动的收缩期对应较好，两个新型扩散指数的变动与图3所示的传统扩散指数很类似，但对景气动向的反映似乎更为敏感。一致MDI在2012年7月回升到50%线之上，说明经济景气在2012年6月触底，后转入回升局面，这与基于一致合成指数的测量结果相同。2013年以来，一致MDI一直徘徊在中位线50%线附近，反映经济的扩张与收缩力量基本均衡，经济运行基本保持平稳。图4显示，先行MDI在多数时间领先于一致MDI。2012年以来，先行MDI在50%线以上的扩张区间保持近一年后出现回落，2013年各月也一直位于50%线附近，说明先行经济活动也基本处于均衡状态。根据该指数推断，2013年第四季度至2014年第一季度，经济景气有望继续保持基本平稳，出现较强回升或下降的可能性都不大。

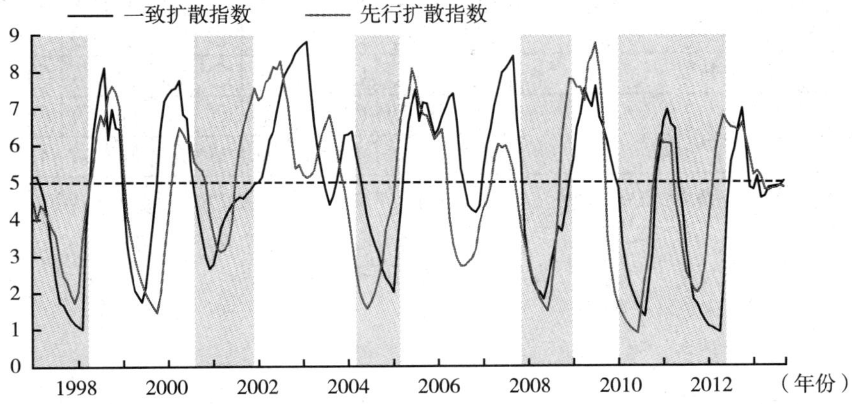

图4　新型一致扩散指数和先行扩散指数

二　基于监测预警信号系统对经济景气状况的分析和预测

下面根据由10个预警指标①构成的“宏观经济监测预警信号系统”，对各预警指标的警情与目前的总体经济景气状况和变动趋势做进一步的考查和判断（见图5）。考虑到我国经济已经进入要素成本上升、潜在经济增长率下移的结构转型时期，以及新一届政府稳增长、调结构、促改革的政策导向，结合对预警指标变化情况的统计分析和发展趋势判断，我们对全部预警指标在不同景气区间的预警界限进行了不同程度的适当下调，以便更准确地反映新形势下经济景气的变动情况。

指标名称	2012年			2013年								
	10月	11月	12月	1月	2月	3月	4月	5月	6月	7月	8月	9月
1.工业企业增加值增速（春节调整）	◎	◎	◎	◎	◎	◎	◎	◎	◎	◎	○	○
2.发电量增速（春节调整）	◎	◎	◎	◎	⊗	⊗	◎	◎	○	○	○	○
3.工业企业销售收入增速（累计）	◎	◎	◎	○	○	◎	◎	◎	◎	◎	◎	◎
4.固定资产投资完成额增速（累计）	○	○	○	○	○	○	○	○	○	○	○	○
5.社会消费品零售总额增速（春节调整）	○	○	○	○	○	○	○	○	○	○	○	○
6.进出口总额增速（春节调整）	◎	◎	◎	○	○	○	◎	◎	◎	◎	◎	◎
7.国家财政收入增速	○	○	○	◎	◎	⊗	⊗	◎	◎	○	○	○
8.狭义货币供应量M1增速	⊗	⊗	⊗	◎	◎	◎	○	◎	◎	◎	◎	◎
9.金融机构各项贷款余额增速	○	○	○	○	○	○	○	○	○	○	○	○
10.居民消费价格指数	○	○	○	○	○	○	○	○	○	○	○	○
综合判断	◎	◎	◎	◎	◎	◎	◎	◎	◎	◎	○	○
	35	35	35	40	38	33	35	35	38	40	43	43

注：●（过热）⊙（趋热）○（正常）◎（趋冷）⊗（过冷）

图5　月度监测预警信号

① 预警指标中的工业企业销售收入增速和金融机构各项贷款余额增速为累计增速，不规则扰动很小，且几乎不存在季节性波动，故直接采用公布数据，其余指标均经过季节调整，剔除了季节和不规则因素。

对预警指标近一年的监测结果显示，2012 年 8 月以来，多数指标的景气度呈止跌企稳或稳中回升态势（见图 5）。截至 2013 年 9 月，M1 等三个指标仍然发出“趋冷”信号，工业增加值等其余七个指标已经回到或一直处于“正常”区间。

1. 工业生产增速在 10% 的“绿灯区”下界附近稳中趋升

受国内外需求减弱和产能过剩等因素的影响，工业企业增加值增速在 2012 年第二季度回落到 10% 以下的“趋冷”区间，此后在 9% ~10% 的“趋冷”区间中上部保持基本稳定。剔除季节和不规则因素后，2013 年 4 月以后该指标出现温和回升趋势，8 ~9 月重新回到“绿灯区”（10% ~15%），显示工业生产已开始回暖。

发电量增速在 2012 年一度下滑到 4% 以下的“蓝灯区”，发出“过冷”信号，并在 6 月到达此次回落的最低点，此后呈波浪形回升态势。2013 年 6 月以来，该指标出现较强的上升势头，快速回到“绿灯区”（6% ~13%），显示电力行业景气已经恢复正常。

2012 年 5 月以来，工业企业产品销售收入增速一直在“趋冷”区间中上部（10% ~12%）徘徊，反映工业企业总体效益已经趋稳，但尚未形成回暖趋势。当前工业企业效益偏低既受到世界经济不振、外需持续低迷带来的冲击，又有国内有效需求不足、部分行业产能过剩造成的影响。

2. 固定资产投资完成额增速在“正常”区间内保持平稳运行

2012 年以来，固定资产投资完成额增速在 20% ~21% 的新增长平台基本保持平稳运行，在各预警指标中走势最稳定。该增长平台虽然比此前 25% 左右的增长平台下滑了 4 ~5 个百分点，但仍处于“绿灯区”下部（18% ~27%），说明目前的固定资产投资完成额增速仍然比较适度。

3. 消费市场在“正常”区间止降回稳

社会消费品零售总额名义增速经过快速降温后，从 2012 年 7 月开始在“绿灯区”中部（11% ~16. 5%）出现止降企稳态势。2013 年 1 ~2 月的累计增速为 12. 3%，创造了此轮回落的新低，但此后各月增速小幅回升。与此有所不同的是，剔除物价因素后，社会消费品零售总额实际增速经过 5 个季度的波浪形温和回升后，2013 年小幅回落到 12% 左右，并趋于平稳，略低于金融危机前的增长水平。

4. 外贸增长在“趋冷”区间波动，走势大体保持平稳

受国内和国外需求共同减弱等因素的影响，我国进出口总额增长（剔除季节和不规则因素）经过较大幅度的快速回落后，从2012年开始进入“趋冷”区间（5%～10%），并基本在该区间小幅波动（2013年第一季度短暂回到“绿灯区”），形成了新的“中低速”增长平台，显示我国外贸增长近来在偏低水平上大体保持平稳运行走势，增速远低于2005年初到金融危机爆发前24%左右的平均增长水平。

2012年以来，进口增长速度的走势相对更为平稳，2013年增速在7%左右波动；出口增速经过短暂企稳反弹后，2013年继续出现下滑态势，但第三季度有止跌企稳迹象。

5. 财政收入景气经过短暂“过冷”后回到“正常”区间

全国财政收入增速在5个一致指标中波动性较大、波动较频繁。受经济减速和税制改革等因素的影响，该指标（剔除季节和不规则因素）代表的财政景气在2013年再次明显降温，接连发出“趋冷”（7%～11%）和“过冷”信号，创造了近四年来的最低水平，反映财政状况比较紧张。但2013年6月以来财政收入增速反弹回升，财政景气从7月开始重新回到“绿灯区”内的下部，恢复到适度增长区间。

6. 货币供应增长处于温和的周期上升阶段，由“过冷”恢复到“趋冷”状态

狭义货币供应量M1增速在2012年4月创下20年来的最低水平3.1%，标志着前一轮货币短周期在此结束。正如我们在2012年秋季所预测的那样，2012年5月开始货币供应转入新一轮温和上升周期。进入2013年后，M1增速脱离了持续一年多的“蓝灯区”，回到“趋冷”区间（9%～11.5%），甚至在4月短暂升温到“正常”的“绿灯区”，显示货币流动性偏紧状况有所缓解。此后，M1增速出现小幅回调。我们预计货币供应的上升趋势就此改变的可能性不大，但回升势头可能更为温和。广义货币供应量M2增速的走势与M1很接近，但略有超前。M2增长在2011年第四季度创造了2002年以来的最低增速12.5%后，开始缓步进入新一轮上升期。

值得注意的是，金融机构人民币贷款增速与货币供应增速的走势有所不同，在 2012 年前三个季度略有回升后，2012 年 10 月以来在“正常”的“绿灯区”重新步入缓慢下降走势，仍然处于信贷周期的下降期。2013 年 8 月底贷款增速回落到 14.1%，已接近“绿灯区”（14% ~17%）的下界。

由 10 个预警指标构成的景气动向综合指数（见图 6）与景气一致合成指数的走势很接近。如图 6 所示，景气动向综合指数自 2012 年 1 月以来连续 19 个月发出“趋冷”信号，并在当年 5 ~6 月出现景气谷底（30%），与景气一致合成指数的波谷转折点时间一致。2012 年 7 月开始，随着工业生产、财政收入和货币供应等预警指标的企稳回升，该指数出现波浪形温和回升趋势，并从 2013 年 8 月开始解除“趋冷”预警，显示总体经济警情回到“正常”的“绿灯区”。

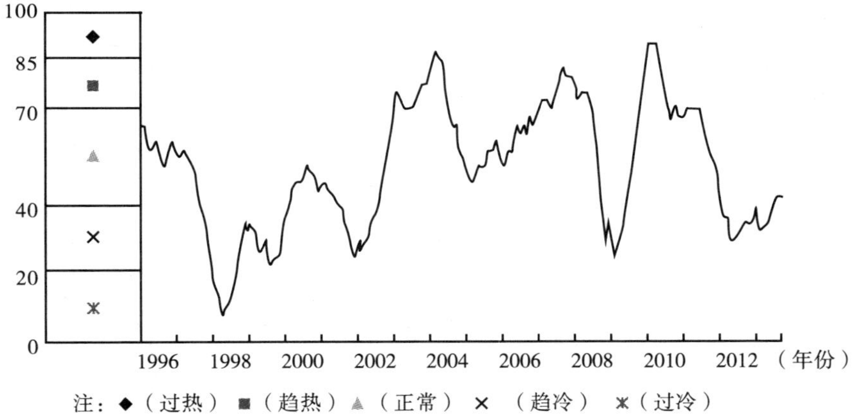

图 6　月度景气动向综合指数

通过对 10 个预警指标走势的分析并结合目前的政策取向，预计从 2013 年第四季度开始经济景气在 40% ~45% 的“绿灯区”下部保持平稳运行的概率较大。

三　物价变动特征与走势分析

以消费者价格指数（CPI）为代表的物价变动是衡量宏观经济运行状况的重要指标，也是央行货币政策调控的主要参考指标。因此，本文在前面对经济景气总体变动情况进行分析的基础上，详细考查物价的周期波动特征、CPI 主要组成部分的变动趋势和CPI与PPI的关系，进而对物价的未来变动趋势做出预判。

1. 物价周期波动特征与近期走势分析

为了全面且集中地反映物价的变动情况，我们根据物价景气指标组中的5个一致指标（陈磊等，2012），采用NBER方法建立了物价一致合成指数（以2006年的平均值为100，见图7）。5个指标分别为：CPI，商品零售价格指数（RPI），工业品出厂价格指数（PPI），原材料、燃料、动力购进价格指数和进口商品价格总指数，涵盖了商品消费、生产、原材料、进口等价格的主要方面，能够全面反映物价的走势。

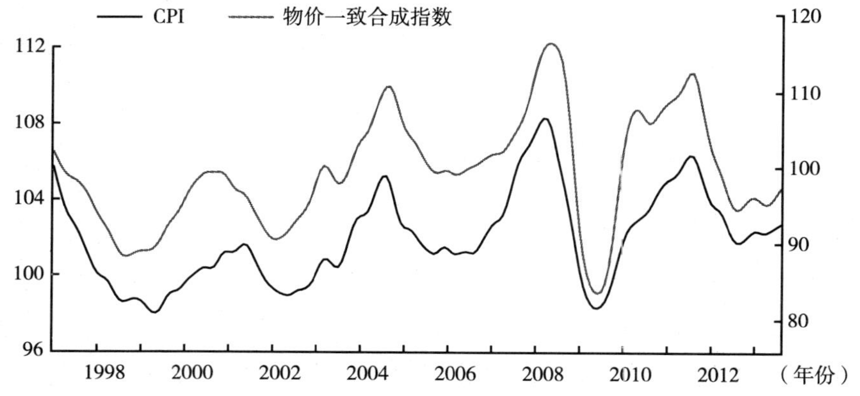

图7 CPI与物价一致合成指数

我们同样采用Artis等人的非参数算法测定了物价一致合成指数与季节调整后CPI的周期转折点时间（见表2）。结合图7可以看出，物价一致合成指数与CPI的变动趋势具有高度的一致性，2002年以来的转折点时间几乎完全一样。1998年以来，按对CPI波动谷—谷的方法测量，物价波动已经出现了4次短周期，每个周期的平均持续时间接近40个月，具有一定的周期规律性。前3个短周期构成了一个长度为10年左右的物价中周期。第4轮物价周期已经在2012年8～9月结束，其持续时间为38～39个月，其中上升期为25个月，下降期13～14个月，继续呈现长扩张型周期形态。

表2　物价周期波动的转折点测定结果

波谷		波峰	
CPI	物价一致合成指数	CPI	物价一致合成指数
1999.05	1998.09	2001.05	2000.10
2002.05	2002.02	2004.08	2004.08
2006.03	2006.03	2008.03	2008.05
2009.06	2009.06	2011.07	2011.07
2012.08	2012.08		

2012年10月以来，物价一致合成指数进入新一轮周期波动。与以往不同的是，此次物价回升启动的谷底水平相对较高，且回升比较温和。CPI从谷底的1.7%上升到2013年9月的3.1%，累计只回升1.4个百分点，一直处于4%以下的“正常”区间。

通过与表1或图1的经济景气转折点相对比，物价波动一直呈现出滞后于经济景气波动的特征，平均滞后期在半年左右。反过来说，一致合成指数可以作为物价的先行指标，而先行合成指数可以作为物价的长先行指标。

2. 食品价格变动趋势分析

食品价格的变动一直是影响CPI变动的主要因素。2013年7～9月，CPI同比分别上涨2.7%、2.6%和3.1%；同期，食品价格对应上涨5%、4.7%和6.1%，各自影响CPI同比上涨约1.61个、1.54个和1.98个百分点。

从食品价格指数的构成来看，在肉禽及其制品中，从2013年2月开始，牛羊肉价格只有小幅上涨；猪肉价格先降后升，从5月到8月共上涨约18%，似乎又有新一轮“猪周期”的征兆。由于猪的生长周期较长，猪肉价格有很强的蛛网型变动特征，“猪周期”时间长度在三年左右。从上次猪肉疯狂上涨的2009年到现在已经有三年多时间。尽管如此，从猪存栏量和饲养成本角度来分析，生猪存栏量近半年来持续回升，接近46500万头，能繁母猪存栏量也比较稳定。在没有暴发大规模疫情的情况下，猪肉的潜在供给比较充足。而最近几年玉米的价格一直是小幅平稳增长，从而近期饲养成本不会出现急剧增加。所以，短期内猪肉价格不太可能再次出现疯狂上涨，猪肉价格小幅上升的可能性较大，对CPI上行的影响也会比较温和。

蛋类价格虽然环比出现了大幅波动，但2013年5月以来的同比涨幅比较平稳。蛋类的供给周期在半年左右，饲养场的预期价格不会出现大的波动，所以预计未来蛋类的价格仍然会比较平稳。鲜菜的价格变化主要受季节因素等天气变化情况影响，第四季度鲜菜价格一般是季节性上涨，在没有严重恶劣天气的情况下，第四季度的鲜菜价格估计也会温和上升。2013年粮食丰收在望，加上我国大力开拓国际供应源，从而粮食价格可能保持现在比较温和的上涨态势，不会出现较大幅度的上升。

综上所述，CPI中食品的价格上涨总体比较适度，对CPI的拉动幅度有限。

3. 非食品价格变动趋势分析

与食品价格的明显上涨不同，非食品价格同比涨幅从2012年开始一直保持在1%～2%，这与当前我国制造业的低迷有很大关系。近期，家庭耐用消费品价格指数和设备消费品价格指数均与2012年同期基本持平，交通工具价格指数较2012年同期有一定下降。其他非食品的价格指数都保持了比较低的增长或者负增长。

值得注意的是，在非食品消费价格指数中，居民的居住成本较其他项目有比较大的上升，从2013年初就一直保持了3%以上的增幅。居民居住成本中的燃料、建房及装修材料价格并没有出现较大涨幅，增长比较快的是居民租房消费价格指数，2013年3月以来涨幅均在4%以上。

2013年6～9月，70个大中城市新建商品住宅同比价格指数平均分别上涨6.5%、7.1%、8.5%和8.7%，房价与租金的比值持续扩大，住宅买卖投资属性明显高于租赁，导致租赁房源补充不足，这也从一个侧面反映了我国大中城市中房地产市场的投机气氛较浓。如果将住房作为投资品，理论上房租上涨幅度应该和房屋价格上涨幅度大体相当，而现实中房租的涨幅较房价涨幅低。这一方面说明租房消费者的支付能力有限，另一方面说明现在房屋价格有虚高的部分。这种情况将直接影响租赁房的供应，房租持续上涨或成为大概率事件。租房支出在部分居民消费支出中占比较大，房租的持续上升会对这部分消费者产生很大的不利影响。

4. CPI 与 PPI 相互关系分析

从图 8 可以看出，多数时间 PPI 要领先于 CPI，且波幅较大。在这轮波动中，PPI 略超前 CPI，在 2012 年到达谷底，然后开始波浪式上升；同时，CPI 也小幅上涨（见图 8）。现在国际大宗商品价格一直在低位徘徊，国际需求虽有转暖，但是仍不强劲。经济的平稳复苏只是部分消耗了工业库存，国家对过剩产能的淘汰刚开始不久，总体上工业产品供过于求的现状在短期内不会有太大的改变，PPI 在未来不会出现大幅上涨，CPI 不会因为 PPI 的推动而出现过快上涨。

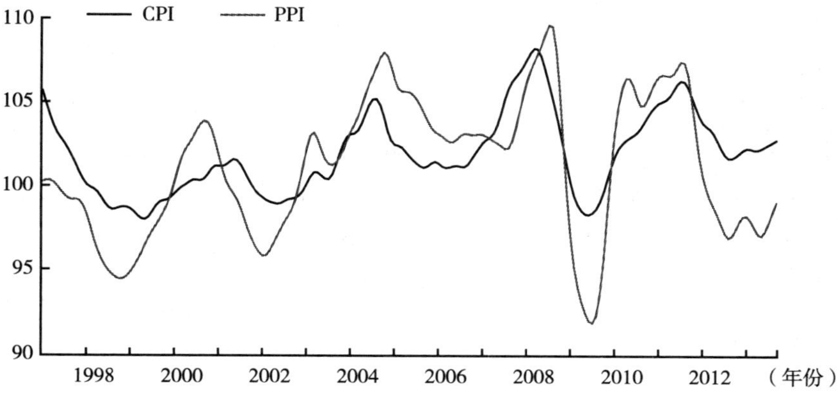

图 8　CPI 与 PPI 变动趋势（经过季节调整）

从产品角度来看，PPI 反映了生产环节的价格水平，CPI 反映了消费环节的价格水平，PPI 向 CPI 的传导途径为原材料→生产资料→生活资料。图 9 显示了 CPI 与 PPI 指数之差的时序，可以看出该差额在 2012 年初开始到达高位，然后保持小幅波动，这与以往几次正常的周期性波动情况有所不同。从 2012 年初开始，CPI 明显高于 PPI，说明在原材料和生产资料领域存在价格下降的压力，从供求角度来说就是供给大于需求。这正好反映出我国现在产能过剩问题比较严重。1997 年东南亚金融危机期间，CPI 与 PPI 的价格差在高位持续了三年左右，目前在面临淘汰过剩产能和次贷危机的影响下，较上次更为严峻，可以推断 CPI 高于 PPI 的局面可能会持续到 2014 年第四季度，但差距会逐渐减小。

从消费者收支角度来看，CPI 反映的是消费者的生活成本，PPI 反映的是

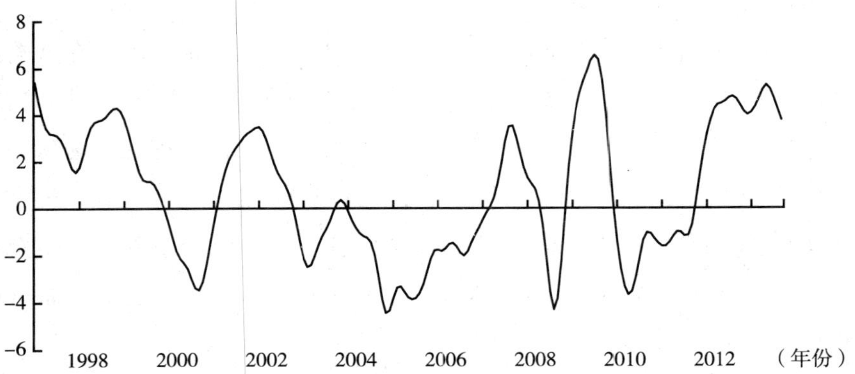

图 9　CPI 与 PPI 之差

企业产品销售的价格。在其他条件一定的情况下，可以反映出企业利润的增减，进而影响企业职工的收入。在 PPI 低迷的情况下，CPI 仍然保持温和增长，这在一定程度上归因于我国消费者在长时间的经济发展中有了一定的财富积累，而且边际消费倾向有“增长容易、下降难”的棘轮效应。但是如果 PPI 长期低迷，会对社会的总消费需求产生负面影响。2013 年前三个季度的城镇家庭人均可支配收入累计增速分别下降到 6.7%、6.5% 和 6.8%，这是 2002 年有统计数据（中经网统计数据库季度数据）以来的次低增速。如果 PPI 继续低迷，那么它最终会导致总需求增速的下降，在供给增速保持不变的情况下，CPI 也会因为总需求增速的下降而下降。

四　2013～2014 年主要宏观经济指标预测

下面利用多种经济计量模型对主要宏观经济指标的变动趋势进行预测，以便进一步把握经济增长的未来走势，为政府的宏观调控提供参考信息。各指标的具体预测结果如表 3 所示。

1. 2013 年和 2014 年的经济增长速度将分别达到 7.7% 和 7.5%

受制于潜在经济增长下移和全球经济复苏乏力，加上政府将调整经济结构摆在更加重要的位置，新一轮经济周期或进入“微波化”的新阶段。预计 2013 年第三季度至 2014 年的经济增长速度有望在 7.5%～8% 的范围内保持平稳运行。

表3　主要宏观经济指标预测结果

单位：%

指标名称	2013年第四季度	2013年全年	2014年第一季度	2014年第二季度	2014年全年
GDP增长率(可比价)	7.7	7.7	7.6	7.5	7.5
规模以上工业增加值增长率(可比价)	10.0	9.7	9.8	9.6	9.5
固定资产投资(不含农户)累计增长率	20.3	20.3	20.2	20.1	20.0
社会消费品零售额增长率	13.6	13.1	13.7	13.8	13.7
出口总额增长率	4.8	7.1	3.2	8.4	7.3
进口总额增长率	8.4	7.5	8.5	8.2	8.0
狭义货币供应量(M1)增长率	10.0	10.0	10.5	10.2	10.0
广义货币供应量(M2)增长率	14.5	14.5	14.4	14.3	14.0
金融机构人民币贷款总额增长率	14.6	14.6	14.5	14.3	14.0
居民消费价格指数(CPI)上涨率	3.2	2.7	3.3	3.2	3.0
工业生产者出厂价格指数(PPI)上涨率	-0.7	-1.6	0.3	1.0	1.0

注：数据均为同比增长率，预测的样本数据截至2013年9月。

预测2013年GDP增长率为7.7%左右，与上年增速持平，超过政府工作报告提出的7.5%的预期目标。2014年的GDP增长率或小幅回落至7.5%左右。

2. 物价温和回升后有望趋稳，预计CPI在2013年和2014年将分别上涨2.7%和3.0%

根据前文的分析，在经济增速保持平稳、通胀预期减弱和食品价格基本稳定的背景下，结合物价周期的波动特征和模型外推结果，预计2013年第四季度物价将继续在“正常”区间温和回升，全年CPI上涨2.7%左右，涨幅略高于上年。2014年物价走势将基本保持平稳或稳中略降，预计全年CPI上涨率为3%左右，仍处于“正常”区间，通胀压力没有明显增加。

根据预测，PPI的回升趋势将持续到2014年，2013年的上涨率为-1.6%左右，基本与上年相同。进入2014年，PPI或回到零增长之上，全年上涨1.0%左右，涨幅与前两年相比小幅回升。

3. 工业生产增速或在9%～11%的范围内小幅波动，走势趋于平稳

在稳增长、调结构政策的影响下，工业生产增速在2013年第二季度再次触底后出现温和回升，从2013年第三季度开始，有望在“正常”区间的下限10%

左右小幅波动，走势趋于平稳。预测 2013 年和 2014 年规模以上工业增加值分别增长 9.7% 和 9.5% 左右，比 2012 年分别下降 0.3 个和 0.5 个百分点。

4. 固定资产投资有望在绿灯区继续保持平稳增长

随着稳增长政策的效果逐渐显现，年内固定资产投资走势有望在“正常”的“绿灯区”下部继续保持平稳走势，预计 2013 年固定资产投资（不含农户）增长 20.3% 左右，比上年微幅下降 0.3 个百分点。扣除投资品价格微幅上涨因素后，全年实际投资增长 19.7% 左右，比上年增加 0.4 个百分点。预测 2014 年固定资产投资（不含农户）增长 20.0% 左右，仍将基本保持平稳走势。

5. 社会消费品零售额增长有望继续缓步回升，实际消费增长基本保持平稳

在经济增长速度止降趋稳的背景下，2013 年第四季度到 2014 年上半年，消费品市场仍然继续 2013 年初以来的缓步回升趋势，但难有大的起色，2014 年下半年或趋于平稳。预计 2013 年社会消费品零售额增长 13.1% 左右，比上年下降 1.2 个百分点，处于“绿灯区”的中部，增速适度。剔除物价因素后的实际消费增长 11.4% 左右，比上年低 0.7 个百分点。2014 年社会消费品零售额名义增长 13.7% 左右，实际增长 11.9% 左右，均有所提高。

6. 对外贸易增长将继续在“趋冷”区间小幅波动，外贸顺差缓步增加

受全球经济复苏乏力的影响，出口增长仍然会处于较低水平。但波罗的海航运指数自 2013 年 8 月下旬开始持续上升，而欧元区、美国、日本、俄罗斯的 OECD 经济领先指标均保持了上升趋势；9 月，汇丰 PMI 新出口订单指数 6 个月来首次回到扩张区间，表明从 2013 年第四季度开始，出口有望止跌回稳。预测 2013 年出口总值约 21950 亿美元，增长 7.1%，较上年小幅下降 0.8 个百分点。预计 2014 年分季度出口增长或呈缓慢回升趋势，全年增长 7.3% 左右，出口总值约 23550 亿美元。

在稳增长政策的影响下，进口增速的弱回升趋势有望延续到 2014 年第一季度，此后基本保持平稳走势。预计 2013 年进口总值为 19550 亿美元左右，增长约 7.5%，较上年回升 3.2 个百分点。2014 年进口全年增长约 7.9%，进口总值为 21100 亿美元左右。

按此预测，进出口总额增长将继续在“趋冷”区间小幅波动。2013 年全年进出口总额为 41500 亿美元左右，增长约 7.3%，处于“趋冷”区间的中部；贸易顺差2400 亿美元，比2012 年增加90 亿美元，增长3.8%。2014 年进出口总额约44650 亿美元，增长7.6%左右，总体仍处于“趋冷”区；全年贸易顺差约2450 亿美元，比2013 年增加2.1%。

7. 货币供应增速止降回升后趋于平稳

货币供应增长可能在2013 年第四季度恢复上升趋势，2014 年走势趋稳，货币流动性有所缓和。预测2013 年底M1 增长可能回升到10.0%左右，增速比2012 年增加3.5 个百分点，但仍处于“趋冷”区间。2014 年M1 增长率可能仍然在10.0%左右，恐难以返回11.5%以上的“绿灯区”。预测2013 年M2 增长14.5%左右，较上年增加0.7 个百分点，超出央行13%的调控目标。按此预测，货币供应增速仍将高于GDP 增速与CPI 上涨率之和，估计2014 年全年货币供应增长14%左右，增速有所回落。

预计贷款总额增速或止降趋稳，2013 年底人民币贷款总额或接近72.19 万亿元，增长14.6%左右，增速位于“绿灯区”内下部，全年新增贷款约9.2 万亿元，较2012 年增加近1 万亿元；2014 年人民币贷款总额增长14.0%左右，全年新增贷款约10.1 万亿元。

五　总体结论和政策建议

综合以上分析和预测结果，我国经济景气在上一轮增长周期中的下降局面已经在2012 年6 月左右结束，然后在“趋冷”区间内呈弱回升走势，2013 年8 ~9 月经济景气已回到“正常”区间。短期内经济增长有望基本保持平稳运行，预测2013 年和2014 年GDP 增长率将分别为7.7%和7.5%左右。物价波动从2012 年第四季度开始进入新一轮周期，但上升比较温和。2013 年CPI 上涨率为2.7%，实现预期控制目标。2014 年物价上涨压力不会显著增加，全年上涨3%左右。

在潜在经济增长率下移，经济转型和稳增长、调结构、促改革、防风险的政策导向下，新一轮经济周期或进入“微波化”的新阶段。鉴于经济景气处于新一轮周期中的弱回升阶段并回到“正常”区间，面对国内外具有较大不确定性的复杂形势，宏观调控应该继续坚持“稳中求进”的主基调，根据经济运行情况适时进行预调微调，努力保持经济在7%～8%的中高速增长区间内平稳运行，同时全面推进改革，提高经济增长的质量和效益，促进经济发展方式的实质性转变。

1. 政策取向宜继续保持“稳中求进”，全面推进各项改革

继续实施积极的财政政策和稳健的货币政策，切实落实前期出台的企业减负、加大城市基础设施和公租房建设及旧城区改造等一系列稳增长措施。在保证稳增长的同时，为了有利于调控投资强度以促进调结构，应该使这些政策的完成时间节点有一定的灵活性。同时，做好政策储备，以防经济出现较快下滑。同时，还应着眼于长远，全面推进行政体制、财税、金融、收入分配、土地制度、企业制度、生态环保等各项改革，增强改革的系统性和协同性，提高经济增长的质量和效益。

2. 努力恢复金融体系的正常中介功能，引导资金进入实体经济

近一年来，货币供应总体处于周期上升阶段，M2增速保持在14%～16%的适度范围，贷款增速也处于“正常”区间，但GDP增速一直在相对低位徘徊，预计2013年M2与GDP之比将超过2，在全球处于较高水平；银行表外融资、地方政府融资和企业债券融资大幅增长，相当比例的社会融资只是用于以新还旧，没有用于生产和投资，且大量资金流向赢利能力较差的地方政府融资平台，经济运行中“金融很热、实体偏冷”的格局比较明显。这不但加大了金融体系的脆弱性，而且反映金融业为实体经济融资的中介功能出现一定程度的缺失。为此，政府一方面应坚守更为“稳健”的货币政策，通过公开市场工具保持适度合理的流动性；另一方面应加强对正规银行和影子银行的监管和规范，防范金融风险的出现和传播。同时，加快推进金融、财税、土地等领域的各项改革，激发民间投资热情，推动“国退民进”，推进过剩产能调整，提高实体经济赢利能力，引导资金进入实体经济。

3. 完善房地产调控政策，加快推进房产税试点改革，防范房地产市场风险

近年来，房价的快速上涨已经明显超过居民承受能力，限制了普通居民的消费，阻碍了城镇化进程，也导致了居民和企业热衷于房地产投资，对实体经济产生挤压。2013年初，国务院制定了房地产调控的“国五条”，但此后多数省份的房地产价格涨幅仍然较大，直接影响了人们对房价稳定的预期，房地产市场风险加大。对此，短期内中央和各地方部门应尽快从供给和需求两个方面制定符合市场供求规律的相关细则和新措施，加快推进房产税改革，利用市场化手段控制投机行为，减少房地产资源闲置。对高档住宅等房产应适当提高房产税税率，发挥房产税调节房价和收入分配的双重功能；同时，有效加大保障房供给，增加中低价位商品房供应，满足普通居民的刚性需求。从中长期看，政府应该下决心解决地方政府土地财政和土地所有权问题，努力从根本上保证房地产市场的稳定、健康发展。

4. 城镇化过程中需抑制过剩产能，推进产业结构调整

城镇化将成为我国扩大内需的重要动力。在推进城镇化的进程中，应特别注重产能过剩与产业结构调整问题。政府应采用倾斜政策，重点发展高端服务业、高技术产业与战略性新兴产业，而对一些产能过剩行业的规模应加以严格控制，促进我国经济增长的重心由第二产业向第三产业、战略性新兴产业逐步转移。在推进产能过剩调整过程中，政府应该加快角色转型，侧重规则的制定和执行，改变以往以行政命令为主的调控方式，严格执行国家的环境标准，让落后产能的相关企业担负起本应承担的环境成本。在抑制产能过剩的同时，加快推进我国产业结构调整，并以此促进居民消费结构升级。

参考文献

巴曙松：《去产能需倚重改革和市场力量》，《经济参考报》2013 年 8 月 16 日。

陈磊、孔宪丽：《转折点判别与经济周期波动态势分析》，《数量经济技术经济研究》2007 年第 6 期。

陈磊、桑红静、张同斌：《2012 ~2013 年经济景气和物价走势分析与预测》，载《中国经济形势分析与预测（2013）》，社会科学文献出版社，2013。

高铁梅、张同斌：《2013 年中国经济增长周期态势和物价走势的分析与预测》，载《中国经济前景分析》，社会科学文献出版社，2013。

郭世涛：《2013 年第四季度宏观经济走势预测和分析》，http：//istock. jrj. com. cn/article，yanbao，20046931. html。

李若愚：《货币政策应关注“金融热实体冷”现象》，《宏观经济管理》2013 年第 7

期。

“价格上涨的微观基础研究”课题组：《PPI 变化对 CPI 的影响研究》，《调研世界》2012 第 6 期。

祝宝良：《当前经济形势及宏观调控政策建议》，《宏观经济管理》2013 年第 8 期。

Bry G. , Boschan C. , “Cyclical Analysis of Time Series: Selected Procedure and Computer Programs,” NBER technological paper, No. 20, 1970.

Harding D. , Pagan A. , “Extracting, Using and Analyzing Cyclical Information,” MPRA paper, No. 15, 2001.

Harding D. , Pagan A. , “A Comparison of two Business Cycle Dating Methods,” *Journal of Economics Dynamics & Control*, 27 (2002) .

Michael Artis, Massimiliano Marcellino, Tommaso Proietti, “Dating Business Cycles: A Methodological Contribution with an Application to the Euro Area,” *Oxford Bulletin of Economics and Statistics* 66 (2004) .

B.25

中国金融稳定性分析与预测*

王 妍 陈守东 刘 洋**

摘 要：

本文对金融不稳定理论及其对系统性金融风险或金融危机进行了详细阐述与分析；建立了具有马尔科夫区制转移的状态空间模型，刻画了金融不稳定的动态变化；采用吉布斯抽样方法对样本期之后10个月我国金融不稳定状态进行预测。抽样预测结果表明，2013年底金融系统的稳定性增强，2014年上半年我国金融不稳定性小幅波动，但仍然位于金融稳定区制。

关键词：

金融稳定 动态潜在因子 吉布斯抽样

一 引言

美国次贷危机引发的国际金融危机爆发后，政府、学术部门对金融风险的生成演变有了一个新的认识，防范系统性金融风险、维持金融稳定成为各国普遍关心的议题。相对于传统的由单个金融机构或市场的损失传染导致整体遭遇风险的观点，金融机构或市场对风险要素的共同风险暴露目前已经成为导致系统性金融风险的比较流行的观点（Borio，2003）。系统性金融风险的生成本质上可以归因于金融系统内在的不稳定性（Minsky，1986）。在经济繁荣期，银行等金融机

* 基金项目：国家社科基金项目（项目12BJY158），国家社科基金重大项目（10ZD&010，10ZD&006）子课题。

** 王妍，吉林大学商学院博士研究生；陈守东，吉林大学数量经济研究中心副主任，教授，博士生导师；刘洋，吉林大学商学院博士研究生。

构出于自身利益考虑的扩大信贷、提高杠杆率等行为，导致资本资产价格不断高涨，此时，金融系统的不稳定性不断增强，金融机构和市场对宏观经济因素的风险暴露增大。在某一时点，一个较小的冲击可能导致金融机构或市场间普遍的风险发生，系统性风险随之产生，并且整个实体经济也将面临巨大损失。

本文第二部分将具体介绍金融不稳定理论及其对系统性金融风险或金融危机生成的解释；第三部分为实证分析部分，将构建一个动态潜在因子模型，以刻画金融不稳定性的动态变化，并通过使用贝叶斯 - 吉布斯方法估计模型并给出估计结果，进一步对我国金融系统的不稳定性进行分析；第四部分通过采用吉布斯抽样方法对样本期之后 10 个月我国金融不稳定状态进行预测；最后，给出本文的结论及政策建议。

二　金融不稳定理论

（一）金融风险的金融不稳定视角

本文从金融机构或金融市场的共同风险暴露角度，将系统性金融风险或金融危机的根本原因归结为金融系统本身的内在不稳定性。下面我们将从金融不稳定的角度详细阐述系统性金融风险或金融危机产生的原因。根据 Minsky 的“金融脆弱性假说”，一个最初稳健的金融系统会内生地转变成脆弱性的系统，因为长期的平静时期使得经济代理人采取冒险的金融实践活动，而这些金融活动最终将是不可持续的。主动寻求利润的银行尤其是其杠杆率的增加对金融不稳定性至关重要。Minsky（1986）指出，银行杠杆率的增加是促使经济转向金融不稳定的过程中的重要部分。促使银行提高杠杆率的原因是杠杆率的增加对银行赢利性有正向影响，杠杆率会增加银行资本的收益率，这进一步地增加了银行对实体经济资金的供给。杠杆率—利润—资金供给三者之间的这种正向促进作用逐渐增大，将导致经济体中投机性融资和庞氏融资的比例明显地高于对冲性融资，金融系统的不稳定性逐渐增强，金融风险逐渐产生。此时，金融系统极易受到冲击，金融系统的不稳定性成为系统性金融风险或金融危机发生的温床。以本次金融危机为例，可以说次级抵押贷款只是一个导火索，而危机发生的根本原因是经济逐渐转向了一种金融不稳定的过程，这一过程也被 Minsky 称为“资金经理人资本主义”（money manager capitalism），其主要特征是在“资金经理人资本主义”的金融系统中，专业的投资经理们在低估风险的环境中利用高度杠杆化的资金寻求最大收益。同时，金融创新、资产证券化等金融系统结构的变化，也加剧了金融机构的这种寻求最大收益的行为，进一步地增加了金融不稳定性。

随着金融系统中庞氏融资的不断增加，经济出现了投资繁荣、信贷扩张和资产价格的不断高涨，金融不稳定性逐渐积累。当达到一定程度时，一个很小的冲击，如短期利率或长期利率上升到足够高，投资繁荣就将被打破，并且金融系统中的这种正向促进机制也将出现反转，资产价格迅速下降，信贷逐渐萎缩，违约或损失也将通过资产负债表关联或非对称信息的方式在金融机构和金融市场中传播。正如 Minsky（1986）所说，“投资繁荣的打破导致金融危机、债务通缩和大萧条，还导致不那么严重的经济不景气，它取决于经济总体的流动性、政府部门的相对大小和联储作为最后贷款人的干预程度”。

（二）金融风险的演变过程

本文认为系统性金融风险或金融危机的演变过程一般具有三个阶段：第一阶段，早期生成阶段；第二阶段，演化积累阶段；第三阶段，扩散爆发阶段。对应不同阶段，金融风险的表现特征也具有较大的差异性。在风险的早期生成阶段，主要变现为金融机构扩大信贷规模、资产价格高涨等金融不均衡现象。在演化积累阶段，各金融机构、金融股市场表现出不断增强的压力性，即金融压力不断积累（Illing and Liu，2006）。风险演变过程的最后一个阶段，是风险的扩散爆发阶段，即真正意义上的系统性金融风险或金融危机的出现，这一阶段的主要表现是金融机构、金融股市场之间的严重损失或崩溃的连锁反应，整个金融体系普遍损失和功能损害，甚至实体经济也会受到威胁。

三　基于动态潜在因子模型的金融不稳定性研究

本文将通过构建一个动态潜在因子模型来刻画我国金融不稳定性的动态变化，通过模型的估计结果揭示我国金融风险的波动特征及近期的金融不稳定状态。

（一）模型设定和变量选择

金融系统作为经济系统的重要子系统，其中的许多金融变量的变化具有同步性，这些变量的同步变动可能受一个共同的潜在不可观测变量的影响，这个共同的变量可以代表整个金融系统内在的稳定或不稳定的状态。因此，我们将Stock 和 Watson（1991）的同步经济指标的动态因子模型应用到金融系统中，并且根据“金融不稳定性假说”，认为金融系统的不稳定性具有明显的两区制状态，即“金融不稳定区制”和“金融稳定区制”，金融系统会在两种区制状态间转移。通过对金融变量建立带马尔科夫区制转移的状态空间模型，得到能够反映我国金融系统不稳定状态的潜在不可观测的共同因子 *fsi*。

$$\Delta y_{it} = \gamma_i(L)fsi_t + e_{it}, \ i = 1,2,3 \tag{1}$$

$$\phi(L)(\Delta fsi_t - \mu_{S_t}) = v_t, \ v_t \sim \text{i. i. d.} N(0,1) \tag{2}$$

$$\psi_i(L)e_{it} = \varepsilon_{it}, \ \varepsilon_{it} \sim \text{i. i. d.} N(0,\sigma_i^2) \tag{3}$$

其中，Δy_{it}代表同步金融变量 i 的对数的一阶差分，$i=1$，2，3；$\gamma_i(L)$ 是滞后算子多项式；fsi_t 是反映金融系统不稳定状态的综合指数；遵循 AR 形式的一个过程，ϕ（L）、ψ_i（L）是滞后算子多项式。可见，每一个指标包含独立成分 e_{it}和共同因子或指数 fsi_t 的当前和滞后值的线性组合。对于所有的 t 和 i，ν_t 和 ε_{it} 是彼此相互独立的，并且为了识别模型，ν_t 的方差取单位 1。μ_{S_t} 取决于金融系统是处于“金融不稳定区制（$s_t = 1$）”还是处于“金融稳定区制”（$s_t = 0$），表示如下：

$$\mu_{S_t} = \mu_0 + \mu_1 S_t, \ \mu_1 > 0, \ S_t = \{0,1\} \tag{4}$$

区制或金融变量状态的转移由下面的马尔科夫过程刻画：

$$\Pr[S_t = 1 \mid S_{t-1} = 1] = p, \ \Pr[S_t = 0 \mid S_{t-1} = 0] = q \tag{5}$$

我们所使用的模型的完整形式由公式（1）到公式（5）刻画，我们对共同成分 fsi_t 和 e_{it}采用二阶自回归滞后：ϕ（L）=（$1-\phi_1 L-\phi_2 L^2$），且 ψ_i（L）=（$1-\psi_{i1}L-\Psi_{i2}L^2$），$I=1$，2，3。对于公式（1）中同步金融变量相对共同因子

的滞后阶数，我们采用下面的设定形式：$\gamma_i(L) = \gamma_i$ ，$i = 1$，2；$\gamma_3(L) = \gamma_{30} + \gamma_{31}L + \gamma_{32}L^2 + \gamma_{33}L^3$ 。关于模型设定更详细的分析，见陈守东和王妍等（2013）。

依据上文的分析，我们认为金融不稳定可以由投资繁荣期金融信贷发行量快速增长、资本资产价格高涨等金融不均衡现象来表征，并且这些现象的出现往往具有同步性。因此，我们选择金融机构各项贷款（CREDIT）、房地产价格（REALESTATE）、股票市场流通市值（STOCK）三个金融变量作为月度同步金融变量指标。我们对各金融变量进行了对数一阶差分，使用的样本区间为 2002 年 1 月至 2013 年 8 月，数据来源于中经网数据库，数据的处理和模型的估计通过 RATS 8.0 软件完成。

（二）贝叶斯估计方法

本节中使用贝叶斯－吉布斯抽样方法，估计上节中具有马尔可夫区制转移的动态潜在因子模型，以研究我国金融系统的不稳定性。贝叶斯方法与传统极大似然估计方法的主要区别在于，贝叶斯方法通过利用不可观测因子 $\tilde{f}_T = [f_1, f_2, \cdots, f_T]'$ 和区制状态 $\tilde{S}_T = [S_1, S_2, \cdots, S_T]'$ 的联合分布进行推断；贝叶斯－吉布斯抽样方法避免了传统估计方法中所使用的近似；并且吉布斯抽样为我们提供了比传统的近似极大似然估计更多的信息，如参数和其他变量的后验分布等信息。下面给出了吉布斯抽样程序的具体步骤：

步骤 1：以 $\tilde{S}_T$ ，模型所有的参数，数据 $\Delta \tilde{y}_{iT}$，$i = 1,2,3$ 为条件，从状态空间模型中生成 $\tilde{f}_T$ ；

步骤 2：以 $\tilde{f}_T$ 和第 i 个指标的数据 $\Delta \tilde{y}_{iT}$ 为条件，生成与式（1）和式（3）的第 i 个等式相关的参数；

步骤 3：以 $\tilde{f}_T$ 为条件，生成与等式（2）、式（4）和式（5）相关的 $\tilde{S}_T$ 和参数。

（三）实证估计结果

实证过程中共进行了 30000 次吉布斯抽样，其中前 5000 次被舍弃，而剩余的25000次被用来计算各参数后验分布的均值方差。研究发现，实证的研究结果相对于参数初值的选择并不敏感。表1给出了各参数先验分布的均值和标准差，以及后验分布的均值、标准差、中位数及95%的置信区间。其中，转移概率的先验分布的选择主要依据陈守东和王妍等（2013）使用传统估计方法得到的估计结果，金融不稳定时期的持续时间相对于金融稳定时期要短。

从估计结果可见，同步金融变量共同因子即金融不稳定性的当期影响系数 γ_i，$i=0$，1，2，3均为正，说明金融不稳定性越强，这些金融变量的变化就越剧烈。金融机构国内信贷的金融不稳定性的影响系数最大，表明其受金融不稳定性的影响最大。我国的金融不稳定性具有明显的两区制状态，即我们定义的“金融不稳定区制”和“金融稳定区制”的金融稳定状态，这两种状态的

表1　吉布斯方法参数估计结果

参数	先验分布		后验分布			
	均值	标准差	均值	标准差	中位数	95%的置信区间
r_1	0.0	1	0.136	0.280	0.151	(−0.413,0.653)
r_2	0.0	1	0.036	0.112	0.049	(−0.196,0.237)
r_{30}	0.0	1	0.090	0.306	0.137	(−0.556,0.588)
r_{31}	0.0	1	0.057	0.265	0.072	(−0.485,0.548)
r_{32}	0.0	1	−0.089	0.306	−0.127	(−0.620,0.579)
r_{33}	0.0	1	0.069	0.257	0.099	(−0.450,0.491)
ψ_{11}	0.0	1	0.126	0.169	0.158	(−0.322,0.374)
ψ_{12}	0.0	1	0.095	0.131	0.111	(−0.226,0.311)
ψ_{21}	0.0	1	−0.371	0.096	−0.370	(−0.559,−0.183)
ψ_{22}	0.0	1	−0.103	0.094	−0.103	(−0.288,0.080)
ψ_{31}	0.0	1	−0.018	0.186	0.014	(−0.424,0.281)
ψ_{32}	0.0	1	0.189	0.223	0.226	(−0.321,0.540)
σ_1	—	—	0.834	0.222	0.870	(0.336,1.202)
σ_2	—	—	1.004	0.126	0.993	(0.785,1.272)
σ_3	—	—	0.697	0.200	0.692	(0.344,1.088)
ϕ_1	0.0	1	0.394	0.473	0.406	(−0.568,1.261)
ϕ_2	0.0	1	−0.127	0.332	−0.118	(−0.793,0.504)
μs_0	0.0	1	−0.438	0.492	−0.353	(−1.707,0.307)
μs_1	0.0	1	1.105	1.167	0.782	(−0.526,3.718)
p	0.8	0.0076	0.834	0.090	0.843	(0.631,0.972)
q 稳定	0.967	0.0010	0.958	0.039	0.970	(0.856,0.998)

金融不稳定性的均值分别为 1.105 和 -0.438。金融系统在“金融稳定区制”的持续概率（$q=0.958$）和持续时间（约 24 个月）要明显大于“金融不稳定区制”的持续概率（$p=0.834$）和持续时间（约 6 个月），也就是说，我国金融系统在金融不稳定状态下很容易风险爆发或消除，转移到金融稳定状态，而一旦位于金融稳定状态，则持续的时间会较长。

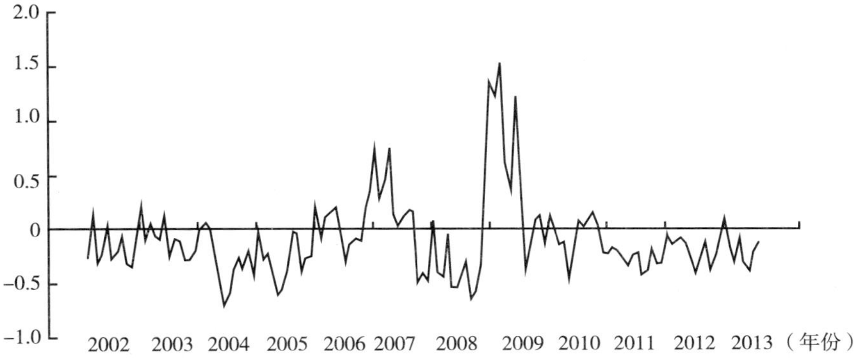

图 1　金融不稳定性变化态势

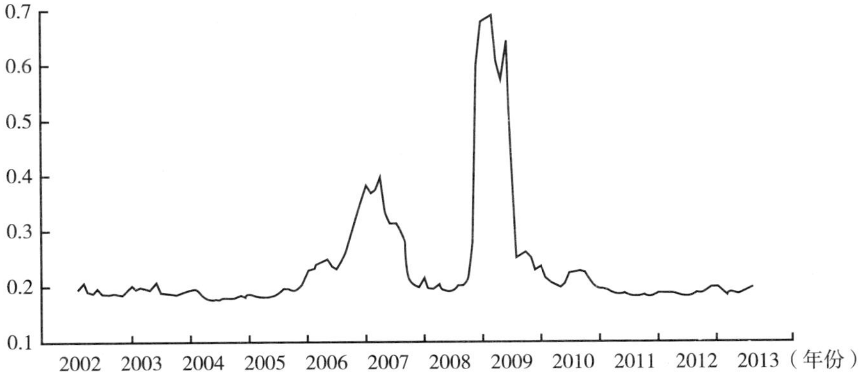

图 2　金融不稳定期滤波概率

图 1 给出了通过使用贝叶斯方法估计模型得到的潜在不可观测的状态变量，即本文的金融不稳定状态因子 *fisi*。图 2 是金融不稳定期的共同因子的滤波概率。由图 1 可见，我国金融系统的稳定性具有明显的两区制特征，并且金融稳定性具有周期性循环特征，这与 Minsky 的“金融脆弱性假说”相吻合。

在2008年以前，金融不稳定状态因子*fisi*的波动幅度存在逐渐增大的趋势，并且2008年第四季度我国金融系统的不稳定性快速集聚，并达到一个历史的最高点；以后逐渐下降，2010年至今持续处于金融稳定的状态，并且波动幅度较小。可见，2010年之前，我国金融系统稳定性的周期波动幅度增大，这与Drehmann等（2012）的研究结论一致，金融系统的周期波动幅度会受到金融自由化和货币政策等的影响。这也与我国实际情况十分吻合，2008年国际金融危机爆发并持续影响我国经济后，国家开始实施一系列刺激经济的办法，包括2009年的四万亿元投资计划、持续宽松的货币政策等。这些措施导致我国金融不稳定性的波动幅度增大，在2009年快速集聚，而2010年以来的稳健的货币政策有效地防止了这种金融不稳定状态的继续攀升，化解了潜在的风险，避免了大范围金融经济危机的产生，而这种相对稳定的状态一直持续至今。从图2的滤波概率可以看出，除了2006年下半年的较高不稳定外，2008年之前金融系统处于比较稳定的状态，在2008年底和2009年出现了非常明显的金融不稳定状态，而2010年至今我国金融系统的金融稳定性较高，并且同样可以看出我国金融系统在稳定状态下的持续时间要明显长于金融不稳定状态。我们认为，我国金融不稳定性的周期波动主要是由金融系统本身固有的内在周期性变化特征决定的，而异常的金融不稳定主要缘于刺激经济的各项措施。也就是说，我国金融系统的不稳定状态具有内在的周期性，并且这种周期波动的幅度会受到各项财政、货币政策的影响，只要能在金融不稳定状态集聚到一定程度之前有效地释放风险，这种金融不稳定性就可以转移到金融稳定的状态。

四　金融不稳定性的吉布斯抽样预测

（一）吉布斯抽样预测方法

相对于传统模型计算满足最小均方预测误差的条件均值的预测方法，采用吉布斯抽样算法的区制转移模型也可以借助于吉布斯抽样方法向前进行预测。Krolzig（1997）同时描述了不同的经典均方误差预测方法和吉布斯抽样方法。

相对于经典估计方法的优势，吉布斯抽样算法可以借助全条件信息与抽样方法，提供更加灵活的预测方式。例如，对于向前一步预测值 f_{T+1}，可基于 Albert 和 Chib（1993）讨论的方法进行，具体依据：

$$P(f_{T+1} \mid Y_T) = \rho_{T+1} Z_{T+1|T} \tag{6}$$

进行计算。

$$P_{T+1} = \begin{bmatrix} P(y_{T+1} \mid Z_{T+1} = S_1, Y_T) \\ \vdots \\ P(y_{T+1} \mid Z_{T+1} = S_M, Y_T) \end{bmatrix} \tag{7}$$

通过上述两式，计算全条件信息概率，向前进行 n 次吉布斯抽样，针对抽样结果进行计算，可得到预测均值，并可同时计算出各个分位数点，以用于度量预测偏差范围。

（二）预测结果

本文的吉布斯抽样预测中 M0 取 1000 次，M1 取 10000 次，对 2013 年 9 月至 2014 年 6 月共 10 个月的金融不稳定性进行预测，预测结果如图 3 所示。

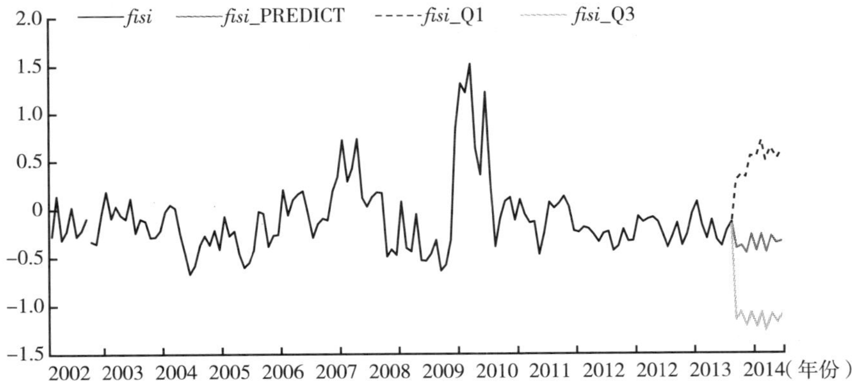

图 3　金融不稳定性预测

图 3 中的实线为预测结果的均值，上下两条虚线分别为预测结果的 0.25 和 0.75 分位数。由预测结果可见，2013 年底金融系统稳定性增强，2014 年上半年我国金融不稳定性小幅波动，但仍然位于金融稳定区制。

五　结论

本文对金融不稳定理论及其对系统性金融风险或金融危机出现的解释进行了详细的阐述与分析，并建立了具有马尔科夫区制转移的状态空间模型，以刻画金融不稳定的动态变化。本文使用贝叶斯－吉布斯抽样方法估计模型，得到能够反映我国金融不稳定状态的共同因子和滤波概率。本文的主要结论有以下五个方面。

第一，金融不稳定性及其周期性波动是系统性金融风险或更严重的金融危机产生的根本原因。金融危机爆发前，金融系统不断向一种“资金经理人资本主义”的模式发展，金融机构在低估风险的环境中利用高度杠杆化资金寻求最大收益，导致金融系统不稳定性不断增强，当受到哪怕较小的冲击时，金融机构和市场就会出现连锁损失，导致系统性金融风险或金融危机出现。

第二，系统性金融风险的生成演变过程可以划分为三个阶段，即风险早期生成阶段、演变积累阶段及扩散爆发阶段，不同阶段的风险具有不同的表现特征。

第三，我国金融系统的稳定性具有明显的两区制特征，并且金融稳定性具有周期性循环特征。2008 年以前，金融不稳定状态因子 *fisi* 的波动幅度存在逐渐增大的趋势，并且 2008 年第四季度我国金融系统的不稳定性快速集聚，并达到一个历史的最高点；以后逐渐下降，2010 年至今持续处于金融稳定的状态，并且波动幅度较小。

第四，吉布斯抽样预测结果表明，2013 年底金融系统稳定性增强，2014 年上半年我国金融不稳定性小幅波动，但仍然位于金融稳定区制。

第五，我国金融系统的不稳定状态具有内在的周期性，并且这种周期波动的幅度会受到各项财政、货币政策的影响，只要能在金融不稳定状态集聚到一定程度之前有效地释放风险，这种金融不稳定性就可以转移到金融稳定的状态。

参考文献

Borio, C., "Towards a Macroprudential Framework for Financial Supervision and Regulation," *CESifo Economic Studies* 2 (2003).

Drehmann, M., Borio, C., Tsatsaronis, K., "Characterising the Financial Cycle: Do not Lose Sight of the Medium Term!" Working Paper No. 380, Bank for International Settlements, 2012.

Illing, M. and Liu, Y., " Measuring Financial Stress in a Developed Country: an Application to Canada," *Journal of Financial Stability*, 3 (2006).

Kim, C. J. and Nelson, C. R., " Business Cycle Turning Points, A New Coincident Index, and Tests of Duration Dependence Based on a Dynamic Factor Model With Regime Switching," *The Review of Economics and Statistics*, 2 (1998).

Minsky, H. P., *Stabilizing an Unstable Economy* (New York: McGraw-Hill, 2008).

Stock, J. H. and Watson, M. W., "A Probability Model of the Coincident Economic Indicators," in *Leading Economic Indicators: New Approaches and Forecasting Records*, eds. by Lahiri K. and Moore G. H. (Cambridge: Cambridge University Press, 1991): 63 – 89.

陈守东、王妍、唐亚晖：《我国金融不稳定性及其对宏观经济非对称影响分析》，《国际金融研究》2013 年第 6 期。

台港澳经济篇

Taiwan, Hong Kong and Macao's Economy

B.26 台湾地区经济形势分析与展望（2013～2014年）

张冠华　熊俊莉*

摘　要：

2013年，我国台湾地区经济延续了2012年以来的疲弱态势，预计全年经济增长将由"保4%"转为"保2%"。受美欧经济复苏低于预期、新兴经济体增长趋缓及台湾内部结构性因素等多重影响，2013年上半年台湾出口和民间消费呈现低增长，民间投资虽增幅相对较高，但主要集中在半导体产业及非实体经济的股市和房地产业。预计2013年底在投资放缓、出口萎缩的不利形势下，经济增长率可能再次下调。年内台湾当局虽加快推动经济转型，并出台短期应对措施，但在内外复杂环境影响下效果有限，2014年台湾经济也仍难以摆脱弱势格局。

关键词：

台湾经济　低速增长　经贸关系

* 张冠华，中国社会科学院台湾研究所副所长；熊俊莉，中国社会科学院台湾研究所助理研究员。

2013年，我国台湾地区对外贸易和民间消费增长缓慢，民间投资先扬后抑，使总体经济增长延续2012年以来的疲弱态势，台湾地区统计部门预计2013年内经济增长率为2.31%，但由于第三季表现低于预期，全年“保2%”变得艰难。2013年，台湾当局积极推动经济改革，建立“自由经济示范区”推动以“三业四化”（传统产业特色化、制造业服务化、服务业国际化与科技化）为主的产业升级策略，但台湾内外复杂环境使其经济转型举步维艰。展望2014年，以出口为导向的台湾经济在美国计划调整量化宽松政策、新兴经济体结构调整压力增大等因素影响下，预计难以实现快速复苏。

一 2013年经济现状

2013年前三季度，受内外多重因素影响与制约，台湾地区经济呈现低速增长态势。

（一）经济增长

2013年前三季度，台湾经济表现仍低于预期，全年经济增长率预测值从年初的3.59%下调至8月底的2.31%。前两个季度GDP增长率分别为1.62%和2.49%，下半年在美国货币政策紧缩、新兴市场（印度和印度尼西亚等）金融动荡等因素影响下，台湾经济预计仍将维持低增长。但第三季度台湾经济增长率大幅滑落至1.58%，远低于原预估的2.47%，全年连保住2%也变得十分艰难。

从台湾有关部门发布的景气对策灯号指标看，截至2013年5月已连续19个月处于经济低迷的“蓝灯”或“蓝黄灯”，6月相对乐观调整为“绿灯”，但7～9月又转回“蓝黄灯”，显示台湾经济尚无明显复苏趋势。

台湾地区经济增长主要依靠外部需求拉动，但年内外需对经济增长的贡献有限。在原台湾主计部门预估的2013年2.31%的经济增长率中，出口和进口分别贡献3.39个和2.61个百分点，合计外部需求占0.78个百分点。尽管上年基数较低（2012年出口和进口分别衰退2.3%和3.9%），但受欧美经济复苏缓慢、新兴经济体增长放缓等因素影响，预计2013年内台湾对外贸易仅维持低增速：全年预估商品出口和进口将分别增长2.3%和1.85%，外贸总额预计约5836亿美元，低于2011年的水平。

从内部需求看，2013年民间消费和“政府消费”对GDP增长的贡献预估分别为0.85个和0.01个百分点，固定资产投资占0.65个百分点，存货变动占0.02个百分点，合计内部需求在经济增长率中的贡献为1.53个百分点。2013年台湾当局为应对“闷”经济加大力度刺激内需，出台以扩大消费支出、吸引投资等为主的刺激景气方案。但从目前来看，这些政策效果十分有限。2013年上半年民间消费实质增长0.99%，远低于过去的3%~5%，其中还有相当大的比重来自股票、基金交易形成的“无感消费”。“政府消费”持续紧缩，前两个季度分别同比下降6.76%和9.31%。上半年民间投资增长6.91%，但主要是由半导体产业以及非实体经济的股市与房地产投资拉动，其他产业多为衰退。第三季度，台湾民间消费仅增长1.56%，固定资产投资仅增长1.04%，出口增长1.68%，均大大低于预估目标。目前，投资增长缓慢已成为台湾内需动力不足的重要因素。从投资规模上看，最近几年（除2010年外）岛内固定资产投资呈衰退态势，至今未恢复至2008年国际金融危机前的水平。从地区分布上看，新增的固定资产投资主要集中于“五都”，特别是台南、高雄等南部县市的房地产市场，但实体经济投资仍然低迷。

（二）对外贸易与投资

年内台湾对外贸易在“欧美冷、亚洲温”的背景下实现小幅增长。2013年1~9月台湾地区累计出口2266.4亿美元，同比增长1.3%；进口2019.2亿美元，同比减少0.9%；贸易顺差247.2亿美元，同比增长23.7%。

从进出口商品结构看，前9个月出口比重最大的产品包括电子产品（28.5%）、基本金属及制品（9.1%）、塑橡胶制品（8.1%）、矿产品（7.8%）和光学仪器（7.1%）。值得注意的是，近年来台湾矿产品出口增速很快，2009~2012年平均增长率达23.6%，2013年前9个月同比增长12.8%，出口额已超过化工、机械、通信等跃居第4位。进口方面，前9个月台湾农工原料进口同比下降2.8%，资本设备和消费品分别增长4%和8.1%。但7~8月资本设备进口转为衰退，显示出2013年下半年岛内投资增速可能趋缓。

从对外贸易的地区看，前9个月台湾地区对美国出口减少1.7%，进口增长4.9%；对日本出口增长2.2%，进口减少9.9%；对香港地区出口增长2.2%，进口减少29.5%；对东盟（6国）出口增长4.5%，进口减少0%；对欧盟出口减少4.9%，进口增长4.6%。我国大陆仍是台湾地区最大的贸易伙伴，但由于两岸贸易中加工贸易比例较高，受大陆地区外贸增速放缓影响，前9个月两岸贸易也仅实现小幅增长。据台湾地区贸易主管部门统计，台湾对大陆出口和进口分别增长1.4%和2.5%，出口（含香港地区）比重由2010年的42.4%下降至39.3%。年内台湾地区对美、欧等地的出口比重均出现衰退，1～9月台湾地区对美国和欧盟的出口比重分别下降至10.7%和8.2%。亚洲地区成为台湾“稳出口”的关键，特别是台湾与东盟贸易关系持续快速发展。1～9月台湾地区对东盟出口约占总量的19%，比2008年提升了4.2个百分点。其中，台湾地区与新加坡、菲律宾的双边贸易发展最为迅速，2008～2012年出口年平均增长率分别为14.5%和16.7%。

年内台湾对外投资大幅缩减，投资重点继续向东盟地区转移。1～8月台湾主管部门批准对外直接投资金额为30.3亿美元（不含大陆，下同），同比下降55.1%。除大陆以外的前五大投资地区为：越南（13.2亿美元，占43.5%），澳大利亚（2.7亿美元，占9.0%），我国香港地区（2.7亿美元，占8.8%），日本（1.5亿美元，占5.1%），新加坡（1.4亿美元，占4.6%）。前8个月台湾地区对新加坡、越南、马来西亚、泰国、菲律宾和印度尼西亚等东盟6国投资比重高达55%（16.4亿美元），累计投资比重则由2009年的20.7%快速提升至2012年的27%。值得重视的是，年内台湾对外投资中制造业的比重明显回升，前8个月对外投资于基本金属、化学材料、电子信息等制造业的比重合计接近60%，对外投资于服务业的比重则由2012年的70%下降至38%，主要是金融保险业投资大幅缩减（85%）。

2013年1～8月，台湾吸引外商直接投资31.6亿美元，小幅增长2.4%。但总体看，台湾吸引外资仍未走出金融危机的阴影。2012年台湾吸引外资55.6亿美元，与2008年（82.4亿美元）相比仍缩减三成多。从外部因素看，台湾吸引外资以美、欧等发达地区为主，但欧洲仍深陷债务危机，而美、日等积极推出再工业化战略，重视在本地投资和发展实体经济，对外投资有所缩减。从内部因素看，审查过严、境外人才及其家属流动不便利、税制改革等问题成为制约台湾吸引投资的重要原因。台北美国商会曾在《2013 年台湾经济白皮书》中指出，“民粹主义”和“保护主义”的政策法规导致南山人寿、凯擘、中嘉等外商投资案以失败告终，在很大程度上影响了外商投资意愿。目前，每年台湾地区吸引外商直接投资金额仅为韩国的 1/3 左右，私募基金规模在 17 个亚洲国家中排名只略高于巴基斯坦，在 IMF 全球竞争力评比中吸引外商投资指标排在第 50 名以后。种种迹象显示，台湾吸引外商投资前景不甚乐观。年内德国、马来西亚、香港地区等外商对台湾的投资快速增长，而日本、荷兰等对台湾的投资大幅减少。外商投资台湾的重点继续转向服务业。据台湾“投审会”统计，前 8 个月外商投资服务业比重提升至 67.4%，岛内不动产业、文化娱乐业成为外商投资热点。

另据台湾地区“央行”公布的数据，2013 年前两个季度除直接投资的资金净流出 53.9 亿美元外，在证券投资方面，台湾居民投资海外证券 151.8 亿美元，同比下降 4%；海外资金投资岛内证券 1.3 亿美元，同比下降 0.2%；总计净流出 204 亿美元。加计岛内民间汇回海外投资收益、存款及银行部门承做衍生性金融商品交易收益，台湾金融账逆差持续扩大，净流出 190.7 亿美元，比 2012 年同期增长了 65.4%。岛内可投资的金融商品有限，资金找不到可投资的标的是台湾金融账逆差的重要原因之一。2014 年美国调整 QE 政策预期增强，可能挤出流入台湾等新兴市场股、债市的热钱，使台湾金融账逆差进一步扩大。

（三）产业状况

2013 年上半年，台湾地区三级产业均呈小幅增长态势，服务业比重有所降低。第二季度台湾农业、工业、服务业占 GDP 比重分别为 2%、29.69%（其中制造业为 24.81%）、68.31%。

前两个季度农业生产附加值分别增长 1.05% 和 2.26%。9 月，受台风影响，台湾中南部重要的农业县市云林县、嘉义县、台南市受灾严重，全台农业损失预估达 5 亿元新台币。1 ~ 7 月台湾农产品出口和进口分别为 29.8 亿美元和86.6亿美元，逆差56.8亿美元。过去三年海峡两岸经济合作框架协议（ECFA）早收清单逐步实施，大陆对台湾地区30多项农产品进口降至零关税，大幅拉动台湾地区农产品对大陆的出口。2011年和2012年台湾出口大陆地区农产品分别增长25%和18%，中国大陆地区已成为台湾地区农产品外销仅次于日本（21%）的第二大市场（16%）。年内台湾农业主管部门以“黄金十年——乐活农业”为施政主轴，提出从“生产性农业”发展为“新价值链农业”，强调通过云端、环控科技与文创产业等跨域合作，开发农业经营新模式，以发展“大而优、小而美”的农业。7月，台湾与新西兰签署经济合作协定（ANZTEC），新西兰是台湾重要的农产品进口地区，2012年台湾对新西兰农产品贸易逆差高达6亿美元，双方大幅开放农产品市场及减免关税预计将对岛内农业造成一定冲击。为此，台湾“农委会”对受影响的产业及农民提供“农产品受进口损害救助基金”，并积极为农民扩大对新西兰出口农产品提供公共服务。

工业生产实现小幅增长。2013年1～8月，工业生产指数同比增长0.4%，其中制造业生产指数同比增长0.3%。制造业按四大类产业划分，前8个月金属机械工业、信息电子工业、民生工业和化学工业增长率分别为－1.8%、2.2%、0和－0.7%。近年来，台湾制造业面临空前的转型升级压力，以代工生产和加工出口为主的经济发展方式增长动力下降，无论传统制造业还是电子资讯业、太阳能等新兴产业均发展困难。台湾当局虽积极推动产业升级，重点发展六大新兴产业，但迄今未形成新的明星支柱产业来支撑经济成长。1～8月，台湾外销订单减少1.2%，其中来自日本和欧洲的订单分别缩减了14%和2.9%，东盟和我国大陆地区（含香港）的订单虽分别增长4%和1.2%，但与过去相比增速均明显下滑。主要接单产品包括信息通信产品（占25.1%）、电子产品（占23.5%）、精密仪器（占8.1%）、基本金属（占6.4%）。第三季度以来，台湾接单有所回暖，但从全年来看难以实现正增长。

2013年上半年，服务业维持低增速，前两个季度增幅分别为1.26%和1.34%。受岛内生产活动减少、消费信心低迷等因素影响，1～7月批发、零售业营业额分别同比下降0.1%和0.5%。服务业中增速最快的是不动产业，前两个季度分别增长了4.48%和2.45%。2011年台湾当局开征的“特种货物与劳务销售税”（俗称“奢侈税”）未能阻止房价上升势头，南部的台南市、高雄市涨幅均在50%左右。金融服务业首季下滑0.93%，但第二季度在股市交易大幅回升带动下，增长了1.3%。值得注意的是，近十年来台湾金融业不仅年均增长率低于总体经济增速，其占GDP比重也从2000年的8.3%下滑至2012年的6.5%，在亚洲“四小龙”中竞争力相对较弱，金融业已很难发挥带动台湾服务业发展的作用，岛内要求开启新一轮金融改革的呼声高涨。为推动服务业转型升级特别是增加服务业出口，台湾经济主管部门规划在“自由经济示范区”内以发展现代服务业为主，首批被列入的包括物流业、国际医疗业及金融业等。

（四）金融与财政

2013年，台湾地区货币政策仍维持“适度宽松”基调。上半年货币供应增速有所提升，M1B和M2分别增长6.1%和3.9%，高于2012年同期水平。截至8月底，主要金融机构贷款额增长2.9%，对民营企业、“政府机关”、公营事业及个人（含社保）贷款分别增长2.4%、4.1%、-5.4%和3.8%。制造业普遍缩减资本支出，公、民营企业电子零组件和电脑电子制造业贷款分别下降10.1%和5.4%，但不动产贷款增加6.2%。自2011年9月以来，台湾“央行”连续第8个季度维持利率不变，目前重贴现率、担保放款融通利率及短期融通利率分别为1.875%、2.25%和4.125%。总体来看，台湾地区的利率在国际上仍处于较低水平，亚洲地区除日本外，中国大陆、韩国、印度等均高出台湾地区1~2个百分点。台湾货币主管部门表示，即使美国取消量化宽松政策，台湾也不会立即调整利率紧缩货币，除非岛内物价涨幅超出控制。

在汇率方面，上半年由于美联储暗示将逐步取消QE政策，导致国际游资退出新兴市场，以及岛内货币主管部门加强管控汇市，抑制新台币升值以维持出口竞争力等影响，前两个季度新台币兑美元分别贬值2.5%和0.8%，6月底1美元兑换30.12元新台币。第三季度受叙利亚和埃及政局动荡、国际油价走高影响，加上岛内调涨电价、台风灾害等造成物价不稳定等因素，台币兑美元出现一定程度升值，10月12日升至1美元兑29.49元新台币，创8个半月来最高纪录。

台湾股市年内总体呈上升态势。上半年美国经济复苏趋势明显，带动国际股市上扬，加上两岸金融合作进展顺利，岛内外投资人信心不断提升，台股指数由年初的7700点涨至5月底的8255点，涨幅达7.2%。但5月以来，欧洲经济复苏乏力、美国计划调整QE政策，加上台湾“主计总处”下调经济增长率预测值、核四公投、重修证券交易所得税案等，对股市造成冲击。7月底，台股平均指数小幅下跌至8108点，但与2012年同期相比仍上涨11.5%。从股市成交量看，2012年台湾当局开征证券交易所得税的消极影响仍未消除。1～8月台股总成交值13万亿元新台币，比2012年同期减少约10%，比2011年同期减少32%。企业上市意愿低落，前8个月岛内IPO募资金额仅68亿元新台币，同比下降49%。9月以来，台湾“金管会”出台振兴股市三大措施（开放现股先买后卖当日冲销交易、全面开放平盘下放空标的，以及放宽证券自营商以涨跌停板申报买卖股票），加上欧盟经济有所回暖，美国债限危机暂时得到化解等因素的带动，台股再度掉头上涨，10月18日已升至8441点。8月底，外资持股市值占台股总市值的32.4%，加上外资持有的债券、台币存款等，共计2253亿美元，占台湾外汇储备的55%。

2013年8月底，台湾地区外汇储备为4094亿美元，在全球排第4名，仅次于中国大陆、日本及俄罗斯。

财政方面，2011年以来，台湾当局推动的财政改革面临诸多困难，先后开征的“奢侈税”、证券交易所得税等，无论在财政增收还是推动公平正义等方面，效果均不如预期。2013年，受经济低迷影响，全年税收比预算短缺约800亿元新台币，台湾财政赤字可能进一步扩大。前9个月，台湾税收共计1.4万亿元新台币，主要来源于所得税（占42.9%）、营业税（占17.5%）、货物税（占8.4%）、土地税（占5.4%）、关税（占4.9%）和证券交易税（占3.7%）。营利事业所得税和证券交易税分别同比减少8.4%和6.3%，但在房价上涨的带动下，土地增值税和房屋税分别增长28.4%和2.1%。财政支出方面，庞大的社会福利支出（23%）、“国防”支出（16%）、“行政”支出（9.4%）等是台湾财政支出的主体，而投入经济建设的比重仅为13.6%。为扭转“闷”经济局面，台湾行政部门策略性地调整

2014 年财政预算，预计财政收入减少 0.1%，支出增加 1.7%，其中，经济建设支出增长 8.7%（227 亿元新台币），公共建设投资增长 10%（175 亿元新台币），并罕见地下调了社会福利支出。按该预算，2014 年台湾财政仍旧“入不敷出”，预计 2014 年举债规模将达 2739 亿元新台币，使债务累计达 5.4 亿元新台币，占前 3 年平均 GDP 的 38.7%，逼近 40% 的举例比例上限。按台湾现行举债标准，台湾“中央政府”可能在 2016 年到达举债上限，面临与美欧等类似的债限危机。在地方财政方面，年内台湾“立法机关”修订了“公共债务法”，总举债规模维持不变，但调整了各县市的举债上限比例：台湾各级“政府”可举债上限合计超过 7 万亿元新台币，“五都”及桃园县除台北市外，可举债上限都有所提高。但台湾各县市的债务也愈来愈严重，苗栗县、宜兰县、新竹县的债务均已超过举债上限，而“五都”中高雄市负债最高，已达上限的 76%。

（五）物价与就业

年内岛内物价呈逐步紧缩态势。消费者物价指数（CPI）由第一季度上涨 1.8% 紧缩至第二季度上涨 0.8%。2013 年 8 月，虽然遭遇台风，但相对于 2012 年台风受灾的影响程度较轻，蔬菜、蛋类和水果价格指数分别下跌 23.8%、8.7% 和 12.8%，医药保健中的中药材价格也下跌 9.8%。但居住类商品价格有所上升，特别是天然气价格上涨 10.2%，8 月 CPI 总指数下跌 0.79%。1～8 月，批发物价指数（WPI）同比下跌 2.95%，主要原因是国际油价、农产品、化学材料、基本金属等原材料价格下跌。上述原因加上日元贬值压低进口机械价格，导致进口产品和岛内生产内销产品物价指数分别下跌 5.13% 和 1.09%，出口产品跌幅也达 2.64%。值得注意的是，台湾地区不计入物价指数的房价节节升高，近年来台湾行政部门出台征收“奢侈税”、控制房贷等一系列“打房”举措，但均无力抑制炒房之风，更促成大都市及中南部某些地区的房价出现报复式上涨。

上半年失业情况有所好转。5 月，台湾地区失业率为 4.06%，已降至 2008 年国际金融危机前的水平。8 月，受应届毕业生大量进入求职市场影响，失业率微幅上升至 4.25%。总体来看，目前岛内失业率已为近年来较低水平，但与我国香港地区（3.3%）、韩国（3.2%）和新加坡（2.1%）相比，仍为“四小龙”中最高的。岛内青年人就业问题仍然突出，8月青年（20～24岁）失业率升至14.05%，而2000年仅为7%左右。

尽管受到经济景气及企业反对等不利因素影响，近年来，台湾行政部门仍积极推动基本工资调升，2011年和2012年分别调整薪资（包括月薪和时薪）3.5%和5%，2013年1月和4月再次将时薪和月薪分别调高至5.8%和1.4%。但由于经济不景气，受雇员工的津贴（奖金）、红利、年终、加班费等非经常性薪资持续减少，使上半年实质平均薪资（4.76万元新台币）同比下降1.9%，创2008年以来最低纪录。

岛内贫富差距逐渐扩大。根据最新的所得分配统计，目前台湾地区收入最高20%家庭的可支配收入为184.6万元新台币，是收入最低20%家庭所得（30.1万元新台币）的6.13倍。若加计股票、房地产等财产收益，收入差距将更明显。据台湾相关部门估计，通过税收政策向高所得者征重税，以及通过扩大财政支出对低所得者发放社会福利补助等，已使收入差距缩小了1.58倍，一定程度上缓解了贫富差距的扩大。

（六）两岸经济关系

2013年，继续积极落实海峡两岸经济合作框架协议（ECFA），加速推动两岸经济合作。一是，2013年1月1日两岸“早期收获计划”全面实施，大陆对台湾539项和台湾对大陆267项全部降为零关税，这对提升厂商竞争力和促进两岸贸易发挥了明显作用。1～6月，台湾企业与大陆企业享受关税优惠分别为3.14亿美元和2963万美元，分别同比增长25.6%和13.4%。二是，两岸经济合作委员会积极推动ECFA后续专项协议的商谈，并取得了重大成果。6月21日，“海协会”与“海基会”第九次会谈签署了《海峡两岸服务贸易协议》，大陆对台湾开放80项服务业，幅度均高于WTO承诺，体现了大陆对台湾同胞的善意与诚意；台湾对大陆开放64项服务，在部分产业上取消了对陆资的歧视性待遇，对过去“陆资低于外资”的总体格局有一定突破。此外，会上还就尽快协商并签署《货物贸易协议》与《两岸争端解决机制协议》等达成共识。三是，两岸经贸团体互设办事处取得了实质进展，目前，台湾贸易中心已先后在上海、北京和广州设立经贸办事机构。

年内两岸双方还致力于促进双向旅游、推动金融合作及产业合作，并取得积极成果。6 月，开放第三批大陆居民赴台个人游，试点城市增加至 26 个。台湾方面，4 月，将陆客团队游客平均每天配额由 4000 人次提升至 5000 人次，个人游由每天 1000 人次提升至 2000 人次；8 月，将大陆赴台个人游签注改为“一年多签”。同时，扩大“三通”以便利两岸民众及贸易往来。自 2013 年 8 月起，两岸空中客运直航班次由每周 616 班增加至 670 班，货运直航由每周 56 班增加至 68 班。在金融合作方面，年内批准筹设了首家台湾地区的银行大陆子行，新批准 1 家，累计共批准 11 家台湾地区的银行设立大陆分行，其中 6 家已获准扩展人民币业务服务对象范围；新增 1 家，累计 3 家两岸合资基金管理公司获准设立；新增 7 家，累计 24 家台湾金融机构获得大陆地区合格境外机构投资者（QFII）资格；从 2013 年 4 月 1 日起，开放在大陆居住和生活的台湾同胞投资 A 股；等等。两岸贸易 2012 年第四季度企稳复苏，2013 年上半年呈现快速回升态势。按照商务部统计，1 ~ 8 月两岸贸易额为 1332. 1 亿美元，同比上升 27. 4%。其中，大陆对台湾出口 273. 8 亿美元，同比上升 22. 8%；自台湾进口 1058. 2 亿美元，同比上升 28. 7%。值得注意的是，近年来，台湾自大陆（含香港）进口占台湾总进口额的比重有所上升，从 2008 年的 13. 7% 增加至 2012 年的 16. 1%，仅次于日本的 17. 6%，主要原因是日本大地震与核灾后对台湾出口增长放缓，而在 ECFA 及后续协议实施的推动下，两岸经贸合作全面展开。另外，由于台湾产业结构升级缓慢，产品竞争力下滑，台湾在祖国大陆地区的市场占有率呈下滑趋势，2013 年上半年已落至第 7 位。

受到祖国大陆经济增速调低、投资成本上升等因素影响，台商赴大陆投资有所缩减。按照商务部统计，1 ~ 8 月大陆实际使用台资金额达 15. 4 亿美元，同比下降 23. 9%。截至 2013 年 8 月底，大陆累计批准台资项目 89328 个，实际利用台资 585. 9 亿美元。按实际使用外资统计，台资在我国大陆累计吸收境外投资比重为 4. 3%。

2013 年，陆资赴台投资规模大幅增长。1 ~ 8 月，大陆企业赴台湾投资项目达 94 项，总金额达 3. 2 亿美元，同比增长 136. 3%。截至 8 月底，累计投资8.2亿美元，涵盖物流、餐饮、通信、旅游、金融等多个行业，雇佣岛内员工约7000人。但总体看，陆资入岛规模仍然很小，与大陆企业海外投资规模不成比例，主要原因是台湾当局对陆资仍采取一系列条件限制，如“开放”三个阶段以来，仍延续“正面表列”方式（仅开放列入表单的投资项目），近50%的服务业和公共建设项目仍禁止投资，而“严审”陆资也很大程度上影响了大陆企业赴台投资的意愿。据台湾统计，开放陆资5年多来，经审查后通过和驳回的投资项目分别为400多项和260多项，近四成陆资投资申请未获批准，远高于外资的10%左右。2013年，尽管台湾当局提出“自由经济示范区规划方案”，计划在区内放宽对陆资投资部分产业（仓储物流、农业生技等）及持股比重等限制，以吸引陆资赴台，但第四批开放陆资投资项目计划一再延迟，同时两岸服务贸易协议在岛内的批准程序受到拖延，对推动大陆企业赴台投资造成消极影响。

自2008年开放大陆居民赴台旅游以来，截至目前，赴台人数年平均增长高达105%。年内大陆居民赴台旅游人数维持增长态势。按台湾统计，前7个月大陆赴台总人数约166.6万人次，同比增长11%，占赴台旅客总数的比重由2012年的35.7%提升至37.5%。大陆赴台个人游热情高涨，按大陆统计，截至7月，大陆赴台个人游总人数达21万人次，加上赴台团体游，大陆赴台总人数超过600万人次。大陆居民赴台旅游规模的迅速扩大，带动了台湾航空、观光、餐饮、住宿等产业的发展。据台湾方面估计，大陆游客日均消费265美元，仅次于日本游客，迄今已为台湾创造了超过2000亿元新台币的收入。

二　2014年经济展望

综合分析，2013年上半年台湾地区经济持续低迷，既有外部因素影响，也有内部结构性问题的制约。从外部因素看，尽管欧洲经济尚无明显复苏迹象，但美国生产、就业等指标有所好转，美联储（FED）削减并逐渐取消量化宽松政策预期增强，对全球特别是新兴经济体影响很大。以印度尼西亚为例，2013 年 5 ~9 月，股市暴跌 24%，印尼盾兑美元汇率暴贬 18%。OECD 经济学家 J. Elmeskov 指出，第二季度新兴经济体工业生产增长率为零，同时还面临外汇储备流失、巨额贸易赤字、资本外流、货币贬值、通货膨胀、股市动荡等一系列复杂问题。在此背景下，台湾因外贸顺差较大，金融面受冲击程度相对较轻，但在工业生产、出口、资本外流等方面也受到一定波及。但台湾经济低迷的根本原因是内部结构性问题——经济结构与产业结构需要转变和调整，但转型升级找不到明确的方向和出路。长期以来，台湾经济过于依赖出口，市场过于集中在欧美，产业过于依赖制造业，生产方式过于集中在代工生产与设计（OEM/ODM）。2008 年以来，尽管台湾当局推动一系列以拉动消费和投资、促进服务业发展为主轴的财经改革，但受岛内政局尤其是选举等复杂因素影响，改革进程举步维艰，台湾经济结构转型升级的成效不明显。9 月，美国暂缓取消量化宽松计划，暂时平息了市场对资金大幅减少的担忧，一定程度上稳定了下半年国际经济走势。但 9 月台湾出口增长仍低于预期，加上消费、投资动能提升乏力，2013 年全年 GDP 增长率“保 2%”也很艰难。

展望 2014 年，台湾经济仍将面临较多不确定因素的挑战，台湾统计部门预计 2014 年经济将缓慢复苏至 3.37% 的中低速增长。

从全球经济因素看，2013 ~2014 年美国调整 QE 政策的可能性较大，这将对全球经济特别是新兴市场经济造成明显冲击。近年来，受美、日等国实施再工业战略的影响，加上发达国家与发展中国家的工资差距大幅缩减，全球制造业已呈现向发达经济体回流的趋势。美国缩减 QE 政策可能导致新兴经济体的资金外流，使其面临生产萎缩、资产价格快速滑落等挑战，进而影响金融市场和经济增长的稳定。IMF 在 10 月发布的预测，将 2013 年和 2014 年全球经济增长率分别下调至 2.9% 和 3.6%。全球经济增长乏力，对台湾地区出口复苏和提升经济增长动力十分不利。

从两岸因素看，大陆地区作为台湾最大的贸易、投资伙伴，两岸经济合作步伐加快仍将是推动台湾经济发展的重要因素。特别是两岸经济合作由制造业逐渐向服务业领域延伸，大陆经济快速发展和转变经济增长方式也为台湾经济转型发展提供了重大契机。但两岸经贸合作已进入“深水区”，两岸服务贸易协议尚未生效、台湾当局原计划于2013年初推出的第四批陆资投资开放项目未能出台等都显示深化两岸经济合作难度增大，对台湾经济影响不确定性增强。当然，若2014年ECFA后续主要协议如期完成并实施，对提振2014年岛内经济信心与拉动台湾经济增长将发挥重要的积极作用。

从台湾内部因素看，台湾经济增长持续放缓除了因出口不振导致的投资低迷外，也与岛内实质薪资下滑、民众财富缩水影响消费意愿密切相关。第三季度台湾地区的出口转为负增长，在国际经济环境未得到明显改善的背景下，预计难以快速复苏。2014年台湾经济增长能否实现“主计总处”预估的3.37%，一定程度上要看岛内拉动投资和消费的效果。此外，若台湾“自由经济示范区”、台湾地区与新西兰自由贸易协定（FTA）等落实，预计将对提升岛内经济动力有一定的促进作用。据IMF 2013年10月初的预测，2014年台湾地区经济将呈现2.2%的低速增长。

附表　台湾地区重要经济指标（2011～2013年）

项　　目		2011年	2012年	2013年
经济	1. 经济增长率(%)	4.03	1.32	2.31(预测)
	2. 人均GNP(美元)	20690	21042	21254(预测)
	3. 产业结构(GDP)(%)	100.0	100.0	100.0(第二季度)
	农业	1.75	1.90	2.00
	工业	29.49	28.95	29.69
	服务业	68.76	69.15	68.31
物价	1. 消费者物价年增长率(%)	1.42	1.93	0.87(1～8月)
	2. 批发物价年增长率(%)	4.32	-1.16	-2.95(1～8月)
工业生产	1. 工业生产年增长率(%)	4.34	-0.25	0.4(1～8月)
	2. 制造业生产年增长率(%)	4.86	-0.32	0.3(1～8月)
消费与投　资	1. 民间消费年增长率(%)	2.97	1.47	1.59(预测)
	2. 民间投资年增长率(%)	-2.47	-2.11	5.91(预测)
贸易	1. 进口金额(亿美元)	2814.4	2704.7	2019.2(1～9月)
	年增长率(%)	12.0	-3.9	-0.9
	2. 出口金额(亿美元)	3082.6	3011.8	2266.4(1～9月)
	年增长率(%)	12.3	-2.3	1.3
	3. 出(入)超(亿美元)	268.2	307.1	247.2(1～9月)
	4. 汇率(1美元兑新台币)(平均)	30.29	14.5	(7月)

续表

项　　目		2011 年	2012 年	2013 年
金融	1. 外汇储备(亿美元)(期底)	3855.5	3482.0	4094(8 月)
	2. 重贴现率(%)	1.88	1.875	1.875(9 月)
	3. 集中市场加权股价指数(平均)	7072	7700	8022(8 月)
劳动	1. 就业人数(万人)	1070.9	1086.0	1094.8(8 月)
	2. 失业人数(万人)	49.1	48.1	47.7(8 月)
	3. 失业率(%)	4.39	4.24	4.18(1~8 月)
两岸贸易(中国海关统计)	1. 两岸贸易额(亿美元)	1600	1689.6	1332.1(1~8 月)
	增长率(%)	10.1	5.6	27.4
	2. 对台出口(亿美元)	351.1	367.8	273.8(1~8 月)
	增长率(%)	18.3	4.8	22.8
	3. 自台进口(亿美元)	1249.2	1321.8	1058.2(1~8 月)
	增长率(%)	7.9	5.8	28.7
	4. 对台贸易逆差(亿美元)	898.1	954	784.4(1~8 月)
台商对大陆投资(商务部统计)	1. 台商对大陆投资项目(项)	2639	2229	1327(1~8 月)
	增长率(%)	-14.1	-15.5	-7.9
	2. 大陆实际利用台资额(亿美元)	21.8	28.5	15.4(1~8 月)
	增长率(%)	-11.8	30.4	-23.9
陆商对台湾投资(台湾地区统计)	1. 陆商对台湾投资项目(项)	102	138	103(1~9 月)
	增长率(%)	29.1	35.3	4.0
	2. 陆商对台湾投资金额(亿美元)	43.7	3.3	3.3(1~9 月)
	增长率(%)	-53.7	750.1	137.3

B.27

台湾经济形势分析与展望

刘孟俊　彭素玲　陈馨蕙*

摘　要：

2013年上半年，台湾经济表现低迷，第一、第二季度经济成长率分别为1.62%、2.49%，合计上半年成长2.06%。2013年前三个季度进出口表现低迷、民间消费增长缓慢。台湾投资环境对企业与厂商仍具有相当大的吸引力。由于政府财政赤字持续攀升压缩公共建设等经费，2013年全年经济成长率预估为2.01%，较2012年的1.32%增加0.69个百分点。2014年经济成长率预估约为3.21%，较2013年的2.01%增加1.20个百分点。

关键词：

台湾经济　进口与出口　经济成长率

一　台湾经济表现

2013年上半年，受全球经济成长迟缓拖累，台湾经济也表现低迷。根据台湾“主计总处”8月发布的所得资料，第一、第二季度经济成长率分别为1.62%、2.49%，合计上半年成长2.06%，略高于2%。就第一季度之成长贡献而言，内需为支撑主力；但第二季度则以净输出为主要挹注，成长来源有所不同。

虽然上半年经济勉强保2%，表现低于预期，但其他主要国家的表现也多

---

* 刘孟俊，中华经济研究院经济展望中心主任兼第一研究所研究员；彭素玲，中华经济研究院经济展望中心研究员；陈馨蕙，中华经济研究院经济展望中心助理研究员。

低迷。如以第二季度 GDP 成长率观察，美国（1.6%）、加拿大（1.4%）、日本（1.3%）、俄罗斯（1.2%）、韩国（2.3%）等的成长表现略低于台湾，虽然中国大陆（7.5%）、新加坡（3.8%）、中国香港（3.3%）以及东南亚诸国等的表现仍较台湾稳健，但也都较原先预期迟缓，多有下调情况。而 IMF、ADB 等于 10 月发布之年度经济展望报告也纷纷下修 2013 年、2014 年全球与主要国家经济成长预测，显示国际经济情势仍较原先预期更显疲弱。

若观察相关经济指标，虽然“经建会”于 8 月更新使用新版景气对策信号，但自 7 月起又已连续两个月处于“黄蓝灯”，而领先指标虽然略有小幅上升（由 100.4 略升至 100.5），但同时指标有反转向下（由 98.6 降至 98.4），显示台湾经济仍陷泥沼，迟迟未能摆脱。此外，工业生产指数于 8 月又出现负成长 0.7%，且四大产业除金属机械工业小幅正成长之外，其余都呈现衰退，而制造业销售量指数也已连续 7 个月呈现负成长，且幅度仍未有缩小情况，显示台湾工业部门之表现仍限于景气谷底。

目前国际经济前景仍未明朗，如美国联邦政府停摆，美债可能违约与量化宽松（QE）规模缩减机制与退出时程；中国大陆调结构、信贷危机、影子银行、实施旅游法等情势。而台湾经济情势也因政治议题干扰、实质薪资停滞（2013 年 1 至 7 月实质薪资为负成长），以及电价调整等措施而受到影响。虽然 9 月台湾制造业采购经理人指数（PMI）得分为 52.6，已连续 7 个月超过景气涨跌分水岭，但得分已连续 3 个月原地盘旋，迟迟无法突破，仍有困境。

二　国际贸易

由于 2013 年 9 月商品出口、进口表现低迷，年增率分别为 -7.0%、-0.7%，造成第三季度出口总值为 761.95 亿美元，较上年同期减少 0.8%；进口总值为 660.36 亿美元，年增率为 -3.3%。9 月，出口意外下滑，不但终结连续 4 个月的出口正成长，并使跌幅达 7.0%。

就出口结构而言，2013 年第三季度重化工业产品占商品出口比重持续维持逾八成，达到 82.6%，年增率为 -0.6%，相对而言，非重化工业产品及农产（加工）品的衰退则较为明显，第三季度年增率分别为 -1.5% 和 -2.1%。

各项出口产品成长以化学品较上年同期成长 9.17% 最高，较上年同期下跌最大者有光学器材、矿产品，年增长率分别为 -9.46%、-8.70%。至于主要出口国家及地区，2013 年第三季度仍以台湾地区对中国大陆（含香港地区）、东盟 6 国为主，对美国商品出口则持续下滑。商品出口仅对欧洲的年增率呈现正值 4.9%，主要由上年同期比较基期较低所致，年增率跌幅以日本较上年同期衰退 3.63% 最多，此或与日元自年初以来极限贬值幅度大于汇率，以致厂商竞争力下降有关。

至于进口结构方面，2013 年第三季度农工原料进口占比为 76.4%，年增率为 -3.6%；资本设备占 13.4%，年增率为 -5.2%；消费品占 10.3%，年增率为 2.0%，为呈现正成长之类别（主要进口成长项目包括手机、医药品等）。主要进口货品则以矿产品占 27.0% 最高（其中原油占 11.7%），电子产品、化学品则都在两位数字以上；就年增率观察，进口主要货品多为负成长，以电机产品、基本金属及其制品下跌达两位数为最多，分别为 -15.0%、-10.4%。进口商品来源亦都是以亚洲区域内贸易为主，但是相对来源较为平均，中国（含港、澳地区）、日本及东盟 6 国的占比皆达两位数字。商品进口仅自欧洲地区正成长 7.6%，主要因为 9 月年增率大幅成长 25.1%；日本、美国及东盟 6 国皆较上年同期下跌，其中日本及美国分别下跌 15.9% 和 7.9%。

展望未来商品贸易趋势，虽然 2013 年以来外销订单表现不佳，但自 7 月以来即转为正成长，且根据外销订单动向指数数据，厂商对未来接单情势的看法虽仍保守，但规模应可维持小幅扩张。由于欧洲市场逐渐回稳，加以迈入欧美年底采购旺季，可望挹注第四季度出口动能，唯美国财政僵局及新兴国家经济成长降温，可能约制部分成长力道。

展望台湾服务输出之发展趋势，由于台湾与中国大陆洽签的服务贸易协议尚待“立法院”审议通过，仍需等待作业与发酵时间，故而预期短期内挹注效果可能有限。不过其中有关观光旅游之外汇收入，根据“观光局”统计资料，2012 年来台旅客达 731 万人次，其中约有 258.6 万人次来自中国大陆，占比达 35% 以上，显示每三名来台旅客即有一人士来自中国大陆，显见对这一客源的依赖，光是观光旅游之外汇收入，中国大陆旅客就挹注约 51.5 亿美元（合 1526 亿元新台币）。不过受到中国大陆自 2013 年 10 月 1 日起实施的旅游法，对于旅游收费、行程与服务模式等多有规范，预计短期之内来台大陆旅客人次将受到相当大的冲击，团客人数可能减少三成至一半，因而第四季度台湾服务出口可能受到影响。

三　民间消费

根据“主计总处”资料，2013 年第二季度民间消费成长 1.69%，较第一季度低于 0.5%（0.30%）明显改善，并对经济成长率贡献 0.91 个百分点，占比为 37%左右（0.91/2.49 =0.37），为内需各项组成中挹注比重最高者。

观察 2013 年第二季度各项消费组成，除住宅服务、水电瓦斯及其他燃料支出比重达到两位数字之外（比重为 10.45%），而后依次为食品及非酒精饮料（8.05%）、交通类（7.41%）、医疗保健类（6.09%）。各项组成项目中成长较为明显者，以交通类成长 5.00% 最高，而后为其他家庭消费及对家庭服务之民间非营利机构消费类（2.85%）、医疗保健类（2.32%）、食品及非酒精饮料（2.16%）；至于年增率呈现负数者有烟酒类（-1.60%）、家具设备及家务维护类（-1.33%）、餐厅及旅馆类（-0.83%）。

展望未来民间消费，由于国际经济混沌、台湾经济成长低迷，以及政治事件干扰，民众对未来景气看法仍偏悲观。根据 2013 年 9 月消费者信心指数（CCI）调查，虽然总数为 76.50 点，较上月上升 1.17 点，但分值仍低于 100，显示信心虽略微恢复但仍处于悲观；各项组成中，以“未来半年投资股票时机”升幅度最大，较上月调查上升 4.00 点，其次为“未来半年购买耐久性财货时机”，再次则为“未来半年就业机会”；而下降的指标为“未来半年经济景气”，显示民众对未来经济看法仍未乐观。

受毕业季因素影响，自 6 月起失业率逐月攀升，8 月失业率上升至 4.33%，创 2012 年 11 月以来新高。其中，初次寻职失业者较上月增加 7000 人，使得失业人数随之增加。此外，根据“主计总处”公布之数据，2013 年 1~7 月平均薪资为 47881 元新台币，较上年同期减少 0.30%；扣除同期消费者物价指数上升 1.13%，实质薪资为负成长。失业率近期走高，加上薪资水平停滞衰退，造成民众消费意愿呈现保守态势，难有明显改善。

四　投资

台湾投资因国际经济趋疲，自2011年第三季度起转呈负成长，至2012年第四季度起才转负为正。2013年第一季度台湾投资成长亮眼（年增率达6.31%），但第二季度成长受到国际经济趋缓，厂商投资转呈迟疑，年增率为3.80%。就各项投资类别观察，以机器设备投资（年增率为7.94%）表现最为亮眼，主要因为半导体等厂商持续扩大资本支出，因而此类投资持续稳健成长；其次为运输工具类投资，年增率为6.30%；无形固定资产、营建工程投资年增率分别为3.07%、0.13%，也都能维持正向成长。

就投资主体观察，民间投资仍为台湾投资之主力支撑，不但占总投资比重的八成以上（81%），而且年增率达6.47%，也领先于其他主体。其中，机械设备投资成长9.97%，最为稳健，主要因为台湾半导体业者持续扩大资本支出，虽然第二季度机械进口年增率（以新台币计）由第一季度之12.31%降为3.7%，差距8.61个百分点，但因日元贬值造成机械进口物价年增率呈现负值（-10.18%），故而机械投资实质成长仍能成为民间投资的主要支撑。至于民间投资之运输工具类年增率为2.57%，表现平稳。不过公营事业之运输工具类投资则高达147.96%，主要因为铁路机车等进口采购挹注［第二季度运输设备进口年增率（以新台币计）由第一季度之1.30%成长为17.71%］。

就现有投资相关统计指标观察，根据国际半导体设备与材料产业协会（SEMI）公布的数据，8月北美半导体设备制造商订单出货（B/B）比值为0.98，中止连续7个月B/B值超过1的走势，显示部分半导体投资计划可能延缓，且因2013年以来持续有重复超额下单，再加上高阶智能型手机的需求不如预期，厂商进行库存调整，因而B/B值跌破1仍在预期之内。不过SEMI仍指出晶圆代工与快闪存储器仍是驱动2013年、2014年相关投资的重要力量。因而预期相关产业之投资或有趋缓，但应仍能维持基本成长情势。

此外，截至9月中旬，根据“经济部”掌握的数据，制造业、商业服务业等民间新增投资金额约8406亿元新台币，较2013年预定的促进民间投资目标金额1.2兆元新台币，达标率约为七成。另根据“经济部”统计资料，自

2012 年 11 月启动“加强推动台商回台投资方案”，截至 2013 年 9 月 23 日，已审核通过 37 家台商回台投资申请案，预计投资金额约 1858 亿元新台币，达成预定目标金额的 92.9%，显示相关投资业务之执行效率多仍在预期进度中。

事实上，根据世界经济论坛（WEF）2013 年全球竞争力评比，台湾地区较上年进步 1 名，为第 12 名，WEF 赞许台湾“过去五年表现十分稳定，且持续强劲”。其中，表现较佳者包括创新能力（第 8 名）、商品市场效率（第 7 名），但是总体经济环境有待改善（第 32 名，退步 4 名），劳动市场效率不足（第 33 名，退步 11 名）。根据前述全球竞争力评比，台湾投资环境虽有部分仍待改进，但整体仍具有相当优势，对企业与厂商仍具有相当大的吸引力。

五　公共支出

根据“主计总处”所得统计资料，2013 年第二季度公共部门约占 GDP 比重的 13.68%（若以名目值计算占比为 15.09%），由于政府消费、政府投资呈现负成长，2013 年第二季度公共支出对经济成长之贡献为 -0.23 个百分点。由于“政府”财政赤字持续攀升，以致压缩有关公共建设等经费。根据台湾“财政部”统计，截至 2013 年 8 月底，“中央政府”一年以上债务未偿余额 51223 亿元新台币，短期债务未偿余额为 2548 亿元新台币；平均每人负担债务 23.0 万元新台币。而根据“主计总处”之“潜藏负债”信息，至 2012 年各级“政府”潜藏负债已攀升至 15.67 兆元（“中央政府”10.97 兆元新台币、“地方政府”4.70 兆元新台币）。

根据新修正的《公共债务法》，“中央政府”法定举债上限减至前三年度平均 GDP 的 40.6%，可举债总额约为 57020 亿元新台币，预估 2013 年底“中央政府”债务余额将达 52150 亿元新台币，距离法定举债上限 40.6% 仅相差 3.5 个百分点，举债空间只剩下 4870 亿元新台币；由于 2014 年度将举债 2739 亿元新台币，扣除债务还本的 640 亿元新台币，新增债务 2099 亿元新台币，以目前举债速度来看，2016 年恐将面临举债破表的困境。

在信评部分，国际三大机构皆维持台湾地区评级展望为“稳定”，标准普尔认为，台湾对外净资产部位强健、货币管理健全、物价维持低且稳定，且高科技产业充满活力，政府债务虽略高，但已逐渐改善。另外，标准普尔确认台湾的长期非委托发行体信用评级为“AA -”，汇兑风险评估结果仍维持“AA +”。

六　物价波动

根据“主计总处”统计，2013 年 9 月消费者物价指数（CPI）较上月涨 1.31%，年增率为 0.83%。上涨主要因为台风接连来袭使得供给量减少，加上 9 月适逢中秋佳节需求量大增，致使蔬果价格上扬。唯成衣服饰换季促销、机票及旅游团费随暑期旺季结束回跌，抵消部分涨幅。在七大基本分类中，仅交通及通信类因国际油价走跌较上年同月下跌 0.56%，其余六大分类皆呈上涨之势。此外，占消费者物价指数权重前两大类的居住类（27.135%）及食物类（25.194%）则分别较上年同月上涨 0.51% 及 2.36%。累计 2013 年 1 ~ 9 月台湾 CPI 年增率为 0.88%，与韩国（1.3%）、美国（1.6%）及中国大陆（2.5%）同期累计年增率相比，台湾物价涨幅相对平稳。① “主计总处”预估全年 CPI 年增率为 1.07%，涨幅温和。

另据“主计总处”统计，9 月趸售物价总指数（WPI）较 8 月微幅下跌 0.02%，年增率为 -2.69%。9 月 WPI 较前月下跌主要是因为电子零组件及机械设备等价格下跌，唯油品与农产品价格上涨，抵消部分跌幅。累计 2013 年 1 ~9 月 WPI 较上年同期跌 2.93%，其中台产内销品下跌 1.07%，进口品跌 5.09%，出口品则下跌 2.60%。

七　金融概况

台湾“中央银行”2013 年 9 月 26 日理监事会议表示，全球景气呈现温和复苏，唯美国政府债务上限及量化宽松政策退场时机等议题，景气复苏仍存在不确定性。在考虑台湾出口温和成长、物价情势稳定之情况下，仍决议连续第

① 韩国为 2013 年 1 ~9 月资料，美国与中国大陆则为 2013 年 1 ~8 月资料。

九次利率政策按兵不动，重贴现率、担保放款融通利率及短期融通利率分别维持年息1.875%、2.25%及4.125%不变。

虽然利率连续九次按兵不动，但“中央银行”总裁彭淮南表示，“长期利率不会永远这么低”，引发即将升息猜测。彭总裁指出台湾的长期利率主要跟着美国利率走势，而“中央银行”的货币政策方向则要视物价及内外经济情势而定；并提醒注意利率风险和“中央银行”调整利率是两件事情。

从表1可知，过去一年以来世界主要国家的官方利率大多维持不变，欧元区、澳大利亚、韩国与印度在过去一年中更是持续降息。仅巴西为了抑制高通膨，在一年内升息两次（Global Insight 预估2013年巴西的通货膨胀率将高达6.2%）。

相较于世界主要国家和地区，2013年台湾地区的预期CPI仅0.8%，且台湾GDP的预测值在各国家和地区表现中未特别亮眼；再加上台湾各项景气指针，如台湾制造业采购经理人指数已连续3个月停留在52.6%，扩张速度趋缓。同时，制造业采购经理人指数对未来6个月的景气看法已来到过去11个月来的最低点51.0%。再加上美国宣布暂缓QE3缩减及美国预算危机的不确定性，台湾要成为亚洲第一个升息的地区，并抢先在2013年底升息的几率甚低。

表1　世界重要国家或地区货币市场利率、物价与经济成长率汇整

单位：%

国家或地区	2012年7月	2013年8月	2013年CPI(f)	2012年GDP	2013年GDP(f)
中国台湾	1.9	1.9	0.8	1.3	2.8
美国	0.1	0.1	1.5	2.8	1.6
日本	0.1	0.1	0.2	2.0	1.9
英国	0.5	0.5	2.8	0.2	1.5
欧元区	0.8	0.5	1.4	(0.6)	(0.5)
澳大利亚	3.5	2.5	2.1	3.6	2.4
中国大陆	6.0	6.0	2.5	7.7	7.7
韩国	3.0	2.5	1.3	2.0	2.5
印度	8.0	7.3	9.6	3.2	4.5
巴西	8.0	9.5	6.2	0.9	2.4

注：中国大陆资料为一年期贷款利率；（f）表示预测值；中华经济研究院团队预测2013年GDP成长率为2.38%；巴西央行于2013年10月10日将基准利率由原先的9.0%提升至9.5%。

资料来源：TEJ，Global Insight。

在股市方面，台股基本面未出现明显转好信号。图 1 – A 显示，景气对策信号在连续 9 个月出现“黄蓝灯”后一度在 6 月站上 23 分，为 2011 年 8 月以来首亮“绿灯”。唯分数在 7 月随即下滑至 20 分，8 月指数则持续下探，并停留在“黄蓝灯”的 19 分。

虽然台湾制造业 PMI 从 2013 年 3 月起连续 7 个月呈现扩张趋势，但扩张速度逐月递减，指数从 2013 年 7 月起连续 3 个月停留在 52.6%，显示台湾景气复苏脚步趋缓，成长动能不足（见图 1 – B）。此外，由图 1 – C 可知，2013 年 9 月台湾制造业 PMI 新增出口订单指数已连续 4 个月呈现紧缩，指数为 48.7%，较 8 月下跌 1.1 个百分点。尽管 2013 年 9 月的报告显示，电子暨光学产业之新增出口订单结束连续两个月的紧缩转为扩张，指数回升至 51.7%，但部分受访厂商仍反映第三季度订单成长幅度与上年同期相比不如预期，似乎有旺季不旺现象。

从资金面看，本波新台币从 8 月的 30.1 元一路升值，10 月 4 日新台币兑美元汇率盘中一度升破 29.30 元，在国际热钱持续汇入台湾的情况下，外资积极买超台股是台股抗跌的主因（见图 1 – D）。不过外资动向仍与美股表现极具关联性，因此未来短线需密切观察美国债务危机后续发展。若第四季度外销订单无明显回升、成交量与融资余额无明显增加，资金面能推升台股的空间将会相当有限。

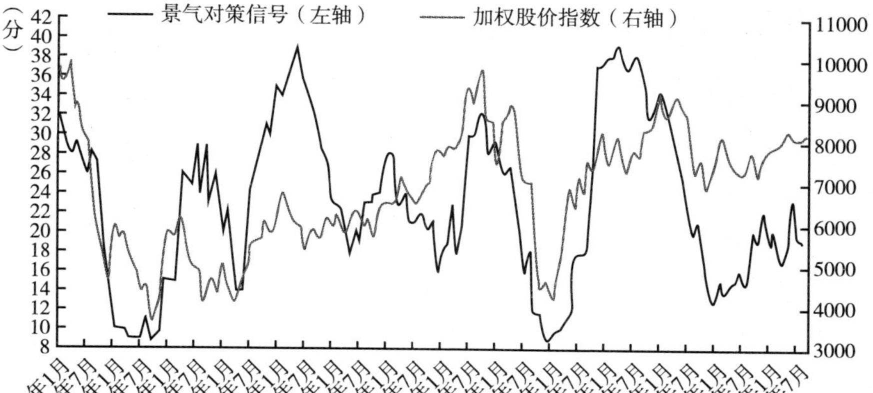

1– A 景气对策信号与台湾加权股价指数

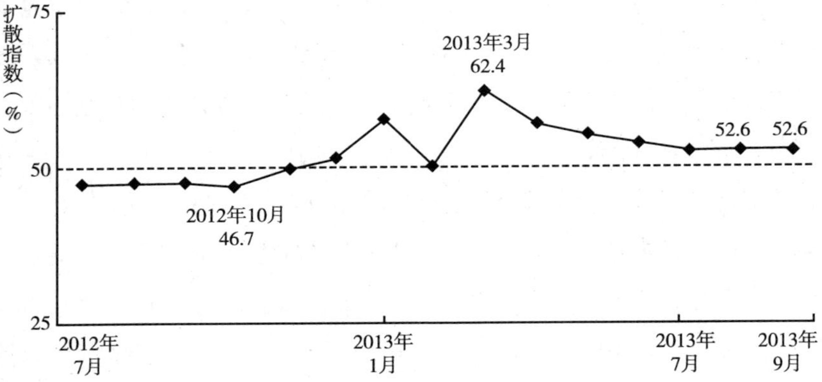

1- B 台湾制造业PMI

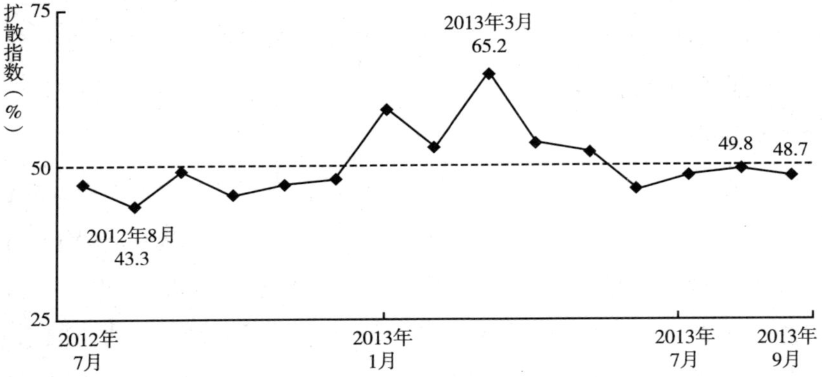

1- C 台湾制造业PMI新增出口订单

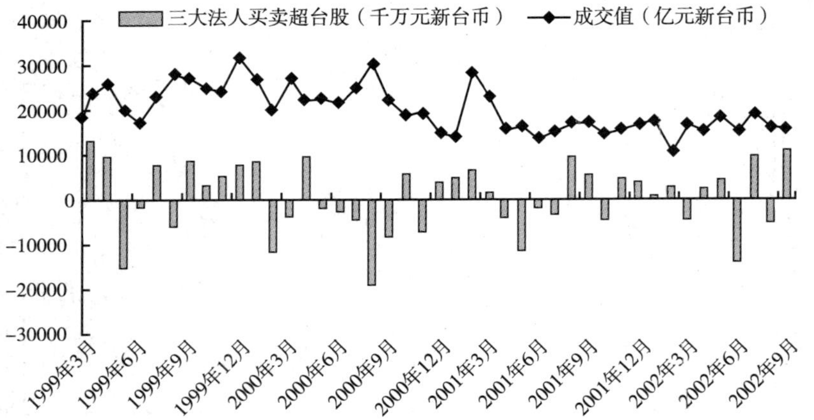

1-D 台股成交量与三大法人买卖超关系

图 1　物价与金融—股市部分相关信息

资料来源：《台湾经济新报》，中华经济研究院整理。

在房市方面，《住展杂志》调查显示，2013 年 9 月住展风向球虽较 8 月上升 2 分，达到 41 分，但已连续 4 个月呈现衰退的“黄蓝灯”。本月风向球指数上升主要来自预售推案的爆量，唯来客组数、成交组数与成屋推量皆较 8 月下跌，显示房市未明显转好。虽然 QE 退场暂缓，但终究将于近期退场，再加上“央行”警告房贷户注意房贷利率风险，使得营建业与高杠杆投资户警醒到资金压力将有可能在近期增加。尽管即将进入房市第四季度的旺季，但要见到房市景气大幅反转上升的可能性不高。

至于外汇存底与国际收支，根据“中央银行”统计，由于欧元等货币兑美元升值及外汇存底投资运用收益的增加，2013 年 9 月底外汇存底约 4093. 88 亿美元，较上月底增加 2. 7 亿美元。在国际收支方面，台湾 2013 年第二季度经常账顺差为 138. 0 亿美元，较上年同期增加 29. 1 亿美元，主要因为商品贸易顺差增加；在金融账方面，整体金融账净流出 100. 8 亿美元，直接投资、证券投资和其他投资分别净流出 21. 8 亿美元、32 亿美元和 49. 6 亿美元，这已是金融账连续 12 个季度呈现净流出。合计台湾 2013 年第二季度国际收支综合余额为顺差 38. 8 亿美元，是自 2011 年第四季度以来连续 7 个季度呈现顺差，累计 2013 年上半年国际收支综合余额为 60. 3 亿美元。

八　台湾经济预测

粗估 2013 年第三季度经济成长率约为 2. 08%，由于上年比较基期较第二季度高，因而成长率略较第二季度之 2. 49% 减少 0. 41 个百分点。在各项组成中，民间消费成长率约为 2. 02%；投资则因公共部门投资持续衰退，兼之国际经济前景未明，厂商投资略有迟疑，年增率为 1. 64%。其中，民间企业投资仍为成长主力，年增率为 3. 56%。至于外贸部门表现，由于受商品出口因液晶装置、TFT-LCD 等成长受挫，以及信息通信新旧产品交替买气降温影响，第三季度海关出口成长为 -0. 78%；不过因来台旅客，尤其是大陆旅客观光团人数持续攀升挹注服务输出，加上出口物价指数年增率持续为负值，故预期财货与服务之输出将维持正成长 1. 92%，至于财货与服务之输入，由于第三季度商品进口年增率呈现 -3. 31% 的衰退，进口物价跌幅持续，因而商品与服务输入年增率亦维持在1.41%。由于输出、输入成长幅度差异，两相抵减，净输出规模为7511.5亿元新台币，年增率为3.4%，持续提供经济成长支撑。

有关金融物价方面，第三季度CPI年增率为0.03%，主要因为国际油价、大宗物资等价格持稳，虽然其间或受台风因素造成蔬菜价格上涨，但水果价跌、夏季服饰换季出清以及3C产品价格持续下滑等抵消了涨势。受美国QE退场、债限危机等干扰，亚洲地区主要货币兑美元汇率，如日元、韩元、人民币等在第三季度较上一季度呈现微幅升值趋势，而东盟诸国货币兑美元汇率则较上一季度略呈贬值，至于台币兑美元汇率第三季度平均汇价为29.95元新台币兑换1美元，与上一季度的平均值相同，不过较上年同期之29.87元新台币贬值0.28%。预估第三季度平均失业率约为4.27%，主要是毕业季节性因素影响，较第二季度的4.09%略升。

至于台湾第四季度经济成长表现，粗估经济成长率约为1.86%，低于2%，并较第三季度下滑，其原因一是上年第四季度成长率为3.97%，比较基期较高；二是美国债限问题对全球经济成长造成干扰；三是中国大陆实施旅游法，可能压抑大陆旅客来台人次，造成观光外汇收入略减。不过因欧洲、中国大陆、日本的经济走势皆可望较上半年略为转佳，故而预期仍能维持成长力道。其中，民间消费成长率约为1.48%，台湾投资预期成长率为1.55%。其中，民间企业投资成长2.18%。至于外贸部门的表现，财货与服务之输出、输入成长仍将平缓，年增率分别为1.86%、2.28%。

合计下半年经济成长率约为1.97%，较上半年之2.06%略低。其中，民间消费因上年比较基期较低，所以下半年成长可望较上半年略高，年增率为1.75%，台湾投资平均年增率为1.60%，主要依赖民间投资成长2.91%的支撑。至于财货与服务输出与输入，下半年平均年增率分别为1.89%和1.84%，成长幅度皆较上半年成长水平迟缓。虽然输出、输入相抵，净输出规模为1.63兆元新台币，年增率为2.02%，较上半年之平均成长率5.83%低3.81个百分点，但净输出仍为经济成长之主要贡献来源。

2013年下半年CPI因上年比较基期较高，年增率约为0.63%，不到上半年平均物价年增率1.3%的半数。虽然亚洲国家货币升贬互见，但因近来美国债限问题干扰，新台币兑美元汇率约为29.71，与上半年的29.75相仿。

2013 年全年经济成长率预估为 2.01%，较 2012 年之 1.32% 增加 0.69 个百分点。其中，民间消费年增率为 1.37%，低于当季经济成长率；投资年增率为 3.22%，民间投资成长 4.88%，为经济成长提供了有力支撑，唯规模约 1.98 兆元新台币，仍低于金融海啸前（2007 年）之 2.18 兆元新台币。财货与服务输出与输入年增率分别为 3.43% 及 3.32%，输出成长略高于输入，故而净输出规模约 3.02 兆元新台币，年增率为 3.74%，仍将挹注经济成长。CPI 年增率预估为 0.96%，略低于 1%，较 2012 的 1.93% 低 0.97 个百分点。新台币兑美元汇率 2013 年平均价约为 29.73 元新台币兑换 1 美元，较 2012 年略贬 0.37%。平均失业率约为 4.20%，较 2012 年的 4.24% 下降 0.04 个百分点，反映景气之和缓改善（见表 2）。

2014 年经济成长率约为 3.21%，将可突破 3%，并较 2013 年的 2.01% 增加 1.20 个百分点。其中，民间消费成长 2.09%，投资增加 3.75%，民间投资增加 4.38%，规模恢复至 2.07 兆元新台币。财货与服务输出与输入年增率分别为 3.96%、2.87%，输出成长趋势较 2013 年更趋稳健。CPI 年增率预估将为 1.66%，略高于 1.5%，但仍低于 2%，较 2013 年高 0.7 个百分点。新台币兑美元汇率 2014 年平均价约为 29.66 元新台币兑换 1 美元，较 2013 年略升 0.24%。而平均失业率约为 4.19%，较 2013 年的 4.20% 下降 0.01 个百分点，反映景气之和缓改善。

表 2　台湾经济基准预测

指标（10 亿元新台币）	2013 年				2012 年	2013 年	2014 年
	第一季度	第二季度	第三季度	第四季度			
	实际值	实际值	预测值	预测值	实际值	预测值	预测值
实质 GDP	3635.89	3731.57	3893.66	4028.98	14988.59	15290.10	15780.91
年增率(%)	1.62	2.49	2.08	1.86	1.32	2.01	3.21
实质 GNP	3763.43	3828.30	3969.79	4122.51	15402.48	15684.04	16190.63
年增率(%)	1.4	2.23	2.00	1.69	1.63	1.83	3.23
每人平均 GNP(美元)*	5333.90	5144.05	5287.96	5540.71	21146.51	21306.62	22220.67
年增率(%)	2.35	1.55	0.22	-0.94	2.25	0.76	4.29
民间消费	2025.34	1992.09	2079.69	2048.30	8035.08	8145.42	8315.66
年增率(%)	0.30	1.69	2.02	1.48	1.47	1.37	2.09
固定资本形成	580.83	618.42	642.27	637.48	2401.73	2478.99	2571.95

续表

指标（10亿元新台币）	2013年				2012年	2013年	2014年
	第一季度	第二季度	第三季度	第四季度			
	实际值	实际值	预测值	预测值	实际值	预测值	预测值
年增率(%)	6.31	3.80	1.64	1.55	-4.19	3.22	3.75
民间投资	496.20	499.68	524.25	462.16	1890.05	1982.28	2069.10
年增率(%)	7.35	6.47	3.56	2.18	-2.11	4.88	4.38
财货与服务输出	2699.13	2858.58	2881.67	2974.92	11036.11	11414.30	11866.31
年增率(%)	5.03	5.16	1.92	1.86	0.11	3.43	3.96
财货与服务输入	2058.03	2112.66	2130.52	2092.86	8124.67	8394.07	8634.98
年增率(%)	6.66	3.15	1.41	2.28	-2.08	3.32	2.87
海关出口（亿美元）**	726.17	778.18	761.95	802.57	3011.81	3070.87	3202.92
年增率(%)	2.42	2.37	-0.78	3.60	-2.30	1.96	4.30
海关进口（亿美元）**	679.89	678.94	660.35	694.35	2704.73	2713.52	2821.52
年增率(%)	4.41	-3.50	-3.31	4.09	-3.90	0.33	3.98
GDP平减指数(2006=100)	96.74	93	92.8	92.66	93.71	93.8	94.35
年增率(%)	0.69	0.7	-0.66	-0.38	1.34	0.09	0.59
WPI(2006=100)**	97.25	96.24	96.26	97.93	98.84	96.92	99.46
年增率(%)	-3.06	-3.12	-2.61	1.13	-1.16	-1.94	2.62
CPI(2006=100)**	102.24	102.35	103.11	103.95	101.93	102.91	104.62
年增率(%)	1.81	0.79	0.03	1.23	1.93	0.96	1.66
M2货币存量（日平均）	34024.39	34336.27	34878.40	35058.90	33037.65	34574.49	36227.15
年增率(%)	3.43	4.28	5.46	5.42	4.17	4.65	4.78
新台币兑美元汇率**	29.55	29.95	29.95	29.47	29.62	29.73	29.66
年增率(%)***	0.59	-0.99	-0.28	-0.89	-0.50	-0.37	0.24
31~90天期商业本票利率	0.73	0.70	0.70	0.75	0.79	0.72	0.76
失业率(%)	4.19	4.09	4.27	4.18	4.24	4.20	4.19

注：“*”有关每人平均GNP在此以美元表示；“**”表示2013年第三季度资料为官方统计之粗估值，非预测值；“***”有关汇率变动百分比，正值表示升值，负数表示贬值。

资料来源：中华经济研究院经济展望中心，2013年10月15日。

B.28

香港经济形势分析与展望

陈李蔼伦*

摘　要：

2013 年，仍然受制于不稳的外贸环境，但凭借相对强韧的内部需求，香港经济将维持温和增长。然而，各种不明朗因素继续困扰全球经济前景，包括美国债务上限及财政问题的争论仍有待解决、美联储的货币政策方向未明、欧元区主权债务风险挥之不去，以及部分新兴市场增长放缓等，都为全球经济前景蒙上阴影。幸而，香港经济继续受惠于良好的经济基本面和内地经济平稳较快增长所提供的支持，部分抵消了外围经济不稳所带来的影响。预料香港经济 2013 年全年可以温和增长 2.5% ~ 3.5%。通胀在 2013 年前三季度第三季度略为上升，但短期内的通胀上行风险应会较低。特区政府会密切留意物价走势，特别是通胀对低收入人士的影响。鉴于全球流动性泛滥及超低利率的环境未改，楼市泡沫风险依然不容忽视，特区政府推出一连串措施令楼市健康平稳发展，确保宏观经济和金融系统稳定。过去一年，内地和特区经济的关系在多项政策支持下续见深化。展望 2014 年，以上谈及的多种外围因素仍会影响香港的外贸表现。不过，内部经济稳健，加上内地经济持续发展所提供的机遇，将会继续为香港经济带来支持。

关键词：

香港经济　楼市泡沫风险　长远经济发展策略

---

* 陈李蔼伦，香港特别行政区政府财政司司长办公室，政府经济顾问。

一 经济近况

全球经济在2013年前三季度虽然保持温和扩张，但在世界各地不少的变量与挑战下，增长步伐实属一般。美国经济虽然续见改善，但复苏步伐不稳，加上就业市场创造职位的速度仍然逊色，令美联储未能在2013年9月如市场预期般开始缩减量化宽松措施的规模。往后，美联储的退市时间和步伐将取决于美国经济的复苏力度，未来美国经济质量的好坏将会左右全球金融市场走势，并有可能随时引发全球资金流向转变。同时，美国民主、共和两党就削减赤字和提高债务上限等财政议题争持不下，导致联邦政府在10月初局部停运。虽然美国政府最终避过债务违约危机，但两党的政治角力已令全球投资者的信心蒙上阴影。欧元区经济在2013年第二季度摆脱连续6个季度的收缩，重现轻微按季增长，但高失业率和财政紧缩政策将继续拖累当地经济。同时，一些主要新兴经济体近期亦呈现经济增速放缓迹象。不过，亚洲区经济基本面整体上依然较佳；当中，内地经济继续是全球经济的亮点，2013年前三季度按年增长7.7%，仍然是非常可观的增幅，对区内贸易乃至全球经济增长起到了一定的支持和稳定作用。2013年10月，国际货币基金组织下调2013年全球经济增长预测至2.9%，低于2012年3.2%的增长。

在这样的背景下，香港作为细小开放的经济体，经济表现难免受到影响。在外围环境波动不稳的情况下，香港的出口在过去一年多表现为疲弱。幸而，劳工市场继续维持全民就业状态，营商信心大致稳定，使内部需求至今仍然保持相对强韧，为香港经济提供了重要支持。本地生产总值继2012年全年实质增长1.5%后，增长速度在2013年上半年有所加快，按年扩张3.1%。经季节性调整后，香港经济在第二季度按季扩张0.8%，较上一季度的0.2%增长加快（见图1）。

（一）对外贸易

香港整体货物出口（按本地生产总值口径计算）在2012年实质轻微增长1.8%后，于2013年上半年按年大幅上升7.4%。然而，撇除非货币黄金出口在期内飙升的因素后，货物出口表现实属一般。先进经济体需求维持疲弱，其对亚洲区生产和贸易活动的负面影响亦越见明显。经季节性调整后，整体货物

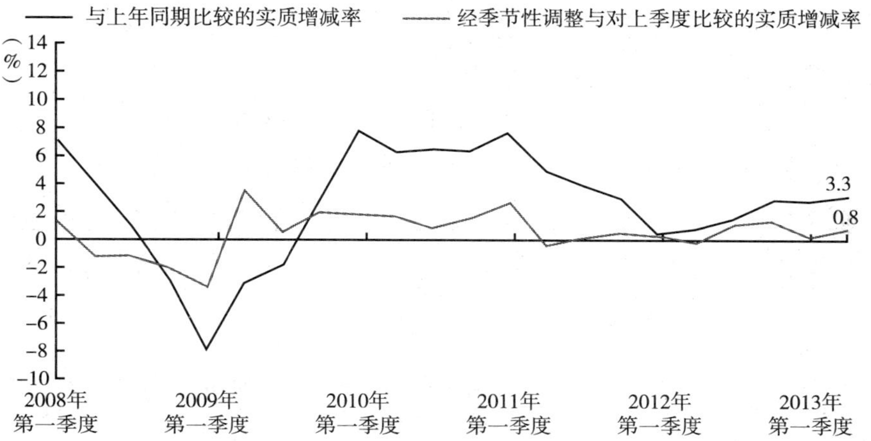

图 1　香港经济在 2013 年上半年温和增长

出口在第一季度按季扩张，但在第二季度回跌。香港输往多个主要市场的出口货物在 2013 年第三季度依然偏软。具体而言，欧洲经济最近回稳，输往欧盟的出口货值轻微按年升幅，但输往美国和日本的出口货值则不振。其他亚洲市场的出口货值表现亦颇为参差，不过输往中国内地的出口货值仍有温和增长。2013 年前 9 个月合计，货物出口货值按年仅轻微增长 3.2%（见图 2、图 3）。

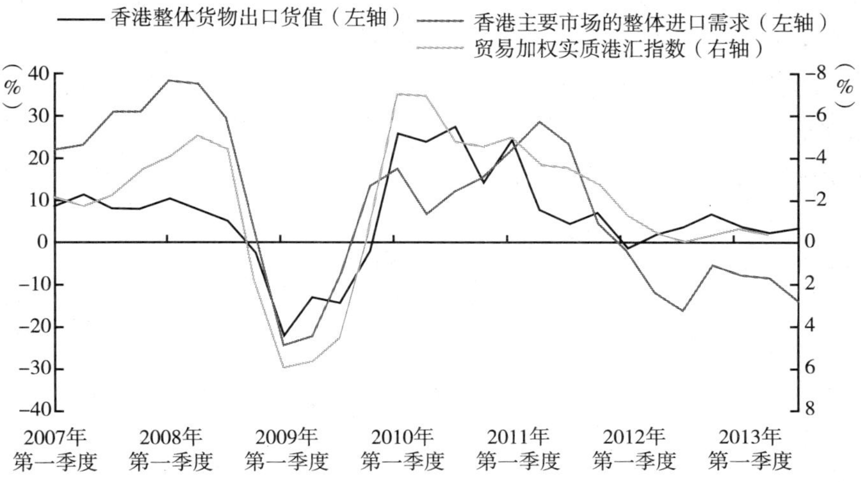

图 2　货物出口在 2013 年前三季度仍然疲弱（与上年同期比较的增减率）

注：实质港汇指数以倒置显示，正数变动表示港元实质升值。

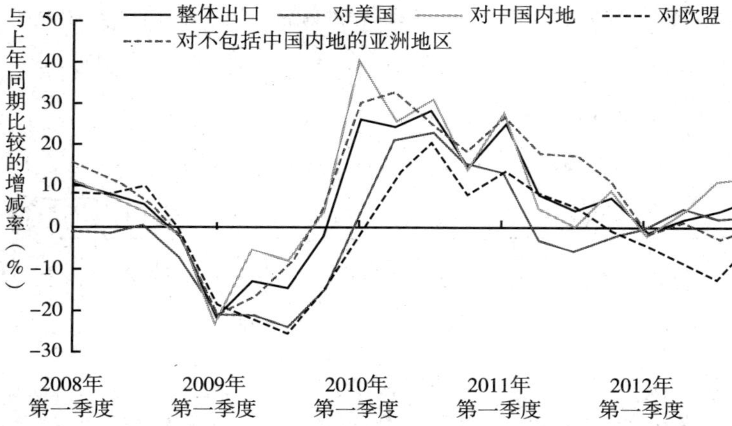

图3　先进市场持续疲弱，亚洲区内贸易亦表现参差

服务输出的表现则相对理想，继2012年实质微升2.0%后，在2013年前两个季度分别创下5.3%和8.1%的可观按年增幅。受惠于访港旅客消费强劲增长，旅游服务输出跃升，继续成为整体服务输出的增长动力。随着集资活动回稳和商业活动回复增长，金融及商用服务输出在上半年亦按年温和增长。然而，与贸易有关的服务输出（主要是离岸贸易活动）和运输服务输出在前两个季度表现欠佳，反映商品贸易和货流仍然呆滞。经季节性调整后，服务输出在2013年前两个季度均显著按季扩张（见图4）。

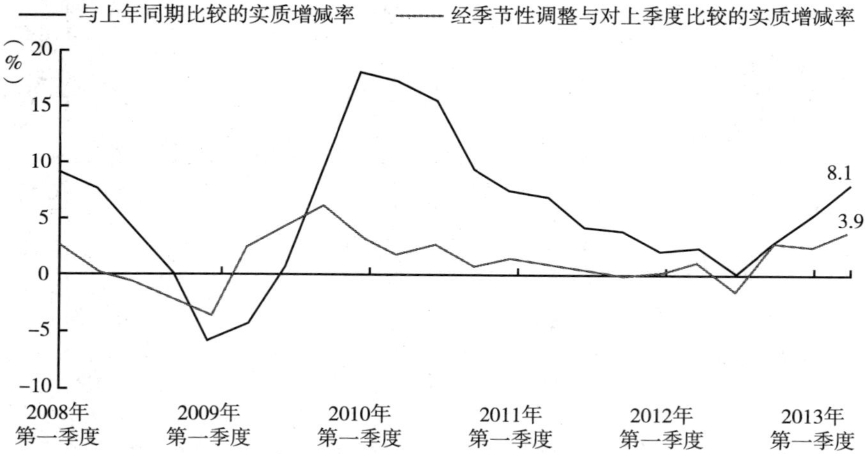

图4　服务输出增长加快

（二）内部需求

劳工市场维持坚稳，加上收入情况持续改善，带动私人消费开支继2012年温和实质增长3.0%后，在2013年前两个季度再分别实现6.3%和4.2%的实质按年增长（见图5）。经季节性调整后按季比较，私人消费继2013年第一季度大幅飙升后，在第二季度略为回落。在第三季度，本地消费情绪大致稳定，加上访港旅客数目持续上升，第三季度的零售销货量继续有显著增长，但增幅较上半年稍为减小。

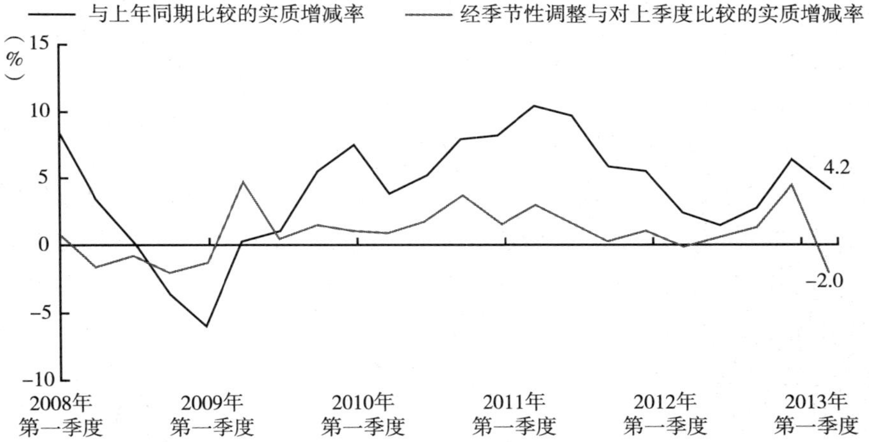

图5　私人消费保持稳步增长

整体投资方面，本地固定资本形成总额继2012年显著实质增长9.4%后，在2013年第一季度按年稍为回跌3.3%，但在第二季度反弹至6.9%的按年升幅，主要受惠于机器及设备购置按年大幅增长，以及基建工程显著增长（见图6）。近期以大型企业为对象的《业务展望按季统计调查》和以中小企业为主的动向指数亦显示，营商信心在2013年下半年大致稳定。

（三）劳工市场

劳工市场维持在全民就业状态，经季节性调整的失业率在第三季度维持在

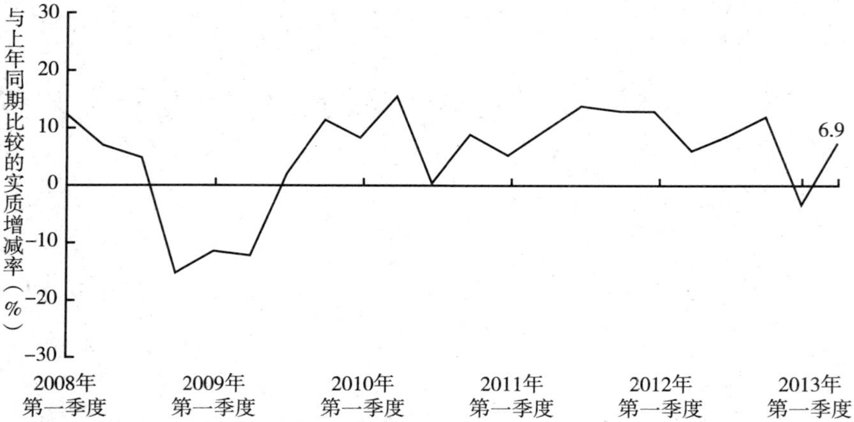

图 6　整体投资在 2013 年第二季度反弹

3.3% 的低水平，而且就业人数按年增长加快。就业不足率亦保持在 1.5%（见图 7）。劳工市场在过去一段时间相当紧绌，劳工工资及收入续见明显改善。截至 2013 年上半年，私营机构各主要行业的员工平均薪金按年上升 5.1%，扣除通胀后仍有 1.3% 的实质升幅。此外，由于 2013 年 5 月上调法定最低工资的额外推动效应，最低十等分组别全职雇员的收入在 6~8 月以名义计算按年快速增长 6.5%。

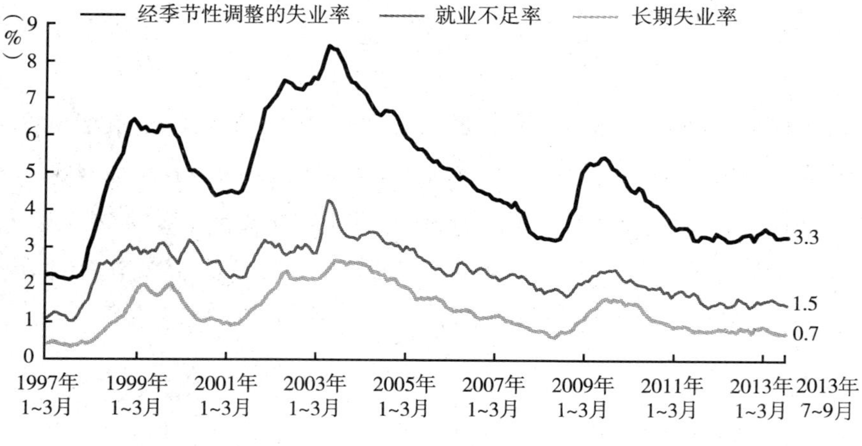

图 7　失业率在 2013 年第三季度维持低企

（四）通胀

进口通胀和缓而且经济温和增长，基本消费物价通胀在2013年前三季度大致保持稳定，平均为4.0%，低于2012年全年的4.7%。虽然基本消费物价通胀在2013年第三季度平均上升至4.3%（见图8），但9月已稍为回落至4.2%，主要原因是2013年初以来新订私人住宅租约租金升幅放缓的滞后效应已开始反映到消费物价层面，加上其他组成部分的价格上升压力亦不大，只是食品价格因恶劣天气影响在9月出现短暂急升。

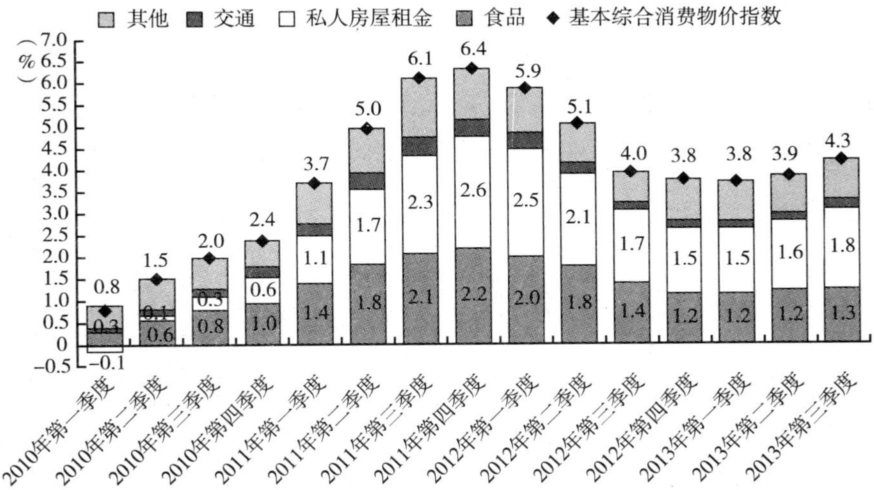

图8　通胀压力在2013年第三季度微升，但整体上仍保持平稳

二　宏观经济基本状况

（一）宏观经济基本面

全球经济环境近年来一直多变不稳，但在如此艰难的外围环境下，香港经济在2013年上半年仍能够保持温和增长及近乎全民就业，既反映香港经济基调良好，亦确认特区政府努力维持经济和就业稳定的成果。另外，内地经济持续平稳较快增长，是亚洲地区乃至全球经济重要的增长动力，并为香港经济提供了重要支持作用。

香港经济良好的基本面亦得到国际信贷评级机构的认同。由于香港坐拥庞大的对外资产净值和充裕的政府财政储备，加上香港相对于其他高收入经济体具有较高的经济增长潜力，香港的长期外币及本币信贷评级被标准普尔评为最高的“AAA”级，前景为“稳定”，反映国际社会充分肯定香港稳健的经济基调及金融体系抵御冲击的能力。

（二）财政储备

公共财政方面，由于特区政府多年来秉持审慎理财的宗旨，政府的财政储备状况保持良好。直至 2013 年 3 月底，政府拥有超过 7300 亿港元的财政储备，几乎是本地生产总值的 36%，足以应付政府 23 个月的开支（见图 9）。

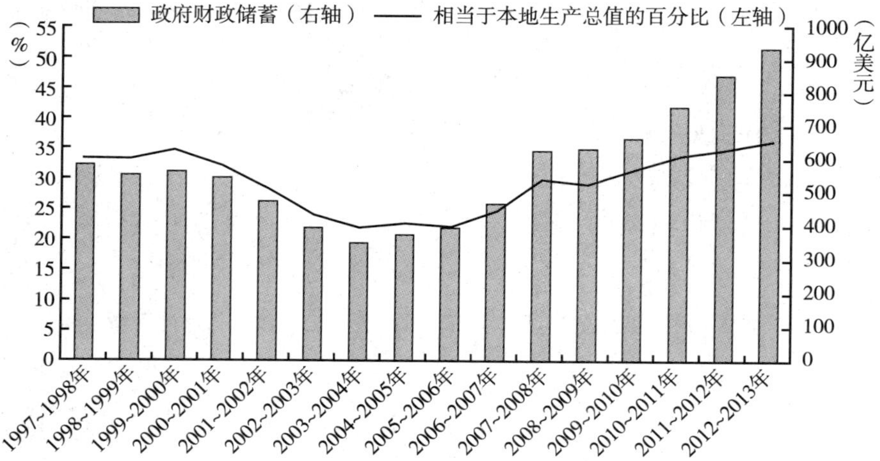

图 9　政府财政储备状况良好

（三）国际收支平衡

香港的对外头寸一向稳健。香港经常账自 1997 ~ 1998 年亚洲金融危机后每年均有盈余。唯现时外需低迷，香港的经常账无可避免地略为转差，在

2013年上半年出现38亿港元的轻微赤字，但仅相当于本地生产总值的0.4%。再者，累计净国际投资仍然雄厚。截至2013年6月底，净国际投资头寸达7010亿美元，是整体经济规模的2.6倍（见图10），说明香港的对外头寸丰裕，并不存在依赖向外借贷来支撑消费及投资的问题。

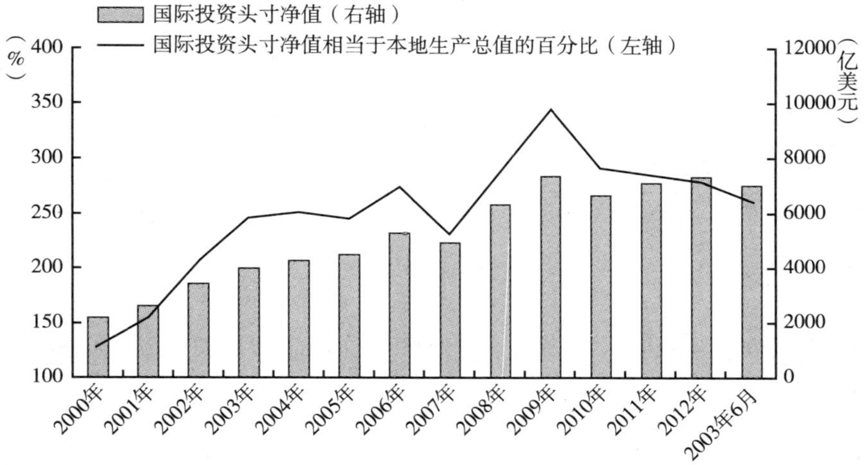

图10　净国际投资头寸充裕

（四）金融体系稳健

香港的银行体系基础稳健。香港注册认可机构的资本水平充裕，拥有较强的抵御风险能力。在2013年6月底，这些机构的资本充足比率平均维持于15.9%的高水平（见图11），而一级资本充足比率亦达到13.2%，可见，香港银行业的资本额不但远高于国际最低要求，而且远比香港金融管理局（金管局）规定的法定最低比率高。同时，香港零售银行的平均流动资金比率在2013年6月底为38.9%，同样远高于法定要求的25%，反映银行体系在外围环境不明朗情况下，依然十分稳健。

另外，香港银行对欧洲主权债务危机的风险敞口也不大。在2013年6月底，本地银行业在负债较重的欧洲经济体（希腊、爱尔兰、意大利、葡萄牙及西班牙）持有的债权，只占香港银行对外债权总额的0.3%。然而，由于全

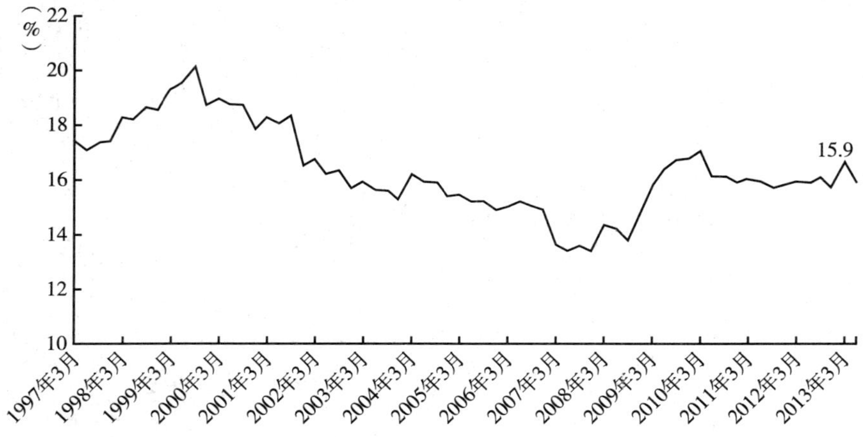

图 11　银行资本充足率位于高水平

球金融体系间有紧密联系，香港金融监管当局仍会密切关注欧债危机的潜在风险。

作为巴塞尔银行监管委员会（巴塞尔委员会）的成员之一，香港金管局致力于加强本地银行监管的质素提高。由 2013 年起，《巴塞尔协定Ⅲ》的框架将会在香港逐步实施，而相关的立法和业界咨询工作亦正在进行。根据金管局定期收集的数据，香港认可机构对遵从更高的资本要求应该没有太大困难，因为这些机构资本充裕（其大部分资本来自普通股），加上《巴塞尔协定Ⅲ》要求的大部分需要从资本中扣减的项目已在香港现行资本规则的“一级资本”中扣除。

香港银行体系的资产质素持续改善。特定分类贷款净额占贷款总额的比率，自 2009 年 6 月底 1.01% 的高位，逐步下降至 2013 年 6 月底的 0.31%（见图 12 – A），而拖欠信用卡贷款比例及住宅按揭贷款拖欠比率在 2013 年 6 月底则分别维持在 0.25% 和 0.02% 的低水平。然而，流动资金泛滥和低息环境一日未改，香港楼市的泡沫风险乃至本地银行体系的系统性风险依然不容小觑（见图 12 – B）。应上述发展需要，金管局已在 2013 年 2 月推出第六轮收紧物业按揭贷款的审慎监管措施，并将于 2014 年初推出新措施以加强银行的流动性管理，保障银行体系的稳定。

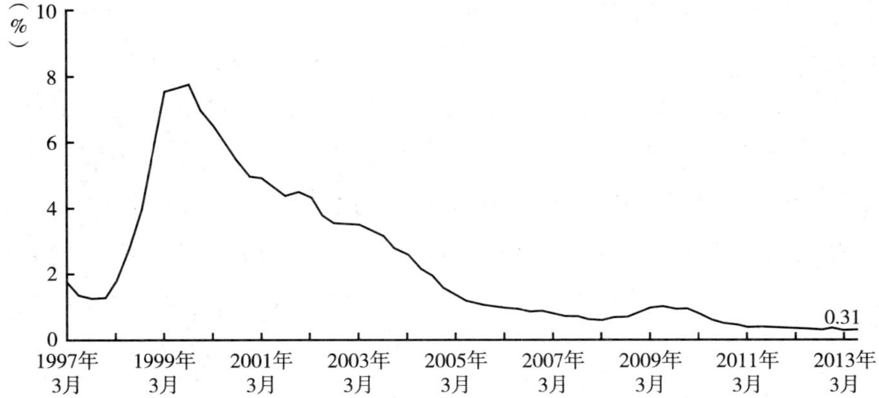

12-A　特定分类贷款净额占贷款总额的比率

注：扣除特殊准备金／个别减值准备。

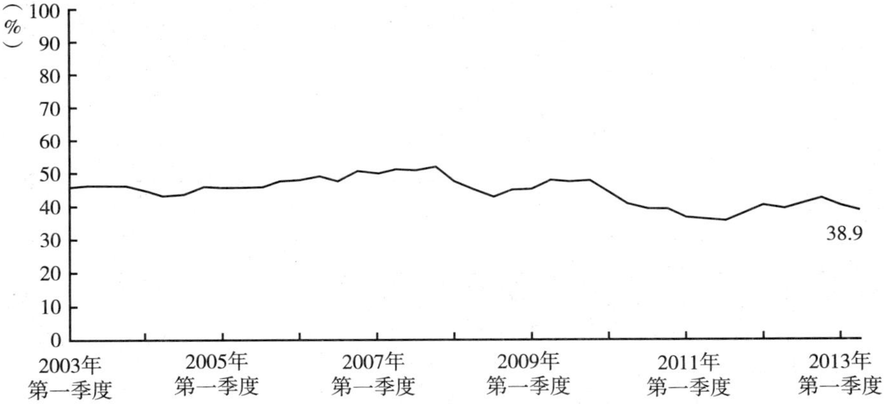

12-B　流动资产比率

图 12　银行不良贷款比率及流动资产比率均处于安全水平

三　楼市近况和资产泡沫风险

在利率低企及住宅短期供求偏紧的情况下，住宅物业市场在 2013 年初表现亢奋。政府在 2013 年 2 月再推出新一轮管理需求措施，倍增楼宇买卖印花税的税率。金管局亦推出第六轮逆周期的审慎监管措施，以保障银行体系的稳定。楼市随即明显冷却，交投淡静，楼价升势放缓。美联储在 6 月底表示有意在2013年稍后时间减买资产，进一步影响了市场气氛。近月一些发展商在推出新楼盘时，定价策略转趋保守，并提供各种折扣和优惠。

2013年1~9月送交土地注册处的住宅物业买卖合约总数较2012年同期下跌38%，至38793份，第二季度和第三季度平均每月更只有不足4000份，远低于2012年的每月平均6800份。住宅价格在2013年前八个月累计上升8%，这主要是由1月、2月平均每月2.7%的升幅所带动，3月开始住宅价格的升幅已大幅放缓。

尽管最近楼市气氛趋缓，楼市泡沫的风险仍然不容忽视（见图13）。随着

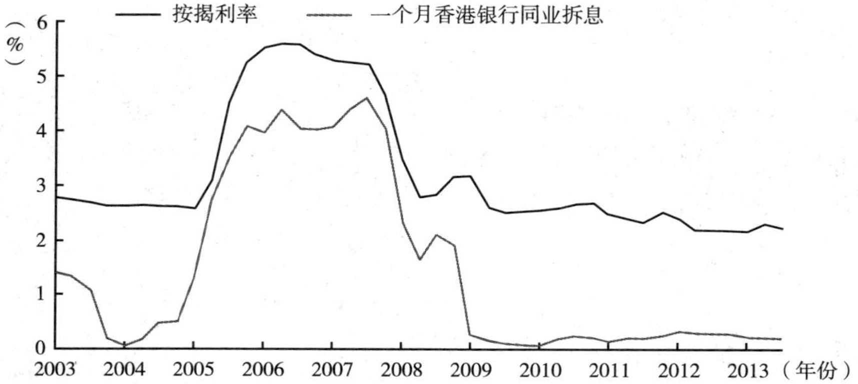

13-A 短期银行同业拆息跌至接近零的水平，令按揭利率长期处于低水平

注：按揭利率是根据以最优惠利率作为定价参考及其他定价方法（包括以香港银行同业拆息作为定价）的贷款占新批出贷款的比例及相关利率所推算。

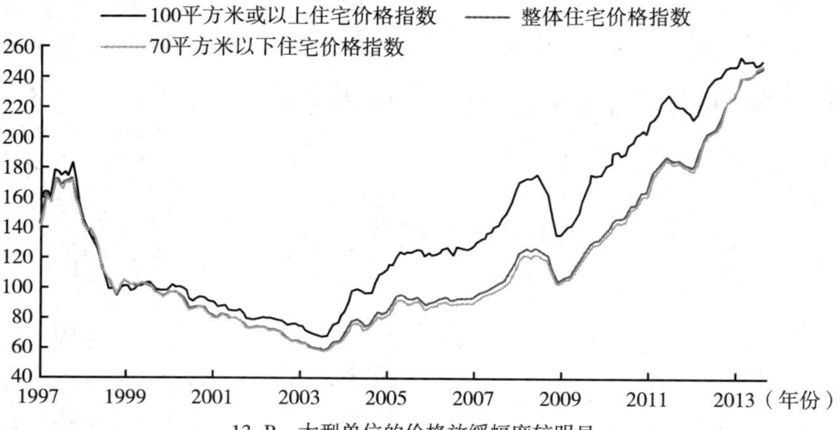

13-B 大型单位的价格放缓幅度较明显

图13 在低利率的环境下，楼价仍然高企，但近月升势有所放缓

过去数年楼价几乎不断攀升，2013 年 8 月整体楼价已较 2008 年底的低位累计飙升 135%，较 1997 年亚洲金融风暴前的高峰亦已超出 42%。由于楼价的升幅较市民收入的升幅大，市民置业的按揭供款与入息比率（置业购买力）在 2013 年第二季度进一步恶化至约 56%，显著高于 1993 ~2012 年 48% 的长期平均数（见图 14）。

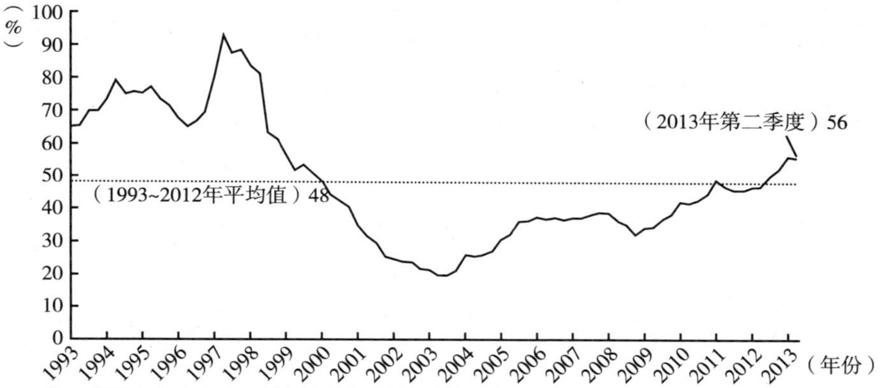

注：供款与收入比率45平方米单位的按揭供款（假设按揭成数为70%及年期为20年）相对住户入息中位数（不包括居于公营房屋的住户）的比率。

图 14　置业购买力已超越长期平均数

增加土地供应以增加住宅供应，是政府确保楼市健康平稳发展的首要政策。2013 年施政报告公布了一揽子长、中、短期的房屋及土地供应的措施。政府亦在 2013 年 2 月底宣布取消勾地机制，以重掌土地供应主导权。在 2013 ~2014 财政年度前三季度合计，政府卖地可提供的单位数目约 8200 个，相当于 2012 年全年政府卖地的单位数目。政府在土地供应上的努力渐见成效，未来数年的住宅单位供应已上升至 72000 个，是 2006 年 9 月以来的高位。

在增加住宅供应的同时，政府做了大量工作，以管理需求并降低楼市亢奋对金融稳定可能带来的风险。这些措施已取得显著成效。投机活动方面，短期转售（包括确认人交易及 24 个月内转售）的成交宗数进一步下跌，在 2013 年第三季度平均每月只有 128 宗（占总成交量的 3.1%），明显低于 2010 年 1 ~11 月（即开征"额外印花税"前）平均每月 2661 宗（占总成交量的 20.0%）。反映买家印花税的影响，以非本地个人及非本地公司名义购买物业的个案在第三季度处于低水平，平均每月有89宗（占总成交量的2.2%），远低于2012年1~10月平均每月365宗（占总成交量的4.5%）。按揭贷款方面，第三季度新造按揭的平均按揭成数为55%，同样低于2009年1~10月（即香港金融管理局推出首轮住宅物业按揭贷款宏观审慎监管措施前）64%的平均数。此外，《一手住宅物业销售条例》已于2013年4月生效，有助于提高一手住宅物业销售安排的透明度和公平性。

展望未来，美国货币政策的不明朗因素或会导致国际资金流和市场预期在未来一段时间出现波动，并对香港的资产价格包括楼价造成影响。政府会继续密切留意楼市的表现，适时采取措施，以确保楼市健康平稳发展。

四　未来经济展望

短期内，全球经济低速增长的格局未改，而且下行风险仍存。目前，最大的变量是美国财政和货币政策的不确定性。虽然美国债务违约的实时危机已经解除，但两党通过的法案只容许美国政府暂时重开，并把国债上限问题推迟至2014年初。美国两党的政治角力势将持续，直至双方能达成更长远的解决方案。这样不但会影响当地经济气氛，若再加强财政整顿力度，更会直接打击经济增长，继而影响美联储的货币政策取态，令全球资金流向更难以预测。欧元区方面，经济在经历长达6个季度的衰退后终于见底回升，但区内极高的失业率、尚未复原的信贷市场，以及为修补公共财政而推行的紧缩政策仍会制约其复苏步伐。先进经济体表现不济，进口需求疲弱，亦拖累不少主要新兴市场及亚洲经济体的外贸表现，香港也不例外。不过，中国内地的内需强韧，加上中央政府早前推出的针对性刺激经济措施，内地经济增长已在第三季度再度加快，应可为区内需求带来支持。因此，香港的对外环节在短期内难免时有波动，但可望有温和增长。

本地方面，尽管外部环节继续受压，但香港劳工市场基本上仍能维持全民就业的状态，加上市民收入续有改善，带动市民消费意欲，有助于支持内部消费进一步增长。另外，大型基建工程全速进行、访港旅游业蓬勃发展、财政预算案公布的一揽子纾缓措施，亦可望加强内需，为整体经济提供一定缓冲。特区政府在2013年8月预测，香港经济2013年全年增长应可达2.5%～3.5%。

展望2014年，全球经济似乎仍会维持温和增长的态势。国际货币基金组织在2013年10月预测2014年全球经济增长将稍加快至3.6%，但这个预测是建基于多个主要经济体的不稳定因素不会转化成冲击全球的危机。上文已经提及，美国的财政和国债问题未有根本性解决。如果两党的分歧未能收窄，2014年初有可能再陷僵局，打击当地经济并引发全球忧虑。此外，财政议题的争拗亦令美联储的量化宽松措施去向更不明朗，届时新兴市场要面对的压力，不论是资产泡沫还是游资逆转风险，实在不容忽视。

欧洲所面对的问题亦需要长时间的努力去解决。随着欧债危机暂时稳住，欧元区经济在2013年中期开始重拾一些动力，不过在未来一段颇长的时间内估计仍难以恢复较快扩张（国际货币基金组织在2013年10月预测欧元区2014年的经济增长率仅为1%）。这样缓慢的增长不但难以吸收大量的失业劳工，而且未能纾缓欧洲多国极高的负债比率。欧洲各国必须在整顿公共财政和稳住经济增长之间取得平衡，同时加大改革力度，推动区内经济真正实现一体化和改善竞争力，只有如此才能将欧元区带出现时的困境。

日本的经济状况同样复杂。日本在经济长期缺乏增长、通缩、公共债务庞大等长期积压的问题迫使下，推出极大规模的刺激性财政和货币政策。虽然2013年以来在刺激消费和推高通胀方面已见一些成效，但经济能否持续改善仍要视结构性改革的进程及当地消费可否承受未来增加消费税的冲击而定。如能成功推动日本经济复苏，固然对区内其他经济体有所裨益，但若未能带领日本走出通缩和经济停滞不前的阴霾，更大的财政重担将使当地经济更加脆弱，成为全球经济的另一大忧虑。况且，日元大幅波动亦不利于亚洲经济发展。

中国内地经济基调良好，2013年以来内需稳健而且通胀缓和，在过去一段时间对区内经济增长及通胀走势均有稳定作用。在国家经济继续落实“十二五”规划、持续推动城镇化、加快发展服务业和调整经济结构的政策支持下，内地的内需环节增长潜力将会进一步释放，经济增长结构亦可望转为较可持续的内需主导模式。再者，中央政府的政策回旋空间充裕，有能力抵御外围环境不稳的负面影响。内地经济继续维持平稳较快增长，有助于弥补先进经济体表现不振的缺口，并拉动整个亚洲区的发展。

总括而言，未来一年香港的外贸环节仍要面对不少挑战，当中以先进经济体的情况最为瞩目，但世界各地的其他问题，如地缘政治局势争端和贸易保护主义升温，同样也会为香港的外贸带来波动。幸而，中国内地经济持续发展仍会为香港的外贸提供支持。不过，假若先进经济体再现危机，全球营商气氛必然受压，香港外贸难免会面对下行压力。

物价方面，2013 年以来进口通胀和缓，本地价格压力则仍较明显。基本消费物价通胀在第三季度略为加快，但由于进口价格的升幅依然轻微，加上住宅租金升幅温和的滞后效应已在 9 月开始浮现，短期内通胀应可靠稳，上行风险不大。

展望 2013 年的物价走势，除了要视汇率、国际商品价格及环球经济的复苏进程等多方面的外围因素外，亦要取决于各个主要先进经济体，特别是美国的未来货币政策取向。美联储的资产负债表规模在过去一年多快速扩张，超过 1 万亿美元，令现时全球金融系统流动性泛滥的情况相比于过去几年更加严峻，国际食品及商品价格在以后大幅波动的风险仍存，增加了未来通胀的上行风险。再者，观乎 2013 年年中的经验，虽然美联储局已极力向市场解释减少买债的部署并不等于收紧货币政策，但由于全球经济金融情况已持续多年处于极不寻常而且不平衡的状态，重回利率正常化的路途必然风险重重，稍有不慎将会引起新一轮的全球资金急剧转向金融市场波动，同样为通胀展望带来变量。本地方面，楼市气氛明显趋于淡静，2013 年以来缓慢的租金升幅应有利于 2014 年初的通胀走势，但美国货币政策取向始终未明，资产泡沫风险仍然未除。另外，修订法定最低工资水平的一次性影响亦会对 2014 年本地成本造成一些上升压力。故此，根据现时情况推断，2014 年通胀走势的变数仍多，特区政府会继续留意通胀走势。

五　长远经济发展方向

由于主要先进经济体在未来一段时间仍会被结构性问题困扰，加上亚洲及其他新兴市场的发展潜力庞大，未来全球经济增长动力将更多地来自中国内地和其他新兴国家，全球经济重心势将向东转移。香港必须乘着这个新格局，利用本身的独特优势，拓展商机，令香港经济更上一层楼。一方面，香港要继续促进跟内地的经济融合，把握好内地市场发展的机遇，协助香港企业拓展内地业务，引领海外资金进入内地市场和支持内地企业“走出去”；另一方面，香港要致力于保持自身的竞争力，同时扩大和深化本地产业发展。

（一）深化与内地经济合作

香港自回归祖国后，内地与香港两地的经济融合一日千里。内地已成为香港最大的货物贸易伙伴，双边贸易在2012年超过香港整体货物贸易总额的一半。2013年前三季度，香港对内地的出口货值按年上升5.0%，高于同期香港整体出口3.2%的增长率，而香港从内地的进口货值亦按年上升6.4%，也较同期3.6%的整体进口增长快，充分反映两地贸易往来对香港外贸表现出的支撑作用。同时，内地是香港最大的服务贸易伙伴，2011年，两地服务贸易额占香港服务贸易总额的38%。当中，又以旅游服务输出的贡献最大，占本地对内地服务出口总额的68%。这反映“个人游”政策自2003年实施以来，对香港经济增长带来重大贡献。

作为区内的国际金融中心，香港的股票市场有超过750家主要业务在内地的上市企业。2013年前三季度，45家新上市企业中，有30家来自内地。内地企业的市值占总市值的比率超过一半，而所涉及的成交量更是总成交量的七成左右。此外，香港作为离岸人民币业务枢纽，为全球各地的企业和金融机构提供平台，进行人民币支付、融资和投资等不同金融活动，大大提升了香港的国际金融中心地位。截至2013年8月底，共有143家香港认可机构开展了人民币业务，人民币存款的总额达7095亿元，香港成为全球最大的离岸人民币资金池。同时，人民币贷款业务也稳步发展，截至2013年6月底，人民币贷款余额已增至1100亿元。人民币债券业务更进一步促进了香港债券市场的发展。截至2013年9月底，共有304笔人民币债券在香港发行，筹集资金总额达3682亿元。香港亦不断丰富离岸人民币投资产品，近年已推出了人民币定价的黄金交易所买卖基金、离岸人民币债券指数交易所买卖基金及人民币期货等。

香港经济取得上述成果来之不易，有赖于中央政府的政策支持和香港善用其自身优势。展望未来，祖国的发展将会继续朝着更均衡、更可持续的方向迈进，并着力提升服务业在内地经济的比重。内地提升服务业水平的需求迫切，而香港服务业的竞争优势明显，既拥有国际级水平，又有助于内地市场与国际市场接轨，两地的经济融合将有助于发展内地服务业，同时为香港的专业服务行业带来庞大商机。

为促进内地与香港服务业的交流和合作，中央政府应允特区政府要求，成立中央和香港的《内地与香港关于建立更紧密经贸关系的安排》（CEPA）联合工作小组，以协助香港工商专业界用好 CEPA，并于 2013 年 6 月召开首次会议，具体磋商解决业界利用 CEPA 进入广东市场遇到的政策及规管问题。两地政府于 8 月底签订 CEPA 的《补充协议十》。该补充协议共有 73 项服务贸易开放和便利贸易投资的措施，其中包括 65 项服务贸易开放措施，以及 8 项加强两地金融合作和便利贸易投资的措施；累计至《补充协议十》，在 CEPA 下共有 403 项服务贸易开放措施。

此外，特区行政长官 2013 年 9 月率领特区政府代表团参与第九届泛珠三角区域合作与发展论坛，当中泛珠“9 + 2”行政首长在会议期间共同签署了《贵州共识》，提出进一步深化泛珠新一轮合作的方向。同月，粤港合作联席会议第十六次会议在香港举行，粤港双方同意推动粤港率先基本实现服务贸易自由化，支持香港业界进一步开拓广东市场，实现广东服务业市场对香港全面开放的重要举措。

在金融领域合作方面，香港的离岸人民币业务在 2013 年亦有多项重要发展。3 月，中国证监会公布《人民币合格境外机构投资者境内证券投资试点办法》和《关于实施〈人民币合格境外机构投资者境内证券投资试点办法〉的规定》，扩大人民币合格境外投资者（RQFII）试点机构类型及放宽 RQFII 资金的投资范围限制。其后，市场参与者和人民币产品都相应增加，进一步促进了香港离岸人民币业务的发展。6 月，香港财资市场公会推出人民币香港银行同业拆息定价，提供可靠基准作为贷款产品的定价参考，促进了离岸人民币贷款市场的进一步发展。上述举措将有助于香港进一步提升其离岸人民币中心的地位，让香港继续为内地的金融改革做出贡献。

（二）提升本港竞争力

在加强与内地经济合作的同时，香港亦必须不断提升自己的竞争力，走向高增值的知识型经济，只有这样才能在世界舞台上继续占有一席之地。因此，特区政府一直大力投资教育。经过多年持续投放资源，专上教育人士占劳动人口的比例已由2002年的26.3%上升至2012年的34.3%，同期劳动生产力平均每年增长3.2%，较其他先进经济体及亚洲国家为佳（见图15、图16）。此外，为推动本地科研发展，政府和高等教育机构在2011年的研究经费开支总共接近78亿港元，较2001年累计增加了55%，推进香港继续向知识型经济转型。财政司司长在2013年的财政预算案中亦提出，要积极优化人力资源，鼓励在职人士进一步提升知识和技能；同时，在建造业、航运业、零售业等范畴，推动加强职业培训，并深入研究特定行业的人力供求问题，以支持各行各业的健康发展。此外，政府亦会继续大力投放资源于基础建设，深化区域经济融合。随着港珠澳大桥和广深港高铁等跨区域基建相继落成，珠三角地区内的人流和物流将会更加方便，有利于生产要素更有效地分配和使用，从而持续提升香港乃至整个珠三角地区的中长期发展潜力。

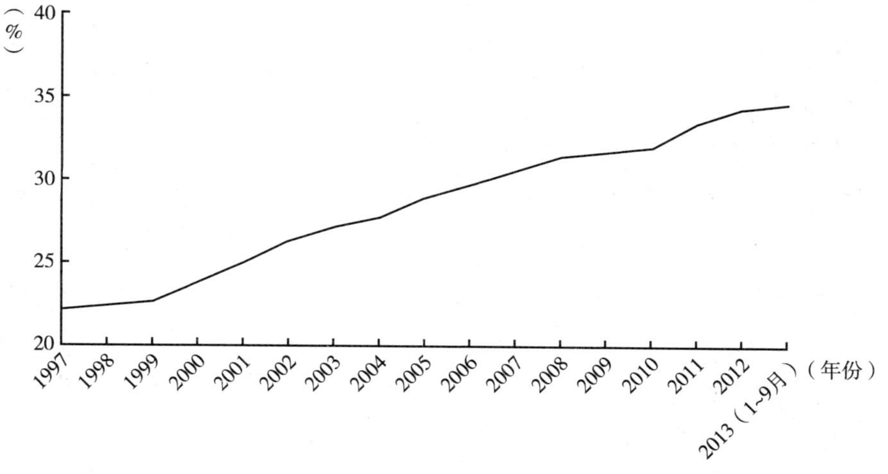

图15　专上教育程度人士在劳动人口的比例

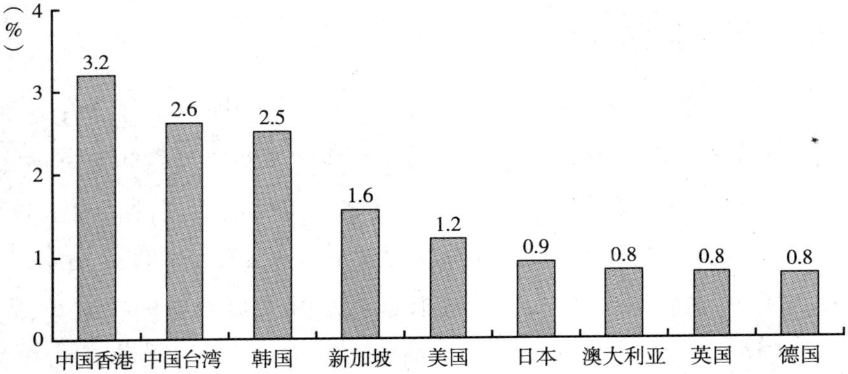

图 16　2000～2012 年部分经济体年均劳动生产力增长率

香港的制度优势和国际化视野同样是香港经济竞争力的来源。凭着金融体系稳健、税制简单、资本自由流动、市场运作透明而高效、法制和监管健全等优势，香港成功地吸引了世界各地的商业机构来港发展。香港优良的营商环境得到了广泛认同，不但在世界银行 2014 年营商环境调查中排全球第 2 名，而且，2013 年，共有 1379 家跨国企业在香港设立地区总部，6070 家公司在港设立地区或当地办事处。另外，香港亦是重要的国际金融中心，在世界经济论坛的金融发展报告中连续两年排名第一，在 2013 年 9 月公布的全球金融中心指数中亦排名第三。在整体竞争优势方面，瑞士洛桑国际管理发展学院在《2013 年世界竞争力年报》中把香港评为全球排名第三的最具竞争力的经济体，仅次于美国和瑞士。故此，特区政府会致力于保持香港经济的制度优势，并且优化营商环境，继续担当连接全球商家的桥梁，巩固香港在国际商贸活动中的角色。

香港长远的经济竞争力，亦系于妥善处理香港人口高龄化所带来的挑战。根据最新的推算，香港 65 岁及以上的长者人口比例将会由 2011 年的 13% 大幅上升至 2041 年的 30%。长者人口比例增加，令医疗、福利等开支急速上升。同时，劳动人口比例减低，经济潜在增长率下降，对政府收入和公共开支的可持续性亦会有深远影响。为此，特区政府在 2013 年成立长远财政计划工作小组，并邀请学者及相关专家加入，一同研究如何在公共财政上为人口高龄化以及政府其他长远的财政承担做出更周全的规划。同时，特区政府亦加大力度研究人口政策，务求长远纾缓人口结构高龄化的问题。

（三）推动本地产业发展

特区政府一向不遗余力地推动本地产业发展。除了从多方面支持本地中小企，协助它们应对目前持续疲弱的出口市场和充满挑战的外围环境外，特区政府亦会继续从政策、基建配套和人才培育等方面支持本地产业发展，并且配合市场的敏锐触觉，抓紧发展机遇，使香港经济可以在固有的优势及基础上继续蓬勃发展。

贸易和物流业、旅游业、金融业与工商及专业服务业是香港经济的传统支柱行业，多年来一直推动香港经济快速发展。为巩固和提升香港在这些行业的竞争优势，特区政府在2013年提出多项发展政策，包括增建物流业专用设施和运输基建，提升旅游业配套，发展基金及资产管理、保险和离岸人民币业务等，务求提升香港作为国际金融、贸易、航运中心的地位，并将香港发展为国家的离岸人民币业务中心和国际资产管理中心，配合中央政府“十二五”规划的发展蓝图。

此外，特区政府亦会扶持新产业的发展，让香港的经济基础更多元化、更扎实。现届政府在产业政策上的一项重要举措，是行政长官在2013年施政报告中宣布成立“经济发展委员会”。这个委员会是政府配合市场力量推动经济发展的新平台，就推动经济发展集思广益、提出策略及政策、检视产业结构，以及研究扶助产业发展所需的措施，充分发挥行政长官“适度有为”的经济思想方针。该委员会将就制定产业政策、扩大香港经济基础及促进经济发展的整体策略和政策，向政府提供具体建议。委员会下设航运业，会展及旅游业，制造、高新科技及文化创意产业与专业服务业四个工作小组，集中研究各行业的发展前景，期望能找出新的增长亮点，令香港经济得以长远可持续发展。

B.29

澳门经济分析与展望

华侨大学“澳门经济分析与预测”课题组*

摘　要：

受惠于博彩业服务出口等活动的带动，在2012年较高基数的基础上，2013年上半年澳门特别行政区经济实质增长率为10.5%。预计下半年增长放缓，全年将有单位数的增长。2014年澳门经济将继续增长，横琴开发和CEPA《补充协议十》的签署等区域合作发展将为澳门经济适度多元化提供新机遇，如何应对通货膨胀和进行房地产调控仍然是澳门政府应注意考虑的问题。

关键词：

澳门经济　通货膨胀　房地产调控

2012年欧债危机持续、金融市场波动加剧、全球复苏进程缓慢。因受惠于博彩服务贸易出口等活动的带动，澳门经济继续保持增长态势。2012年全年澳门本地生产总值（GDP）为3482亿元（澳门元，全文同），实质增长率为9.9%，低于2011年的经济增长率。2012年，澳门人均本地生产总值为611930元，澳门经济增长主要受强劲的服务出口及内部需求带动，其中博彩服务出口增加6.9%，旅客总消费上升6.4%。内部需求方面，固定资本投资因公共工程大幅增加而上升19.1%，私人消费支出和政府部门最终消费支出分别增加9.1%和6.9%，货物出口明显回升23.2%。2012年，各项博彩收入累计达3052.35亿元，较2011年上升13%。2012年全年总出口货值为81.6亿元，较2011年上升

* 课题负责人：吴承业；课题参加单位：华侨大学数量经济研究院、澳门发展策略研究中心。

17.1%；总进口货值为709.3亿元，较2011年上升13.9%；货物贸易逆差高达627.7亿元。2012年，澳门对外商品贸易总额达790.9亿元，较2011年的692.6亿元增长14.2%。CEPA实施9年以来，经珠海拱北海关关区进口的澳门CEPA项下货物货值达1721万美元，年平均增长率为48%。2012年，拱北海关共验放澳门CEPA货物受惠货值540万美元，关税优惠250万元人民币，比2011年同期分别增长36%和40%，再创实施CEPA以来的年度新高。

2012年，澳门金融业实现稳健发展，并继续处于历史的最好时期。2012年底，澳门银行业总资产达7962亿元，较2011年增长21%；全澳银行业存款总额达5542亿元，较2011年增长32.7%；贷款总额达4070亿元，较2011年增长26.2%；不良资产率仅为0.19%；整体赢利达57亿元，较2011年增长25%。澳门银行业国际资产金额达6641亿元，较2011年增长19.1%，其中，对外资产和本地外币资产分别较2011年增长22.4%和8.5%，达到5177亿元和1464亿元。作为国际资产主要组成的外地贷款及存款，较2012年上升22.1%，达到4800亿元，其中，本地银行对海外非银行客户贷款增长35%。澳门居民及特区政府存放于本地银行的各类外币存款仍然是国际负债的主要组成部分，这类存款从2011年底的2312亿元升至2012年底的3042亿元，增长31.6%。同时，海外非银行存款增长38%。此外，2012年底，澳门人民币存款总余额达416.3亿元人民币，年内完成的跨境贸易人民币结算业务量达972.5亿元人民币，较2011年增长62%。另外，截至2012年底，澳门保险业总保费收入为53.8亿元，较2011年增长24%；人寿保费收入是37.3亿元，较2011年增长19%；财险保费收入是16.5亿元，较2011年增长36%。

根据2013年度全球经济自由度指数报告，澳门总体评分为71.7分，相对于2012年的71.8分没有明显变动，在全球177个经济体中排第26位，较2012年的第19位下降7位；在亚太地区41个经济体中，澳门排第7位，而2012年为第6位。在10项经济自由度指标中，澳门排名较高的指标包括政府开支、贸易自由度、投资自由度、货币自由度及金融自由度等。另外，报告还指出，“澳门是充满活力的自由港，但需要更致力于结构性改革，提供企业、劳动法规和长期经济更广阔前景”。在《中国城市竞争力报告（2013）》中，澳门的综合竞争力在全国287个城市中排第10位，宜居城市竞争力排名第2

位，和谐城市竞争力排第2位，可持续竞争力排第6位，全域城市竞争力排第6位，值得一提的是，澳门在生态城市竞争力方面，在全国287个城市中排第1位，但在知识城市竞争力方面仅排第76位。关于国际评级公司对澳门的评级，穆迪维持给澳门“Aa3”的评级，主要是由于澳门经济弹性高、政府财政实力强劲、对大事的风险敏感度较低；惠誉国际信用评级公司（Fitch Ratings）给澳门的长期本外币发行人信贷评级为“AA-”，评级展望为“稳定”，主要是基于稳健的财政和对外收支状况，以及以旅游业为主导的经济带来庞大旅游收益和财政盈余。

世界旅游组织公布的调查报告显示，2012年澳门的国际旅客总消费位居全球第5，达437亿美元，仅次于美国、西班牙、法国及中国内地。在国际旅客人次方面，澳门有近1360万人次，全球排第20位。而访澳旅客人均消费最高，达3213美元，比居第2位的美国（1883美元）高出70.6%。

为了让居民分享经济发展成果，澳门特区政府从2008年起开始实施对澳门居民一次性发放现金的计划，该计划一直延续至今。从2013年7月2日起，澳门居民2013年度的现金分享陆续发放，其中永久性居民和非永久性居民分别获发8000元和4800元。2013年现金分享计划受惠的永久性居民约57万人，非永久性居民约6.8万人，涉及财政开支约48.85亿元。

2013年8月30日，《内地与澳门关于建立更紧密经贸关系的安排》（CEPA）的《补充协议十》在澳门签署，于2014年1月1日起正式实施。在CEPA及其补充协议的基础上，内地对澳门进一步扩大开放，包括服务贸易开放、金融合作、贸易投资便利化等内容。特别是服务贸易方面，内地对澳门采取65项具体措施，截至《补充协议十》签署，内地对澳门在服务贸易领域的开放措施已达383项。

一　澳门地区总体经济状况

截至2013年上半年，澳门经济已连续16个季度保持增长。澳门特区政府财政金融基础稳健，这些有利因素都会继续支持澳门经济发展。2013年上半年，澳门特区经济实质增长率为10.5%。

1. 上半年澳门总体经济继续增长，但有所放缓

2013 年第一季度，澳门本地生产总值为 946.62 亿元，实质增长 10.8%。经济增长主要由服务出口、私人消费支出及投资上升带动。其中，博彩服务和其他旅游服务出口较 2012 年同期分别上升 8.9% 和 4.9%，私人消费支出增加 10.2%，整体投资增加 13.8%。此外，量度整体价格变动的本地生产总值内含平减物价指数较 2012 年上升 6.5%。2013 年第二季度，澳门本地生产总值为 980.83 亿元，实质增长 10.2%。经济增长主要由服务出口升幅带动，博彩服务出口较 2012 年同期增加 10.2%，其他旅游服务出口上升 17.5%。另外，量度整体价格变动的本地生产总值内含平减物价指数较 2012 年上升 7.2%。2013 年上半年经济实质增长率为 10.5%。

2013 年第一季度，私人消费较 2012 年同期实质上升 10.2%，其中住户在本地的消费较 2012 年同期增加 10.0%，在外地的消费上升 9.5%。主要是因为就业情况理想，总就业人数和工资收入同步增加。政府最终消费支出较 2012 年第一季度仅上升 1.7%，其中雇员报酬增加 4.5%，但购入货物和服务净值减少 3.5%。2013 年第二季度，私人消费较 2012 年同期实质上升 4.5%。其中，住户在本地和外地的最终消费支出分别上升 5.8% 和 6.3%。政府最终消费支出较 2012 年第二季度增加 7.6%。

2013 年第一季度，整体投资较 2012 年同期实质上升 14.7%，私人投资增加 8.7%，其中，建筑投资上升 24.2%，设备投资则减少 21.7%。政府投资大幅增加 40.6%，主要是澳门大学横琴校区、轻轨工程及公共房屋的建设全面开展，导致公共建筑投资增长 40.4%。此外，政府设备投资上升 71.5%。2013 年第二季度，整体投资较 2012 年同期实质上升 4.3%，私人投资增加 13.6%。其中，建筑投资增加 21.1%，而设备投资下跌 10.6%。政府投资明显减少 29.3%，主要是澳门大学横琴校区建筑接近完工，但其他在建的公共工程不足以抵消建筑投资的减幅，致使公共建筑投资大幅收缩 31.3%。另外，政府设备投资上升 7.9%。

2013 年第一季度，总出口货值为 23.4 亿元，较 2012 年同期上升 18%；总进口货值为 190.1 亿元，较 2012 年同期上升 11%；货物贸易逆差扩大至 166.7 亿元。对外商品贸易总额达 213.5 亿元，较 2012 年第一季度的 190.5 亿元增加 12%。2013 年第二季度货物出口持续上升，较 2012 年同期增加 10.0%。与此同时，旅客增加、私人消费及投资上升，货物进口较 2012 年第二季度增长 15.7%。2013 年上半年，澳门对外商品贸易总额达 434.2 亿元，较 2012 年同期的 382.9 亿元增长 13%。其中，总出口货值为 46.1 亿元，较 2012 年同期上升 17%；总进口货值为 388.1 亿元，较 2012 年同期上升 13%；货物贸易逆差扩大至 342 亿元。

服务贸易方面，由于博彩毛收入、入境旅客及旅客消费持续增长，推动 2013 年第一季度服务出口比 2012 年同期上升 8.5%。其中，博彩服务出口上升 8.9%，其他旅游服务出口增加 4.9%。另外，服务进口较 2012 年同期上升 1.6%。受惠于旅游博彩表现理想，2013 年第二季度服务出口较 2012 年同期增长 11.1%。其中，博彩服务出口较 2012 年同期增长 10.2%，其他旅游服务出口增加 17.5%。另外，服务进口较 2012 年同期轻微上升 1.1%。

2. 公共财政表现较好，主要得益于博彩业的增长

2012 年 1～11 月，公共财政收入 1185 亿元，较 2011 年同期增长 15.3%。公共财政收入增加主要由博彩税带动。2012 年 1～11 月的博彩税收为 981 亿元，较 2011 年同期增长 14.2%。2012 年 1～11 月，公共开支 425.2 亿元，较 2011 年同期增长 16.7%，执行率 64.5%。同期，财政盈余 760 亿元，超出预期 1 倍多。

2013 财年，特区政府预算开支总额为 825.76 亿元，较 2012 财年增长 6.7%。在 2013 年度财政预算案中，各项惠民及税费减免措施共涉及金额 96.6 亿元，其中，现金分享开支占 48.8 亿元。另外，投资计划预算近 180 亿元。其中，近 60 亿元用于陆路交通设施及配套，23 亿元用于建设公屋。

2013 年第一季度，公共财政收入 345.21 亿元，较 2012 年同期增长 16.5%，其中，博彩税收入为 294.57 亿元，占财政收入的 85%，较 2012 年同期增长 12.5%。公共财政开支为 63.67 亿元，较 2012 年同期增长 4.4%，占预算执行率的近 8.6%。2013 年第一季度财政结余 281.54 亿元，较 2012 年同期增长 19.8%。2013 年 1～6 月公共财政收入 738.5 亿元，较 2012 年同期增长近 20%。其中，博彩税收入为 612 亿元，占财政收入的 83%，较 2012 年同期增长近 15%。公共财政开支为 170 亿元，较 2012 年同期减少 21%，执行率不足

23%。2013年上半年公共财政盈余为567.8亿元，已超过全年预算的40.4%。

3. 旅客消费总量和人均消费量增长

2012年全年旅客总消费达523亿元，较2011年的453亿元上升15%。2012年旅客人均消费为1864元，较2011年的1619元增加15%。2013年第一季度，旅客总消费（不包括博彩消费）达145亿元，较2012年同期的131亿元上升约11%；留宿旅客消费122亿元，不过夜旅客消费23亿元。2013年第一季度，旅客人均消费为2046元，较2012年同期增长8%。内地旅客人均消费最高，有2640元，自由行客人均消费为2993元。2013年第二季度，旅客总消费（不包括博彩消费）为139亿元，较2012年同期的114亿元大幅上升22%。旅客人均消费为1973元，较2012年同期上升15%。其中，内地旅客人均消费最高，为2511元，个人游内地旅客人均消费更达2819元；新加坡旅客人均消费有1719元。长途旅客则以澳大利亚旅客较高，人均消费1261元。

4. 旅游人数增幅放缓，旅游物价指数增幅较大

2012年澳门入境旅客人数为28082292人次，较2011年增长0.3%。其中，内地游客总量达到1700万人次，较2011年增长4.6%。不过夜旅客为14504994人次，占总数的51.7%。旅客平均逗留1日，与2011年相若。2013年第一季度，旅客总数为7076442人次，较2012年同期增长1.9%，增幅有所收窄，不过夜旅客占51.9%。2013年上半年，入境旅客总数为14142240人次，较2012年同期增长4.2%，其中，中国内地和韩国旅客分别增加9.8%和5.3%，中国香港和中国台湾地区旅客则分别减少3.3%和8.6%。此外，来自美国（87676人次）、澳大利亚（54113人次）及加拿大（35842人次）的长途旅客较2012年同期均有所减少，而英国（28835人次）、法国（20285人次）及俄罗斯（16199人次）旅客较2012年同期均有所增加。

2012年全年旅游物价平均指数为124.31，较2011年上升6.05%，餐饮、娱乐及文化活动和衣履增幅较大，分别上升12.98%、10.97%和10.16%。但酒店客房价格指数下跌0.63%。受农历新年影响，2013年第一季度旅游物价指数为134.15，较2012年同期上升7.90%，主要由酒店客房租金和餐饮服务收费大幅调升所带动。升幅最明显的大类有衣履和交通及通信，分别比2012年同期上升20.91%和13.19%，主要是由男装成衣、手袋及机票价格上升所致；而杂项物品价格指数则下跌2.21%。2013年第二季度，旅游物价指数为125.80，较2012年同期上升6.08%，升幅由酒店住宿和餐饮服务收费上升带动。酒店客房租金上调，手信食品、烟酒及手袋价格上升，导致食品及烟酒、住宿和衣履的价格指数分别上升9.62%、8.56%和8.52%。另外，杂项物品的价格指数较2012年同期下跌2.85%。2013年上半年的旅游物价指数较2012年同期上升7.01%，其中衣履、食品及烟酒、交通及通信的价格指数分别上升14.26%、9.65%、7.47%，均有较大的升幅。

5. 总体失业率创下1.8%的历史最低水平

2012年全年失业率为2%，本地居民失业率为2.6%，比2011年的平均水平降低0.6%。近年来，澳门失业率屡创新低。特区政府统计暨普查局2012年11月下旬公布的2012年8～11月的失业率创下1.9%的历史低位，此后连续七次维持在这一水平。2013年第一季度，就业人口月工作收入平均为12000元，与上个季度相同；本地就业居民为14500元，较2012年同期增加1500元。2013年3～5月失业率创下1.8%的历史最低水平，之后继续维持1.8%的历史最低水平。2013年第二季度，澳门失业率为1.8%，本地居民失业率为2.3%，较上一季度分别下降0.2%和0.2%。劳动人口较上一季度明显增加5400人，其中就业人数增加5700人，而失业人口则减少300人。2013年第二季度，澳门就业人口月工作收入中位数当月仍为12000元，与第一季度持平。截至2013年6月底，澳门共有外地雇员121194人，一直呈上升趋势，其中来自中国内地的雇员占比60%，来自菲律宾的雇员占比14.6%，来自越南的雇员占比9.3%。

6. 通货膨胀问题仍较为严重

澳门通货膨胀率自2011年8月起突破6%，此后一直居高不下，直至2012年9月才回落至6%以下。2012全年综合消费物价平均指数为117.04，年通货膨胀率为6.11%。2012年通货膨胀主要由鲜活食品价格及外出用膳收费上升带动，推高通胀率2.7%；而电费补贴及通信服务收费下调抵消部分升幅，2012年通信的价格指数下跌了4.18%。

进入2013年，受农历新年期间物价及居民消费成本上升影响，2013年2月澳门综合消费物价指数为121.46，较2012年同期上升6.16%，是继2012

年9月之后首次返回6%这一高水平。2013年第二季度，综合消费物价平均指数较2012年同期上升5.38%，甲类和乙类消费物价指数分别上升5.94%和5.30%。2013年第二季度，综合消费物价平均指数较2012年同期上升5.13%。甲类和乙类消费物价平均指数分别上升5.69%和5.00%。2013年上半年，综合消费物价平均指数较2012年同期上升5.26%，甲类和乙类消费物价平均指数分别上升5.81%和5.15%。有学者预期，2013年澳门经济稳步上扬，但投资及服务出口保持发展、楼价上升及外来人口增加等拉动租金升幅，均成为刺激通胀的压力因素。

7. 住宅单位价格升幅过大，成交量价齐跌

2012年全年楼宇单位买卖共25419个，较2011年减少8%，成交金额较2011年增长32.3%，至1009.1亿元。住宅单位买卖有16917个，较2011年减少1.5%，成交金额为742.3亿元，较2011年上升26.1%。2012年住宅单位平均成交价为每平方米57362元，其中楼花单位为每平方米82897元，较2011年分别上升38.4%和45.1%；不包括楼花的住宅单位平均成交价为每平方米47514元，较2011年的34868元上升36.3%。2012年全年订立的不动产买卖契约共12339宗，单位有15915个，较2011年分别上升12.8%和13.1%。此外，住宅单位按揭贷款契约共8917宗，较2011年上升12.4%。2012年全年建成楼宇的建筑面积较2011年上升34.9%，为156.8万平方米，共提供2558个单位，其中住宅单位占2443个，汽车停车位与电单车泊位分别有4236个和1468个。

2013年第一季度，完成缴纳印花税程序的楼宇单位及停车位买卖共5423个，总值256.9亿元，较上一个季度分别下跌25%和18%。住宅单位买卖3585个，较上一个季度减少958个，其中住宅楼花1491个，占住宅总数的42%。第一季度整体住宅单位每平方米实用面积平均价格为77975元，较上一个季度上升20%，主要是住宅楼花占总成交量比重增加所致。住宅楼花平均价格为97307元，较上一个季度上升15%。现货住宅单位价格相对平稳，较上一个季度上升5%，每平方米59756元。第一季度签订的买卖契约和按揭贷款契约涉及的不动产分别有3288个和3887个，较上一个季度分别下跌21%和6%。2013年第二季度完成缴纳印花税程序的楼宇单位及停车位买卖共6514

个，总值340.0亿元，较上一个季度分别上升20%和32%。住宅单位买卖共4059个，较上一个季度增加474个，其中住宅楼花有1946个，金额达171.6亿元，占住宅总数的48%～68%。

《承诺转让在建楼宇的法律制度》（俗称“楼花法”）于2013年6月1日起实施，使得住宅交投大幅萎缩，综合2013年上半年，住宅买卖成交仅7081宗，较2012年上半年的7899宗和下半年的9018宗，分别下跌10%和21%；2013上半年成交总值约421.03亿元，较2012年上半年的316.99亿元和下半年的425.30亿元，分别增加33%和减少1%。

8. 会展活动次数减少，但人数规模大幅度增加

为促进本地产业适度多元化、打造国际休闲旅游中心和建设区域性商贸服务平台，澳门会展业发展委员会旗下网站——澳门会展网于2012年11月20日正式开通。澳门会展网投入使用将更好地配合会展组织者提供会展竞投一站式服务，包括招揽、引进会展活动在澳门举办，协助竞投会展项目等。近年来，澳门会展业发展较快，活动规模、专业化程度等不断提升。

2012年全年共举行1022项会议及展览活动，比2011年减少23项；与会及入场总数达1612961人次，较2011年增加26%。其中，共61项展览吸引入场观众1489933人次，较2011年增加28%。2012年，展览主办机构的收入为1.55亿元，支出为2.34亿元，其中，政府或其他机构资助1.09亿元。有会展业者认为，如果考虑到会展业对周边行业的实际拉动作用，会展业带来的经济效益应该更大。2013年第一季度，澳门共举行会议217项，与会者达29000人次；同期展览共13项，入场观众比2012年同期大幅增加64%，达175000人次；使用场地面积共36000平方米。2013年第二季度，澳门共举行会议220项，与会者达24000人次；同期展览共8项，展场面积为32000平方米。入场观众达194000人次，较2012年同期大幅增加72%；其中4项展览有超过145000人次入场。2013年上半年，澳门举行会议的与会者人数比2012年同期增长45%，而展览会的观众入场人数比2012年同期增长68%。

9. 零售业总体大幅度上升

2012年，澳门零售业销售额达528.5亿元，较2011年上升22%，再创年度纪录。其中，钟表及珠宝销售额达157.3亿元，占总数的近30%，较2011年上升28%。受惠于旅客消费带动，超市货品销售额同样比2011年上升28%，至33.46亿元。2012年全年零售业销货量比2011年增长16%。2013年第一季度，零售业销售额为157.1亿元。其中，钟表及珠宝的销售额占总数的35%，百货货品占13%，皮具制品占10%，成人服装占9%，超级市场货品占6%。2013年第二季度，零售业销售额比2011年同期上升23%，升幅较明显的包括化妆及卫生用品、钟表及珠宝、成人服装、皮具制品，分别上升44%、33%、28%、27%。2013年上半年零售业销售额达314.8亿元，比2012年同期增加21%。其中，钟表及珠宝销售额为101.4亿元，占总数的32%。

10. CEPA货物继续呈现较快增长态势，投资合作力度不断增强

2013年是《内地与澳门关于建立更紧密经贸关系的安排》（CEPA）签署10周年，内地与澳门经贸往来更趋紧密。自2006年起，所有澳门原产的货物，经确定原产地标准后，全部可以享受零关税待遇进口内地，目前按2013年内地税号确定的原产地标准货物已达1283项。2004年，CEPA第一年实施时，以零关税输往内地的货物仅为183万元，至2012年已达1亿元，约是2004年的55倍，截至2013年3月，享受零关税到内地的货物总值约4亿元。澳门累计在内地投资企业1.3万家，实际投入资金近110亿美元，内地在澳门累计实际投资超过30亿美元。2012年全年内地与澳门贸易额为29.9亿美元，较2011年上升18.6%。其中，内地对澳门出口为27.1亿美元，较2011年上升14.9%；自澳门进口为2.8亿美元，较2011年上升72.0%。2013年1~6月，内地与澳门贸易额为17.9亿美元，较2012年同期上升37.9%。其中，内地对澳门出口为15.7亿美元，较2012年同期上升28%；自澳门进口为2.2亿美元，较2012年同期上升202.7%。2013年1~6月，澳门在内地投资新设企业140家，较2012年同期上升6.9%，实际投资额为2.6亿美元，较2012年略下降2.8%；截至2013年6月底，澳门在内地投资新设项目13282个，实际投资额达111.5亿美元。按实际使用外资统计，澳资占内地累计吸收境外投资总额的0.8%。与此同时，内地企业也不断增大在澳门的投资。

11. 澳门机场首次获利

2012年全年澳门国际机场客运量为449万人次，货运量超过2.7万吨，飞机起降41997架次，客运量和飞机起降架次较2011年分别上升了11%和

8%。2012年日均旅客吞吐量超过1.2万人次，较2011年增长10%。机场主要营运单位总体收入达34亿元，机场专营公司总收入超过7.5亿元，并首次获利达1440万元。

2013年以来，澳门国际机场旅客运输量持续稳健增长，连续三个月获得正增长。其中，3月客运量超过40万人次，较2012年同期上升22%；航班升降量超过3900架次，比2012年同期上升23%。客运量上升主要受惠于本地经济发展前景向好，居民就业稳定，整体收入增加，外游意欲也不断上升。

二　2013年下半年澳门地区经济增长将放缓，全年将获得单位数增长

2012年欧债危机持续、金融市场波动加剧、全球复苏进程缓慢，澳门经济在博彩服务出口增长带动下保持发展。展望2013年下半年，澳门经济短期会受外围和内地影响，各项经济增长速度将有所放缓，但上升势头仍会保持。

1. 2014年世界经济增长将放缓

受发达经济体增长率下滑影响，国际货币基金组织不断调低世界经济增长预期，2013年10月8日的报道中预计2013年和2014年全球经济增长率分别为2.9%和3.6%，比7月公布的预测数分别减少0.3个和0.2个百分点。其中，发达经济体经济增长率分别为1.2%和2.0%，新兴经济体经济增长率分别为4.5%和5.1%。2013年和2014年美国经济增长率分别为1.6%和2.6%，欧元区恢复正的经济增长，中国经济增长率分别为7.6%和7.3%。预计澳门经济在2013年和2014年将会维持增长，本地生产总值2013年的增长率将低于10%。澳门的经济增长将仍然由博彩服务出口带动，加上政府的公共投资，2014年澳门整体经济环境基本理想。

2. 博彩收入保持较好势头

2013年上半年，累计博彩毛收入1714.47亿元，较2012年同期增长15.3%。7月，博彩毛收入为294.85亿元，较2012年同期上升20%，跻身历史第三高位。2013年前7个月博彩收入累计约为2009.32亿元，较2012年同期上升15.9%。8月，博彩毛收入为307.37亿元，较2012年同期增长

17.6%，再创历史第二高位，超出市场预期。9 月，博彩毛收入为 289.63 亿元，较 2012 年同期增长 21.4%，虽较前一个月下跌 5.8%，但升幅是全年的第二高位。2013 年前 9 个月累计博彩收入 2606.32 亿元，较 2012 年同期上升 16.7%。有学者表示，2013 年博彩毛收入有望达到 3500 亿元。

3. 旅客人数有一定的增长

统计局数据显示，2013 年 7 月入境旅客共 256.5 万人次，比 2012 年同期增加 4.9%。其中，内地旅客有 166 万人次，较 2012 年同期增长 14%。自由行人数为 73.04 万人次，较 2012 年同期增长 13.6%，有较大幅度的增长。前 7 个月入境旅客总数有 1670 万人次，较 2012 年同期增长 4.3%。8 月入境旅客共 287.1 万人次，较 2012 年同期增长 7.1%。2013 年前 8 个月入境旅客总数共 1957.8 万人次，较 2012 年同期增加 4.7%。由于 2012 年澳门入境旅客人数与 2011 年基本持平，预计 2013 年访澳旅客数量将有一定的增长。

4. 通货膨胀问题仍然值得重视

进入 2013 年下半年，澳门通胀走势依然没有改变，2013 年 7 月综合消费物价指数为 123.86，较 2012 年同期上升 5.38%。8 月，综合消费物价指数为 124.07，较 2012 年同期上升 5.31%。9 月，综合消费物价指数为 125.03，较 2012 年同期上升 6.12%，又一次返回 6% 这一高水平。升幅由外出用膳收费上调、蔬菜价格和住屋租金上升带动。第三季度综合消费物价平均指数较 2012 年同期上升 5.60%，有机构预计澳门 2013 年的通货膨胀率将达到 5.8%。

5. 澳门机场旅客运输量将继续保持增长势头

2013 年以来，澳门国际机场旅客运输量持续稳健增长。截至 2013 年 8 月 31 日，2013 年总客运量超过 330 万人次，较 2012 年同期上升 12.5%；飞机起降量超过 32000 架次，比 2012 年同期上升 18.5%。8 月 15 日单日进出澳门旅客人次超过 2 万人，160 个航班起降，达到历史新高。2013 年 9 月，澳门国际机场在航线发展上再有突破，分别开通郑州、昆明至澳门的新航线。国内航线的不断增加将进一步丰富澳门至中国内地的航线网络，同时为东南亚旅客提供更多的一站多游目的地，为促进澳门与各地的经济文化往来、打造澳门成为世界旅游休闲中心提供了必要的基础。

6. 房地产调控效果甚微

基于楼市过热，澳门特区政府早在2010年9月底就推出调控政策，但收效不大。3年前澳门特区政府成立房产工作小组时，均价仅约3.4万元/平方米，3年飙涨近3倍。据报道，2010年取消0.5%的中间移转税、改征印花税等政策，因供应短缺让小户型楼价飙升。2011年推出特别印花税，冷却了市场的炒卖气氛，但导致供应减少的后遗症，为2012年楼价飙升埋下伏笔。2012年增加首付，让市场需求受压。业内人士认为，政府调控政策仅从微观着手，欠缺宏观性及全盘考虑，结果导致市场运作扭曲、供求失衡。2013年6月“楼花法”实施，开发商为规避资金压力而放货，买家则因担心6月市场无货而抢购，导致第二季度的房价较第一季度飙升近20%。

7. CEPA《补充协议十》的签署将为澳门经济适度多元发展提供新机遇

《补充协议十》于2013年8月30日签署，2014年1月1日起实施。《补充协议十》文本签署后，服务贸易开放领域达65个，开放措施达383项。此外，《补充协议十》在金融合作、贸易投资便利化等领域增加了新的合作内容。在金融合作方面，双方同意为符合资格的澳门保险业者参与经营内地交通事故责任强制保险业务提供支持和便利。在贸易投资便利化方面，为支持澳门企业开拓内销市场，双方将加强商品检验检疫、质量标准的认证认可及标准化管理、知识产权保护领域的合作。《补充协议十》的签署，将大力推进服务贸易自由化，对澳门经济适度多元发展提供有益的帮助，同时也为内地经济带来新的活力。

附　录

Appendix

B.30
统计资料

娄峰 整理

1978～2014 年我国主要经济指标

年份	GDP 增长率(%)	第一产业增加值增长率(%)	第二产业增加值增长率(%)	重工业增加值增长率(%)	轻工业增加值增长率(%)
1978	11.7	4.1	15.0	18.4	13.1
1979	7.6	6.1	8.2	8.6	8.8
1980	7.8	-1.5	13.6	7.9	20.6
1981	5.2	7.0	1.9	-5.2	12.2
1982	9.1	11.5	5.6	7.4	3.8
1983	10.9	8.3	10.4	11.4	7.5
1984	15.2	12.9	14.5	15.9	13.5
1985	13.5	1.8	18.6	15.7	21.7
1986	8.8	3.3	10.2	7.5	12.6
1987	11.6	4.7	13.7	12.5	14.1
1988	11.3	2.5	14.5	13.0	18.1

续表

年份	GDP 增长率（%）	第一产业增加值增长率（%）	第二产业增加值增长率（%）	重工业增加值增长率（%）	轻工业增加值增长率（%）
1989	4.1	3.1	3.8	4.9	5.2
1990	3.8	7.3	3.2	2.8	4.0
1991	9.2	2.4	13.9	13.6	15.4
1992	14.2	4.7	21.2	21.1	21.3
1993	14.0	4.7	19.9	21.1	18.9
1994	13.1	4.0	18.4	17.5	20.6
1995	10.9	5.0	13.9	11.9	16.5
1996	10.0	5.1	12.1	12.2	12.9
1997	9.3	3.5	10.5	10.7	11.9
1998	7.8	3.5	8.9	8.6	9.2
1999	7.6	2.8	8.1	8.9	8.1
2000	8.4	2.4	9.4	11.1	8.3
2001	8.3	2.8	8.4	7.6	9.8
2002	9.1	2.9	9.8	10.3	9.6
2003	10.0	2.5	12.7	14.4	11.0
2004	10.1	6.3	11.1	13.1	9.7
2005	11.3	5.2	12.1	12.5	10.5
2006	12.7	5.0	13.4	14.5	10.9
2007	14.2	3.7	15.1	16.0	13.6
2008	9.6	5.4	9.9	10.6	9.5
2009	9.2	4.2	9.9	9.0	7.6
2010	10.4	4.3	12.3	13.4	10.7
2011	9.3	4.3	10.3	10.9	9.7
2012	7.7	4.3	7.9	8.0	7.4
2013	7.7	3.8	7.8	7.9	7.6
2014	7.5	4.0	7.5	7.6	7.3

年份	第三产业增加值增长率（%）	交通、运输、仓储和邮政业增加值增长率（%）	批发和零售业增加值增长率（%）	全社会固定资产投资规模（现价，亿元）	全社会固定资产投资名义增长率（%）
1978	13.7	9.8	23.1	899	19.9
1979	7.9	8.3	8.7	977	8.7
1980	6.0	4.3	-1.9	911	-6.8
1981	10.4	1.9	29.5	961	5.5
1982	13.0	11.4	-0.7	1230	28.0
1983	15.2	9.5	21.2	1430	16.2
1984	19.3	14.9	24.7	1833	28.2

续表

年份	第三产业增加值增长率（%）	交通、运输、仓储和邮政业增加值增长率（%）	批发和零售业增加值增长率（%）	全社会固定资产投资规模（现价，亿元）	全社会固定资产投资名义增长率（%）
1985	18.2	13.8	33.5	2543	38.8
1986	12.0	13.9	9.4	3121	22.7
1987	14.4	9.6	14.7	3791	21.5
1988	13.2	12.5	11.8	4747	25.2
1989	5.4	4.2	-10.7	4410	-7.1
1990	2.3	8.3	-5.3	4518	2.4
1991	8.9	10.6	5.2	5595	23.8
1992	12.4	10.1	10.5	8080	44.4
1993	12.2	12.5	8.6	13072	61.8
1994	11.1	8.5	8.2	17043	30.4
1995	9.8	11.0	8.2	20019	17.5
1996	9.4	11.0	7.6	22974	14.8
1997	10.7	9.2	8.8	24941	8.6
1998	8.4	10.6	6.5	28406	13.9
1999	9.3	12.2	8.7	29855	5.1
2000	9.7	8.6	9.4	32918	10.3
2001	10.3	8.8	9.1	37213	13.1
2002	10.4	7.1	8.8	43500	16.9
2003	9.5	6.1	9.9	55567	27.7
2004	10.1	14.5	6.6	70477	26.8
2005	12.2	11.2	13.0	88774	26.0
2006	14.1	10.0	19.5	109998	23.9
2007	16.0	11.8	20.2	137324	24.8
2008	10.4	7.3	15.9	172828	25.9
2009	9.6	4.2	12.1	224599	30.0
2010	9.8	9.8	14.3	278122	23.8
2011	9.4	9.4	12.6	311485	23.9
2012	8.1	8.1	9.8	374676	20.3
2013	8.4	8.6	10.1	451110	20.4
2014	8.5	8.4	9.8	541783	20.1

续表

年份	全社会固定资产投资实际增长率(%)	工业品出厂价格指数上涨率(%)	商品零售价格指数上涨率(%)	固定资产投资价格指数上涨率(%)	居民消费价格指数上涨率(%)
1978	19.5	0.1	0.7	0.3	1.5
1979	4.7	1.5	2.0	3.8	2.1
1980	-8.5	0.5	6.0	1.9	7.0
1981	2.9	0.2	2.4	2.5	2.6
1982	25.1	-0.2	1.9	2.4	1.9
1983	13.3	-0.1	1.5	2.6	1.2
1984	23.9	1.4	2.8	3.4	1.7
1985	30.1	8.7	8.8	6.7	7.6
1986	15.8	3.8	6.0	6.0	6.5
1987	14.1	7.9	7.3	6.4	7.3
1988	10.0	15.0	18.5	13.9	18.8
1989	-12.9	18.6	17.8	6.7	18.0
1990	-3.0	4.1	2.1	5.6	3.1
1991	15.0	6.2	2.9	7.6	3.4
1992	25.3	6.8	5.4	15.3	6.4
1993	27.8	24.0	13.2	26.6	14.7
1994	18.1	19.5	21.7	10.4	24.1
1995	10.9	14.9	14.8	5.9	17.1
1996	10.3	2.9	6.1	4.0	8.3
1997	6.7	-0.3	0.8	1.7	2.8
1998	14.1	-4.1	-2.6	-0.2	-0.8
1999	5.5	-2.4	-3.0	-0.4	-1.4
2000	9.1	2.8	-1.5	1.1	0.4
2001	12.6	-1.3	-0.8	0.4	0.7
2002	16.7	-2.2	-1.3	0.2	-0.8
2003	25.0	2.3	-0.1	2.2	1.2
2004	20.1	6.1	2.8	5.6	3.9
2005	24.0	4.9	0.8	1.6	1.8
2006	22.1	3.0	1.0	1.5	1.5
2007	20.2	3.1	3.8	3.9	4.8
2008	15.6	6.9	5.9	8.9	5.9
2009	33.2	-5.4	-1.2	-2.4	-0.7
2010	19.5	5.5	3.1	3.6	3.3
2011	15.6	6.0	4.9	6.5	5.4
2012	19.0	-1.7	2.0	1.1	2.6
2013	19.2	-1.6	1.9	1.1	2.6
2014	18.5	0.8	2.1	1.3	2.8

续表

年份	城镇居民实际人均可支配收入增长率(%)	农村居民实际人均纯收入增长率(%)	社会消费品零售总额(亿元)	社会消费品零售总额名义增长率(%)	社会消费品零售总额实际增长率(%)
1978	-2.4	6.7	1559	32.7	31.8
1979	19.6	17.6	1800	15.5	13.2
1980	6.2	18.2	2140	18.9	12.2
1981	1.6	10.7	2350	9.8	7.3
1982	5.8	21.1	2570	9.4	7.3
1983	4.3	14.7	2849	10.9	9.2
1984	12.5	12.7	3376	18.5	15.2
1985	0.1	11.7	4305	27.5	17.2
1986	13.8	3.2	4950	15.0	8.5
1987	2.4	5.2	5820	17.6	9.6
1988	-2.3	6.4	7440	27.8	7.9
1989	0.0	-1.6	8101	8.9	-7.6
1990	8.5	1.8	8300	2.5	0.3
1991	7.2	2.0	9416	13.4	10.2
1992	9.7	5.9	10994	16.8	10.8
1993	9.5	3.2	14270	29.8	14.7
1994	8.5	5.0	18623	30.5	7.2
1995	4.9	5.3	23614	26.8	10.5
1996	3.9	9.0	28360	20.1	13.2
1997	3.4	4.6	31253	10.2	9.3
1998	5.8	4.3	33378	6.8	9.7
1999	9.3	3.8	35648	6.8	10.1
2000	6.4	2.1	39106	9.7	11.4
2001	8.5	4.2	43055	10.1	11.0
2002	13.4	4.8	48136	11.8	13.3
2003	9.0	4.3	52516	9.1	9.2
2004	7.7	6.8	59501	13.3	10.2
2005	9.6	6.2	68353	14.9	14.0
2006	10.4	7.4	79145	15.8	14.6
2007	12.2	9.5	93572	18.2	13.9
2008	8.4	8.0	114830	22.7	15.9
2009	9.8	8.5	132678	15.5	16.9
2010	7.8	10.9	156998	18.3	14.8
2011	8.4	11.4	183919	17.1	11.7
2012	9.7	10.7	210307	14.3	12.1
2013	8.0	9.5	238278	13.3	11.6
2014	7.8	9.8	269492	13.1	11.3

续表

年份	财政收入（亿元）	财政收入增长率（%）	财政支出（亿元）	财政支出增长率（%）	财政收支差额（亿元）
1978	1132	29.5	1122	33.0	10.2
1979	1146	1.2	1282	14.2	-135.4
1980	1160	1.2	1229	-4.1	-68.9
1981	1176	1.4	1138	-7.4	37.4
1982	1212	3.1	1230	8.0	-17.7
1983	1367	12.8	1409	14.6	-42.6
1984	1643	20.2	1701	20.7	-58.2
1985	2005	22.0	2004	17.8	0.6
1986	2122	5.8	2205	10.0	-82.9
1987	2199	3.6	2262	2.6	-62.8
1988	2357	7.2	2491	10.1	-134.0
1989	2665	13.1	2824	13.3	-158.9
1990	2937	10.2	3084	9.2	-146.5
1991	3149	7.2	3387	9.8	-237.1
1992	3483	10.6	3742	10.5	-258.8
1993	4349	24.8	4642	24.1	-293.4
1994	5218	20.0	5793	24.8	-574.5
1995	6242	19.6	6824	17.8	-581.5
1996	7408	18.7	7938	16.3	-529.6
1997	8651	16.8	9234	16.3	-582.4
1998	9876	14.2	10798	16.9	-922.2
1999	11444	15.9	13188	22.1	-1743.6
2000	13395	17.0	15886	20.5	-2491.3
2001	16386	22.3	18903	19.0	-2516.5
2002	18904	15.4	22053	16.7	-3149.5
2003	21715	14.9	24650	11.8	-2934.7
2004	26396	21.6	28487	15.6	-2090.4
2005	31649	19.9	33930	19.1	-2281.0
2006	38760	22.5	40423	19.1	-2162.5
2007	51322	32.4	49781	23.2	1540.4
2008	61330	19.5	62593	25.7	-1262.3
2009	68518	11.7	76300	21.9	-7781.6
2010	83101	21.3	89874	17.8	-6772.7
2011	103874	25.0	109248	21.6	-5373.4
2012	117210	12.8	125712	15.1	-8000.0
2013	127056	8.4	139056	10.6	-12000.0
2014	137474	8.2	150474	8.2	-13000.0

续表

年份	城乡储蓄存款余额(亿元)	城乡储蓄存款余额增长率(%)	货币和准货币(M2)(亿元)	货币和准货币(M2)增长率(%)	新增贷款(亿元)
1978	211	15.7	NA	NA	187
1979	281	33.4	NA	NA	190
1980	400	42.2	NA	NA	375
1981	524	31.1	NA	NA	446
1982	675	29.0	NA	NA	320
1983	892	32.1	NA	NA	409
1984	1215	36.1	NA	NA	1176
1985	1623	33.6	5199	NA	1139
1986	2238	38.0	6721	29.3	1685
1987	3081	37.7	8331	24.0	1442
1988	3822	24.0	10100	21.2	1519
1989	5196	36.0	11950	18.3	3809
1990	7120	37.0	15293	28.0	3321
1991	9242	29.8	19350	26.5	3657
1992	11759	27.2	25402	31.3	4985
1993	15203	29.3	34880	37.3	6620
1994	21519	41.5	46923	34.5	7033
1995	29662	37.8	60750	29.5	10568
1996	38521	29.9	76095	25.3	10612
1997	46280	20.1	90995	19.6	13757
1998	53407	15.4	104498	14.8	11610
1999	59622	11.6	119898	14.7	7210
2000	64332	7.9	134610	12.3	5637
2001	73762	14.7	158302	17.6	12944
2002	86911	17.8	185007	16.9	18979
2003	103617	19.2	221223	19.6	27702
2004	119555	15.4	254107	14.9	19202
2005	141051	18.0	298756	17.6	16493
2006	161587	14.6	345604	15.7	30657
2007	172534	6.8	403442	16.7	36344
2008	217885	26.3	475167	17.8	41704
2009	260772	19.7	606225	27.6	96290
2010	303302	16.3	725852	19.7	79511
2011	343636	13.3	851591	17.3	74700
2012	391970	14.1	974149	14.4	81963
2013	446902	14.0	1114426	14.4	92485
2014	507681	13.6	1273789	14.3	104025

续表

年份	社会融资总额(亿元)	进口总额(亿美元)	进口总额增长率(%)	出口总额(亿美元)	出口总额增长率(%)
1978	NA	108.9	51.0	102.0	34.4
1979	NA	156.8	44.0	135.8	33.1
1980	NA	200.2	27.7	181.2	33.4
1981	NA	220.1	10.0	220.1	21.5
1982	NA	192.9	-12.4	223.2	1.4
1983	NA	213.9	10.9	222.3	-0.4
1984	NA	274.1	28.1	261.4	17.6
1985	NA	422.5	54.1	273.5	4.6
1986	NA	429.0	1.5	309.4	13.1
1987	NA	432.2	0.7	394.4	27.5
1988	NA	552.8	27.9	475.2	20.5
1989	NA	591.4	7.0	525.4	10.6
1990	NA	533.5	-9.8	620.9	18.2
1991	NA	637.9	19.6	719.1	15.8
1992	NA	805.9	26.3	849.4	18.1
1993	NA	1039.6	29.0	917.4	8.0
1994	NA	1156.1	11.2	1210.1	31.9
1995	NA	1320.8	14.2	1487.8	22.9
1996	NA	1388.3	5.1	1510.5	1.5
1997	NA	1423.7	2.5	1827.9	21.0
1998	NA	1402.4	-1.5	1837.1	0.5
1999	NA	1657.0	18.2	1949.3	6.1
2000	NA	2250.9	35.8	2492.0	27.8
2001	NA	2435.5	8.2	2661.0	6.8
2002	20112	2951.7	21.2	3256.0	22.4
2003	34113	4127.6	39.8	4382.3	34.6
2004	28629	5612.3	36.0	5933.3	35.4
2005	30008	6599.5	17.6	7619.5	28.4
2006	42697	7914.6	19.9	9689.8	27.2

续表

年份	社会融资总额(亿元)	进口总额(亿美元)	进口总额增长率(%)	出口总额(亿美元)	出口总额增长率(%)
2007	59664	9561.2	20.8	12204.6	26.0
2008	69804	11325.7	18.5	14306.9	17.2
2009	139105	10059.2	-11.2	12016.1	-16.0
2010	140191	13962.4	38.8	15777.5	31.3
2011	128286	17435	24.9	18983.8	20.3
2012	157605	18178	4.3	20489	7.9
2013	174026	19541	7.5	22272	8.7
2014	193372	21202	8.5	24298	9.1

注：1989 年以后的新增贷款包括全部金融机构；2011 年以后固定资产投资不含农户；表中 2013 年、2014 年数据为预测数。

Abstract

With the slow recovery of the international economy, China's economy continues to advance steadily. Three Industries coordinate development under the domestic macro-economic control. Food production is expected to achieve ten years' increase continually, and the industrial economy grows slow and steady in the first three quarters. The profitability of enterprises have greatly improved, and the added value of scale and the growth rate of the third industry are better than the second industry. It is expected that China's GDP growth rate in 2013 is as same as the last year, and the development trend are maintaining steady growth and making the structure optimized.

Nowadays, China's economy does not pursue of 10% high-speed growth, and enters in a new growth stage of mid-speed development, and focuses on advance steadily, quality and efficiency. At present, China is still in a strategic opportunity period. The economy will continue to maintain in a reasonable interval, and the GDP growth rate is around 7. 5% in 2014. The government should not only pay close attention to international economic change, but also promote the economy equity, efficiency, and sustainable by deepening of reform and opening up, promoting structural adjustment, trans-formating and upgrading, making balance of steady growth, adjusting structure, promoting reform, preventing risks, to make the speed of economic growth continually in a reasonable interval.

The Third Plenary Session of the eighteen will deepen reform and opening up, promote the innovation of system and mechanism, to make the new deployment, perfect the macro-control system, build the innovative country, accelerate the transformation of the mode of economic development, gradually form a unified and open, competitive and orderly market system, and further improve the efficiency of resource allocation.

Contents

B. 3 Chinese Economy Has Entered a Phase of Medium-to-high Rate Growth

Liu Shucheng / 023

Abstract: At a time when China is undergoing a shift in economic growth rate, how to have a good grasp of the extent to which the potential economic growth rate will slow down is a grand issue in macro-control. This paper focuses on three important topics in macro-control in recent times: "proceeding actively with reform and restructuring while stabilizing economic growth", "rational range", "medium-to-high speed economic growth" and the paper makes relevant quantitative analyses. This paper finally puts forward policy suggestions regarding macro-control: it's better for the authorities to grasp the "midline" rather than keep within the "lower limit".

Key Words: China's Economy; Macro-control; Rational Range; Medium-to-high Speed Economic Growth

B. 4 The Real Economy's Drawing Back, Financial Expanding and Choices of Transformation Paths in China

Zhang Ping, Su Zhi / 035

Abstract: The economy increases steadily in 2013, and the main motivation is the aggregate financing to the real economy which stands for financial expanding, but price indexes data has shown that the real economy is in situation of stagnation and drawing back. From the aspect of expense, investments are mainly in infrastructures and real estates, but consumption is in downturn and recovery of exports could not sustain. Besides the financial expanding, the real economy is drawing back, the enterprises have high debts and finance is disabling. They can be seen from the high debts of non-financial enterprises because of financial expanding, the differences of assets returns and financial enterprises. Influenced by distorted interest rate because of local government and real estates, the cost of debts is increasing and operations are more difficult. The inconsistence of real economy's drawing back and financial expanding highlights the structural contradiction in economy of China. So the financial system should elaborate the function of allocation of resources but not the function of monetary stimulation and self-circulation. The transformation paths in the future mainly include transformation of governments, supply mechanism, balance between macro economy stable policies and structures, and financial system.

Key Words: Real economy's Drawing Back; Financial Expanding; Financial Disabling; Paths of Transformations

B. 5 State of National Economy in the First Three Quarters of 2013 and Its Outlook in 2014

Wang Wenbo / 055

Abstract: In the first three quarters of 2013, the national economy performed steadily and improved. Domestic demand improved steadily, while export growth fell but stabilized. The consumer prices were generally stable, and the decline rate of industrial producer prices was narrowed compared with last year. The size of the labor force continues to increase, and the residents' income continved to increase. The growth rate of corporate profit rebounded and fiscal revenue grew steadily. for the outlook of 2014, the quality and efficiency of economic development will receilve more attention. A comprehensive analysis of both favorable and unfavorable factors shows that China's economy is expected to achieve steady growth, but economic growth rate may be lower than in 2013.

Key Words: National Economy; Economic Development; Outlook

B. 6 Forecast of National Economic Development in 2013 and 2014

Zhao Kun, *Wang Baolin* / 068

Abstract: In 2013, China's new government continues to make a steady growth, launch a series of specific policy measurements in the innovation of macro management, and effectively boost market confidence and expectations. China's economy accumulates varies positive factors, and the economic stability is going well. In 2014, factors of the international economic recovery process are still instable and uncertain, and the foundation of domestic economic rebound still needs to be consolidated. The fundamentals of sustained and stable development of China's economy are not changed, the economy is expected to maintain a steady growth, and prices will continue to rise modestly.

Key Words: National Economy; Development Prediction; Outlook

B. 7 An Analysis of the State of the "Three Rural Issues" in 2013

Li Zhou, Dang Guoying / 073

Abstract: In 2013, China's summer grain output reached 131.89 million tons, achieving an increase of 1.5% and 1.96 million tons compared with 2012. Moreover, overcoming the high temperatures and drought in the south and the floods in the north, autumn grain in most areas is growing normally. From the harvested situation, China's grain production will achieve growth for ten consecutive years. In 2013, the level of agricultural mechanization and large-scale livestock, and contribution rate of technological progress to agricultural growth improve continuously. The areas of land transferring, the total amounts of the rural labors transferring to urban further expand, and rural financial reform run deeply. Farmers' income and welfare increase continuously. Finally, the goal of agricultural modernization and challenges are discussed, and recommendations for promotimg agricultural modernization are proposed.

Key Words: Three Rural Issues; Grain Production; Technological Advances in Agriculture; Agricultural Modernization

B. 8 Current Industrial Economic Situation and Analysis of Development Trend

Jin Bei, Yuan Lei / 085

Abstract: In the first three quarters of 2013, China's industrial economy grew steady, profitability of enterprises was greatly improved, but the manufacturing investment grew slowly, which reflects that investors' confidence has not been restored. At present, great changes are taking place to the internal and external conditions of industrial growth: changes in factor conditions promote the conversion of comparative advantage; industrialization of China enters a new stage of development; structural imbalance becomes the key obstacle to the sustainable development of industrial economy; developments of the world manufacturing industries show some new trends. Under this circumstance, industrial growth path will also be changed from the expansion growth to allocation optimization growth and quality enhancement growth. Therefore, the government should lower the expectation for industrial economic growth, adjust the industrial policy, accelerate institutional reform, actively promote the three-dimensional industrialization, and vigorously develop the county economy.

Key Words: Industrial Economy; Stereo Type Industrialization; Sustainable Development

Abstract: China's industrial economic condition presents, as a whole, growth rebounding, investment increasing while industrial export growth slowly and industry deflation. The main good factors which are conducive to industrial growth are increasing of domestic demand and exports, monetary environmental improvement; while the disadvantage factors are that pressure of RMB appreciation, cost increases of industrial enterprises. Therefore, considering the above factors, it is expected this year, industrial will grow at 9. 7 percent. From the growth trend, in 2014, industrial efficiency, and investment in fixed assets is the most worthy of concern.

Key Words: Industrial Economy; Investment in the Fixed Assets; Value Added

B.10 Understanding Current Financial and Economic Situation in China

Gao Peiyong / 120

Abstract: Based on the declining trend of China's fiscal revenue growth rate, this paper analyzes the current revenue situation by means of different reference frames. We study the fiscal revenue growth respectively from the macroscopic angle and the current economic situation in China, and make comparison with developed countries in the growth of the overall fiscal revenue. Analysis results show that, at present China's fiscal revenue growth rate is higher than the general international level. The decline of current fiscal revenue growth rate is an economicon phenomenon, we should be calm and optimistic in judging the current situation of China's fiscal revenue.

Key Words: Financial Income; Macro-economy; Decline in Growth Rate

B.11 Improving Macro-control Level, Handling the Relationship between Government and Market

Wang Tongsan / 128

Abstract: Since reform and opening, China's macro-control policy has made great achievements. The policy not only maintains the macroeconomy stability, which makes the annual economic growth volatility significantly narrowed, but also keeps the price level basically stable. Under the international economic crisis, China's macroeconomic measurements do well in withstanding external shocks, and weakening the impact of the negative influence. When the domestic macroeconomy appears problems, we should promptly take appropriate regulatory measures to make the overall macroeconomy stability. The government should improve the macroeconomic regulation to make sure the economy stable and healthy, make good grasp of the effect of macro – control efforts, and deal with the relationship between government and the market at the same time.

Key Words: Macro-control; Level of Control; Government's Management

B. 12 Financial Conditions under Structural Adjustment and Stable Economic Growth

Abstract: In 2013, China's overall financial situation has remained stable. The growth rate of money supply declines, foreign exchange growth rebounds, lending increases, market interest rate fluctuates in a narrow range, RMB exchange rate continue to rise, bond trading volume decreases, and the stock market index rebounds. However, there are still several problems, including the flexibility of deposit rate in the market-oriented reform of interest rate, increasing risks and impacts of macro-control effects resulting from the rapid growth of interbank businesses, improving pressure of bank assets quality and so on. In this regard, China should maintain stable monetary policy, in order to facilitate the healthy development of the financial industry.

Key Words: Financial Condition; Steady Growth; Structural Adjustment

B. 13 China's Economy Has Entered the Growth Interval of 7% −8% : Economic Situation in 2013 and Prospects in 2014

Abstract: In 2013, China's export grows lowly and stably, consumption increases basically steadily, and investment improves with small fluctuations, but overall stably. However, the fatal factor of China's economic growth is still the macroeconomic policy. For now, China's economic growth rate is steadily varied from 7% to 8% , which may make the year of 2013 become the beginning of the period of medium-high growth rate. Although with the changing of development environments and quitting of economic stimulating, the rapid industrialization and urbanization, the enhanced market mechanism in the allocation of resources will still be making China's economy maintain in the high-speed. Expected in 2014, China's economic growth will remain 7% to 8% steadily. Therefore, China should accelerate the pace of transformation and upgrading, and constantly enhance endogenous forces of economic growth.

Key Words: Economic Situation; Analysis; Endogenous Growth

B. 14 China's Economic Development Policy in 2014

Li Boxi / 154

Abstract: In 2014, China's economic development policy should adapt to phases of China's economic development, and the important aspect of Chinese economic policy in 2014 is reform and promote the innovation. Further industrialization and urbanization is long-term fuel for economic development in China. We should improve the effectiveness and structure of investment in order to meet the needs of the adjustment of industrial structure and the economy. The third industrial revolution and big data cloud computing development strategy determine the future of China's economic and industrial development.

Key Words: China's Economy; Structural Adjustment; Economic Policy

B. 15 China's Macro-economic Situation and Policies: 2013 –2014

Institute of Economic Research, Renmin University, China / 161

Abstract: In 2013, China's economy grew moderately but steadily in the context of price stability, and preliminarily reversed the growth deceleration trend since 2011, but its recovery process still stagnated. In 2014, China should continue with proactive fiscal policy and prudent monetary policy and, through adaptive demand management, promote the comprehensive normalization of economic condition, so as to achieve the final transition of business cycle from depression to prosperity.

Key Words: China's Economy; Inflation; Demand Management

B. 16 Analysis and Forecast on China's Foreign Trade in 2013

Pei Changhong, *Fu Caifang* / 174

Abstract: From January to August in 2013, after fluctuation in the first half of the year, China's import and export trade embarked on a steady growth path, import and export volume grew by 8.3% over the same period last year. Structure of foreign trade was further optimized, international market and domestic regional layout are more reasonable. In the next few months, companies may face trade protectionism among some countries, rising operating costs, and some unfavorable factors such as currency appreciation pressure. At the same time, the recovery of international and domestic economy, trade, and trade policy are still favorable factors that ensure stable trade growth. Therefore, according to comprehensive analysis, foreign trade will continue to maintain growth from September to December this year. It is expected that import and export will rebound in 2013 compared with last year .

Key Words: Foreign Trade; Foreign Trade Structure; Situation and Forecast

B. 17 China's Foreign Trade in 2013 and Its Outlook in 2014

Chen Kaijie / 188

Abstract: In 2013, China's foreign trade growth keeps in the medium-slow condition, mainly presenting the steady growth, the slowing down processing trade growth, the changes of regional pattern, better condition in private enterprises than that in foreign and state-owned enterprises, the further optimized commodity structure, and pessimistic trade friction situation. The slowing world economic recovering condition, the grim global trade protectionism situation, the high integrated cost of enterprises, are existed for the challenges. Therefore, China should improve the stability of export policy, foster new competitive advantages of foreign trade, and actively increase imports and improve the trade environment.

Key Words: Foreign Trade; Outlook; Growth

Abstract: World economy has been entering the regulatory and transitional period of structure and mode since the 2008 world compound economic crisis. With the new technological and industrial revolution still in gestation, the economy is in the Schumpeter Super Long Cycle transitional phase. These factors determine that the world economic growth has maintained at a low level. China's macroeconomic policy has implemented structural adjustment, expansion of domestic demand, and the advancement of reform, which equals to the voluntary abandonment of high growth. Therefore, China's foreign trade is not only constrained by the world economy, but also by domestic factors, and slows down with the economic slowdown under the pressure of the monetary policy such as high interest rate, etc. In 2014, the world economy may be slightly better than in 2013, and China will continue promoting economic reform. These positive factors will become the main driving force of promoting export growth. China's traditional export advantage is being lost. We suggest making policies to encourage our machinery, automobile, equipment manufacturing exports, enhance the level of exports of the new generation of information products, create new competitive advantages, and push China's foreign trade development into a new stage.

Key Words: Compound Crisis; Structural Adjustment; Atypical Credit Crisis; Uncertainty

Abstract: During the first three quarters in 2013, against the backdrop of overseas economic recovery, slowing pace of China's economic growth and stringent monetary policy with balance during the process of the economic transition, China's A share market slumped with great fluctuation and showed great structural differentiation. The stock prices of listed companies in emerging industries rose at a higher rate than the stock prices of companies in traditional industries. The bond market experienced great adjustment. Looking forward to 2014, we expect that the possibility for A share stock market to rise continuously is slim and it will show great fluctuations with structural investment opportunities, we suggest that investors pay attention to those companies with good growth prospects in those industries that will benefit from economic structure transition and economic reform.

Key Words: Securities Market; Economic Structure Transition; Monetary Policy

Abstract: From the point of view of economic theory and the reality of China, with Lewis turning point of labor transfer trend, this paper reestimates the agricultural labor force and its rate, and the problem of rural labor force transfer. The results show that, the proportion of agricultural labor should fall into that of the same average per capita income countries which is about 14%, and on the basis of 2012, down 0. 75 percentage points a year when a well-off society in 2020 is built. At the same time, on the basis of the urbanization rate of 52. 6% in 2012, the proportion of agricultural labor should increase by 0. 9 percentage points a year, reaching 60% in 2020.

Key Words: Labor Transfer; Urbanization Rate; Rural Economy

Abstract: In 2013, the external environment is not optimal, and internal economic growth is slowing. The total pressure in employment and structural contradictions is still great. So employment in our country faces many problems and challenges. In order to promote employment, all departments in our country do many works to realize the stability. Looking ahead to 2014, the internal and external environment is instability, so the overall employment situation will be more severe. We should implement the strategy of the employment priority and a more active employment policy to promote the realization of higher quality of employment.

Key Words: Situation of Employment; Structural Contradictions; Higher Quality of Employment

B. 22 Forecast and Analysis of China's Tax Situation in 2013 and Preliminary Outlook in 2014

Fu Guangjun / 253

Abstract: In the first quarter of 2013, tax revenue run obviously at slow level and its growth rate was less than half of the economic growth rate. Although a rebound occurred in the second quarter, the rate was still lower than the economic growth rate by 1. 8 percent. The growth of major categories of tax revenue in 2013 declined by different degrees compared with those of 2012. Tax revenue growth in coastal provinces, which are the main tax sources in China was slowing down, directly leading the national tax revenue growth to run low. In 2014, if China's macroeconomic situation runs at medium-speed, tax revenues will grow at low level, together with economic condition.

Key Words: Tax Situation; Macro-economy; Tax Revenue

B. 23 Commodity Market Analysis in 2013 and Its Outlook in 2014

Chen Kexin / 265

Abstract: In 2013, China's commodity markets presented modest and rebounding, mainly resulting from that steadily growth provoked the boosting of consumer demand, a corresponding increase occurred in new resources, and commodity market prices run highly. By the outlook of 2014, the stabilized economy will impact the commodities markets from the following aspects. Firstly, a good macroeconomic condition of China will boost many style demands. Secondly, increasing demand will need much more resources supply. Thirdly, the real economy demand will gradually become the main force of increasing of price. Therefore, China should seize the opportunity to carry out commodity resources strategic reserves.

Key Words: Commodity; Commodity resources strategic reserves; Macro-economy

Abstract: On the effect of the decline in the growth rate of potential output and the policies of "stabilizing growth, reconfiguring structure, promoting reform", the economic has stepped into weak recovery path in the "cool" region since July 2012, and has returned to "normal" range in August 2013. In the short run, the economy is expected to grow steadily. We predicate that in 2013 -2014 the GDP growth rate would be about 7. 7% and 7. 5% respectively. From the fourth quarter in 2012 prices have entered a moderate rising cycle and might last for six quarters. In 2013 and 2014, the inflation rates would be about 2. 7% and 3% respectively which would be still in the moderate range.

Key Words: Business Cycle Dating; Economic Climate Analysis; Price Cycle

Abstract: This paper gives a detailed description and analysis of financial instability theory and the systematic financial risk or financial crisis, establishes a Markoff switching state space model to depict the dynamic changes of financial instability. We use Gibbs sampling method to predict China's financial instability in ten months after the sample period. Sampling prediction results show that, at the end of 2013, the stability of the financial system is strengthened. And in the first half of 2014, China's financial instability will fluctuate slightly but will still be in a stable range.

Key Words: Financial Stability; Dynamic Latent Factor; Gibbs Sampling

B.26 Analysis and Forecast of the Economy of Taiwan Region

Abstract: In 2013, Taiwan economy continue to be weak since last year. Economic growth has been forecast to drop by around 2% from 4%. Due to weaker-than-expected economic recovery in the U.S. and Europe, emerging market's downturns and more importantly, the structural problems inherent to Taiwan's economy, export and Private consumption stay at a lower rate in the first half of 2013, as well as a relatively high private investment benefiting from the semiconductor industry, stocks and housing. The end of the year the slowdown investment and shrinking export probably downgraded economic growth. Taiwan government's economic transformation plan and short-term intervention within this year seem difficult to be effective on account of complex inside and outside environment. Looking forward to the year 2014, we conclude that Taiwan's economy is likely to keep a slow growth.

Key Words: Taiwan Economy; Slow Growth; Economic and Trade Relations

B.27 Analysis and Prospect of Taiwan's Economic Situation

Abstract: In 2013, Taiwan's economy is in a downturn, and the growth rates in the first and the second quarter were 1. 62% and 2. 49% , making the first half of the year grows 2. 06% totally. In the first three quarter of 2013, import and export and private consumption growth rates were low. Taiwan's investment environment is still quite attractive to enterprises and manufacturers. Because of continuing climb of government's fiscal deficit and compression of public construction funds, the annual economic growth rate is estimated to be 2. 01% for 2013, with an increase of 0. 69 percentage points in 2012. In 2014, the growth rate of the economy is estimated to be 3. 21% , 1. 20 percentage points higher than that in 2013.

Key Words: Taiwan's Economy; Import and Export; The Growth Rate of the Economy

Abstract: In 2013, Hong Kong's economy is still subject to unstable trading environment, but thanks to relatively robust domestic demand, it maintains a moderate pace of growth. However, various uncertainties continue to plague the global economic outlook, including the U. S. debate about the debt ceiling and financial issues which remain to be resolved, the unclear U. S. Federal Reserve's monetary policy direction, the euro-zone sovereign debt risk, as well as some emerging markets, slowdown. Fortunately, Hong Kong's economy continues to benefit from favorable economy, stable and rapid economic growth in the mainland, and partially offsets the external impact of economic instability. Hong Kong's economy is expected grow moderately at 2. 5% −3. 5 % this year. Inflation rises slightly in the third quarter, but the short-term risks of increase in inflation should be low. Hong Kong's government will closely monitor price developments, in particular the impact of inflation on low-income earners. Given the proliferation of global liquidity and low interest rates, the real estate bubble risks cannot be ignored. The Government introduced a series of measures for the stable development of the property market, ensuring macroeconomic and financial system stability. Over the past year, the relationship between the mainland and Hong Kong's economy continued to be deepened by a number of policies. In 2014, a variety of external factors mentioned above will affect Hong Kong's trade performance. However, internal economic stability, sustained economic development in the mainland will provide opportunities and continue to support the economy of Hong Kong.

Key Words: Hong Kong's Economy; Property Bubble Risks; Long-term Economic Development Strategy

B. 29 Analysis of and Forecast for Macao Economy

Abstract: Benefitting from the pull of the gambling industry and the export of service trade, the real growth rate of the economy in the first half of 2013 is 10.5% on the basis of a relatively high growth rate in 2012. It is estimated that growth in the second half of 2013 will slow down and the whole year will have a single-digit growth rate. The Macao economy will continue to grow in 2014 , and the development of Hengqin and the signing of the Tenth Supplement to CEPA will provide a new opportunity for the appropriate diversification of the Macao economy in the future. How to cope with inflation and take measures on real estate are still the problems that Macao must confront.

Key Words: Macao Economy; Inflation; Real Estate Regulation and Control

社会科学文献出版社

皮书系列

“皮书”起源于十七、十八世纪的英国，主要指官方或社会组织正式发表的重要文件或报告，多以“白皮书”命名。在中国，“皮书”这一概念被社会广泛接受，并被成功运作、发展成为一种全新的出版形态，则源于中国社会科学院社会科学文献出版社。

皮书是对中国与世界发展状况和热点问题进行年度监测，以专业的角度、专家的视野和实证研究方法，针对某一领域或区域现状与发展态势展开分析和预测，具备权威性、前沿性、原创性、实证性、时效性等特点的连续性公开出版物，由一系列权威研究报告组成。皮书系列是社会科学文献出版社编辑出版的蓝皮书、绿皮书、黄皮书等的统称。

皮书系列的作者以中国社会科学院、著名高校、地方社会科学院的研究人员为主，多为国内一流研究机构的权威专家学者，他们的看法和观点代表了学界对中国与世界的现实和未来最高水平的解读与分析。

自 20 世纪 90 年代末推出以《经济蓝皮书》为开端的皮书系列以来，社会科学文献出版社至今已累计出版皮书千余部，内容涵盖经济、社会、政法、文化传媒、行业、地方发展、国际形势等领域。皮书系列已成为社会科学文献出版社的著名图书品牌和中国社会科学院的知名学术品牌。

皮书系列在数字出版和国际出版方面成就斐然。皮书数据库被评为“2008~2009 年度数字出版知名品牌”;《经济蓝皮书》《社会蓝皮书》等十几种皮书每年还由国外知名学术出版机构出版英文版、俄文版、韩文版和日文版，面向全球发行。

2011 年，皮书系列正式列入“十二五”国家重点出版规划项目；2012 年，部分重点皮书列入中国社会科学院承担的国家哲学社会科学创新工程项目；2014 年，35 种院外皮书使用“中国社会科学院创新工程学术出版项目”标识。